Resident Control in North Korea :
The role of the ministry of Social Security

고려대학교 통일융합연구원 해란연구총서 시리즈 08

북한 사회안전성의 주민인권통제 연구

남성욱 배진

박영사

머리말

첨단 AI 기술과 정보통신 시대인 21세기에 상징적인 국왕제 국가를 제외하고 실질적인 지도자가 3대를 세습하는 체제는 북한이 유일하다. 본서는 1990년대 동유럽 사회주의 국가들의 몰락과 북한의 식량난, 촘촘하고 지속적인 UN 대북제재에도 불구하고 북한 정권이 체제를 유지할 수 있었던 이유는 무엇일까에 대한 문제의식에서 시작되었다.

북한은 폐쇄된 사회 내부를 사상적, 물질적, 물리적으로 통제하여 정권을 유지해 왔다. 북한의 사회통제는 주민들의 자유와 권리를 제한하고 침해함으로써 유지될 수 있었다. 강력한 사회통제는 사회안전성이라는 기구를 통하여 수행되었다. 사회안전성은 우리의 경찰에 해당한다. 일제 강점기 일본은 조선총독부를 설치하고 하부에 경찰 기구를 두어 식민지 한국을 통치했다. 바닥에서 한국인들의 사상과 문화 및 행태를 철저하고 치밀하게 통제함으로써 36년의 식민통치가 가능했다. 아마 미국의 핵무기 공격이 없었다면 일본의 경찰 기구 통치는 상당 기간 동안 지속되었을지도 모른다.

북한의 김씨 정권은 사회안전성을 설치하고 주민들의 행동은 물론 머릿속 사상까지 통제에 나섰다. 김일성은 1945년 11월 29일 내무성 정치보안국 창설했고 1951년 3월 사회안전성으로 독립시켰다. 이후 다양한 기관과의 통합 및 명칭 변경을 거쳤다. 김정일시기인 1998년 사회안전성으로 개편된 이후 김일성의 사망과 고난의 행군으로 인해 심화조 사건을 맡으며 강력한 주민통제를 담당했다. 2000년 4월 심화조 사건 후 인민보안성으로 명칭을 변경했다. 김정일은 인민보안성을 통해 각종 주민통제 작업을 수행했다. 3대 지도자 김정은은 2020년 6월 명칭을 다시 사회안전성으로 변경했다.

북한의 공안기관 겸 비밀 경찰인 사회안전성은 나치 정권 시기 질서 경찰, 중화인민공화국 인민 경찰, 일본군 헌병과 유사하다. 민주국가의 경찰과 치안 업무만 하는 것이 아니라 초법적으로 가택수색, 숙박검열, 불심검문, 체포, 구금, 사형을 집행한다. 국가보위성과 마찬가지로 별도의 정치범 수용소를 운영하고 외화벌이까지 자체적으로 하는 막강한 권한을 가진다. 사회안전성은 조선로동당, 조선인민군, 국가보위성, 외무성 등과 함께 북한 5대 특수기관에 속한다. 특수기관은 조선로동당 중앙위원회와 정책 협의를 거치지 않고 김정은에게 직접 보고가 가능하다.

국무위원회 산하라지만 조선로동당 중앙위원회와 중앙위원회 산하 조직지도부가 실질적 인사권을 보유하고 있다. 이 부서는 사회안전성을 포함한 국가보위성, 중앙검찰소 등 여러 기관의 간부 인사를 담당한다. 표면적으로 국가와 인민의 재산, 생명을 보호한다고 하지만, 현실은 김부자의 세습 권력을 강화하고 북한 주민을 감시하는 등 전형적인 정치경찰 조직이다.

사회안전성의 주임무는 치안을 빙자한 주민 감시이다. 북한에서는 출생신고와 혼인신고를 일반적 행정기관이 아니라 우리의 파출소에 비유되는 '분주소'에서 한다. 이를 통해 거주 이전의 자유를 현장에서 통제한다. 1958년 '주민료해사업' 이후 주민의 성분과 토대를 분류하고 할아버지 대까지 자료를 바탕으로 계층을 구분한다. 자료는 매년 업데이트되어, 군입대, 로동당 입당, 대학진학, 간부사업과 주거지와 직장배치에 활용한다. 원본은 자강도 만포시 소재 사회안전성 총무국 기요연락소 지하갱도에 영구 보관한다.

김정은 정권은 '반동사상배격법', '청년교양보장법', '평양문화어보호법' 등 비인도주의적 주민통제법을 제정하였다. 위 법들은 주민들의 일상생활 속에서 '한국'과 관련된 모든 행동과 표현을 강력하게 통제하여 처벌하고 있다. 김정은 정권은 2023년 12월 한국을 적대국가로 지정했다. 선대정권부터 표면적으로 내세웠던 민족자주통일의 개념을 포기하고, 숨겨뒀던 내면을 공개했다. 김정은 정권의 행보는 북한 사회에서 주민들의 일탈행위의 발생이 지속적으로 증가하고 있음을 반영한다. 동시에 북한 정권이 사회통제를 더욱 강화시킬 것을 예고한다.

본서의 주제는 사회통제 기구 중 주민과 가장 가깝고 밀접한 관계인 '사회안전성'의 주민통제다. 사회안전성의 주민통제를 분석하여 김정은 정권하 사회통제의 특징과 방향, 북한의 체제 지속 가능성을 조심스럽게 예측해 보고자 분석의 초점을 다음 사항에 맞추었다. 첫째, 김정은 정권하 사회안전성의 주민통제 특징을 도출하기 위해서 선대정권과 김정은 정권의 주민통제를 비교 분석한다. 둘째, 사회안전성의 주민통제를 유형별로 분류 및 분석하여 정권별 중점적으로 활용한 주민통제 유형을 밝힌다. 셋째, 주민통제를 강화하거나 완화하는 환경과 요인을 분석하여 향후 사회통제의 방향과 체제 유지 및 지속 가능성을 예측한다.

본서는 사회안전성의 주민통제가 주민들의 자유와 권리를 제한하고, 인권침해를 유발하면서 이뤄진다는 점에 주목하였다. 따라서 북한 주민들의 인권침해사례가 수록된 통일연구원의 『북한인권백서』(1996년~2024년)에서 사회안전성의 통제와 관련된 북한 이탈 주민의 증언을 추출하여 연구자료로 활용하였다. 또한, 2017년 12월까지 북한에서 거주한 북한 이탈 주민 8명의 심층 인터뷰를 진행하여 김정은 시대 사회안전성의 주민통제 특징을 연구에 반영하였다. 이외에 북한 권력 기구의 작동체계를 기반으로 통제된 인민들의 삶을 파악하기 위해 다양한 문헌을 참고했다. 필자는 국가안보전략연구원장 시절 황장엽 비서 등 고위급 탈북자를 연구원으로 채용하여 그들의 체험을 공유하였다. 탈북자들의 증언을 최대한 연구에 반영했다.

본서는 사회안전성의 주민통제를 시기별 유형별로 분석하고 함의를 도출하기 위해 총 7장으로 구성한다. 1장에서 북한 체제 유지의 비결이 주민통제에 있으며, 주민을 가장 가까이서 통제하는 사회안전성의 주민통제에 관한 연구 필요성을 제기한다. 특히 사회통제 기구가 주민들을 통제하면서 인권침해를 자행하고 있다는 점에 주목한다. 통일연구원의 『북한인권백서』를 심층 분석하여 북한 사회안전성의 주민통제의 시대별, 유형별 분석을 시도했다.

2장에서는 전체주의 이론과 북한 사회통제 구조를 살펴본다. 북한이 여타 사회주의 국가들과는 다른 점이 있지만 전체주의 체제의 보편적 특성을 지니고 있고, 체제 유지를 위해 경찰 등 물리적 기구를 통해 사회통제를 한다는 점을 제시한다. 3장에서는 사회안전성의 연혁과 조직체계, 역할을 다룬다. 초기 사회안전성이 토지개혁, 농업협동화, 국유재산화, 성분제도 등 정권의 중요정책을 관철시키는 역할을 하였음을 밝힌다. 이어, 사회안전성의 역할과 업무, 방향을 제시하는 '인민보안법'과 '인민보안단속법' 등 기본 법제를 검토한다. 4장에서는 김일성과 김정일 시기 사회안전성의 주민통제 특징과 역할을 분석한다. 김일성 시기 사회안전성 주민통제의 특징으로 사회통제의 제도적 기반 조성, 집단주의에 따른 통제, 체제질서 유지를 위한 공포통제를 도출한다. 김정일 시기 사회안전성의 주민통제의 특징으로는, 사회통제 법적 기반 조성, 비사회주의 행위통제의 시작, 계획경제 실패와 외부문물 유입 통제를 위한 공포통제를 도출한다.

5장에서는 『북한인권백서』와 심층면접을 중심으로 김정은 시대 사회안전성의 주민통제의 유형과 특징을 도출한다. 5장 1절에서는 2012년부터 2024년간의 『북한인권백서』를 심층 조사하여, 북한 사회안전성에 의한 주민들의 인권침해사례를 추출하여 분석 및 반영하였다. 2절에서는 저자가 직접 진행한 사회안전성의 주민통제에 관한 심층 인터뷰 내용을 분석하여 김정은 시대의 주민통제 특징을 도출한다.

김정은 시대 사회안전성의 주민통제를 생활, 행위, 수단으로 유형을 분류하였다. 첫째, 북한 사회의 기본이 되는 부분으로, 주민들을 혁명화 정도에 따라 분류하고, 차등적으로 통제 및 관리하는 '기본적 생활통제'이다. 둘째, 사회주의적 사상 약화의 원인이 되는 외국 영상과 음악, 출판물 등을 감상하고 소지한 행위와 미신행위 등을 통제하는 '비사회주의적 행위통제'이다. 셋째, 법이 공식적으로 존재함에도 불구하고 더 강력한 제재를 위해 포고문을 활용하고, 공개처형을 하는 '공포적 수단통제'이다.

6장에서는 5장에서 분류한 통제유형을 정권별, 유형별로 교차 분석한다. 각 통제유형이 정권별로 가지는 특징, 공통점과 차이점, 통제정책의 방향 등을 도출한다. 정권별 중점적으로 활용한 주민통제 유형은 무엇인지, 각 통제 유형별로 통제를 활성화하는 환경과 제약하는 환경이 있었는지, 통제를 강화시킨 요인과 완화시킨 요인들이 무엇인지 분석한다. 이를 종합하여 주민통제 유형의 강화와 완화, 유지 여부를 평가하였다. 7장에서는 앞서 분석된 북한 사회안전성의 주민통제 내용과 특징을 종합적으로 정리하고, 결론을 도출하였다.

본서는 사회안전성의 주민통제에 관한 연구이지만, 사회통제가 주민통제를 포괄하는 개념이기에 넓은 의미의 사회통제 연구임을 밝힌다. 사회통제 기구 중 사회안전성에 초점을 맞춰 연구하고자 하였으나, 사회통제 기구의 역할이 중첩됨에 따라 국가보위성과 국방성 등 다른 사회통제 기구와 역할이 일부 중복될 수 있다. 마지막으로, 본서의 중요 연구자료인 북한인권백서 인터뷰와 심층 인터뷰에서 북한 주민 생활의 생생한 증언을 전달하고자, 사회안전성(인민보안성)과 안전원(보안원) 등 명칭과 띄어쓰기, 말투 등을 원형 그대로 유지하였다.

북한의 주민통제는 사회안전성을 포함한 북한의 기관 및 관리를 통해 조직적이고, 일상적으로 이뤄지고 있다. 이에 따라 일상생활에서 북한 주민들의 인권침해는 계속 되풀이되고 있다. 본서가 북한의 사회통제와 그 과정 중에 발생하는 인권침해 현실을 조금이나마 알림으로써 북한 주민들의 인권과 삶에 대한 관심을 제고하는 기회가 되길 바란다.

가능한 북한에 대해 전문지식이 없는 일반인들도 하나의 주제를 완결해서 일독할 수 있도록 최대한 평이하게 기술하고자 했다. 북한 문제는 초등학생부터 100살 노인세대까지 모두가 자신만의 견해를 가진, 누구나 아는 것 같지만 전문적인 이해는 미흡한 주제다. 당대는 물론 차세대의 핵심 이슈라는 인식하에서 흥미를 가지고 한반도 분단 극복과 통일을 바라볼 수 있기를 희망하는 마음으로 집필하였다.

공저자로 참여한 배진 박사는 사회안전성이라는 주제에 집중하여 연구에 매진하고 있다. 최초로 북한 사회안전성과 주민인권문제를 심층적으로 연계하여 분석했다. 학문적인 대성이 기대되는 신진연구자다. 현직 경찰로서 업무에 집중하면서 틈틈이 집필 작업을 수행한 데 대해 노고를 치하하고자 한다. (사)남북경제연구원의 살림을 책임진 정유석 통일연구원 연구위원, 항상 스승의 일을 내 일처럼 처리하는 고려대 통일융합연구원 조정연 연구위원에게 감사를 드린다. 마지막으로 급변하는 출판 여건에서도 흔쾌히 출간을 도와주신 도서출판 박영사의 안종만 회장님, 안상준 대표님과 아름다운 편집을 해 주신 박세연 편집자님 등 편집부 여러분께 감사의 말씀을 전한다.

2025년 을사년 푸른뱀이 새로운 모습으로 변화하기를 기원하며
대표저자 남성욱

차례

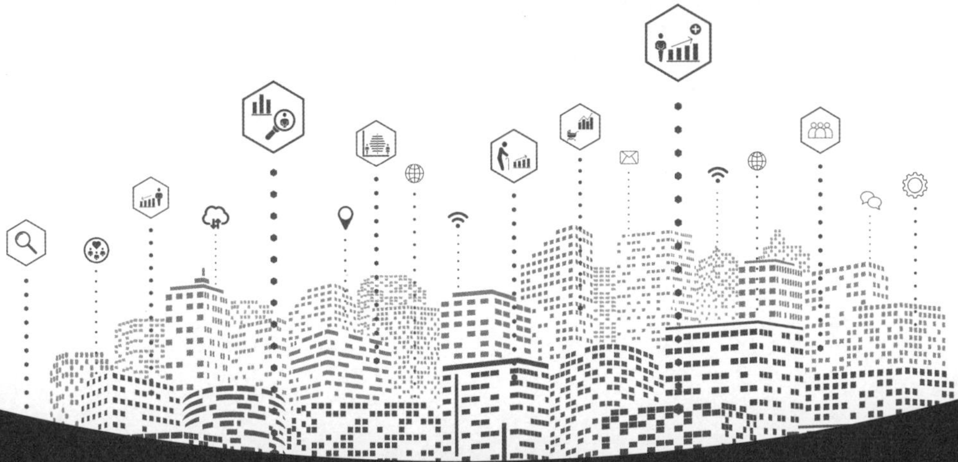

제1장

서론

제1절

연구목적

1990년대 중반 고난의 행군 이후 북한의 만성적인 경제난은 지속되고 있다. 선군정치의 기조하에 북한은 연이은 군사도발과 6차례의 핵 실험을 감행하였고, 국제사회는 추가적인 대북제재를 실시하였다. 2019년에는 '코로나19'가 발생하였고, 2022년 봄에는 50년 만의 최악의 가뭄이 찾아오면서 북한의 식량난은 전국 단위로 악화되었다. 북한 주민의 상당수가 식량부족을 경험하고 있으며,[1] 코로나19로 인한 국경 지역의 완전 봉쇄는 생계를 위해 밀무역과 시장거래를 하던 주민들의 삶을 어렵게 만들었다. 북한 당국은 식량난 이후 국가의 식량 배급체계를 정상화할 수 없었고, 주민들은 배급에 의존할 수 없어 밀수, 장사, 가내수공업, 개인 텃밭 경작 등을 통해 스스로 생계를 유지해 왔다. 사회주의 체제의 근간인 배급제도가 정상적으로 작동하지 않고, 경제적 어려움이 지속됨에도 불구하고, '어떻게 북한의 지도자들은 3대 세습을 할 수 있었으며, 권력을 유지할 수 있었는가'라는 질문이 지속적으로 제기되어 왔다.

다른 사회주의 국가들과 달리, 북한은 수령이 절대권력을 갖고, 조선로동당을 중심으로 통치하는 사회주의 체제이다. 1990년대 동구권 사회주의의 몰락에도 불구하고 북한 지도자의 권력은 1994년 김일성 사망으로 김정일로 이양되었고, 2012년 김정은까지 3대 세습을 성공적으로 이루었다. 일부 선행연구자들은 북한의 3대 지도자들이 절대권력을 유지할 수 있던 이유를 '사회통제'에서 찾았다. 전체주의 국

1 미국 농무부 산하 경제연구소에서 발간한 국제 식량안보평가에 따르면 2021년 식량부족을 겪은 북한 주민은 1,630만 명으로 전체 인구의 63%에 달하였다. 보고서는 "대다수의 북한 주민이 낮은 수준의 식량 섭취로 고통받고 있고, 식량 안보 상황이 계속 취약할 것으로 보인다."라고 평가하였다. www.usda.gov/ '국제식량안보평가'. 자민앤더슨, "가뭄 홍수 비료 부족에 어김없는 식량난", 『자유아시아방송(RFA)』, 2022년 12월 30일.

가들은 강력한 사회통제를 통해 체제를 유지한다. 북한 역시 치밀하고 촘촘한 사회통제를 통해 체제와 정권의 권력을 유지하고 있다. 강력한 사회통제를 실효적으로 작동시키기 위하여 주민들의 사상교육을 강화하고 있다. 북한은 지도자에 대한 유일사상체제를 확립하여 3대째 정권세습을 이어가고 있다. 북한은 1990년대 중반 식량난 이후 배급제도의 중단과 장마당 시장 경제의 성행, 국경 지역 밀무역, 국경이탈 및 만연한 뇌물수수와 같은 부패 등 경제 위기에 직면해 있다. 이에 따라 주민들의 불만과 반발을 사전에 무마하고 관리하는 통제업무는 북한 정권에 매우 중요하다. 같은 맥락에서, 북한 당국이 직면한 위기를 극복하는 방법인 '사회통제'에 관한 정책의 내용과 방향은 북한 체제의 지속 요인을 분석하는 연구에서 중요한 역할을 한다.

김정은 위원장은 2013년 6월 인민보안부장(現 사회안전상)에게 대장의 칭호를 부여하고, 인민내무군을 인민군대와 함께 북한의 2대 무장 집단으로 인정하였다. 2020년 5월 24일 노동당 중앙군사위원회 확대회의를 통해 경찰의 명칭을 인민보안성에서 사회안전성으로 변경하였다. 또한, 사회안전성의 최고 책임자인 사회안전상을 군 출신이자 지도자의 측근으로 수차례 교체하였다. 북한 주민들의 사회적 일탈행위가 증가함에 따라 주민 관리와 국내치안 문제를 담당하는 사회안전성의 주민통제 역할이 과거보다 더 커졌다. 본서는 사회통제 기구 중 주민들과 가장 밀접하게 연관되어 있는 북한 경찰인 '사회안전성'의 주민통제를 중점적으로 분석하고자 하였으며, 선대정권과의 비교를 통해 김정은 시대 주민통제의 특징 도출을 시도하였다.

북한 체제는 전체주의적 통치의 물리적 통제를 강력하게 시행하고 있다. 북한은 여타 전체주의 국가들과 유사하게 경찰 등 물리적 통제 기구를 통해 사회를 통제하고, 그 과정에서 주민들의 인권과 권리에 대한 제한과 침해가 발생한다. 이에 따라, 통일연구원에서 1996년부터 2024년까지 매년 발간한 『북한인권백서』 전권을 심층조사하여, 북한 사회안전성의 주민통제로 인한 주민들의 인권침해 사례를 추출하고 주민통제 유형을 분류하였다. 또한, 김정은 통치하에서 경찰의 주민통제를 경험한 2018년 1월 이후 북한국경을 이탈한 주민 8명을 심층 인터뷰하였다. 이외에도 북한 자료와 국내외 문헌, 통일부가 발행한 2023년, 2024년 『북한인권보고서』를 통한 문헌연구로 부족한 부분은 보강하고자 했다.

북한 사회안전성의 주민통제를 중점적으로 분석했지만 북한의 주민통제가 오로지 경찰에 의해서만 이뤄지지 않기 때문에, 국가보위성과 국방성 등 다른 물리적 기구의 역할과 중첩되는 부분도 연구대상에 포함시켰다. 경찰의 주민통제는 사회통제의 일환이기 때문에 사회통제적 측면이 연구의 핵심 분석 대상이다. 주민통제의 실태와 유형을 분석한 이후 나아가 김정은 정권의 주민통제 방향, 미래 북한 정권의 생존 가능성 등을 조심스럽게 예측해 보고자 한다. 마지막으로, 본서가 북한 주민의 인권침해 사례를 통해 북한 경찰의 주민통제를 분석함에 따라, 상시적 감시와 통제속에서 살아가는 북한 주민의 삶과 인권에 대한 관심을 제고하는 계기가 되길 바란다. 특히 통일이 되어 북한 주민들에 대한 사회통제의 실상이 드러났을 때, 본서가 적절했다는 사후 평가를 받기를 기대한다. 동서독 통일 이후에 동독 주민에 대한 비밀정보경찰인 슈타지의 감시 역할이 동독 체제 유지에 크게 기여했음이 밝혀졌다.[2] 북한의 사회안전성도 슈타지와 같은 역할을 하고 있는 것으로 평가된다.

2 국가보안부(독일어: Ministerium für Staatssicherheit, 정식 약자 MfS), 또는 국가보안원(독일어: Staatssicherheitsdienst, SSD)은 1950년부터 1990년까지 존재했던 동독의 정보기관으로서 약칭인 슈타지(독일어: Stasi, 독일어 발음: [ˈʃtaːziː])로도 알려져 있다. 1950년에 창설되어 1990년에 해체되었으며, 반체제 인사 감시 및 탄압, 국경 경비, 해외정보 수집, 대외 공작 등을 주 임무로 하여 활동한 기관이다. 또한 냉전 시절 당시 미국의 CIA나 소련의 KGB를 능가하는 비밀정보기관이라는 평가를 받을 정도로 동·서독을 막론하고 전 유럽에 영향을 끼친 기관으로 기록되어 있다. "동독 슈타지 수감자 아직도 트라우마", 유광석 KBS기자, https://v.daum.net/v/20191108070204002.

제2절

선행연구 검토

본서의 주제는 '사회통제 기관인 사회안전성의 주민통제 연구'이다. 넓게는 북한 정권의 사회통제에 관한 연구이고, 좁게는 사회통제를 수행하는 기구인 '사회안전성'의 주민통제 연구이다. 사회통제 기구인 사회안전성에 관한 연구는 하드웨어인 기구 자체에 대한 분석과 소프트웨어인 사회안전성의 역할과 기능인 '통제'에 관한 연구로 분류할 수 있다. 선행연구는 크게 ① 북한 정권의 사회통제와 ② 북한 경찰(사회안전성)에 대한 연구로 분류한다. 북한 경찰에 대한 연구는 다시 ㉮ 통제 기구로서의 북한 경찰과 ㉯ 북한 경찰의 사회통제 행태에 관한 연구로 분류하였다.

그림 1-1 선행연구 분류

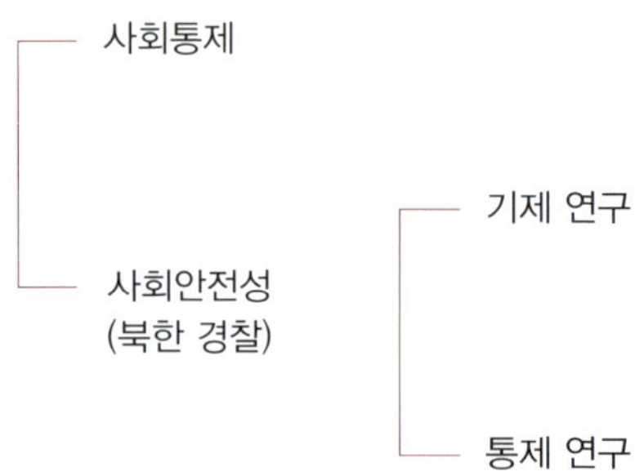

북한 사회통제의 전체적인 특징과 변화를 연구한 논문에는 정영철(1997)과 이우영(1999), 오경섭(2009), 배영애(2011)가 있다. 정영철은 1980년대 들어 북한의 사회통제가 약화되고 있다고 보았고, 해당 시기 사회통제 변화와 이완현상을 분석했다. 특히 북한의 사회 체제가 사상적 통제를 우선으로 제도적, 물리적 통제가 뒷받침해 주고 있다고 평가했다.[3] 이우영은 북한 사회주의 통제의 특성과 변화를 통해 체제 유지 능력을 검토하고자 했다. 북한의 사회통제는 물리적 및 이념적 억압뿐 아니라 근로단체 운영과 배급제도 등 여러 차원의 사회통제 기제들이 사용되며, 상호 복합적으로 작용, 조직적으로 연결된 유기적 관계를 맺고 있다고 분석했다.[4] 오경섭은 북한이 대내외적 위기에 대응하여 전체주의적 사회통제를 강화하고 보완하는 조치를 취했기 때문에 붕괴되지 않았다고 평가했다. 김일성은 정치적 도전이 발생하자, 반대세력을 숙청하고 수령 유일지배 체제를 확립해서 위기를 극복하였고, 김정일은 심각한 경제난으로 주민들의 사회적 일탈이 급증하는 등 위기가 발생하자 강력한 선군정치를 실시하며 사회통제를 재정비하여 체제를 유지할 수 있었다고 분석했다.[5] 배영애는 1990년대 이후 북한에 각종 일탈행위가 발생함에 따라, 정권은 물리적 통제를 강화하고, 지도이념과 사상교양의 재정비를 통해 체제위기를 극복하고자 하였고, 한편으로는 장마당 등 시장을 일부 허용하고, 계층정책을 부분적으로 완화하는 등 일상생활의 통제를 유연하게 적용하는 시도를 한다고 평가했다.[6]

사회통제를 정권의 시기별로 살펴본 연구에는 김일성시대 사회통제를 연구한 이지수(2018), 김정일 시대 사회통제를 연구한 안희창(2014) 등이 대표적이다. 김정은 시대 사회통제 연구로는 정상돈(2016)과 신동훈(2019), 김우영 · 안경모(2018)가 있다. 이지수는 김일성 시대 사회통제의 양상을 통해 그 특성을 제시하고자 했다. 김일성 정권 초기 사회통제는 소련과 유사한 일반 사회주의 체제의 성격이 나타난다고 보았고, 후기에는 1958년 내부 권력투쟁 등을 거치면서 당 중앙 중심을 '수령' 중심

3 정영철, "북한 사회통제 메커니즘 변화와 특징: 사상적, 물질적, 제도적 측면에서의 고찰,"『통일문제연구』, 제9권 제2호 (1997).

4 이우영,『전환기의 사회통제체제』(서울: 통일연구원, 1999).

5 오경섭, "북한 전체주의 사회통제와 체제 내구성,"『세종정책연구』, 제5권 2호 (2009).

6 배영애, "북한 사회통제의 특성과 변화,"『통일전략』, 제11권 제4호 (2011).

으로 바뀌 나가, 유일사상 10대 원칙으로 통제시스템을 제도화한 특징을 가진다고 분석했다.[7] 안희창(2014)은 체제 유지의 현실적 요인을 사회통제 시스템에서 찾았다. 논문은 김정일이 고난의 행군 이전과 이후의 사회통제에 어떤 변화를 주었는지를 비교 분석하여 북한 사회통제의 특징을 알아보고자 했다. 이를 위해 구조주의[8]를 대표하는 철학자 알튀세르(Althusser, 1918~1990)의 국가론 '억압적 국가 기구'와 '이데올로기적 국가 기구'를 적용하여 분석하였다.[9] 정상돈은 사회통제 주요 시스템으로 계층, 사상, 주거 및 여행, 법기관 등에 의한 통제를 제시했다. 식량난 이후 중단된 배급제가 회복되지 않았고, 김정은 시대의 사상통제가 김정일 시대의 사상통제보다 모든 측면에서 더 강력하지는 않지만, 법과 제도 및 기관을 통해 주민의식 변화가 세력화하는 것을 막고 있어, 북한 주민의식 변화가 체제 변화를 초래하기엔 미흡하다고 평가했다.[10] 신동훈은 북한 사회통제를 사상, 생활 및 물리적 통제로 나누었고, 선대 정권과 비교하여 김정은 정권의 특징을 도출하고자 했다. 사상적 통제에서 김정일의 선군정치로 군이 보유했던 강력한 영향력을 당 조직에 기능을 이관시켰고, 생활적 통제에서 시장에 대한 통제를 어느 정도는 완화시켜 주민들의 불만을 누그러뜨리고자 했다고 분석했다. 반면 물리적 통제 측면에서 김정은 정권이 선대 지도자들보다 강력한 공포정치를 실현했다고 분석했다.[11] 김우영·안경모는 북한이 경제난 이후 다양한 사회적 변화가 나타남에 따라 사회통제 유형이 변하고 있다고 보았다. 사상, 생활 및 행동 등 각 영역에서 후기 전체주의적 사회통제의 특징이라고 할 수 있는 동의적, 보상적 및 법제적 방식의 '긍정적 사회통제' 유형이 강화되고 있다고 평가했다.[12]

기구 '사회안전성'에 대한 연구는 길화식(2010)과 김일기·김호홍(2020) 등이 있다. 길화식은 북한 공안기관의 권한이 강화되고 있고, 기관별 상호 검열과 감시 체제

7 이지수, "김일성 시대 사회통제: 탈북자 증언을 중심으로," 『한국정치연구』, 제27권 1호 (2018).

8 구조주의란 자연만이 아니라 인간 사회나 의식도 단순하고 근원적인 요소의 영향을 받는 구조를 통해 분석 및 해명할 수 있다는 문제의식과 관점을 말한다. 일부 논점을 지나치게 단순화한 면이 있지만 현상의 다양성 아래 작동하는 질서를 규명하고자 했다.

9 안희창, 『김정일 시대 북한의 사회통제연구』 (동국대학교 박사학위 논문, 2014).

10 정상돈, "김정은 시대 사회통제 정책 평가," 『세계북한학 학술대회 자료집』, 제3권 (2016).

11 신동훈, 『김정은 시대 북한의 사회통제』 (고려대학교 박사학위 논문, 2019).

12 김우영 · 안경모, "김정은 시대 북한 사회통제 유형에 대한 연구," 『현대북한연구』, 제21권 3호 (2018).

를 구축함으로써 저항세력이 형성되지 못하는 구조이며, 통제기관의 주민에 대한 감시와 통제가 지속적으로 강화될 것으로 전망했다.[13] 김일기·김호홍은 김정은 시대 정보기관의 정보활동은 조직지도부 등을 통해 김정은의 직접 지시와 통제를 받고 있어, 정보기관에 대한 통제와 감시가 체계적으로 유지되고 있다고 보았다. 전반적으로는 김정은 정권은 당-국가 체제라는 사회주의 정상국가화를 지향하는 정보 기구의 조직 변화가 있었다고 평가했다.[14]

북한 경찰에 대한 체계적인 연구는 1990년대 중후반 식량난 이후 시작되었다. 2000년 6·15 남북정상회담을 계기로 남북교류가 활성화되면서 2000년대부터 본격화되었다. 자료의 보안성과 접근에 대한 제약으로 치안기관과 국책 연구기관이 북한 경찰 연구를 시작하였다. 그 이후에는 권력 작동 기제의 구조, 조직, 연혁, 기능 및 임무에 관한 내용은 선행연구를 바탕으로 조금씩 발전하는 방향으로 진행되었다.

북한 경찰 연구는 하드웨어인 '북한 경찰' 기구 연구와 소프트웨어인 북한 경찰의 사회통제에 관한 연구가 있다. 사회통제 기구로서 사회안전성을 살펴본 초기 연구로는 유동열(2001)과 전현준(2003)이 있다. 유동열(2001)은 정보의 공개가 극히 제한되는 북한 경찰의 연혁, 조직도, 계급 및 인사 등을 연구함으로써 사회통제 기제 '북한 경찰 연구'의 기점이 되었다.[15] 전현준(2003)은 북한 경찰의 연혁과 조직체계에 더불어 북한 경찰의 역할과 임무 등을 폭넓게 연구함으로써 북한 경찰의 사회통제 연구에 대한 초석을 다졌다.[16]

한동안 단절되었던 북한 경찰 기제의 연구는 김웅환(2017)과 홍정기(2019)에 의해 재개되었다. 김웅환(2017)은 김정일과 김정은 시대를 반영한 경찰의 연혁, 조직구조, 계급, 모집 요강 등을 다뤘다.[17] 홍정기(2019)는 사회통제 기제를 분석하고자 하였고, 국가보위성의 역할과 기능, 사회안전성의 임무, 조직, 주민통제사업에 대해 연구

13 길화식, "김정일 시대 공안기관의 사회통제 강화와 한계," 『북한학보』, 제35권 2호 (2010).

14 김일기·김호홍, 『김정은 시대 북한의 정보기구』 (서울: 국가안보전략연구원, 2020).

15 유동열, "북한경찰(인민보안성)의 조직체제 및 현황," 『치안정책동향』, 제7호 (2001); "북한 정보기구의 변천과 현황," 『국가정보연구』, 제11권1호(2018).

16 전현준, 『북한의 사회통제 기구 고찰: 인민보안성을 중심으로』 (서울: 통일연구원, 2003).

17 김웅환, "북한 경찰(인민보안성)에 관한 연구," 『경찰복지연구』, 제5권 2호 (2017).

하였다.[18]

북한 경찰의 사회통제 연구로는 최응렬·이규하(2012)와 성준혁(2015) 등이 있다. 최응렬·이규하는 북한 경찰의 사회통제 기능과 운용방식을 연구하였다. 북한 경찰이 공안조직망을 통한 인민반 감시활동, 주민요해사업, 거주이전, 여행 제한 등 행정규제와 수사, 예심, 공개처형, 교화 등 형사법 절차를 통해 종합적인 사회통제 활동을 하고 있으며, 북한 정권이 대내외적 불리한 환경극복을 위해 사회통제를 더 강화할 것으로 전망했다.[19] 성준혁(2015)은 북한 경찰의 사회통제 유형을 중심으로 통제의 변화와 특징을 분석하였다. 인민보안부의 위상은 부침을 반복하였고, 지도자들은 정권 안정화를 위한 법과 정치를 강조했다고 평가했다. 강제적 통제뿐만 아니라 정치사상사업, 주민요해사업, 교화사업 등 다양한 이데올로기적 통제 기제들을 통해 북한 주민들을 체계적으로 통제하고 있다고 보았다.[20]

표 1-1 선행연구 분류표

대분류	소분류	단행본, 논문명	연구자	연구방법	발행연도
북한 경찰	북한 경찰의 사회 통제	북한 인민보안부에 대한 연구 - 북한경찰의 통제유형을 중심으로(경북대학교 박사학위 논문)	성준혁	문헌분석 (인민보안부) 면담 조사	2015
		북한 인민보안부의 사회통제에 대한 연구	최응렬·이규하	문헌연구 (탈북자증언) 실증연구	2012

18 홍정기, “북한체제의 사회통제기제 분석- 국가보위성과 인민보안성을 중심으로,” 『군사발전연구』, 제13권 2호 (2019).

19 최응렬·이규하, “북한 인민보안부의 사회통제에 관한 연구,” 『사회과학연구』, 제19권 1호 (2012).

20 성준혁, 『북한 인민보안부에 관한 연구: 북한경찰의 통제유형을 중심으로』 (경남대학교 박사학위 논문, 2015).

	기관 연구	북한체제의 사회통제기제 분석 - 국가보위성과 인민보안성 중심	홍정기	-	2019
		북한 경찰(인민보안성)에 관한 연구	김웅환	문헌연구	2017
		북한 사회통제기제 분석과 체제유지 및 변동요인 연구(경기대학교 정치전문대학원 박사학위 논문)	홍정기	-	2016
		북한의 사회통제 기구 고찰: 인민보안성을 중심으로	전현준	-	2003
		북한 경찰(인민보안성)에 관한 연구	신현기	역사·서술적 방법	2002
		북한의 경찰체제분석	유동열	-	2001
사회통제		"김정은 시대 북한의 사회통제 연구" - 정책의 지속과 변화를 중심으로(고려대학교 일반대학원 박사학위 논문)	신동훈	문헌연구	2018
		김정은 시대의 사회통제 정책 평가	정상돈	문헌연구 인터뷰	2016
		김정은 시대 북한 사회통제 유형에 대한 연구 - 전체주의에서 후기전체주의로의 변화를 중심으로	김우영·안경모	문헌연구 인터뷰	2014
		김정일시대 북한의 사회통제 연구(동국대학교 일반대학원 박사학위 논문)	안희창	문헌연구 인터뷰	2014
		김일성 시대 사회통제: 탈북자 증언을 중심으로	이지수	증언 바탕	2018
		북한 사회통제의 특성과 변화	배영애	문헌연구	2011
		북한 전체주의 사회통제와 체제 내구성	오경섭	문헌연구	2009
		전환기의 북한 사회통제체제	이우영	문헌연구	1999
		북한 사회통제 메커니즘의 변화와 특징 : 사상적, 물질적, 제도적 측면에서의 고찰	정영철	-	1997
		북한 공안기관의 사회통제 기능에 관한 연구(동국대학교 일반대학원 박사학위 논문)	길화식	-	2010
		김정일 시대 공안기관의 사회통제 강화와 한계			

출처: 저자 작성

본서의 분석 시기는 2012년부터 2024년까지의 김정은 시대 주민통제를 충분히 반영하여 선행연구와의 차별을 시도했다. 북한 경찰의 주민통제를 다룬 선행 연구들은 김정은 정권의 초기 3년을 반영하는 등 김정은 정권의 사회통제를 전체적으로 반영하기에는 시간적 한계가 있다.

본서는 북한 경찰을 포함한 사회통제 기구의 주민통제가 주민들의 인권을 제한하는 요소라는 연관성에 주목하였다. 통일연구원에서 매년 발행한 『북한인권백서』 1996년~2024년까지를 심층 분석하였다. 북한 경찰 등 사회통제기관을 통한 주민통제 사례를 추출 및 분석하여 연구에 반영하여 기존 연구와는 다른 차원에서 접근하였다. 마지막으로, 본서는 사회안전성의 주민통제를 생활, 행위, 수단적 측면에서 유형별로 분류하였고, 주민통제의 활성화 환경과 제약적 환경을 분석하여 통제가 완화되거나 강화되었다고 판단한 요인을 바탕으로 주민통제 분석을 시도하였다. 실증적인 분석을 위해, 김정은 집권 시기 북한에서 5년 이상 거주한 8명의 북한 이탈 주민을 대상으로 심층면접(in-depth interview)을 병행하여 문헌연구 및 양적연구의 한계를 보완했다. 북한 정권의 주민통제 방향과 향후 김정은 체제의 유지 및 지속(sustainability) 가능성을 조심스럽게 예측했다.

제3절

연구방법 및 구성

1. 연구방법

본서는 북한 사회에서 주민들의 일상생활을 가장 촘촘하게 감시하고 통제하는 사회안전성의 주민통제 특성과 역할 등에 초점을 맞추었다. 전체주의적 독재정권은 사회통제 기구들을 통해 주민들을 강력하게 통제한다. 따라서 북한 경찰을 포함한 사회통제 기구들은 주민들을 통제하고, 그 과정에서 주민들의 기본적인 생활과 권리가 제약되고 침해받을 수 있다는 '사회통제에 따른 인권침해'의 깊은 연관성에 주목하였다. 이러한 문제의식을 바탕으로, 『북한인권백서』와 『북한인권보고서』에 나타난 사회안전성으로 인한 인권침해 사례와 함께 기존 선행연구를 분석하여, 북한 경찰의 주민통제 유형을 분류하였다. 김정은 시대의 주민통제의 특징을 도출하고자, 2018년 1월 이후 북한국경을 이탈하여 국내에 정착한 8명의 북한 이탈 주민을 대상으로 심층면접을 진행하였다.

1996년부터 통일연구원에서 매년 발행하는 조사보고서인 『북한인권백서』는 북한 이탈 주민들을 심층면접조사하여 인권침해 사례를 정리함으로써 북한 인권 실태를 파악하고, 인권문제에 대한 국내외적인 관심 제고에 기여하고 있다. 북한 경찰은 주민들의 자유와 권리를 제한함으로써 주민들의 생활을 통제한다. 따라서, 『북한인권백서』에는 사회안전성 등 사회통제 기구의 주민통제로 인해 발생하는 인권침해 사례가 다수 포함된다. 『북한인권백서』에서 사회안전성의 주민통제를 통한 인권침해와 사회안전성 안전원에 의한 인권침해 사례를 추출하여 연구에 적극 활용하였다.[21]

21 본서가 통일연구원에서 발행하는 『북한인권백서』의 인터뷰를 재인용함에 따라, 인터뷰가 진행된 날짜를 기재한 후 재인용했다고 다음과 같이 표시하였다. (인터뷰 날짜) 1234-56-78 재인용, 『북한인권백서 1234 (출

『북한인권백서』는 북한 이탈 주민들이 인권을 침해받은 사례들을 권리별로 체계적으로 분류하여 인권침해 사례를 소개한다. 침해되는 권리에 따라 크게 시민, 정치적 권리실태와 경제적, 사회적, 문화적 권리실태 및 취약계층과 주요 사안 등으로 분류된다. 분석 결과, 시민적 정치적 권리실태 중 '이동 및 거주의 자유에 대한 권리'와 '사생활을 보호받을 권리', '사상·양심 및 종교의 자유에 대한 권리', '표현의 자유에 대한 권리', '평등권' 등이 북한 경찰의 주민통제와 관련되어 있었다. 따라서 『북한인권백서』의 시민적·정치적 권리실태 내 해당 파트의 증언을 수집하고, 사회안전성, 인민보안성, 인민반, 분주소, 안전원, 보안원, 보안부, 보안서 등 관련 키워드를 검색하여 관련 증언 내용을 수집하였다.

표 1-2 북한 주민통제와 인권의 연관성

대분류	소분류	북한 경찰의 주민통제 관련 내용
시민적·정치적 권리	이동 및 거주의 자유	여행증제도 및 구간별 단속, 특정지역 접근제한 등
	사생활을 침해받지 않을 자유	1호 담당제, 인민반, 생활총화 등 제도적 일상적 감시, 행불자, 탈북자, 한국에 거주하는 가족이 있는 주민, 밀수하는 주민, 해외파견자 가족에 대한 감시와 도청, 불법 가택수색 및 통신 간섭을 통한 사생활 침해
	사상 양심 종교에 대한 자유	미신행위 단속
	평등권	성분 및 계층 분류 간부 등용, 입당, 대학 진학, 직장 배치, 승진, 주거지 배치 등에서 성분 및 계층에 의한 차별

출처: 『북한인권백서』를 바탕으로 저자 작성

북한 연구는 근본적으로 자료 접근성의 한계를 가진다. 특히 북한 사회의 통제를 담당하고 있는 북한 경찰 등 통제 기구에 대한 정보는 북한 내부에서도 특급 비밀로 취급된다. 이에 따라 북한 이탈 주민들의 경험 등 증언을 통해, 북한 경찰의 주민통제 실태와 특징을 파악하고자 하였다. 『북한인권백서』의 증언으로 알 수 없는 부분을 보강하고, 김정은 시대의 사회통제를 반영하고자 심층면접조사를 보완적으로

판년도)』. 북한인권백서의 증언이 중복되어 활용되더라도, 인권백서 연도와 페이지는 한 번만 기재한다.

진행하여 본서에 반영하였다. 김정은 집권이 시작된 2012년부터 5년 이상 북한에서 거주한 8명의 북한 주민을 심층면접의 대상자로 선정하였다.[22] 인터뷰 대상자들은 김정일 시대와 김정은 시대를 모두 겪어본 사람으로서 김정은 시대의 북한 경찰의 역할과 특징, 변화 등이 반영될 수 있을 것으로 기대했다. 심층 인터뷰 대상자의 기본 정보는 다음과 같다.

표 1-3 심층 인터뷰 대상자 정보

분류	성별	탈북시기	연령대	재북시 거주지역	재북시 직업	인터뷰 날짜
A	여	2019년	10대	양강도	학생	2023.05.05
B	여	2018년	40대	함경북도	주부	2023.05.13
C	여	2019년	20대	함경북도	무직	2023.05.25
D	여	2018년	30대	함경남도	주부	2023.06.08
E	여	2019년	40대	평안남도	군인가정 주부	2023.08.29
F	남	2021년	30대	평양	당 기관	2023.09.12
G	여	2019년	20대	양강도	지하철도 운영국 군인	2023.09.21
H	여	2018년	10대	양강도	학생	2023.09.23

2. 연구범위

김정은 집권 시기를 중심으로 한 사회안전성의 주민통제에 대한 분석은 선대 지도자와의 유사점과 시대 변화에 따른 차이점을 도출하는 것이 중요하다. 연구의 목적은 김정은 시대 북한 사회안전성의 주민통제 특성을 도출하여, 향후 북한의 사회통제 방향과 체제 유지 및 지속 가능성을 예측하는 것이다. 따라서 중점적인 연구

22 최근까지 북한에서 거주한 이탈 주민들을 선정하고자 했으나, 2020년부터 2022년까지 코로나19로 인한 북한 국경봉쇄 등으로 국내 입국한 북한 이탈 주민의 수가 매우 적었다는 점을 반영하여, 심층면접 대상자를 선정하였다.

의 기간적 범위는 김정은 집권기인 2012년부터 2024년까지로 한다. 김정은 시대 주민통제의 특성 도출을 위해, 선대 지도자들의 주민통제를 분석하였다. 주민통제 비교분석을 위한 선대 지도자의 주민통제 기간으로, 김일성 시기를 1945년부터 1994년까지, 김정일 시기를 1995년부터 2011년까지로 구분하였다.[23]

북한 사회안전성의 역할은 다양하지만, 주요 핵심임무를 정권과 체제 유지를 위한 사회통제로 보았다. 따라서 주민들의 생활통제 중 경제적 부분에 대한 통제는 연구범위에서 제외하였다. 본서의 핵심은 북한의 대표적 주민통제 기관 '사회안전성'의 주민통제다. 그러나 북한의 주민과 사회를 통제하는 기구는 사회안전성뿐 아니라, 국가보위성과 국방성 등 다른 통제 기구도 존재한다. 따라서, 사회안전성의 주민통제 역할이 국가보위성과 국방성 등 다른 기관들과 중첩될 수밖에 없음을 미리 밝히고자 한다. 마지막으로, 본 연구는 북한 경찰의 주민통제에 대한 연구이지만, 사회안전성의 주민통제 역시 사회통제의 일환임에 따라, 본 연구도 사회통제 연구임을 밝힌다.

3. 논문구성

본서는 총 7장으로 구성된다. 1장에서 연구가 북한 체제 유지에 대한 요인분석으로 시작하여, 북한 체제 유지의 핵심 동력이 사회통제에 있다는 점을 설명한다. 본 연구는 사회통제 중에서도 북한 주민들과 밀접히 관련이 있는 북한 경찰의 주민통제 역할에 주목하였고, 기존 연구들과는 다르게 『북한인권백서』를 심층 분석하여 북한 사회안전성의 주민통제에 대한 시대별, 유형별 분석을 시도하였다.

2장에서는 본서의 이론적 배경이 되는 전체주의 이론에 대해 설명한다. 북한이 여타 사회주의 국가들과는 다른 점이 있지만 전체주의 체제의 보편적 특성을 지니고 있고, 전체주의 정권은 체제 유지를 위해 경찰 등 물리적 기구를 통한 사회통제를 한

23 논문에서 지도자별 분류 기간을 지도자들의 사망 시점을 해당 정권의 종료 시기로 산정하였다. 김일성 시대의 경우에는 일제 강점기 해방 이후부터 김일성 사망 시기인 1994년까지이고, 김정일의 경우는 1995년부터 2011년까지, 김정은의 경우는 2012년부터 2023년까지이다.

다. 전체주의적 특징을 갖는 북한의 사회구조를 사상적, 물질적, 물리적 통제로 분류하여 살펴본다.

3장에서는 북한 사회안전성의 연혁과 조직체계, 역할을 다룬다. 사회안전성의 주된 역할은 수령 결사옹위, 주민 동향 감시, 치안 질서 유지로 분류하여 살펴보았다. 이어, 북한 사회안전성의 주민통제 관련 기본 법제를 살펴본다.

4장에서는 김일성과 김정일 시기 사회안전성의 주민통제 특징과 역할을 분석하였다. 김일성 시기 사회안전성 주민통제의 특징은 사회통제의 제도적 기반 조성, 집단주의에 따른 통제, 체제 질서 유지를 위한 공포에 기반한 통제이다. 김정일 시기 사회안전성의 주민통제의 특징은 사회통제를 위한 법적 기반 조성, 비사회주의 행위 통제의 시작, 계획경제 실패와 외부문물 유입 통제를 위한 공포기반 통제로 도출하였다.

5장에서는 김정은 시대 사회안전성의 주민통제 특징을 도출하고자, 『북한인권백서』와 심층면접을 중심으로 주민통제를 분류하였다. 먼저 2012년부터 2024년간의 『북한인권백서』에서 북한 경찰에 의한 주민들의 인권 침해사례를 추출하여 분석하였다. 또한, 저자가 직접 진행한 심층 인터뷰의 내용을 분석 및 반영하여 김정은 시대의 주민통제의 특징을 도출하였다. 김정은 시대 사회안전성의 주민통제를 생활, 행위, 수단으로 유형을 분류하였다. 첫째, '기본적 생활적 통제'는 북한 사회의 기본이 되는 부분으로, 주민들을 혁명화 정도에 따라 분류하고, 차등적으로 통제 및 관리하는 것이다. 둘째, '비사회주의적 행위통제'는 사회주의적 사상 약화의 원인이 되는 외국 영상과 음악, 출판물 등을 감상하고 소지한 행위와 미신행위 등을 통제하는 것이다. 셋째, '공포기반 수단통제'는 공식적으로 법이 존재함에도 불구하고 더 강력한 제재를 위해 포고문을 활용하고, 공개처형하는 것이다.

6장에서는 5장에서 분류한 통제 유형을 시기별로 교차 분석하였다. 각 통제 유형이 정권별로 가지는 특징, 시기별 공통점과 차이점, 통제 정책의 방향 등을 분석하였다. 또한, 정권별 중점적으로 활용한 주민통제 유형은 무엇인지, 각 통제 유형별로 통제를 활성화하는 환경과 제약하는 환경이 있었는지, 통제가 강화되었다고 판단되는 요인과 완화되었다고 판단되는 요인들이 무엇인지 분석하였다. 이를 종합하여 주민통제 유형의 강화, 완화 및 유지 여부를 평가하였다.

7장에서는 시기와 유형별로 분석된 북한 사회안전성의 주민통제 내용과 특징을 정리하고 결론으로 마무리하였다.

제2장

이론적 고찰과 사회통제 구조

제1절

이론적 고찰

1. 전체주의 이론

전체주의(Totalitarianism)는 이탈리아에서 기원한다. 1923년 3월 8일 파시즘 이론의 공식적 철학자인 조바니 젠틸레(Giovanni Gentile)는 파시즘을 삶의 전체적 개념('a total concept of life: uno stato totalitario')으로 정의하였다.[1] 같은 해 6월 22일 이탈리아의 파시즘 독재자 무솔리니(Mussolini)는 연설에서 반대파의 잔당들을 공격할 때 '전체주의'라는 용어를 사용하였다. 무솔리니는 이후 몇 년 동안 자신이 만들었다고 주장하는 체계(파시즘)를 설명하는 데 전체주의라는 용어를 자주 사용하였다.[2] 1930년 독일에서는 에른스트 윙거(Ernst Jünger)가 전체주의를 전체동원(Total mobilization)의 군사적 의미로 처음 사용하였다. 이후 국가 사회주의자들에 의해서 'total' 용어가 짧게 사용되었다.[3] 히틀러(Hitler)는 전체주의라는 용어를 거의 사용하지 않았지만, 대신 권위주의(Authoritarianism)를 즐겨 사용하였다. 전체주의는 1920년~1930년대 이탈리아와 독일, 러시아의 정치 체제를 설명하는 데 사용되었고, 의회 민주주의와는 대조되는 개념이었다.[4]

전체주의적 접근법은 1920~30년대를 풍미했던 이탈리아, 소련, 독일 및 기타

1 Anthony Giddens, The Nation - State and Violence (Berkeley: University of California Press, 1985), p. 295.

2 Leonard Schapiro, Totalitarianism (New York: Praeger Publishers, 1972), p. 13.

3 초기 국가사회주의자들은 전체주의 용어를 사용하다가 곧 전체주의가 파시즘과 무솔리니를 나타내고 강조함에 따라 히틀러에 대한 존경을 표하며, 표현의 사용을 중단하였다. 소련아카데미 사전에 따르면, 1940년부터는 파시스트를 설명하는 단어로만 사용되었다. Leonard Schapiro (1972), p. 14.

4 앞의 책, pp. 14-15.

유럽국가들에서 공통적으로 나타난 독재 현상을 설명하는 용어가 되었다. 파시즘과 권위주의, 국가사회주의, 공산주의를 비교 분석하고자 한 이론적 틀이며, 국가와 사회 간의 관계를 중요시 한다.[5]

프리드리히(C. J. Friedrich)는 모든 전체주의적 사회에서 기본적으로 공유되는 5가지 요소를 제시하였고, 해당 요소들은 상호 밀접히 연관되어 작용한다고 강조했다. 첫 번째 요소는 공식적 이데올로기로, 인간 존재의 모든 중요한 측면을 다루는 교리로 구성되며, 사회 구성원들은 수동적으로라도 따라야 한다. 두 번째 요소는 전체 인구에 비해 상대적으로 소수인 약 10% 정도의 당원으로 구성된 하나의 대중정당이 있다는 점이다. 소수의 당원들은 당의 일반적 수용을 증진시키기 위해 모든 측면에서 지원할 준비가 되어 있으며, 이념에도 절대적이고 열정적으로 헌신한다. 당은 엄격하게 계층적이고, 소수 독재의 방식이다. 보통은 한 명의 지도자가 있으며, 전형적으로 관료주의적 조직보다 강하거나 완전히 혼합되어 있는 형태다. 세 번째 요소는 모든 가능한 무기화된 전투 수단이 거의 완전히 통제된다는 점이다. 네 번째 요소는 언론, 영화, 라디오 등 모든 대중통신 수단의 통제가 독점된다는 점이다. 다섯 번째 요소는 무기와 대중 통신의 독점 효과에 의존한 폭력적 경찰 통제 시스템이 존재한다는 점이다. 경찰들은 정권의 '적'뿐만 아니라 임의적으로 선택된 계층을 통제한다.[6]

1956년 프리드리히는 브레진스키(Z. K. Brzeziński)와 함께 기존 전체주의적 특징으로 제시했던 5가지 요소인 '정교한 이데올로기', '독재자에 의해 이끌어지는 하나의 대중정당', '당과 비밀 경찰의 통제를 통한 테러 체계', '대중매체에 대한 정권과 당의 완전 독점', '무기 등에 대한 정권과 당의 완전 독점'에 '중앙집권적 경제 체제'를 추가시켜 전체주의의 기본적 특징을 6가지로 정리했다.[7] 1969년 프리드리히는 1953년에 전체주의적 기본 특성으로 제시한 5가지 특징에서 일부를 확장하고 수

5 권오윤, 『북한체제변화론』 (서울: 다다미디어, 1998), pp. 27-28.

6 프리드리히는 전체주의의 일반적인 특징으로 군대에 대한 우위를 차지하는 비밀 경찰의 요소를 포함시키기에는 논란이 존재한다고 보았고, 일반적인 특징으로 포함시키지 않았다. Friedrich Carl J, *Totalitarianism Proceedings of a Conference held at the American Academy of Arts and Science, March 1953* (Cambridge: Harvard University Press, 1954), pp. 54-55.

7 C. J. Friedrich and Z. K. Brzezinski, *Totalitarian Dictatorship and Autocracy* (Cambridge: Harvard University Press, 1965), p. 22.

정하였다. 첫 번째는 당과 지도자의 무기와 대중통신의 독점을 경제적 측면까지 확장시켰다. 두 번째 특징으로, 이러한 당의 독점은 반드시 당에 의해서 행해지는 것이 아니라 엘리트 등 사회를 지배하는 특정 계층에 의해서 이뤄진다는 점을 제시했다.

샤피로(Leonard Schapiro)는 전체주의를 1차 세계대전 이후 대중민주주의 조건에서 성장한 새로운 형태의 독재로 규정했다. 샤피로는 프리드리히가 전체주의의 기본 특성으로 제시한 6가지를 비판적으로 검토하였고, '공식 이데올로기에 내포된 세계지배 이론'과 '지속적인 노력 동원의 필요성'을 추가로 제시했다. 또한 무기에 대한 독점은 전체주의 국가뿐 아니라, 권력을 지키려는 모든 정부에 해당하기 때문에 전체주의 국가의 특징으로 볼 수 없다고 주장했다.[8] 샤피로는 전체주의의 특징적인 면모로 지도자, 법적 질서의 종속, 사적 도덕성의 통제, 지속적 동원과 대중적 지지에 기초한 정통성을 제시했다. 통치의 기축으로서는 이데올로기, 당, 교회, 국가와 사회 등 지배수단을 들었다.[9]

기든스(Anthony Giddens)는 전체주의가 전통적 국가의 특징은 아니며, 상대적으로 최신 민족국가의 특징이라고 보았고, 프리드리히에 의해 제시된 6가지 전체주의적 특징이 정확하고 유용하다고 여겼다. 그러나 전체주의적 특징이 소련식 모든 국가들에게는 적용되지는 않으며, 소련의 경우에도 모든 시기에는 적용될 수 없고, 스탈린 통치 시기에 밀접히 적용된다고 보았다.[10] 기든스는 전체주의 요소로 첫째, 주민들의 기록과 정보, 신분 등 기록의 감시와 주민들의 활동 감시와 치안을 강화하는 '감시의 중요성'을 제시했다. 둘째, 국민들의 역사성에 내재된 정치공동체로서 운명을 같이한다는 '도덕적 전체주의'를 강조했다. 셋째, 경찰 등의 공권력을 최대화하는 등 '테러'를 의미한다. 넷째, 지도자에 대한 '개인숭배'를 제시했다. 기든스는 전체주의의 핵심을 개인 지도자로 파악했는데, 지도자는 대중의 지지를 받으며, 사법부와 입법부 등 국가 기구의 권력을 장악한다. 테러는 부분적으로 권력 장악을 위해 사용

---

8 Leonard Schapiro, *Totalitarianism* (New York: Praeger Publishers, 1972), pp. 20-43.

9 최완규, 『북한의 국가성격 변용에 관한 연구』(서울: 한울아카데미, 2001), pp. 7-19.

10 초기 소련의 경우는, 정치적 중앙통제가 약하고, 경제활동이 여전히 분산되어 있었고, 스탈린 사망 이후에는 1인 독재가 어려워지고 다양한 파벌과 조직이 용인되었기 때문이다. Anthony Giddens, pp. 297-298.

되기는 하지만, 사회적 일탈자에 대한 규제수단으로 작용한다.[11]

표 2-1 전체주의 이론 비교

구분	F&B	Schapiro	Giddens
구성	✓ 정교한 이데올로기 ✓ 1인 독재를 영도하는 단일 대중정당 ✓ 대중매체의 정부 장악, 통제 ✓ 무기 정부 독점, 통제 ✓ 무기와 대중매체 독점을 바탕으로 한 경찰의 폭력적 통제 ✓ 정부 주도 계획경제	✓ 정교한 이데올로기(세계지배 이론 내포) ✓ 1인 독재를 영도하는 단일 대중정당 ✓ 대중매체의 정부 장악, 통제 ✓ 무기와 대중매체 독점을 바탕으로 한 경찰의 폭력적 통제 ✓ 정부 주도 계획경제 ✓ 지속적인 노력 동원	✓ 지도자에 대한 개인 숭배 ✓ 감시활동 중요성 ✓ 정치공동체로서 운명을 공유한다는 '도덕적 전체주의' ✓ 경찰 등 권력을 통한 테러

출처: 저자 작성

1953년 스탈린 사망 이후 집단지도 체제가 등장함에 따라 당의 지도적 역할 부활, 이데올로기의 쇠퇴, 테러의 감소, 당과 국가 기구의 기능 분화 등 전체주의적 특징이 퇴조하는 '탈스탈린화(De-Stalinization)' 현상이 가속화되었다. 이러한 분위기는 여타 사회주의 국가들에서 나타났지만, 오히려 북한은 반대파의 숙청 등을 통해 지도자의 위상과 역할을 강화하고 수령국가를 공고화시키면서, 수령중심의 당-국가 체제를 확립하였고, 전체주의적 특성을 가진 사회를 유지했다.

한나 아렌트(Hannah Arendt)에 의하면, 전체주의 정권이 권력을 장악한 후에는 군인이 아닌 경찰에 의한 통치를 선호하며, 전체주의 정권이 권력을 잡기 전에도 이미 비밀 경찰 조직과 스파이들은 다양한 나라의 행정부에서 활발한 활동을 전개한다.[12] 정권과 체제 유지를 위한 경찰의 중요성은 프리드리히와 샤피로, 기든스에서도 공통적으로 나타나는 특징이다. 전체주의적 특성을 가진 북한은 체제와 정권을 유지하기 위해 경찰 등 물리적 통제 기구를 활용하고 있다. 본서는 북한 경찰의 주민통제 유형, 중점통제 부분과 통제의 방향을 분석했다.

---

11 최완규(2001), p. 22.

12 Hannah Arendt, *Totalitarianism* (New York: Harcourt, Brace & World.Inc, 1975), pp. 117-123.

2. 사회통제 이론

코헨(Cohen)은 '사람들은 왜 일탈할 생각을 하지 않고, 기대되는 대로 행동할까? 일탈행위를 하면, 왜 한 번이나 두 번하고 멈추고, 계속하지 않고 그만두는 것인가?'라는 질문을 던졌다. 그는 일탈을 줄이거나 예방하는 사회적 과정과 구조를 '사회통제'로 설명했다. 사회통제는 그 구성원이 사회에서 정한 규범을 벗어나는 행위인 일탈을 하지 않도록 예방하고 줄이고자 하는 모든 차원의 국가적이고 개인적인 매커니즘과 기술을 포괄한다.[13] 사회통제는 개인의 내적 통제부터 국가 권력에 의한 통제와 같은 외적 통제에 이르는 광범위하고 다양한 현상들을 다룬다. 사회통제는 인간행위의 사회통제 문제로서 공공질서와 사회통합에 해가 되는 일탈이나 범죄행위의 문제에 국한되지 않는다. 사회통제의 문제는 인간의 심리부터 개인과 사회 간 상호작용, 사회적 구조와 제도 및 가치, 규범과 문화현상에 이르기까지 광범위하다.[14] 북한의 사회통제는 지도자 등 국가를 중심으로 이뤄지는 법과 규범뿐만 아니라, 주민들의 사상부터 문화, 생활 및 행동까지 일상적인 모든 부분이 국가에 의해 통제된다는 특징이 있다.

사회통제는 인간과 사회의 시작에 맞물려 있는 만큼 역사가 길다. 초기 사회통제 연구는 산업화와 인구 증가로 인한 문제와 같은 도시화 과정에서 나타나는 범죄와 제반 사회문제에 관심을 가졌다. 1940-50년대에 들어와서는 사회적 규범과 가치에 순응하는 측면으로서 개인의 사회화 과정에 대한 연구가 사회과학의 주된 관심사가 되었고, 인간이 사회적 규범과 가치를 내면화하는 사회화 과정을 통해 사회통제가 가능하다고 보았다. 이후 사회적 일탈의 원인을 사회통제의 약화에서 찾기도 했다.

사회통제 이론은 주요 관점에 따라 합의적 관점과 갈등이론적 관점, 상호작용론적 관점으로 나눠 볼 수 있다. 합의적 관점은 기능주의로 대표되는데, 사회의 각 부분들이 사회의 전체 체계의 유지에 기여하면서 상호 간 합의에 의해 사회통제 등이 이루어진다는 관점이다. 합의적 관점에서는 사회통제가 사회체계의 유지에 필요하기 때문에 존재한다고 본다.

---

13 Albert K. Cohen, *Deviance and Control* (Englewood Cliffs, N.J.: Prentice-Hall, 1966), p. 39.

14 연성진, "사회통제이론의 흐름,"『사회통제의 이론과 현실』(서울: 나남출판, 2000), pp. 26-27.

사회통제 이론(Social Control Theory)은 1969년 트래비스 허시(Travis Hirschi)의 저서인 『일탈의 이유(Cause of Delinquency)』에서 제시되었다.[15] 허시(Hirschi)는 인간이 사회적 존재라는 사실을 기본에 두었고, 타인의 의견에 대한 무감각성이 일탈행위에 영향을 미친다고 설명했다. 뒤르케임(Durkheim)은 인간이 사회적이면서 도덕적인 존재이기 때문에 타인에 대한 애착의 부족은 도덕적 구속으로부터 자유로워지는 것을 의미한다고 보았다. 사회적 규범이 그 구성원들이 공유하는 정의임에 따라, 규범을 위반한다는 것은 다른 사회적 구성원들의 기대에 어긋나는 행동을 하는 것이다. 사실 규범은 사회적 구성원이 정하는 것이기 때문에, 사회에서 규범을 어기는 행위에 대해 처벌을 하면서 구성원들 상호 간의 가치를 재확인할 수 있다는 주장이다.[16] 통제 이론을 북한에 적용할 경우 두 가지 함의가 있다. 첫째, 타인에 대한 애착과 관계가 일탈과 관련이 있다면, 사회적 일탈을 줄이기 위해 수령을 중심으로는 '사회주의 대가정'의 조성이 중요하다는 점이다. 둘째, 북한은 "하나는 전체를 위하여(All for one, One for all)"라는 '집단주의' 원칙을 강조하는데, 집단주의 원칙이 타인에 대한 배려와 생각, 애착을 높임으로써 타인의 기대에서 어긋나는 행동을 하지 않으려는 환경을 조성해 사회통제에 도움을 준다.[17]

뒤르케임(Durkheim)은 집단주의가 발달한 사회에서는 일탈이 발생하면 이를 제재함으로써 사회통합을 이루고자 한다고 주장한다. 일탈을 제재하는 방법으로, '억압적 제재'와 '복구적 제재'를 제시했다. 억압적 제재는 법 적용 대상의 재산이나 명예, 생명, 자유를 박탈하는 방식으로, 형법의 역할을 강조한다. 반대로 개인주의가 발달한 사회는 개인 간의 갈등을 조절하고 해소함으로써 사회적 관계를 정상적 상태로 회복한다. 이를 '복구적 제재'로 칭하고, 민법과 상법, 소송법 등에 의해 수행된다.[18] 북한은 집단주의가 발달한 사회로, 주로 억압적 제재의 방법으로 사회를 통제한다고

---

15 Travis Hirschi, *Causes of Deliquency* (CA: University of California Press, 1969), pp. 10-11.

16 앞의 책, p. 17-18; Durkheim, *Moral Education*, trans. Everett k. Wilson and Herman Schnuer (New York: The Free Press, 1961), p. 64 재인용.

17 뒤르케임이 제시한 이론의 사회 속 상황과는 다르게, 북한 사회의 규범은 구성원들이 정하는 것이 아니다. 그럼에도 주민들은 철저한 사상 교양을 통해 집단주의적 대가정 사회규범을 받아들여 생활한다.

18 이현희, "뒤르케임의 형벌진화이론과 사회통제,"『사회통제의 이론과 현실』(서울: 나남출판, 2000), pp. 56-57.

적용할 수 있다.

뒤르케임은 범죄가 구성원들에 의해 보편적으로 부정되는 행동이며, 집합 감정에 반하는 행동으로 사회 정의나 이익과는 무관하다고 보았다. 북한에서의 범죄는 절도, 살인, 강간 등 보편적으로 부정적인 행위뿐 아니라, 북한에서 사회통제와 체제의 유지를 위해 규정한 행위이다. 다수가 모이는 행위, 지역을 자유롭게 이동하는 행위, 외국 문물을 접하는 행위 등은 보편적 정의와는 무관하게 북한 정권이 체제 유지를 위해 잘못된 행위로 규정하고 규제하는 예시이다. 북한의 경우에는 사회 구성원들에 의해 범죄와 일탈행위가 규정되지 않고, 지도자와 정권의 정책에 의해 일탈행위와 범죄가 규정되어 단속된다. 이는 북한이 전체주의적 특징인 '1인이 독점하는 당에 의한 통제'와 '경찰 등 물리적 테러의 독점' 등을 갖고 있다는 점과 북한 사회 전체가 주체사상과 혁명적 수령관을 통해 사상적으로 충분한 교양과 교육을 받았기 때문에 가능하다.

사회통제의 합의적 관점과 반대되는 접근방식은 갈등적 관점으로, 사회 내 구성원들이 다른 수준의 권력을 보유함으로써 생기는 갈등에 관심을 두었다. 갈등론적 관점에서 일반적으로 권력을 가진 자가 자신의 이익을 위하여 법을 제정하고 제도를 운영한다. 마르크스주의자들의 범죄 및 사회통제 이론은 권력을 가진 집단이 그렇지 못한 집단을 규제하고 통제하기 위한 수단으로 형사제도와 법을 이용하는 것으로 파악한다. 하버마스(Habermas)의 비판 이론에서는 법이 당사자들의 합의적 규범이 아닌 약자를 효과적으로 다스리기 위한 강자 통치 기술적 수단으로 전락하게 되는 것을 지적한다. 법이 당사자들의 합의에 의하지 않고, 단순한 통치기술의 문제로 전락되어, 주체 통치자가 통치 대상인 '국민'을 어떻게 다스리냐에 초점이 맞춰지게 되면 법은 통치자의 도구적 행위에 불과하다. 전통적 권위나 카리스마적 권위에 통치자의 도구적 행위로서의 법적 행위들이 잘 뒷받침되면, 통치권의 사회통제적 효과는 합리적 법에 의한 통치 못지않게 높을 수 있다. 그리고 사회가 지향해야 하는 경제와 복지, 과제 등 방향에 대한 정치적 논의의 여지가 사라지고 비효과적으로 치부되면, 비대한 통치기구만 남게 된다. 국민들과 정치가 멀어질수록 사회통제의 타율적 성격은 더 강해지고, 법은 사회 구성원들의 합의 규범과는 거리가 먼 억압적 사회통제의 기술적 수단이 된다.[19] 하버마스는 통치가 정치를 압도하고, 체계가 생활 세계를 압도하는 현상을 '정당성의 위기'로 칭했다. 이러한 정당성의 위기는 후기 자본주의 사회뿐 아니라, 전쟁 등의 이유로 비상 체제로 돌입하는 사회, 후진국이나 개발도상국 등의 전체주의, 독재주의 사회에서도 흔히 볼 수 있다.[20]

사회통제의 상호작용론적 관점은 개인의 행위가 사회적 규칙을 따르고 규범에 순응하는 사회적 과정들에 관심을 둔다. 개인이 현실에 대한 자신의 해석과 타인의 현실에 대한 반응을 학습하고, 후에 자신의 행동을 타인으로부터 배운 의미나 상징을 통해 재평가, 해석한다고 가정한다. 미드(Mead)는 개인의 행위가 조직화된 사회집단과 통합된 관계를 통해 협동하게 된다고 보았다.[21] 다른 개인들의 태도에 비추어 자신을 바라보는 자기비판의 과정을 통해 개인행위가 통제되는데, 그런 의미에서 자기비판을 사회적 비판과 동일한 것으로 보았다. 상호작용론적 관점에서 인간의 행위는 기본적으로 어떤 가치나 목적을 달성하기 위한 도구적인 성격을 띠며, 개인의 행위를 주위의 환경이나 사회적 상황적 요소에서 발생한 것으로 본다.[22]

상호작용론적 관점의 사회통제는 공격적 행동에 관한 사회심리학적 이론에서도 잘 나타난다. 어떤 행동에 대한 공격적 행위가 하나의 통제 수단으로 작용한다는 것이다. 예를 들어 다른 사람으로부터 공격을 당했을 때 자신도 공격적 행동을 보이게 되는데, 이는 사회적 관계에서 개인적 차원의 대응이나 처벌의 수단으로 이용되어 사회적 규범을 상호 유지시키는 역할을 한다는 것이다.

푸코(Foucault)는 사회통제에서 권력을 공식적 권력과 일상적 권력으로 나눠 설명하였다. 소위 공식적 권력은 공식적 관계에서의 권력을 뜻하고, 통상 사회의 어느 한 곳에 집중되어 있으며, 정치적이고 경제적 권력을 의미하면서 위에서 아래로 흐르며, 누군가는 가지면 누군가에게는 없는 것이다. 사회나 조직의 공식적 위계 구조에서 그리고 이러한 위계 구조상의 위치와 관련하여 행사되는 권력으로, 대표적으로 군주권과 형사사법권 등이다. 크게 보면, 사회 내 계층 구조상 위치와 빈부격차도 포

19 전병재, "하버마스의 비판이론과 사회통제," 『사회통제의 이론과 현실』 (서울: 나남출판, 2000), pp. 168–169.

20 앞의 책, p. 169.

21 사회통제의 3가지 관점은 연성진, "사회통제이론의 흐름," 『사회통제의 이론과 현실』, pp. 25–41.을 참고.

22 앞의 책, p. 39.

함된다. 반대로 일상적 권력이란 사회의 곳곳에 어느 부분에나 존재하며, 일상생활에서 주로 작용하는 권력이다. 대표적으로 정상과 비정상을 구분하는 시각, 사회 전반에 퍼져 있는 가부장적 권력 등 사회적 분위기를 들 수 있다.

3. 분석 틀

본 연구는 전체주의 이론의 관점에서 북한 경찰의 주민통제를 분석하여 특징과 변화를 도출함으로써 북한 사회통제의 특징, 방향과 향후 북한의 체제 유지 가능성을 예측하는 데 의의가 있다. 우선 지도자별 사회안전성 주민통제를 분석하고 비교한다. 선대정권과 김정은 시대 간 비교를 통해 김정은 시대 사회안전성의 주민통제 특징을 도출하고, 주민통제의 방향을 확인한다.

그림 2-1 지도자별 사회안전성의 주민통제 분석 틀

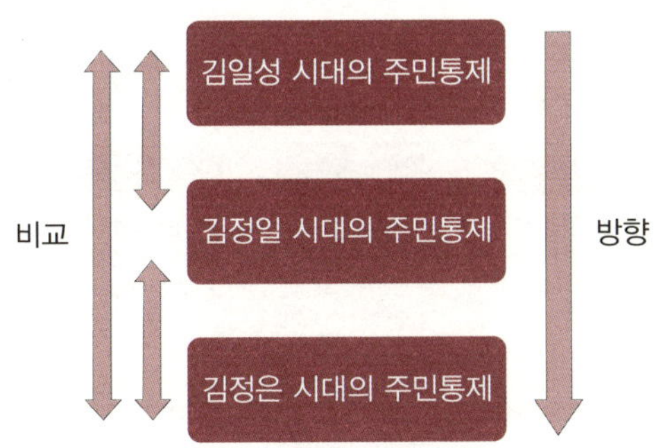

둘째, 북한 사회안전성의 주민통제를 유형별로 분류 및 분석하여, 각 정권마다 중점적으로 활용한 주민통제 유형을 밝힌다. 김일성 시대에는 기본적 생활통제와 공포적 수단통제가, 김정일과 김정은 시대에는 비사회주의적 행위통제와 공포적 수단통제가 중심이 되어 주민통제가 진행되었음을 밝힌다. 셋째, 각 통제 유형에는 통제를 추진하는 환경과 제약하는 환경이 존재하고, 결과적으로 통제를 강화하는 요인과 완화하는 요인이 존재한다. 분석을 통해, 본서는 통제 추진환경과 제약환경, 강화요인과 완화요인이 존재하지만, 강화요인 부분이 완화요인을 상쇄 가능할 정도이거나 그 이상이어서 사회통제가 유지 및 강화되었음을 밝히고자 한다. 분석 틀은 다음과 같다.

그림 2-2 김정은 시대 사회안전성의 주민통제 유형 분석 틀

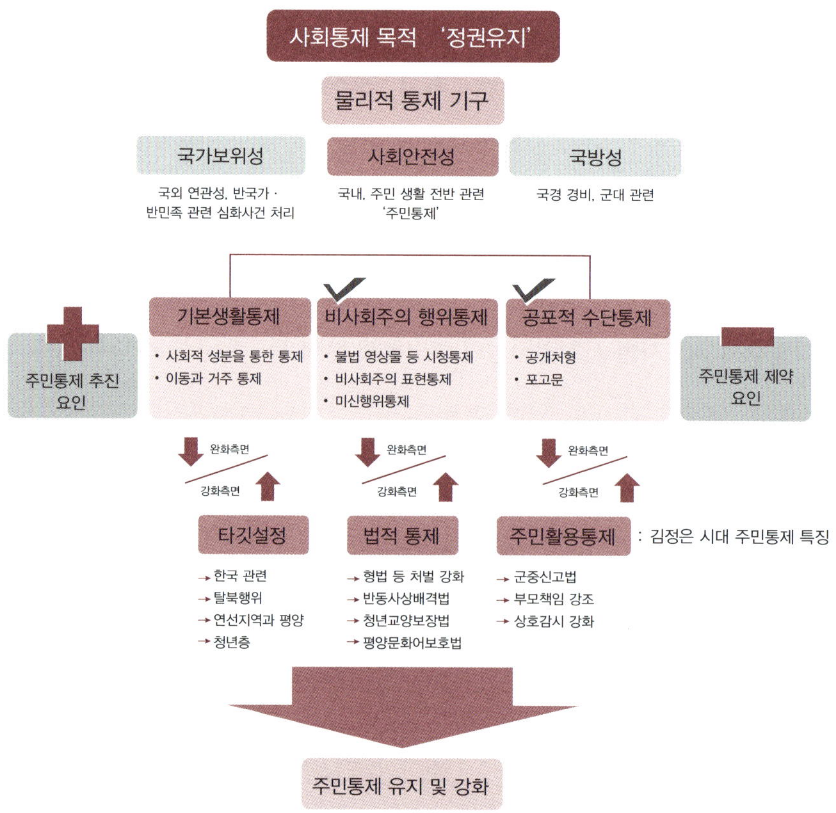

출처: 저자 작성

제2절

북한 사회통제 구조 및 특징

북한은 프리드리히가 제시한 전체주의의 6가지 특징에 샤피로가 추가한 '대중동원'과 기든스의 다른 2가지 '감시활동의 중요성'과 '정치공동체로서 운명을 공유한다는 도덕적 전체주의' 특징을 모두 포함하고 있다. 북한의 사회통제 구조에 따른 전체주의 요소는 다음과 같다.

표 2-2 북한 사회통제 구조와 전체주의 이론의 적용

사회통제 구조	적용되는 전체주의 요소
사상적 통제	정교한 이데올로기, 1인 독재자가 영도하는 단일 대중정당, 대중매체의 정부 장악, (G) 정치공동체로서 운명을 공유한다는 '도덕적 전체주의'
물질적 통제	정부 주도의 계획경제 (S) 이론을 통한 대중동원
물리적 통제	무기 정부독점, 당과 경찰 등 권력을 통한 통제 (G) 감시활동의 중요성

* G는 Giddens, S는 Schapiro, F&B는 표기 안함

북한 사회통제의 분류방식은 학자마다 조금씩 상이하지만, 공통적으로 사상적, 물질적, 물리적 측면이 포함되어있다.[23] 따라서 본 연구는 북한 사회 체제의 통제를 정치적 요인 '사상적 통제', 경제적 요인 '물질적 통제', 사회·제도적 요인 '물리적 통

23 정영철(1997)은 북한의 사회통제를 사회·사상적 통제, 물질적 통제, 제도적 통제로 분류하였고, 이우영(1999)는 물리적 통제와 사회적·이념적 통제로, 배영애(2011)는 사상적 통제, 생활적 통제, 물리적 통제로 분류하였다.

제'로 분류하였다. 첫 번째, 사상적 통제는 수령이 중심이 되는 '당의 유일적 지도체계확립의 10대원칙'에 근거한 정치사회화 통제와 당과 근로단체를 통한 전 사회의 조직·단체 생활에 관한 통제를 다룬다.[24]

두 번째, 물질적 통제에는 전체 주민을 대상으로 적용되는 식량배급제도(public distribution system)를 통한 통제와 간부들과 핵심계층 위주로 적용되는 특혜 등을 포함하는 선물정치를 통한 통제가 포함된다. 세 번째로 물리적 통제에서는 물리적 기구 등을 통하여 일상적인 감시체계를 구축하거나 체제 이탈이나 일탈행위 시 징벌하는 법적 통제를 다룬다. 물리적 억압 기구로는 국방성, 사회안전성, 국가보위성 등이 있다.

1. 사상적 통제

북한은 조선로동당이 중심이 되고, 공식적 이데올로기가 존재하며, 당 중앙의 계획경제로 사회가 운용되는 사회주의 체제로서의 공통적 특성을 갖는다. 또한 1인 지도자가 당의 최상위 권력을 포함한 절대적 권력을 독점하고, 대중매체가 선전·선동의 수단으로서 국가와 당의 통제를 받고, 대부분의 단체와 집단활동이 관료 연계성을 갖고, 군·경찰·정보기관 등이 사회통제의 역할을 하는 전체주의적 특성을 갖는다.

사회주의 권력 구조의 기본적 기구는 '공산당'이다. 주로 한 개의 당이 권력을 독점하며, 최고 권력기관인 당에는 일부 사회 구성원이 참여하고, 그 외 주민들은 각기 해당하는 근로단체에 가입하는 것이 필수적이다. 북한의 경우, 유일 당인 조선로동당 위에 절대권력을 갖는 지도자가 존재한다. 북한은 한 명의 지도자가 당의 최고 권력자가 되어, 모든 주민들로부터 정치적 정당성을 얻기 위해 정치적 이념을 전 주

24 정영철은 북한의 사회통제 구조에서 조선로동당에 의한 정치·사상적 통제를 가장 큰 특징으로 보았다. 사상통제인 유일사상 체계는 북한의 중요한 사회통제 기제로서, 주체사상과 김일성주의로 전 사회를 무장시키는 것이다. 이우영은 북한의 기본이념 '집단주의'와 '주체사상'을 주민들에게 교양시켜 투입시켜 '정치사상화'되는 것이 사회통제의 기본이라고 보았다. 배영애는 집단주의와 주체사상을 내면화시키고 공산주의 기본예절을 지키도록 하는 것을 사상적 통제로 분류하였다.

민들에게 확산시킨다.

사상통제를 위해서는 주민들의 내면의식을 통제하는 사상과 사회통제가 가능한 환경을 조성하는 조직생활이 필수적이다. 먼저, 사상적 측면에서 북한은 수령의 절대권력에 대한 정당성 확보를 위해 '유일사상 10대원칙'을 확립하였고, 사회주의 체제 유지를 위해 '집단주의'를 강조하고 있다. 뒤르케임(Durkheim)은 집단주의가 발달한 사회에서 일탈이 발생하면 이를 제재함으로써 사회통합을 이루고자 한다고 주장했다. 반대로 적용하면, 사회통합을 이루기 수월한 사회는 집단주의가 발달한 사회이다. 북한 사회의 집단주의적 면모는 일탈을 제재하여 사회를 통합시키는 데 도움을 준다.

김일성은 1953년부터 1956년까지 '반종파투쟁'이라는 명목하에 권력투쟁에 돌입하였다. 1955년 12월 '사상사업에서 교조주의와 형식주의를 퇴치하고 주체를 확립할데 대하여'라는 연설에서 소련 스탈린의 죽음이후 수정주의 흐름에 대한 비판으로 '사상에서의 주체'로서 주체를 처음 사용하였다.[25] 이는 추후 김일성 개인숭배를 비판하던 반대파를 숙청하는 '8월 종파사건'으로 이어진다. 1956년 8월 종파사건 등으로 남로당파, 연안파, 소련파 등을 숙청하면서 반대세력을 청산시킴으로써 김일성 중심의 단일 지도 체계의 기반을 조성했다.[26]

1958년 11월 20일 김일성은 전국 시군당 위원회 선동원들을 위한 강습회에서 근로대중의 머리 속에 잔존하는 봉건적, 자본주의적 사상 잔재를 제거할 것을 강조하면서 사회주의 생활에 근본이 되는 사상교양의 필요성을 역설하였다.[27] 1967년부터 주체사상에 기초한 유일사상체계를 통한 정치사상적 통일이 필요하다고 강조하

25 연안파와 소련파 등 적대세력들을 주체가 없는 사람들이라고 비판하였고, 김일성은 박영빈과 박창옥 등을 사대주의와 종파주의로 매도하며 비난하였다. 주체를 통해 김일성은 정적을 숙청하였다. 통일연구원, 『북한인권백서 2004』 (서울: 통일연구원, 2004), p. 5.

26 남로당파에게는 미제국주의자들의 고용 간첩이라는 누명을 씌우고, 연안파와 소련파는 반당·반혁명 분자, 종파 분자라는 누명을 씌워 숙청했다. 오경섭, "북한 전체주의 사회통제와 체제 내구성," 『세종정책연구』, 제5권 2호 (2009), p. 235; 8월 종파사건을 계기로 북한 사회에서 김일성 비판세력을 거의 완전하게 제거하게 되었고, 김일성 중심의 단일지도체계 확립의 기반을 조성했다. 이종석, 『새로 쓴 현대북한의 이해』 (서울: 역사비평사, 2000), pp. 78-79.

27 김일성, 『김일성저작선집 2』 (평양: 조선로동당출판사, 1958), p. 257.

였다. 1970년에 주체사상은 당의 유일한 이념으로 등장하였고, 김일성은 수령으로서 절대적 지위를 가졌고, 당과 국가의 권력을 사유화하였다. 유일사상체계에 기초해서 주체사상과 개인숭배, 절대권력체계를 결합시켜 교의화한 것이 '유일사상체계 확립의 10대원칙'이다.[28]

김일성은 1970년 11월 제5차 당 대회 '당중앙위원회 사업총화 보고'에서 당을 강화하기 위해서는 전 당에 유일사상체계를 세우고, 당의 통일 단결을 해야한다고 주장했다. 1972년에는 사회주의 「헌법」을 개정하여, 수령의 유일적 영도를 법적으로 보장하였다. 사회주의 「헌법」 제4조에서는 "조선로동당은 주체사상을 자기활동의 지도적 지침으로 삼는다."라고 규정했다. 김정일은 1974년 4월 14일에 10조 64항으로 구성된 10대원칙을 발표했다. 10대원칙은 노동당 규약이나 「헌법」보다 상위에서 작용했고, 모든 주민들이 반드시 암기하여 준수해야 하는 사상 및 생활 지침이 되었다.[29]

북한은 소련을 비롯한 동유럽 사회주의 국가들처럼 권력 구조의 근본 기구인 공산주의 당 '조선로동당'을 중심으로 사회주의 국가시스템을 갖추고자 했다.[30] 1945년 10월 조선공산당 북조선 분국이 결성되었고, 조선공산당 북조선 조직위가 당 주위에 군중을 결속시키기 위해 각 사회단체를 조직할 것을 제시하면서 북한의 근로단체가 창립되었다. 1946년 8월 북조선 공산당은 조선신민당과 합당하여 조선로동당으로 발전하였고,[31] 국가기관의 중심으로서 조선로동당은 산하에 근로단체를 구성하여 노동당의 정책과 국가의 주요 사상이 주민들에게 투입될 수 있는 환경을 조성하였다.[32]

북한 주민들 중 조선로동당원의 비율이 10%대이고, 노동당에 가입하지 못한

---

28 이종석(2000), pp. 231-232.

29 오경섭(2009), pp. 240-241; 북한 귀순자들에 의하면, 북한 인민은 「헌법」은 몰라도 유일사상 10대원칙은 암기해야 한다. 정영철(1997), p. 56; 현성일, "북한 사회에 대한 노동당의 통제체계," 『북한조사연구』 제1권 제1호 (1997) 재인용.

30 Janos Kornai, *The Socialist System: the political economy of communism* (Princeton: Princeton University Press, 1992), p. 4.

31 1945년 10월에 조선공산당 북조선 분국이 창설되었고, 1945년 12월 명칭을 '북조선 공산당'으로 변경하였다.

32 북한 「헌법」은 "조선민주주의인민공화국은 조선로동당의 령도 밑에 모든 활동을 진행한다."라고 명시하고 있다.

80% 이상의 주민들은 필수적으로 근로단체에 가입해야 한다는 점을 고려할 때 근로단체의 역할을 매우 중요하다.[33] 북한 주민들의 조직생활은 소학교부터 시작된다. 소학교부터 중학교 학생들은 조선소년단에 입단하여 첫 조직생활을 시작하고, 그 이후에는 청년동맹에 자동 가입된다. 이후 노동당에 입당하지 않은 모든 사람들은 직업총동맹, 농업근로자동맹, 여성동맹 중 해당하는 근로단체 가입해 평생 소속되고, 조직생활에 참여한다. 근로단체의 책임자들은 소속 주민들의 사상 동향을 감시하고, 직장이나 학교생활의 특이사항 등을 파악한다.[34]

근로단체는 사회주의 국가의 최고 권력기관인 당의 정책과 의도를 전달, 주민들을 통제하는데 효과적이다. 레닌 역시 근로단체의 중요성을 강조하였고, 근로단체를 당과 대중을 이어주는 '인전대(transmission belts)'라고 칭하였다. 근로단체는 상부인 당으로부터 사업 방향과 방법을 제시받아 사업을 수행하는데, 당의 사업수행과 정책의 실현을 위해 대중들을 동원 및 교육시키는 등 당과 주민들 사이의 매개체 역할을 한다.[35]

근로단체의 기본임무는 세 가지가 있다. 첫째, 주민들에게 김일성의 혁명사상과 당의 노선과 정책을 주입시켜 지도자를 정치·사상적으로 보위하는 것이다. 근로단체는 유일사상과 어긋나는 다른 사상의 허용을 금지하고, 주민들의 사상교양을 진행한다.[36] 지도자의 위대성을 교양시키기 위해 김일성의 회고록 〈세기와 더불어〉와 신년사 등을 외우게 하고, 김정일의 노작 〈김정일 애국주의 구현하여 부강조국건설을 다그치자〉 등을 학습시켜 김정일의 애국정신을 본받자는 '애국주의 교양'을 시킨다. 둘째, 주민들을 혁명화, 노동계급화하는 것이다. 제국주의를 비난하고 사회주의를 찬양하

33 1986년 북한 노동당원의 수는 2,500,000명이고, 인구의 12.2%를 차지했다. Janos Kornai(1992), p. 32.

34 강철환, "북한의 사회통제기구와 주민감시체계," 『월간북한』, 2014년 9월호, pp. 106-107.

35 김일성 역시 당의 외곽단체인 근로단체를 복숭아의 살로, 당을 봉숭아 씨로 표현하였다. 복숭아가 크고 잘 익어야 안에 있는 씨가 잘 보호되고 실속 있게 여물기 때문이라고 하며, 근로단체의 중요성을 강조했다. 시대사, 『혁명과 건설에 관한 위대한 수령 김일성 동지의 교시』 (평양: 시대사, 1973), pp. 66-67.

36 사상 교양에는 당과 수령의 위대성을 깊이 체득시키기 위한 '위대성 교양'과 사회주의 국가와 민족에 대한 애국심을 고취시키고자 하는 '애국주의 교양'(김정일 애국주의), 사회주의 건설과정의 계급투쟁을 위해 제국주의와 착취계급과 제도를 비난하는 '계급 교양' 사회주의 신념을 강조하는 '신념교양'과 공산주의 집단사회 생활양식과 도덕 규범에 대한 '도덕 교양'으로 분류할 수 있다.

며, 인민들이 김일성, 김정일, 김정은에 대한 절대적 믿음과 사회주의적 신념을 강조하기 위해 항일혁명투사들의 정신세계를 따라 배울 것을 교양시킨다. 계급교양의 대표적인 방법은 주민들을 신천박물관과 애국열사능 등 혁명사적지에 참관시키는 것이다. 또한 도덕 교양을 통해 공산주의 집단사회의 도덕 규범과 생활양식을 제시하며 따를 것을 강조한다. 셋째, 지도자의 교시와 당 정책을 관철하는 것으로 사회주의 건설을 위한 투쟁에 근로자들을 조직 동원하는 것이다.

표 2-3 북한 근로단체의 종류와 활동

단체명	가입대상	구성방법	활동내용	창립일
김일성사회주의 청년동맹	청소년 14-30세	학교단위, 직장단위	당후비대, 사상교양, 노력동원	1956.01.17.
조선직업총동맹	노동자, 사무원 31-65세	직장단위	사상교양, 기술습득, 노력경쟁 운동	1945.11.30.
조선농업근로자동맹	협동농장 농민 31-65세	농업종사 근로자	사상교양, 농촌사업 지도	1946.01.31.
조선사회주의 여성동맹	여성 31-60세	단체 비소속 여성	당후비대, 사상교양, 노력동원	1945.11.18.

출처: 통일연구원, 『북한이해』(서울: 통일연구원, 2021), pp. 211-212. 참고하여 작성

근로단체들은 임무를 수행하기 위해 회의를 주재한다. 각급 당 전체 총회와 위원회, 김일성 사회주의 청년동맹 총회와 위원회, 직업동맹 회의와 위원회, 농업근로자 동맹 총회와 위원회, 여성동맹 총회와 위원회, 기타 사회단체 총회와 위원회, 각종 학습회, 사상 검토회, 영화 및 연극 감상회, 소년단 회의, 소년 선봉대 회의, 협동농장 관리위원회와 총회, 작업반 및 분조회의 각종 보고회 및 군중대회 등이다.

당 회의에서는 당 내부 문제와 정부 기구의 문제, 비당원의 문제 등을 토의하여 결정하고 집행한다. 청년동맹회의는 청소년들을 교양하여 당의 정책과 노선 실행을 위한 사업에 동원하기 위한 문제를 토의 및 결정한다. 여맹회의는 여성들이 당의 정책을 실행하도록 하는 회의이고, 직맹회의는 당의 정책과 지도하에 직업을 가진 군중들이 혁명과업을 수행하는 데 목적을 두는 회의이다. 농근맹회의는 농업 종사자

들을 당의 정책과 지도에 따르는 충실한 혁명투사로 교양시키는 데 목적을 둔다. 사상검토회는 당과 사회단체에서 비공산주의적 사상을 없애기 위하여 참가자들의 사상 또는 자신의 사상을 비판하고 검토하는 모임이다. 군중대회는 어떠한 목표를 정하고, 해당 방향으로 군중들을 선동하거나 모집하는 행사이다. 군인집회는 군인들이 참가하는 집회로 주요임무 착수 전 임무와 명령, 지시 등에 대한 토론을 한다. 각종 학습회의는 노동자, 사무원, 청소년, 학생들 속에서 진행되는 것으로 김일성, 김정일, 조선로동당 등의 역사와 위대성에 대해 주제별로 진행된다.[37]

북한 주민들은 자신이 속한 근로단체에서 뿐만 아니라 인민반, 5호 담당제 등 소속된 행정 조직을 통해서도 사상 교양을 받는다. 인민반은 동인민위원회 산하에 15-20세대 단위로 조직되어 있고, 행정의 가장 기초단위이다. 인민반장은 자신이 맡은 세대 인민의 전입과 전출 감시, 노력 및 행사동원, 인민의 사상 교양 등을 실시한다. 농촌에서는 인민반 대신에 리 단위로 생활권을 유지하고 있으며, 협동농장과 작업반 및 분조를 통해 학습활동을 한다. 인민반 회의는 매주 토요일 저녁 또는 일요일 저녁에 하고, 사상학습 및 생활 전반에 관하여 토론하고 자아비판을 한다. 인민반에는 국가보위성과 사회안전성의 정보원이 있어, 인민반장의 보고 외에 특이사항과 주민의 동태를 보고한다.[38]

5호 담당제는 1958년 7월 김일성이 유급간부 한 사람이 5호(가구)씩만 책임지고 교양사업과 경제과업 등 일체를 지도하도록 지시한 데 기인한다. '리(里)' 사업을 추켜세우며 리당위원회에서 그들을 모아 놓고 그 과업을 주고 그 진행 정형을 총화하면 일이 잘된다고 교시함으로써 시작되었다.[39] 전 세대를 5호씩 나누고, 열성당원 1명을 배치하고, 협동농장에서는 작업반 단위를 분조로 세분화시켰다. 열성당원 1명이 나머지 4가구의 사상과 생활을 감시하고, 사상 교육을 실시하는 데 목적이 있었다.

---

37 이우영(1999), pp. 40-45.

38 『북한인권백서 1996』, p. 97.

39 위의 책, p. 98.

2. 물질적 통제

초기 북한은 조선로동당을 중심으로 반봉건적, 반제국주의적 개혁을 시작했다. 1949년 1월 5일 김일성은 "우리 시골에 만연하는 봉건적 토지 소유의 관계는 많은 소작농들을 봉건적 착취와 노예로 족쇄를 채우고, 농업 생산력과 발전을 제한할 뿐만 아니라 사회적 진행마저 지연시킨다."라고 하며, 토지문제의 해결을 반제국주의, 반봉건주의 개혁이라고 주장하였다. 1945년 당시 4% 미만의 지주가 소유한 토지의 면적이 국내 토지면적의 60%를 차지했고, 56.7%의 소작농은 전체 토지면적의 5.6%를 소유하였다.[40] 지주와 소작농의 봉건적 관계를 해소하고자 지주와 부농의 토지를 몰수하고, 몰수한 토지를 재분배하고자 했다.

1946년 3월 5일 북한은 「북조선토지개혁 법령」을 공식적으로 발표 및 시행하였다. 토지개혁법령 시행세칙 제15조에서는 '가족 수와 그 가족내의 노동능력을 가진 자의 수의 원칙'에 의하여 토지분배를 실시하도록 규정하였다.[41] 5정보 이상을 소유한 지주, 교회, 종교기관 등의 땅은 무상몰수하고, 땅이 없거나 적게 소유한 농민들에게 배분하였다.[42]

북한지역 전체인구의 2/3가 농민이고, 이 중에서 4%만이 지주였기 때문에, 초기 토지개혁은 주민들의 많은 지지를 받았다.[43] 실제로 1946년 4월부터 7월까지 3개월간 농촌 지역의 농민연맹과 여성동맹의 가입자 수가 두 배 가량 증가하였고, 주민들의 근로단체 가입은 주민통제의 기반 조성에 도움을 주었다.

---

40 Ellen Brun and Jacques Hersh, *Socialist Korea : A case Study in the strategy of Economic Development* (New York: Monthly Review Press, 1976), p. 127.

41 윤미량, 『북한의 여성정책』 (서울: 한울아카데미, 1991), p. 71.

42 Chong-Sik Lee, "Land reforms, Collectivization and the Peasants in North Korea," 『The China Quarterly』, April-June 1963, p. 67.

43 이종석(2000), p. 69: 토지개혁법령 시행세칙 제15조 참고 민주주의 민족전선 편, 『조선해방년보』 (서울: 문우인서관, 1946), pp. 413-434. 재인용.

표 2-4 북한근로단체 가입자수(1946년)

단체명	1946년 4월 가입자수	1946년 7월 가입자수
조선농업근로자동맹	800,000	1,800,000
조선직업총동맹	350,000	350,000
김일성사회주의청년동맹	500,000	1,000,000
조선사회주의여성동맹	350,000	600,000
합계	2,000,000	3,750,000

출처 : Chong-Sik Lee (1960), p. 71.

1946년 3월 토지개혁은 토지의 무상몰수와 분배를 원칙으로 진행되었으나, 외형적으로는 사적소유관계 등은 유지되었다. 토지개혁으로 분배받은 토지를 통해 수확한 농산물 등을 판매하는 상공업이 일부 성행하였다. 이에 김일성은 토지개혁의 결과로, 시골에서 새롭게 등장한 부농들이 남한 반동분자의 영향을 받기 쉽다고 우려했다.[44] 토지개혁은 사회주의 경제 체제를 형성하기 위한 첫 번째 단계 '협동농장제도 구축'을 위한 사전작업인데, 일부 농민들 간에 자본주의 영농의식이 확산된 사실은 김일성이 농업 집단화를 가속화하는 이유가 되었다. 1950년 한국전쟁의 발발은 농업환경의 중대한 파괴를 가져왔다. 많은 마을과 농지가 파괴되었고, 농민들은 전쟁으로 징집되었으며, 전쟁 중 사상률도 매우 높았다. 게다가 상당수의 북한 소작농들은 자신의 농장을 버리고 한국으로 이주함으로써 북한 농업은 거의 완전히 붕괴되었다.[45]

이는 북한 지도부가 과거 무상몰수와 분배에 그친 토지개혁을 돌아보고, 토지와 공장 등 생산수단 사회화의 필요성을 절감하여 사회주의 경제 체제를 계획하는 계기가 되었다. 김일성은 농촌문제가 지난날의 제국주의와 식민주의의 예속하에 있었거나 아직도 예속하에 존재하는 나라들에서 특별한 의의가 있다고 하며 농업의 사회주

44 Ellen Brun and Jacques Hersh(1976), pp. 195-197.

45 Chong-Sik Lee(1963), pp. 73-76.

의화가 필요하다고 역설했다.[46]

북한 지도부는 조선로동당 중앙위원회 제6차 전원회의에서 개인소유의 토지를 점차 협동화시킨다는 방침을 세웠고, 1953년부터 점차적으로 실험적 협동화를 진행하였다. 1954년 11월 전원회의에서 농업협동화 전개를 결의하였고 협동화는 소작농을 중심으로, 소작농과 중농들의 동맹을 강화하면서 단계적으로 진행되었다. 협동농장은 세금의 감면과 추가적 국가원조 등 특혜를 받았고, 협동화된 농장이 점차 확대되었으며 마침내 1958년 8월 농업의 협동화가 완성된다.[47]

표 2-5 북한 협동농장화 진행비율

년도	협동농장 농가비율	협동화된 면적의 비율
1953	1.2	0.6
1954	31.8	30.9
1955	49.0	48.6
1956	80.9	77.9
1957	95.6	93.7
1958(8월)	100.0	100.0

출처 : Ellen Brun and Jacques Hersh(1963), p. 201.

46 남성욱, 『현대 북한의 식량난과 협동농장 개혁』 (서울: 한울아카데미, 2016), p. 51; 서관희, 『선두에 서시어』 (평양: 조선로동당출판사, 1990), p. 1. 재인용.

47 농업의 협동농장화는 1953년에 시작되었고, 각기 다른 형태의 협동농장이 실험적으로 시작되었다. 제1형태는 '영구 상호원조형태'로 소와 노동 등을 교환하는 방식이고, 제2형태는 'half 사회주의적 형태'로, 투자된 땅과 노동량에 따라 수확물을 분배하는 것이고, 제3형태는 '사회주의 형태'로 노동분 아니라 땅, 농장, 가축 등의 자원이 협동농장 안에서 통합되는 형태였다. 사실 제3형태가 처음부터 목표였다. 1954년을 향하면서 개인소유의 토지 1/3이 협동농장에 소속되었다. 부농들이 사적 소유를 포기하고 협동농장의 가입을 결정하게 만들기 위해서 그들의 권력과 선택을 점차적으로 제한했고, 협동농장에는 추가적 기계 등 지원, 세금 감면 등 차별적인 정책을 펼쳤다. Ellen Brun and Jacques Hersh(1963), pp. 201-202; 이종석(2000), pp. 76-77.

1946년 제국주의 척결의 조치로 중요산업시설의 국유화 조치가 진행되었다. 북한지역은 산업적 측면에서 일제의 만주 침략기지로 이용되었고, 해방 당시 중공업 산업시설이 일본인 소유나 친일파 소유로 남아 있었다. 이에 1946년 8월 북조선임시인민위원회는 북한지역의 1,034개소의 산업기관을 국유화하였다.[48] 중요산업의 국유화 조치는 북한의 경제구조를 국영형태로 변화시키는 결정적인 계기가 되었다.[49]

1953년 농업 협동화의 속도에 맞춰, 1954년부터 일부 남아 있던 개인상공업 부문도 협동화 작업을 추진하여 소비조합과 생산자 협동조합의 형태로 재편하였다. 상인과 수공업자들은 모두 협동농장과 기업소의 노동자가 되었다.[50] 북한정권은 농업의 협동농장화와 주요 산업시설의 국유화를 진행시킴으로써 중앙에서 수요와 공급을 모두 통제하는 계획경제체제를 이루고자 했다. 전 인민의 토지와 회사 등의 사적 소유가 금지되었고, 주민들은 협동농장이나 기업소에서 일함에 따라 중앙 식량배급제가 시행되었다.[51] 1957년 11월에는 '식량 판매를 국가적 유일체계로 할 데 대하여'라는 내각 결정 102호가 채택되었다. 식량 배급은 각 직장에서 '식량배급표'를 지급받아, 정해진 날짜(1일~15일 사이)에 거주지역 배급소에서 배급받는 형태로 이뤄졌다.

주민들은 직장에서 받은 식량배급표를 거주지역 관할 배급소에 제출해야 배급을 받을 수 있다. 주거나 직장을 이전할 때에는 배급을 중지하고, 새로운 곳에서 배급받겠다고 신청해야 배급을 받을 수 있다. 따라서 허가없이 직장이나 거주지를 변경하고, 배급을 받는 것은 불가능했다. 배급소에서 식량배급을 받기 위해서는 갓 태어난 아기부터 노부모까지 빠짐없이 신고를 해야 했고, 이는 주민통제의 기본 바탕이 되었다.

사회주의 체제에서 지향하는 평등의 원칙과는 달리, 북한의 배급은 차등적으로 배분된다. 1946년 12월 26일에 발표된 북조선림시인민위원회 결정 제141호는 '식

48 『조선중앙년감』(평양: 조선중앙통신사, 1949), p.73.

49 사회주의 혁명 과정에서 가장 저항이 심한 계급은 자본가라고 할 수 있는데, 북한지역에서는 이미 이 시기에 자본가 계급이 영세상공업자를 제외하고는 거의 소멸되었다.

50 Ellen Brun and Jacques Hersh(1963), pp. 216-217.

51 1952년 3월 내각 결정 제56호에서 '국가 식량 배급에 관한 규정'을 제정하고 같은 해 5월부터 공식적으로 식량을 배급하였다. 이애란, "북한의 식량 배급 정책의 변화에 따른 북한 주민의 식생활 실태 및 시사점," 『국제문제연구』, 2010년 제1호, p. 226.

량배급에 관한 건'을 내용으로 하며, 중앙배급체계의 기초가 되었다.

1947년 1월 6일 발표된 북조선림시인민위원회 정부 포고 제5호는 배급대상에 대한 식량배급량을 제시했다.[52] 배급 대상자들을 직업에 따라 4급으로 나누고 차등적으로 배급한다는 북조선림시인민회 결정 제141호는 1947년 5월 1일부터 실시되었다. 1등급 배급대상은 탄광, 화학공장, 조선소, 철도운수, 기계제작소 등 국가 중요 산업기관에서 근무하는 중노동자들이고, 2등급 대상자는 1급에 해당하지 않는 노동자와 기술자들이다.[53] 3등급 대상자는 국가행정기관 각 정당, 사회단체, 학교 등에서 근무하는 사람들이고, 4급은 1, 2, 3급에 의해 배급받는 대상자들의 부양가족이다. 등급에 따른 배급량은 다음과 같다.

표 2-6 1인당 1일 식량 배급 기준과 쌀과 잡곡의 비율 (1947년)

(단위: g)

등급	1급	2급	3급	4급
수량	700	600	500	300
쌀 : 잡곡 비율	420 : 280	360 : 240	300 : 200	180 : 120

출처: 김양희, "김정일 시대 북한의 식량정치 연구" (동국대학교 박사학위논문, 2013)

초기 북한의 배급제도는 임시적 조치로서 농민들의 현물세를 받아, 국가기관, 국영 기업소 노동자들에게만 식량을 배급하는 방식으로 이뤄졌다. 해방 이후 북한은 사유재산의 국유화를 진행하였고, 1947년까지 생산의 80.2%를 국영산업이 차지했다. 광산의 경우 국영화 비율이 100%를 차지하였고, 철도 운송, 통신, 해외 무역, 은

52 1947년 1월 6일 발표된 북조선림시인민위원회 정부 포고 제5호는 식량 배급에 대한 배급대상, 기준, 대상자 결정절차, 배급사무 절차 등을 설명하고 있다. 포고 제5호에서 확인된 식량 배급대상은 다음과 같다. 북조선 지방에 있어서의 국가기관, 국영공장, 국가기업소 및 기타 주요 생산기업소에서 근무하는 노동자, 사무원, 기술자, 교원, 의사, 예술인들과 그들의 처, 60세 이상의 직계비속과 노동능력을 상실한 직계가족(불구자), 실제 부양하는 중학교 이상의 학생 자녀들에게 배급한다.

53 1급 배급 대상자는 탄광, 특수 광산, 화학공장, 유색금속공장, 흑색금속공장, 시멘트 공장, 시멘트 공장, 조선소, 제염소, 기계 제작소, 목재산업, 해상운수, 철도운수 등 국가 중요 산업기관에서 근무하는 노동자들이 대상이다.

행 역시 국가의 통제하에 있었다. 사유재산 폐지, 국유화 사업이라는 국가의 정책 방향에 협조하고, 국유화된 기업소, 기관, 기구에서 일하는 주민들에게만 식량 배급을 하였다. 국유화 정책에도 불구하고 자신들의 사적 재산과 수단 등을 유지하는 개인 기업가와 상인들에게는 배급을 제공하지 않았다. 또한 배급 시에도 불필요한 기관이나 단체, 지나치게 인원이 많은 기구에 적게 배급하여, 국유 기관과 회사 등의 축소와 폐지를 위해 배급제도를 활용하였다. 이와 관련한 김일성의 발언이다.

> "식량 배급은 국가 일군들과 국영기업소 로동자, 사무원들에게만 주도록 하여야 합니다. 만일 일제 강점기와 같이 강제 공출로써 농민들의 량곡을 모조리 징수한다면 로동자, 사무원뿐 아니라 전체 시민들에게까지도 식량을 배급할 수 있을 것입니다. 그러나 오늘 우리는 농민들에게서 수확의 25%에 해당하는 농업현물세를 받아들이고 있으므로 이것을 가지고 누구에게나 다 배급을 줄 수는 없습니다.
> 이러한 형편에서 국가기관 일군들과 국영기업소 종업원들에게만 식량 배급을 주는 것은 당연한 일입니다. 례를 들어 도시의 개인 기업가, 상인들은 국영공장의 로동자, 사무원들보다 수 십배나 더 많은 수입을 얻고 있습니다. 이러한 사람들에게 어떻게 국영기업소 종업원과 동일한 값으로 식량 배급을 줄 수 있겠습니까?
> 그렇게 하지 않아도 이런 사람들은 시장가격으로 식량을 얼마든지 사먹을 수 있습니다. 또한 국영공장 로동자라 하더라도 이름만 걸어 놓고 일은 안 하며 배급만 타 먹으려는 불성실한 자에 대해서는 식량 배급을 주지 말아야 합니다. 그리고 불필요한 기관, 단체들과 지나치게 팽창한 기구 정원을 폐지 또는 축소하도록 식량에 의한 통제를 실시하는 것이 좋을 것입니다."[54]

사회주의 원칙에 따르면, 노동자는 일한 만큼 분배받는다. 그러나 물질적 가치에 대한 중요성을 고려하여 힘든 노동과 중요 노동에 대한 분배량을 높이고, 경노동과 사무노동에는 분배량을 줄임으로써 차등 분배를 실시했다.[55] 배급량 등 물질적 보상은 당 정책의 방향에 의해 정해지며, 대중들을 중점분야에 동원시키고 사회를 통제하는 역할을 한다.

---

54 김일성, "현시기 만전에 나선 몇가지 임무에 대하여 (북조선 민주주의 민족통일전선 중앙위원회 제8차 회의에서 한 연설, 1946년 12월 26일)," 『김일성저작집 2』 (평양: 조선로동당출판사, 1979), pp. 585-586.

55 정영철(1997), pp. 60-61.

1948년 김일성은 '중공업 우선 발전'이라는 북한 발전 전략의 기원이 된 발언을 한다. "중공업의 발전이 중요하다. 이는 사람들의 생활조건을 향상시키기 위한 물질적인 조건을 만듦으로써 독립적 국가 경제가 발전할 수 있다."라는 내용이다. 김일성은 중공업을 우선시하되, 경공업과 농업을 동시 발전시키는 것을 강조하였다.[56] 이에 따라 중공업 분야의 종사자는 경공업과 농업 분야의 종사자보다 더 많은 물질적 보상을 받았다.

코르나이(János Kornai)에 따르면, 고전 사회주의 체제하에서는 물건을 사기 위해 줄(Queuing)을 서야 하는 경우가 꽤나 자주 발생한다. 사회주의 사회에서는 실제로 가게 카운터 앞이든 가게 밖에서든 줄을 서서 상품을 기다리는 현상이 발생하고, 기다려서 상품을 구매한다면 다행이지만 구매할 수 없는 경우도 있다. 원하는 상품을 구매하지 못했을 때는 구매를 포기하거나 미룰 수도 있고, 강제적으로 대체제(Forced substitution)를 구하기도 한다.[57] 이는 북한에서 식량과 물품 배급의 양, 우선권, 빈도 등이 강력한 혜택인 만큼 효과적인 주민 동원과 통제의 수단이 될 수 있음을 반영한다.

북한에서 특별한 식량 배급을 받는 경우가 3가지가 있다.[58] 첫 번째는 직업에 따른 차등적 배분이다. 대표적인 배급 혜택으로는 군인에게 배급되는 '군량미'가 있다.

> 농장에서 수확한 식량은 군부대에 배급되고, 외부에서 지원된 식량은 주로 간부계층에 배급되며, 일반 주민들은 김일성과 김정일 생일, 추석 등 명절날 2-3일분씩 배급이 된다.[59]

북한 군인들은 훈련뿐 아니라 각종 당사업에 필요한 건설현장에 동원되며, 국가의 중점사업에 최일선으로 배치되어 일한다. 군인들 외에도 당 간부, 국가보위성 보위부원이나 사회안전성 안전원들은 기업소 노동자나 농장원들에 비해 상대적으로

56 Ellen Brun and Jacques Hersh(1976), pp. 152-154.

57 Janos Kornai(1992), pp. 228-230.

58 배급제가 작동할 당시, 월2회 식량배급표에서 절약미, 애국미, 군량미 명목으로 15일분에서 3일분은 제외하고 배급하였다. 『북한인권백서 2004』, p. 22.

59 북한 양정소에서 10년간 근무하다가 귀순한 이0철의 증언 재인용, 『북한인권백서 2004』, p. 23.

더 나은 배급을 받는다.[60] 소위 엘리트들은 일반인 포함 교원이나 의사보다 배급량이 많고, 주로 백미로 공급받는다는 차이점도 있다.[61]

두 번째는 지역에 따른 차등적 배급이다. 북한의 수도인 평양에 거주하는 주민들에게는 '수도미'가 배급된다.[62] 1990년대 이후 경제난으로 배급이 어려웠지만, 타 지역보다 평양을 우선해서 식량을 배급하였다. 평양 외에도 개성의 경우, 전쟁 연관 지역으로 출신성분에 따라 원래 거주하던 주민들을 강제 이주시켰다. 나진·선봉 지역은 자유무역지대로 선정되면서 출신성분이 좋지 않은 주민들은 이주시키고, 출신성분이 좋은 주민들로 지역을 구성하면서 배급을 더 우대한다. 해당 지역들은 다른 지역에 비해 옥수수 등 기타 잡곡 비중이 낮고, 쌀의 비중이 높아 배급의 양과 질이 더 좋다.[63] 또한 이 지역 상점에는 교환할 수 있는 식품이나 생필품이 다양하고 많은 편이다. 해당 지역은 지역 간 이동이 특별히 제한되며, 타 지역주민들과는 차별된 특혜를 받는다.

그러나 1990년대 계속되는 식량난으로 평양과 주요 지방도시에 대한 차별적인 배급에도 어려움이 생겼고, 1998년부터 평양과 지방도시 주민 200만 명을 지방과 농촌으로 강제이주시키는 '주민재배치사업'이 추진되었다.[64]

세 번째로, '동원미'는 대학교 기숙사나 국가 정책에 필요한 건설현장에서 합숙할 때 제공되는 식량이다. 북한의 대학교 교육은 출신성분이 좋아야 받을 수 있기 때

---

60 2017년 탈북한 20대 여성은 보안원은 1년 치 200~300kg을 한 번에 지급받는다고 했다. 2017-05-08 인터뷰 재인용; 2016년에 탈북한 60대 여성은 보안원, 보위부원은 하루에 600g정도 배급받는다고 증언했다. 2017-06-05 인터뷰 재인용; 다수의 북한 이탈 주민들은 당 비서, 지배인, 보위부, 보안검찰에 근무하는 사람들을 비롯한 엘리트들은 배급을 받는다고 증언했다. 2017-05-08 외 다수의 인터뷰 재인용, 『북한인권백서 2018』, pp. 216-217.

61 보안원과 보위원에 대한 배급이 의사나 교사에 대한 배급보다 많다는 증언도 있었다. 2018-07-30 인터뷰 재인용, 『북한인권백서 2019』, p. 215; 당간부, 보위성, 사법검찰, 보안서 직원의 배급량은 의사나 교원의 공급량의 3~5배 정도라는 증언도 있었다. 2019-06-03 인터뷰 재인용, 『북한인권백서 2020』, p. 231; 엘리트층이 주로 쌀을 배급받는다는 증언도 있다. 2019-07-01 인터뷰 재인용, 『북한인권백서 2020』, p. 231; 2017-07-31 인터뷰 재인용, 2017-08-28 인터뷰 재인용, 『북한인권백서 2018』, pp. 216-217.

62 공식배급은 특수공급지역인 평양, 그리고 당료, 고급 공무원, 군인 등 특수계층부터 우선적으로 배급된다. 『북한인권백서 2004』, pp. 22-23.

63 이애란(2010), pp. 223-225.

64 『북한인권백서 2003』, p. 22.

문에 차별적 특혜로 작용한다. 당 정책에 따라 역점 건설사업이 진행된다. '동원미'는 2009년 3월에 공사를 착수하여, 10년이 걸리는 대규모 공사를 2012년까지 3년 만에 완공하도록 지시했던 희천발전소와 김정은이 인민사랑정책을 펼치면서 완공을 독려했던 마식령스키장, 문수물놀이장과 같은 건설현장에 제공되는 식량 배급이다.

기본적으로 주민들에게 사회주의 배급제도는 식량에 대한 배급이지만, 북한 당국에는 주민을 관리하고 통제하는 방법이 된다. 일반 주민 전체를 대상으로 배급하기도 하고, 수도미의 배급과 중단신청 여부 통해 평양에 거주하는 280-300만 주민을 관리하기도 하고, 군량미를 통해 군인, 경찰, 정보원 등의 인원을 관리한다. 당 사업에 동원되는 인력들과 대학교 등 단체생활이 필요한 단위에 동원미를 제공하면서 동원과 단체생활을 지원한다.

주택 배정에 대한 물질적 통제도 존재한다. 주민들은 동일한 수준의 주택을 배정받을 수 없으며, 당이나 정부 기관이 배정받을 주택을 정한다. 이때 배정받는 사람의 정치적 지위와 사회적 신분에 따라 주택의 종류와 크기가 달라진다. 평양의 경우 당 간부들은 단독 고급주택 또는 고층 아파트에 살지만, 근로자 및 사무원은 일반 아파트와 집단 공영주택, 협동농장원은 농촌문화주택에서 거주한다. 일반 주민들은 집단거주의 아파트형이나 연립주택형인 집단주의적 생활공간이 배정된다. 집단주의적 주거공간은 일상적 감시와 동원 및 지휘 통제가 용이하다. 예를 들어 아파트의 경우 10층-15층 아파트지만 승강기가 설치되지 않거나 에너지 부족의 이유로 이용이 불가한 경우가 많아 아파트에 거주하는 노약자들은 주택에 갇혀 지낼 수밖에 없다.[65] 공동주택의 경우, 공용화장실을 이용하게 설계된 경우가 있어 사생활이 보장되지 않고, 주민들 간 상호 감시가 용이하다.

지배계층은 독립적인 단독 주택이나 고급 아파트에서 생활함에 따라 상대적으로 사적 공간이 확보된다. 농장이나 일반 주민들을 위한 주택의 규모와 내부 시설물은 지배계층에서 사용하는 공간과 매우 다르며, 이는 계층과 신분에 따라 제공되는 주거공간과 통제의 정도가 다름을 보여 준다. 신분에 따른 차별적인 주거공간 배치는 주민들의 신분 상승 욕구를 자극시키며, 지배계층의 주거 배치 혜택은 당의 지시

65 『북한인권백서 1996』, p. 67.

에 순종하게 하는 통제 효과를 준다.[66]

주거공간은 평양과 지방도시, 도시와 농촌지역에 따라 차이가 있으며, 평양 내에서도 차이가 존재한다. 평양에 거주하는 주민들은 3부류로 나눠지는데,[67] 가장 신분이 높은 1부류 중에서도 중앙당과 내각의 간부, 호위사령부 군관 등 북한의 고위 간부들은 중구역에 거주하고 있다. 평양시 중구역은 전기와 난방, 교통시설이 정비되어 있으며, 식량도 다른 지역에 비해 우선적으로 공급된다. 특히 중구역 창광동은 최고의 생활 수준을 영위하는 사람들이 모여 살고 있으며, 창광동만을 관할하는 '창광안전성'이 설치되어 있다. 창광동의 주거공간은 큰 방 3칸에 부엌, 욕실, 창고 등으로 구성된 큰 집이 대부분이며, 창광동에 거주한다는 증명서는 신분증의 역할을 할 정도로 신분이 보장된다.[68]

물질적 통제는 배급뿐 아니라 의료 및 기타 서비스 등에서도 나타난다. 북한은 무상치료제도를 시행한다고 하며, 담당구역 의사에게 치료를 받는 '의사담당구역제'를 실시하고 있다. 이는 전 주민들이 각자가 속한 담당구역 의사로부터 건강관리를 받게 하는 것이 목표이며, 담당의사들은 4-5개의 인민반을 책임진다. 그러나 담당의사에게 최대 4,000명의 주민들을 배정하여 진료받게 하기 때문에 의사담당구역제는 제 기능을 하지 못하고 있다. 북한의 의료기관은 주민들의 수에 비해 턱없이 부족하며, 의료시설 이용은 물질적 혜택이자 통제의 수단으로 작용한다.[69]

북한 병원들은 치료대상과 급수를 정해두고, 치료대상이 아닌 일반 주민들은 치료를 해 주지 않는다. 당 간부나 국가보위성, 사회안전성과 같은 권력기관에 근무하는 사람들은 별도로 이용하는 의료시설이 따로 있는 것이다. 예를 들어 평양의 봉화진료소는 김씨 일가 가계와 당-정 장관급 이상이 치료대상이고, 어은병원은 군 장성

---

66 『북한인권백서 1996』, pp. 65-66.

67 1, 2부류가 80-90%를 차지하고 3부류가 10-20%를 차지한다. 1,2 부류는 성분상 큰 문제가 없는 사람이고, 3부류는 북송교포, 남한 출신자, 친인척 중 행불자가 있는 사람 등이다.

68 1998년 10월 귀순한 석영환(전 사회안전성 산하 병원 군의관)과 송영순(전 사회안전성 산하 병원 교환수)의 증언 재인용, 『북한인권백서 2000』, p. 48: 국가정보원, 『최근 북한실상』, 제179호 (1999.1), pp. 23-24. 재인용.

69 의료기관의 경우 각 도 인민위원회 소재지의 대학병원과 중앙 병원 1개, 시군 인민위원회 소재지에 1-2개의 인민병원, 리 및 노동자 구역에 리인민병원 진료소 1개, 작은 리, 동을 묶어 종합진료소 1개가 있다.

을 대상으로, 남산진료소는 차관급 이상과 일부 인민배우와 북송교포 등을 대상으로 진료한다. 또한 일반 주민들이 이용하는 일반병원에서도 간부과와 일반과가 따로 나눠져서 진료가 진행된다.[70] 독일 의료그룹의 의사로서 1999년 7월부터 2000년 12월까지 여러 곳의 북한병원을 방문한 노르베르트 폴러첸은 일반병원에는 기본적인 반창고와 붕대, 수술용 메스, 항생제조차 없지만, 핵심계층을 위한 고급병원은 자기공명장치, 초음파, 심전도, 엑스레이 등 최신의료용 기기를 갖추고 있어 독일의 병원만큼 현대화가 되어 있었다고 말했다.[71] 북한정권은 핵심계층에게 일반 주민과 차별화된 의료 서비스를 제공함으로써 물질적 통제를 한다.[72]

북한에서 의사로 활동하다가 탈북한 김0영은 "1990년경부터 북한의 의료 서비스는 마비되었다. 북한의 의료정책에서 가장 중요시하는 것이 예방의학인데, 아동들에 대한 예방접종도 실시되지 못하고 있다. 콜레라와 일본뇌염에 대한 예방접종이 실시되고 있는데, 사회안전성 요원과 출장을 다니는 간부 등 극소수에 한하여 실시된다."라고 증언하였다.[73] 기본적인 의료용 도구나 약이 부족하기 때문에, 예방접종과 약의 공급 역시 물질적 통제로 작용한다.

3. 물리적 통제

사회질서 유지를 위한 물리적 통제는 모든 체제에서 이뤄진다. 자유민주주의 체제에서는 최대한 시민의 자유와 권리를 보장하면서 사회안정을 유지하고자 물리적 통제를 하는 반면, 북한과 같은 전체주의 독재 체제에서는 주민을 통제하기 위해 물

70 『북한인권백서 2004』, p. 45.

71 그는 북한에 두 개의 세상이 존재한다고 하였다. 하나는 상급군인과 엘리트를 위한 세상이고, 하나는 나머지 주민의 세상으로, '지옥'이라고 묘사했다. Norbert Vollertsen, *"Korea Today- A Prison Country : A report from inside North Korea,"* The Wall Street Journal, 2001. 4. 17.

72 『북한인권백서 2021』, p. 223.

73 북한에서 1968년에 의과대학을 졸업하여 1998년 남한으로 귀순하기까지 30여 년간 북한에서 의사로 활동하다가 탈북한 김0영(가명, 58세, 함북 00시병원 소아과의사)의 증언 재인용, 『북한인권백서 2004』, p. 54.

리적 통제를 한다.[74] 국가는 주민들의 사회적 통제에서 벗어난 행위를 단속하고 처벌함으로써 사회의 통제를 유지시킨다. 물리적 통제는 통제를 단속하고 처벌하는 '물리적 통제 기구'와 물리적 처벌이 진행되는 '통제공간'을 통해 이뤄진다. 물리적 통제 기구는 대표적으로 사회안전성(경찰)과 국가보위성(국가정보원), 국방성(군대)이 있다. 통제에서 벗어난 행위에 대한 처벌을 받는 '물리적 통제공간'은 노동 단련대와 교화소, 수용소가 있다.[75]

북한의 치안은 사회안전성과 국가보위성이 담당한다. 국가보위성은 사회안전성의 기능 중 하나였으나, 1973년 5월 김일성이 사회안전업무와 정치보위 업무 분리를 지시하였고, 사회안전부 가운데 국가보위 관련 부서인 제1국, 제2국, 제9국과 제3국 및 제7국의 일부를 독립 및 확대시켜 국가정치보위부로 독립시켰다.[76] 이에 따라 사회안전부(사회안전성)는 치안질서 유지 등의 경찰 업무를 담당하고, 국가정치보위부(국가보위성)는 북한 주민 및 국가기관에 대한 정치사찰, 반혁명-반국가범죄, 방첩, 대내외 정보사업, 특별독재대상구역 관리소 운영 등 비밀 경찰의 업무를 수행하게 되었다.

국가보위성은 1974년 2월 '사상부문일꾼 강습회'에서 김정일이 발표한 10대원칙에 대칭되는 범법 규정을 마련하여 체제 유지를 위해 은밀하게 활동해 왔다. 국가보위성의 주요임무는 반당, 반체제 주모자 색출 및 검거, 특정 지역 내 잠입간첩 색출, 국내외 정보 수집 및 분석, 국경 경비와 치외법권 지역감찰, 일명 '종파분자' 및 정치범들을 특별 관리하는 것이다.[77] 주민의 사상과 동향을 감시하고, 반체제 세력의 색출, 지도자에 대한 비방사건 수사를 전담한다. 체포된 정치범들을 정치범수용소에서 관리한다. 이외에도 대외정보 수집 등 첩보 활동, 해외공작, 국경경비, 출입통제 및 출입국 관리, 고위 간부들의 호위 업무를 한다.

사회안전성과 국가보위성은 주민들의 일상생활에 깊숙이 파고들어 감시하기

---

74 『북한인권백서 2003』, p. 3.

75 물리적 통제 기구인 '사회안전성'의 역할, 연혁, 조직체계 등에 대한 내용은 본서 제3장 제1-2절에서 다룬다. 물리적 통제공간은 본서 제3장 제3절에서 다룬다.

76 신현기(2002), p. 144.

77 『북한인권백서 1997』, p. 85.

위해 주민 정보원 감시망을 운용한다. 조선로동당과 사회안전성, 국가보위성 등에서는 각 직장, 조직, 마을에서 출신성분이 좋고, 국가에 협조적인 일반 주민을 선택하여 비밀리에 주민 동태 파악 등 임무를 부여하고 보고하도록 한다. 또한, 주민들과 자주 접촉하는 일을 하는 이발사, 경비원, 운전수 등을 정보원으로 선발하기도 한다.[78] 선택된 정보원들은 자신의 신분과 역할을 밝히지 않고, 임무 수행을 한다. 정보원은 주변 직장동료와 마을 주민, 친구, 심지어 가족들까지 감시하기 때문에 북한 주민들은 누가 정보원인지 알수 없는 상황에서 주변인들을 경계하며 조심하여 생활해야 한다.[79] 북한 주민들은 "자기 등짝도 못 믿는다."라는 말을 흔히 하며, 부모들은 자식들에게 항상 "말 조심할 것"을 당부한다.[80]

또한 북한 정권은 척결한 친일파, 민족반역자, 지주 및 예속 자본가 등 적대계급을 사회에서 격리하여 수용하기 위해 물리적 통제기관인 '강제 수용소'를 설립했다. 1947년 10월 악질지주, 친일파, 종교인들과 그 가족을 격리·수용시킨 17개소의 '특별노무자수용소'가 운영되었다.[81] 수용소(정치범 수용소)는 북한 형법에서도 언급하지 않는 물리적 통제 기구이며, 비공식적으로 운영된다.

---

78 『북한인권백서 2003』, p. 154.

79 귀순자들의 증언도 각기 달라 5명 중 1명이 정보원이라는 사람이 있는가 하면, 6명 중 또는 10명 중 1명이 정보원이라는 사람이 있다. 주변 사람 중 누가 정보원일지 모르는 상황 속에서 항상 조심하여 행동해야 하는 현실을 반영한다. 앞의 책, p. 4.

80 『북한인권백서 2004』, p. 4.

81 6.25 전쟁 당시 미국 국무부가 북한에서 노획한 문서. 허만호, "국제인권법을 기준으로 바라본 북한의 정치범 수용소," 『탈북 고아에게 사랑을』(2008), 북한인권국민캠페인 자료집.

제3장

북한 사회안전성의 체계와 기능

제1절

사회안전성의 역할

1. 수령 결사옹위

2012년 3월 조선인민내무군 정치국장 리병삼은 조선로동당대표자회 추도사에서 "경애하는 최고사령관 김정은 동지의 현명한 령도가 있었기에 인민보안원들과 내무군 군인들은 혁명의 수뇌부를 결사옹위하고 인민의 생명 재산을 믿음직하게 보위할 수 있었으며 선군시대의 기념비적 창조물들을 수많이 일떠세우는 기적을 창조할 수 있었다."라고 하였다.[1] 사회안전성의 최우선 임무는 '수령 결사옹위'이며, 보편적인 경찰 업무인 사회의 안전질서 유지와 국가와 국민의 생명과 재산을 보호하는 것은 부차적인 과제이다.

북한 경찰의 일차적 임무는 수령을 결사옹위하는 것이다. 이는 북한의 핵심이론인 '혁명적 수령관'에 기초한다. 혁명적 수령관은 공산주의 완성이라는 최종 목표단계로 가는 혁명투쟁에서 수령이 차지하는 최고 지위와 핵심적인 역할을 제시하는 관점이다. 사회주의 국가는 이상적인 사회를 위한 과정으로 3단계를 설정하고, 인민들은 마지막 단계로 공산주의 국가인 '강성대국 건설'을 위해 혁명적 투쟁에 나서야 한다. 혁명으로 향하는 주체는 인민 대중이지만 수령 없이는 무의식적인 군중에 지나지 않으며, 수령의 영도 없는 혁명운동은 산만성과 자연 발생성을 면하지 못한다는 것이다. 따라서, 대중들이 혁명투쟁에서 승리하기 위해서는 수령의 영도가 필수적이

1 "경애하는 김정은 동지의 령도에 따라 선군혁명의 길, 사회주의의 길로 억세게 전진하자", 『로동신문』, 2012년 3월 31일.

라는 논리이다.[2] 수령은 인민 대중의 최고 뇌수[3]이며, 혁명투쟁의 최고의 영도자이기 때문에,[4] 사회안전성의 최우선적 과제는 인민 대중을 혁명투쟁으로 이끌어주는 최고의 뇌수를 지켜내는 것으로 귀결된다.

1999년 9월 30일과 10월 1일 평양 봉화예술극장에서 진행된 '전국 분주소장 회의'에서 국방위원회 제1부위원장이며 조선인민군 총정치국장인 조명록 차수가 전달한 축하문에서 조선로동당 중앙위원회는 "그동안 사회안전원들이 수령에 대한 절대적인 숭배심을 지니고, 혁명의 수뇌부의 안전을 믿음직하게 지킨데 대한 공로를 치하하며 '수령 결사옹위 정신', '총폭탄 정신', '자폭 정신'으로 무장할 것"을 최우선적으로 강조하기도 했다.[5] 이는 사회안전원들이 목숨을 걸고라도 수령을 결사 옹위해야 하는 것이 가장 중요한 사회안전성의 역할임을 반영한다.

2005년 11월 18일 인민 보안기관 창립 60돐 기념보고회에서 주상성 인민보안상은 기념보고를 하였다. 보고에서는 사회안전성의 가장 기본적이고 중요한 역할로 수령 결사옹위가 강조된다.

> "일찍이 인민군대와 함께, 인민 보안기관을 백방으로 강화하는데 커다란 의의를 부여하신 경애하는 최고사령관 동지께서 주체적인 인민 보안기관 건설 사상과 로선을 심화 발전시키고, 인민 보안기관이 혁명의 수뇌부를 결사옹위하는 혁명적 수령관이 철저히 선 대오로 자라나도록 현명하게 이끌어주셨다."[6]

사회안전성은 수령을 결사적으로 보위하기 위해서 경호업무를 직접 담당하는

---

2 이종석(2000), pp. 212-213.

3 '인민 대중의 뇌수'라는 표현은 인민 대중이 행동을 하는 유기체라면, 수령은 유기체의 모든 활동을 조절하는 통제, 조절, 판단 기관인 뇌와 같다는 표현에서 비유되었다. 마치 모든 유기체가 스스로는 움직일 수 없고, 유기체의 여러 부분에서 일어나는 생리적 요구가 뇌수에 반영되고 뇌수가 그 요구를 실현하도록 유기체의 각 부분에 지령을 주는 것처럼, 수령은 인민 대중의 의사와 요구를 집대성하고 그것을 정확히 반영하여, 인민 대중이 자기의 의사와 요구를 실현할수 있도록 방향과 방도를 제시하는 것이 수령이라는 것이다. 이러한 논리에 따르면, 수령의 지시는 인민 대중의 의사와 요구를 정확히 오류없이 반영한다는 '수령의 무오류성'이 도출된다.

4 이종석(2000), p. 213; 김창하, 『불멸의 주체사상』(평양: 평양출판사, 1992), p. 199. 재인용.

5 전현준(2003), p. 23.

6 "인민 보안기관 창립 60돐 기념보고회 진행", 『로동신문』, 2005년 11월 19일.

호위사령부와 국가보위성을 지원하여 수령 호위사업을 한다. 수령이 참가하는 행사를 '1호 행사'로 부르고, 사회안전성은 행사 참가자의 신원조사 및 검토, 이동 시 교통신호 조작, 행사장 주변 도로경계 등을 하며 수령의 신변에 문제가 생기지 않도록 예방조치를 한다. 『로동신문』에는 평양시 사회안전국 교통지휘대 대원 리경심에 대한 이야기가 소개된다. 기사에서는 리경심이 안전원(보안원)으로서 수령 결사옹위를 최우선적 임무로 삼았고, 수령의 신변을 보호하기 위해 자신을 희생한 육탄용사로 소개하고 있다. 기사를 통해, 다른 안전원들도 수령 결사옹위를 위해 언제든지 자신을 희생하는 자폭정신과 총폭탄 정신을 마음에 새기고 실행할 것을 독려한다.

> "평양시 인민보안국 교통지휘대 지구대 대원인 공화국 영웅 리경심 동무는 불의의 정황 속에서 자기 한몸을 서슴없이 내대여 혁명의 수뇌부의 안전을 결사 보위함으로써 수령 옹위의 빛나는 모범을 보여준 선군시대 인민보안원의 전형이다. (중략) 리경심 동무에게 있어서 네거리초소는 혁명의 수뇌부를 결사옹위하는 전초선이고 인민의 생명과 안전을 지키는 영예로운 초소이다. (중략) 그는 자기가 지켜선 초소를 수령보위, 제도보위, 인민보위의 성새로 여기고 삶의 순간순간을 빛내여 왔기에 뜻밖의 정황속에서도 서슴없이 혁명의 수뇌부 옹위의 육탄용사가 될 수 있었던 것이다."[7]

한국전쟁이 중단되고, 북한 지도자의 반대세력이 숙청된 지 오랜 시간이 지나면서 수령 결사옹위의 개념은 수령의 신변에 대한 보호에서 더 확장되었다. 수령을 호위하고, 수령을 상징하는 기념비, 건물과 주변 조경을 가꾸는 일뿐 아니라 자신의 직무에 대한 책임감과 헌신적 태도가 수령 결사옹위로 이어진다며 자신의 책임과 직무를 다할 것이 강조된다.

> "수령 옹위 정신은 그 어떤 특이한 초소나 계기, 정황속에서 만 발현되는 것이 아니다. 령도자의 사상과 의도를 실현하기 위한 투쟁속에서 자기 초소, 자기 일터를 굳건히 지키고 자신들이 지닌 책임과 직분을 다해가는데 령도자에 대한 참다운 충실성이 있다."[8]

---

7 "선군시대 수령결사옹위의 숭고한 모범을 따라 배우자", 『노동신문』, 2013년 5월 9일.

8 "선군시대 수령결사옹위의 숭고한 모범을 따라 배우자", 『노동신문』, 2013년 5월 9일.

사회안전성은 수령을 결사옹위하고 체제를 수호하기 위해, '반국가·반혁명 행위'를 감시하는 업무를 최우선적으로 수행한다. 북한 「형법」 제3장 제1절은 북한 주권과 사회주의 제도를 전복, 문란, 약화시키는 고의적인 적대범죄인 '반국가 범죄'를 규정하고 처벌한다. 북한에서 반국가 및 반민족 범죄는 "국가 주권과 사회주의제도를 전복하며 강성대국 건설과 우리 민족의 자주권 실현을 위한 투쟁을 반대하는 적대성과 정치성을 띤 계급적 원쑤들의 고의적인 적대범죄"라고 설명한다.[9] 국가 주권을 반대하는 범죄는 형법 제60조 국가전복음모죄, 제61조 테러죄, 제62조 반국가선전·선동죄, 제63조 조국반역죄, 제64조 간첩죄, 제65조 파괴·암해죄, 제66조 무장간첩 및 대외관계단절사촉죄, 제67조 외국인에 대한 적대행위죄이다. 사회안전성은 국가의 정치적 안전에 위험을 주는 행위를 진압하고 적발한다.[10]

또한 수령 옹호 보위사업의 일환으로 수령의 업적과 관련된 김일성 사상연구실, 김일성 선물사적관, 김정일 온실 등을 직접 운영 관리하며, 지도자의 업적을 선전하는 업무를 수행한다.

2. 치안질서 유지

사회안전성은 경찰의 기본적 업무인 치안질서 유지를 수행한다. 대한민국 경찰에게 치안은 국가와 국민의 재산과 생명에 대한 보호와 국민의 안전한 삶을 보장하는 것이다. 그러나 북한에서의 치안은 범죄로부터 주민의 생명과 재산을 보호하는 개념을 상위하여, 북한 사회가 정하는 집단주의적 공식규범을 지키지 않는 주민들을 완벽하게 감시하고 규제해 통제·가능한 사회주의 질서를 유지시키는 것이다.[11]

북한 「헌법」 제63조에서 규정하듯, 북한은 사회주의 체제하에 '하나는 전체를

9 『공화국 형법에 규제된 선거권 박탈형에 대한 과학적 리해』 (평양: 과학백과사전출판사, 2010), pp. 41-42.

10 북한 「인민보안법」 (2007년 채택) 제11조 인민보안기관의 임무는 첫 번째로 "국가의 정치적 안전에 위험을 주는 행위를 진압한다."라고 제시한다.

11 경찰의 기본 역할인 수사와 범죄 예방도 수행한다. 북한 「인민보안법」 (2007년 채택) 제11조 인민보안기관의 임무.

위하여, 전체는 하나를 위하여'를 기본 원리로 삼는 집단주의 사회이다. 수령의 영도하에 조선로동당이 중심이 되는 사회주의 체제와 계획경제제도, 사회주의 이론(김일성·김정일 사상)을 기반으로 사회 전체에 적용되는 공식규범과 가치관인 '사회주의 생활양식'이 존재한다. 북한은 사회주의적 사고와 집단주의적 규범 확립을 위해 '착취제도 반대', '이기주의 반대', '개인주의 반대'의 사상 교양 사업을 한다. 또한, 모든 주민들을 해당하는 조직 생활에 참여시키고, 인민반 활동을 통해 가정생활을 감시하면서 사회주의적 생활양식을 주입해 왔다.

1990년대 이후 북한은 극심한 경제난으로 사회주의 계획경제의 핵심인 '공공배급제도(public distribution system)'의 운용이 어려워졌고, 사회가 정해놓은 공식규범에서 벗어난 비사회주의적 일탈행위가 증가하기 시작했다. 공식적 규범과 가치관인 사회주의적 규범과 가치관을 거스르는 비사회주의적 행위는 사회 질서를 어지럽히고, 공중도덕을 문란하게 만드는 행동으로 간주된다.[12] 사회안전성은 '비사회주의적 행위'를 단속 및 적발하여, 모든 주민들이 사회주의 생활양식 등 공식적 규범을 지키도록 통제함으로써 사회주의에서 치안 질서를 유지한다.[13]

사회안전성은 교통 경찰의 일반적 업무인 교통질서 유지와 단속, 교통사고 처리, 운전면허 자격 심사, 면허증 발급, 차량번호 등록, 차량 번호판 제작 및 관리의 업무도 수행한다.[14] 더불어 화약, 전기, 기계 분야의 폭발사고 등을 예방하기 위한 화약류 취급 자격증 및 관리설비 승인 등 폭발물 검열, 단속, 조사하는 업무도 수행한

---

12 북한의 공식규범과 가치관은 착취제도 반대, 집단주의 정신, 노동의무, 공동노동참여, 조국사랑, 사회주의 체제 수호, 항일혁명의 절대화, 각급 근로단체 생활 강조, 집단주의, 공동재산 애호, 가정과 이웃의 학교화이며, 이에 반하는 비사회주의적 가치관은 사적 소유, 개인주의, 이기주의, 노력 동원 불성실 참여, 정권, 제도 및 정책 비판, 수령 및 지도부 비판, 조직 생활 불성실 참여, 자본주의 생활양식, 사적 소유의식, 불성실한 인민반 활동 등이다. 황의정, "북한의 주민 일상에 대한 법적 통제: 비사회주의적 행위와 범죄 규정화를 중심으로," 『북한연구학회보』, 제21권 제1호 (2017), p. 119.

13 사회안전성에서는 사회주의 계획경제와 사회주의 집단주의 원칙 등을 감시통제한다. 북한 「인민보안법」 (2007년 채택) 제11조 인민보안기관의 임무 제4항에서는 "국가의 경제정책집행과 경제관리에서 사회주의 원칙을 지키는가를 감독통제한다.", 제5항에서는 "사회공중질서침해행위를 단속한다."라고 적시하고 있다.

14 북한 「인민보안법」 (2007년 채택) 제11조 인민보안기관의 임무 제6항에서는 "교통안전질서를 유지하고 그것을 어기는 행위를 단속통제한다."라며 교통경찰로서의 임무가 제시된다.

다.[15] 중요 기관과 주요 기업소 시설은 직접 경비업무를 하고, 그 외에는 기관과 기업소, 단체의 경비사업을 감독하고 통제하며 치안질서를 유지한다.

3. 주민 동향 감시

북한 주민들은 사회주의 체제하에서 비사회주의 경향, 특이사항, 사상의 해이 등을 감시받는다. 사회안전성은 전국 안전국(보안국), 안전부(보안부), 안전서(보안서), 안전소(분주소)를 설치하여 중앙집권적이고 통일적인 지휘체계를 유지하고, 분주소 산하에 각 마을별로 주재원이 근무한다. 각 마을별 20-30세대 당 1명의 인민반장을 임명하여 감시하게 하고, 인민반에는 인민반장 외에 인민반장을 돕는 세대주 반장, 위생반장, 선동반장, 비밀정보원(안전소조원) 등이 임명된다.

인민반장은 소속 주민들의 추천을 받아 시, 군 인민위원회에서 지명한다. 대체로 충성심이 높고 직장을 다니지 않는 전업주부들이 인민반장을 맡아, 인민반 전체 주민의 동태를 감시한다. 세대주 반장은 당에서 임명하며, 주로 남편들만 별도로 관리·감시한다. 남편들을 상대로 회의, 인원 동원, 강연 등을 주최하기도 하고, 남편들의 퇴근 후 동태까지 파악하고 관리한다. 위생 반장은 인민반이 속한 환경 관리를 책임지고, 선동 반장은 인민반 주민들의 사상 교양을 담당한다. 안전소조원은 국가보위성이나 사회안전성에서 비밀리에 배치한 감시원으로 주민들의 사상 동향 및 특이사항을 감시한다.[16] 안전소조원과 통보원 그리고 사회안전성과 국가보위성의 지시를 받고 활동하는 정보원은 탈북민 가족과 노력 동원에 참여율이 낮거나 당에 대한 충성심이 낮은 가정, 수입대비 지출이 과도한 가정, 한국 영화와 노래를 감상하는 가정, 몰래 이사를 준비하는 듯한 가정의 동향을 꼼꼼하게 살핀다. 또한, 사회에 불만이 많은 주민, 교화소를 출소한 주민, 밀수업을 하는 주민들의 장사품목, 마약 매매, 외래자의 숙박 현황, 미거주자와 무직자 현황, 주민들 간의 유언비어 등 주민 생활 모든

15 북한 「인민보안법」 (2007년 채택) 제11조에서 인민보안기관의 임무를 제시하고 있다.

16 『북한인권백서 2016』, p. 134.

부분의 동향을 파악하여, 주 1회 정도 보위부 또는 안전부 지도원에게 보고한다.[17]

인민반은 해당 주민들의 생활지도, 사상동향 파악, 외부 방문자의 감시를 한다. 주민들의 노력 동원과 공공질서 유지, 마을 청소 등 공동적인 주제뿐 아니라 자녀 양육 및 부양 등 가정사를 포함한 세세한 일상생활을 주제로 하여 월 2회 정도 생활총화를 진행한다. 인민반장은 불시에 가정을 방문하여 각 가정의 위생과 초상화, 김일성 가계 관련 도서 검열을 실시하며 각 개인의 사상 동향이나 가정내 사정 등까지 감시한다. 또한, 사회주의적 생활 환경을 위한 도로청소, 농촌 인력동원, 군대지원 등 각종 동원 임무를 주민들에게 부과한다.[18] 인민반장은 주재관에게 자신이 담당한 세대들의 특이사항을 보고하여 기록하고, 주재관은 안전소장에게 보고하여 특이사항은 즉시 안전부(보안부), 안전국(보안국), 중앙당까지 보고된다.[19]

---

17 『북한인권백서 2023』, p. 163.

18 『북한인권백서 2016』 pp. 133-134.

19 최응렬 · 이규하(2012), p. 201.

제2절

사회안전성의 연혁과 조직 체계

1. 사회안전성의 연혁

해방 직후부터 소련군이 진주하기 전까지 북한 지역의 치안은 일본군과 경찰에 의해 유지되었다. 또한 각 지역별로 민간치안 조직인 자위대(우익진영), 치안대(좌익진영), 적위대(소련군 출신 한인조직) 등이 개별적으로 치안 활동을 하였다. 1945년 8월 17일 북한에 진주한 소련군은 '북조선 주둔 소련군 제25군 사령관 명령서(1945.10.12.)'를 발표하며 북한 내 모든 무장부대의 해체를 명하고, 새로운 보안부대 창설을 명령하였다.[20]

이 명령에 따라 1945년 10월 21일 노동자, 농민 출신 200여 명을 선발해 북한 진남포에 보안대 본부를 두고, 6개 도에 보안대 지부를 설치하였다. 같은 해 10월 28일 북한 전역을 관장할 행정 기구로 「북조선 5도행정국」이 발족되었고, 11월 19일 사회안전성의 기원이 되는 보안국이 출범하였고, 보안국의 지휘 아래에 보안대를 두었다.[21]

「북조선 5도행정국」(북조선 행정10국)[22]하의 보안국은 1945년 11월 19일 창립되

20 소련군(극동군 제1방면군 제25군; 사령관 치스치아코프 대장)은 1945년 8월 17일부터 북한 지역 진주를 시작하였고, 8월 26일 제25군 본부대가 평양 진주를 완료하였다. 10월 12일 '북조선 주둔 소련점령군 사령관 명령서'를 발표하고 북조선 내 모든 무장부대의 해체를 명했다. 1945년 10월 8일~9일 소련군사령부는 '이북 5도 대표자협의회'를 통해 북한 전역을 관장할 행정 기구 구성을 협의하였고, 이후 11월 19일 '5도 인민위원회 협의회'는 '5도행정국'으로 확대 및 발전되었다. 전현준(2003), p. 17.

21 북한은 사회안전기관 창립일(경찰 창립일)을 1945년 11월 19일 보안국 창설일로 정하고 있다. 백남설·유동열, 『북한학』(충남: 경찰대학, 2022), p. 127.

22 1945년 10월 28일 출범한 '북조선 5도행정국'에는 산업, 교통, 농림, 상업, 재정, 체신, 교육, 보건, 사법, 보안 등 10개국이 설치되어 '북조선 행정10국'으로 불린다.

어 최용건을 국장으로 임명하였고, 북한의 치안을 담당했다. 당시 보안국은 치안업무뿐 아니라 공안 및 국토 경비업무 외 대남공작 업무도 수행하였다.[23] 해방 직후 인민보안기관은 토지개혁을 비롯한 사회주의적 기반과 사회질서를 세우는 역할을 했다.

1946년 2월 8일 김일성을 위원장으로 「북조선임시인민위원회」가 발족되었고, 북조선 5도행정국의 기능을 이양받아 실질적인 단독 정부의 기능을 맡았다. 보안국은 감찰, 경비, 호안, 소방 등의 치안경비 부서와 대남공작을 전담하는 독립부서 정치보위부(부장: 김파)로 구성되었다. 1946년 5월 11일 보안국 산하에 무장 경찰 조직인 '보안 독립여단(초대 여단장: 최현)'을 발족시켰다. 김일성은 보안 독립여단 발족 당시 "보안 독립여단은 프롤레타리아 독재 기구로서 나라의 안전을 지키고 대내·외 원쑤들의 침략을 막아야 한다."라고 연설하였는데, 이는 현재 북한의 경찰과 비밀 경찰, 경호군의 활동지침이 되었고, '511교시'로 칭한다.[24]

1947년 2월 20일 북조선임시인민위원회의 기능을 이양받은 「북조선인민위원회」(위원장: 김일성)가 발족되었다. 이전의 보안국은 내무국(국장: 박일우)으로 개칭되었고, 내무국에서 경찰 기능을 수행하게 되었다. 1948년 2월 7일 '민족보위국'(국장: 김책)이 신설되면서 종래 내무국이 담당하던 국방기능을 전담하게 되었고, 내무국은 치안 유지 기능을 전담하게 되었다.

1948년 9월 9일 '조선민주주의인민공화국'이 수립되면서 경찰 기능을 담당했던 북조선인민위원회 내무국은 내각 소속 '내무성'(상: 박일우)으로 흡수되었다.[25] 내무성은 북한 최초의 공식적 경찰조직으로 볼 수 있고, 경찰 간부를 양성하기 위해 '중앙보안간부학교'를 창설하였다.

한국전쟁 시기에는 인민 보안사업을 전시 체계로 개편하고, 후방에서의 정치적 안정을 보장하는 역할을 하였다. 1951년 3월 전쟁 중 반동분자 등 반체제 저항세력

---

23 보안국은 현재 북한의 사회안전성과 국가보위성 등의 인민 보안 기관의 모체이다. 2005년 11월 18일 인민보안기관 창립 60돐 기념보고회가 봉화예술극장에서 진행되었다. "인민보안 기관 창립 60돐 기념보고회", 『로동신문』, 2005년 11월 19일.

24 전현준(2003), pp. 18-19.

25 1948년 9월 9일 북한 정권과 함께 출범한 내무성을 북한 경찰의 공식적 탄생으로 본다. 김일기·김호홍(2020), p. 45.

에 대한 효율적 통제를 위하여, 내무성 편제 중 정치보위국 및 기타 부문 조직을 통합하여 '사회안전성(상: 방학세)'으로 독립시켰다.[26] 사회안전성은 중앙본부에 사회안전국, 철도안전국, 예심국, 보안국, 반항공국, 교화국, 정부호위국, 경비국, 후방국, 산림국, 정치국, 통신처를 두고, 각 도, 시, 군에 사회안전부를 두었고, 면 단위는 필요에 따라 분주소를 두었다. 당시 사회안전성은 반국가행위 및 반혁명행위의 감시, 신원조사 및 외국인 방문객 감시, 지방 치안 유지 및 범죄 단속, 국가기관 및 지역 경비, 교통질서 및 소방업무, 인구조사, 신분등록소 운영, 기밀문서 보관관리, 교화소와 강제노동수용소 관리, 철도 경비, 국유재산과 사유재산 보호, 선박 출입관리, 반항공 조직 운영 등의 광범위한 임무를 수행했다.[27]

1952년 10월 9일 1년 7개월 만에 '내무성' 내 사회안전국이 설치되면서 사회안전성은 흡수·통합되었다.[28] 1956년 내무성의 편제가 대폭 확장되었는데, 방학세가 내무상으로 임명되었고, 차관급인 부상 5명, 9개국 및 7개처로 구성되었다. 9개국은 제1국 사회안전국, 제2국 감찰국, 제3국 보안국, 제4국 정치국, 제5국 총무국, 제6국 후방국, 제7국 교화국, 제8국 경비국, 제9국 경위국(호위업무)이 있으며, 7개처는 1처 종합처, 2처 간부처, 3처 경비처, 4처 반정찰처(대남·대외공작 전담), 5처 통신처, 6처 경제안전처, 7처 반항공처 등이 있다.

제1국 사회안전국은 대남·대외 공작 업무를 제외한 방첩 업무를 수행하는 핵심 조직으로 기능했다. 주요 임무는 북한 주민에 대한 감시, 인민군에 대한 정치사찰, 정부 기관 주요 인사 감시, 반체제 인사에 대한 감시 및 예심, 정당-사회단체-언론-출판-종교계에 대한 사찰, 대외정보 수집, 해방 후 대한민국 정부 수립에 참여한 인사

---

26 당시 내무성 정치보위국장 방학세가 한국전쟁 중 유엔군 참전으로 유엔 점령지역이 확대됨에 따라 단순 치안 유지 업무 외에 반체제 저항세력 관리 등 전시 상황하의 효율적인 치안업무 등 공안전담 조직이 필요하다고 역설한 것이 사회안전성의 독립 배경이다. 전현준(2003), p. 20.

27 유동열, "북한 정보기구의 변천과 현황", 『국가정보연구』, 제11권 제1호(2018), p. 159.

28 사회안전성이 내무성으로 통합된 이유로, 업무의 복잡성, 낮은 효율성, 내무성과 양립으로 인한 치안업무의 혼란성 등이 제시되지만, 그 배경으로 방학세 사회안전상이 내무상 보임으로 내정된 상태에서 자기가 관할하고 있던 사회안전성을 내무성으로 통합시켜 자신의 영향력 아래에 두려고 했다는 것으로도 평가한다. 이에 김일성이 사회안전성의 좌경적 편향을 지적하였고, 사회안전성의 당 사업 실패에 대한 책임 추궁도 있었다. 위의 책, p. 21.

에 대한 수사 및 감시, 방첩 사업, 각 시도 내무부에 대한 지도사업 등으로 북한 사회 전반의 사회통제를 위한 감시 및 사찰 역할을 하였다.[29]

1962년 10월 23일 제3차 내각이 개편되면서 '사회안전성'을 신설하여 내무성 산하 사회안전국을 이관하였다. 1972년 12월 27일 사회주의 신헌법이 채택되면서 내각은 정무원으로 개편되고, 사회안전성은 '사회안전부(부장: 김병하)'로 개칭되었다.

1973년 5월 김일성은 사회안전 업무와 정치보위 업무 분리를 지시하였고, 사회안전부 가운데 국가 보위 관련 부서인 제1국, 제2국, 제9국과 제3국 및 제7국의 일부를 독립 및 확대시켜 '국가정치보위부'로 독립시켰다.[30] 이에 따라 사회안전부는 치안 질서유지 등의 경찰 업무를 담당하고, 국가정치보위부는 주민과 국가기관에 대한 정치사찰, 반혁명-반국가 범죄, 방첩, 대내외 정보사업, 특별독재대상 구역 관리소 운영 등 비밀 경찰의 업무를 수행하게 되었다.

북한의 경찰조직은 조직 책임자의 정치적 필요에 따라 빈번하게 조직이 개편되는 경향을 보였다. 1982년 초 사회안전부장 이진수가 국가정치보위부장으로 보임되어 이동하면서 사회안전부가 담당하던 해안 및 국가 경비업무가 국가정치보위부로 이관되고, 사회안전부의 역할이 축소되었다.[31]

1982년 4월 5일 최고인민회의 제7기 1차 회의를 통해 정무원 소속이었던 사회안전부는 인민무력부와 함께 노동당 소속으로 이관되었다가, 1986년 12월 29일 개최된 최고인민회의 제8기 1차 회의에서 다시 노동당에서 정무원 소속으로 환원되었다. 1987년 6월 4일 김일성의 명령으로 시와 군 단위별 안전원과 보위부원으로 이루어진 '6.4그루빠'[32]를 편성하여 전과자들을 강제노동 집결소에 수감하기 시작했다. 1998년 9월 5일 북한 「헌법」이 수정 및 보충되면서 정무원이 내각으로 개편되었고, 사회안전부는 '사회안전성(상: 백학림)'으로 다시 개칭되었다.

---

29 백남설·유동열(2022), p. 130.

30 신현기(2002), p. 144.

31 백남설·유동열(2022), p. 130.

32 6.4그루빠는 1991년경 김정일의 지시로 결성된 비사회주의 풍조 척결 기구이다. 1990년대 이후 북한에 매춘, 횡령, 호화생활, 치정관계 등 비사회주의 현상이 만연해지자, 김정일이 비사회주의 그루빠를 별도로 조직하여 검열하라고 지시한 데서 비롯되었다. 『북한대사전』(서울: 동명사, 1999), p. 110.

2000년 4월 6일 최고인민회의 제10기 3차 회의 3일차에서는 "최고인민회의는 수령의 참다운 인민 보안 기관을 창립하고 이끌어 온 불멸의 업적을 빛내며 사회주의 강성대국 건설의 요구에 맞게 사회안전기관의 임무와 역할을 더욱 높혀 나가기 위해 사회안전성의 이름을 없애고 새로이 인민보안성으로 한다."라고 결정했다. 개칭한 이유는 '심화조 사건'이 발단이었다고 할 수 있다.

1990년대 중반부터 경제난으로 사회적 일탈행위가 발생하자 김정일은 주민들의 성분 조사와 적대분자 색출을 지시했다. 사회안전성은 간첩 색출을 명목으로 요원 8,000명을 배정받았고 특별조직이 설립되었다. 해당 조직은 간첩을 색출하기 위해 주민 문건을 심화시킨다고 하여 '심화조'로 불렸고, 3년간 북한 고위급 인사 2만 5천 명을 처형 및 유배시켰다. 심화조의 간첩 색출 작업이 도를 넘고 부작용이 커지자, 김정일은 심화조의 책임을 물어 인민보안성 수장 백학림을 해임하고, 장성택의 최측근인 최룡수를 인민보안상으로 임명하며, 친(親) 김일성세력 등을 제거하였다. 이는 김일성 추종세력과 반(反)김정일 세력을 제거하는 기회가 되었으며, 공안 기관들의 충성경쟁을 유도하였다.[33] 심화조 사건은 북한의 지도자 김정일이 정권 유지를 위해 사회안전성 등 물리적 통제 기구를 활용하며, 사회안전성은 지도자의 지시와 정책관철을 최우선적 과제로 삼고 있음을 확인할 수 있는 계기가 되었다.[34]

2010년 4월 초 북한은 인민보안성을 '인민보안부'로, 산하 조선인민경비대를 '조선인민내무군'으로 명칭을 변경하였다. 김정일 정권은 선군정치를 강조하며, 국방위원회의 역할을 집중적으로 강화했다. 인민보안성은 인민보안부로 명칭이 변경되었고, 인민무력부와 국가보위성과 함께 북한의 3대 무력 기구로 자리매김했다.[35]

2013년 6월 10일 김정은의 명령으로 인민보안부장에게 대장의 칭호를 부여하고, 인민보안기관과 인민내무군을 인민군대와 함께 북한의 2대 무장집단으로 인정하였다.

---

33 백남설·유동열(2022), p. 131; 곽명일, "북한 인민보안원과 주민의 관계변화 연구" (북한대학원대학교 박사학위논문, 2017), p. 23; 전현준(2003), pp. 22-23.

34 심화조 사건은 지도자가 내린 지시를 수행하고 있던 사회안전성과 간부들도 지도자의 변심에 따라 숙청될 수 있음을 적나라하게 보여 주었다.

35 백남설·유동열(2022), p. 131; 곽명일(2017), p. 24.

> 조선인민군 최고사령관 명령 제0036호
>
> 최부일 인민보안부장에게 대장의 군사칭호를 수여할데 대하여
>
> 인민보안기관과 인민내무군은 인민군대와 함께 우리 혁명의 쌍 기둥을 이루는 2대 무장집단이다. 인민보안원들과 인민내무군 장병들은 지난 기간 수령 결사 옹위의 기치를 높이 추켜들고 영광의 나날에도, 시련의 나날에도 당과 제도, 인민을 보위하기 위한 성스러운 투쟁에서 무한한 헌신성과 희생성을 높이 발휘하여 조국청사에 길이 빛날 커다란 위훈을 세웠다. 조성된 정세는 우리 당의 혁명적 무장력인 인민보안기관과 인민내무군이 사회주의제도의 관문을 철벽으로 지키며 당의 경제건설과 핵무력 건설 병진로선을 총대와 법으로 믿음직하게 담보할 것을 절실히 요구하고 있다. 나는 인민보안기관과 전체 인민내무군 장병들이 당의 령도를 충직하게 받들고 사회주의제도의 관문을 지켜선 제일 초병으로서의 영예로운 사명과 임무를 훌륭히 수행하리라는 것을 굳게 믿으면서 최부일 인민보안부장에게 대장의 군사칭호를 수여할 것을 명령한다.
>
> 조선인민군 최고사령관 김정은.
>
> 2013년 6월 10일 평양.[36]

김정은 시대 들어 사회안전성은 사회주의제도의 관문을 지켜선 제일 초병의 임무를 맡게 되었고, 그 역할이 더욱 중요해졌다. 2014년 12월 15일 사회안전성은 조선인민내무군 청년전위들의 웅변 및 맹세 모임을 진행하였다. 모임을 통해 조선인민내무군은 "김정일 동지의 유훈을 높이 받들고 혁명의 수뇌부를 결사옹위하는 무쇠방패, 붉은 맹수가 되어 계급투쟁의 전초선을 굳건히 지켜나갈 것"을 다짐하였다.[37]

북한 당국은 2016년 6월 최고인민회의 제13기 4차 회의 이후 인민보안부를 '인민보안성(상: 최부일)'으로 재개칭하였다. 2020년 5월 24일 개최된 당 중앙군사위원회 제7기 제4차 회의에서 "안전기관의 사명과 임무에 맞게 군사지휘체계 개편에 관한 명령서"에 의하여 인민보안성을 '사회안전성'으로 변경했다. 또한, 직속 무력기관 인민내무군을 '사회안전군'으로 변경하였다.

36 "조선인민군 최고사령관 명령", 『노동신문』, 2013년 6월 11일.

37 "위대한 령도자 김정일 동지 서거 3돐에 즈음하여 조선인민내무군 청년전위들의 웅변 및 맹세 모임 진행", 『로동신문』, 2014년 12월 15일.

표 3-1 김정은 시대 사회안전성의 변화

시기	본부 명칭 및 역할 변화	산하기관 변화
2010	인민보안성 → 인민보안부	조선인민경비대 → 조선인민내무군
2013	인민보안부장 대장 군사칭호 칭호	인민내무군을 인민군대와 함께 2대 무장집단으로 분류
2016	인민보안부 → 인민보안성	
2020	인민보안성 → 사회안전성	인민내무군 → 사회안전내무군

2. 사회안전성의 조직 체계

사회안전성은 중앙인민보안지도기관인 '중앙조직'과 지방인민보안기관인 '지방조직'으로 나눌 수 있다.[38] 사회안전성 본부는 평양시에 위치하고 있고, 지방조직은 각 13개 도에 위치하고 있다. 사회안전성에는 독립적 기관으로 노동당 조직인 정치국과 국가보위성 파견조직인 보위부가 편성되어 있어, 항상 상호 감시 및 견제하는 체계이다.

1) 중앙조직

중앙조직에는 크게 행정부서(참모부서)와 기관인 정치국과 보위부가 있다. 참모부서에는 제1국(감찰국), 제2국(수사국), 제3국(작전국), 제4국(예심국), 제5국(교화국), 제6국(호안국), 제7국(경비훈련), 제8국(주민등록국), 제9국(통신국), 제10국(병기국), 제11국(재정국), 제12국(후방국), 제13국(건설국), 제14국(자재관리국), 제15국(금강관리국), 종합지휘실(상황실), 총무국, 산업감찰국, 대외사업국 등이 있다.

행정부서의 독립처로는 제1처(외사처), 제2처(교육처), 제3처(운수처), 제4처(군의

38 「인민보안법」 제2장 제8조.

처), 제5처(반항공처), 11처(상표인쇄처) 등이 있으며, 사회안전성 본부 산하의 독립부서로는 철도안전국, 지하철도관리국, 7총국(공병총국), 8총국(도로총국), 국토총국이 있다.

사회안전성 본부 산하 직할 부서로 정치대학, 공병대학, 압록강 체육단, 사격단, 화폐공장, 권총공장, 심사소, 검차소, 자동차 수리소, 병원, 116기동대, 답사관리소, 기요연락소, 전자계산기연구소, 지진연구소, 경비대 등이 있다. 본부는 중앙인민보안지도기관으로서, 사회안전원을 계획적으로 양성해야 한다. 본부는 안전원의 선발과 교육훈련 등 양성, 배치, 승진, 감독, 해임 등 총괄적인 권한을 가진다.[39] 중앙조직은 지방인민보안기관에 대한 절대적인 지휘와 명령을 행사한다.[40] 사회안전성 중앙조직 주요 부서의 종류와 업무는 다음과 같다.

표 3-2 사회안전성 중앙조직 주요 참모부서

임무[41]	주요 부서	관할 업무
범죄와 위법행위, 사회 공중질서 침해행위 단속, 수사	감찰국	산하 지방 지도, 감독 및 관리, 기관업소의 부패와 낭비 예방, 안전원 비리 적발 및 조사, 각종 포고령 지시내용 전파 및 이행상태 감독, 각종 그루빠 지도 감독, 범죄자 사건조사 기록 작성 후 예심국 인계
	수사국	수사 및 범죄자 체포, 현장검증, 지문대조, 혈액 감정, 필적 감정, 부검 실시, 산하도 안전국 수사업무 지도 감독
	예심국	- 강간, 살인 등 중범죄 심문, 감찰 수사단계에서 체포된 용의자에 대한 수사 보강, 여죄 추궁, 범죄 확정, 사건 조서 검찰소에 인계 - 송치 등 예심업무 관장, 교화소에 대한 지도와 감독, 재판에 의한 형 확정 시까지 사면이나 감형에 관여
경제관련, 사회주의 원칙 준수 여부 감독통제	산업감찰국	직속 공장과 기업소, 협동농장 등의 업무 수행 감독, 경제 현행범 사건 조사 후 예심국에 인계
교통안전질서 유지 및 통제	철도안전국	철도수송 및 안전업무 총괄, 여객열차 내 안전원 운영 및 여행 질서 단속
	지하철도 관리국	평양시 지하철 관리 및 운영, 지하철 안전관리 업무

39 「인민보안법」 제18조에는 인민보안원 선발의 기본요구, 제19조에서는 인민보안원의 자격에 대해 언급한다.
40 박창석(2012), p. 140.
41 「인민보안법」(2007년 채택) 제11조 인민보안기관의 임무를 참고하였다.

경비사업 및 감독	경비훈련국	국가 주요시설 및 주요 간부사택 경비업무 수행, 사회안전성 산하 공장, 기업체의 제반 경비업무(무장 보위대 운영), 안전원에 대한 군사훈련 지도
총기류 등 감독 통제	병기국	무기와 탄약 및 장구류, 예비 물자 등에 대한 보관·관리·검열
소방사업 조직, 사고방지	호안국	화재, 화약, 전기, 가스, 기계, 익사, 교통 등 각종의 안전사고에 대한 예방 활동과 관련된 업무
공민등록	주민등록국	주민등록, 신원조사, 평양거주 승인번호 부여 등 일체의 주민등록 업무
자연재해 예방사업	국토총국	고속도로·국가도로 관리 및 강, 하천 관리 단속, 산림 수자원 보호
민간반항공사업	작전국	일반 작전업무 통제·조정, 반항공 업무의 지도감독
정보계통 안전 보호 감독통제	통신국	통신업무 지도 및 감독, 사회안전성 내 유·무선 통신 보장, 정체불명의 전파 탐지
판결, 판정의 집행	교화국	범죄자 수용관리, 북한 전역 교화소 업무 지도, 통제 감독, 사면, 감형, 기한 전 출소 등 행형업무
그밖에 국가의 사업동원	자재 관리국	건설과 후방에 필요한 일체의 자재관리
	건설국	국가적인 주요시설(도로, 건물) 시공 및 수리, 사회안전성 내 건물관리
	공병총국	주요 국가시설 건설, 탄광, 광산 개발
	도로총국	주요 고속도로 및 교량 건설, 초대소 건설
본부 필요부서	재정국	사회안전성의 예산 수립과 집행, 사회안전성 요원들의 월급 지급, 필요한 기술 자재 등을 구입
	후방국	사회안전성 요원들에 대한 식량, 피복 등 일체의 자재 공급 지원 사업
	총무국	사회안전성 요원들에 대한 일체의 신상관리, 각종 기밀문서 보관 및 취급, 각종 증명서 발급 등과 같은 행정업무 처리, 문서 수발

출처: 유동열, "북한 정보기구의 변천과 현황", pp. 168-169과 북한 「인민보안법」 (2007년 채택) 제11조 '인민보안기관의 임무'를 참고하여 저자가 분류 및 작성

범죄와 위법행위를 단속, 수사 및 적발하는 부서는 감찰국, 수사국, 예심국이다. 감찰국은 산하 지방지도, 감독 및 관리하고, 기관업소의 부패와 낭비를 예방하고, 보안원 비리 적발, 조사, 각종 포고령 지시내용 전파 및 이행상태 감독, 각종 그루빠 지도감독, 범죄자 사건조사 기록 작성후 예심국에 인계하는 업무를 한다.

수사국은 수사 및 범죄자 체포, 현장검증, 지문대조, 혈액 감정, 필적 감정, 부검

실시, 산하 도(道) 안전국 수사업무 지도 감독 등의 업무를 한다. 수사국은 사회주의 공중질서를 침해하는 행위와 절도, 마약, 인신매매 등 다양한 위법행위에 대한 체포 및 수사를 한다. 예심국은 강간과 살인 등 중범죄자에 대한 심문, 감찰 수사단계에서 체포된 용의자에 대한 수사 보강, 여죄 추궁, 범죄 확정, 사건 조서를 검찰소에 인계하는 등의 예심업무를 관장한다. 감찰국과 수사국은 이관된 사건에 대한 심층 수사를 진행하며, 수사를 보강하고, 범죄를 확정하여 검찰소에 송치하는 수사의 마무리 단계를 맡는다. 재판에 의해 형이 확정되기 전까지는 형에 대한 사면과 감형도 관여하며, 교화소에 대한 지도와 감독도 담당한다.

산업감찰국은 국가의 경제정책 집행과 경제관리에서 사회주의 원칙의 준수 여부를 감독 및 통제하는 부서이다. 직속 공장과 기업소, 협동농장의 업무수행을 감독하고, 경제 현행범 사건 조사 후 예심국에 인계한다. 북한은 공식적으로 계획경제를 추구함에 따라, 기업소와 농장이 국유화되어 있다. 인민보안기관은 기업소나 농장에서 국영재산인 생산물과 인적, 물적 자원을 보고하지 않는 행위를 감시하고, 기업소와 농장에서 국유재산인 부품, 물품, 도구 등을 절도하는 행위 등을 적발한다.

철도안전국과 지하철도관리국은 교통안전질서를 유지하고 위반 행위를 단속 및 적발하는 부서이다. 북한에서는 경찰이 국유재산인 철도와 지하철, 도로 등을 관리한다. 사회안전성은 열차와 버스, 지하철 등 대중교통 질서 유지를 담당하며, 교통질서 위반행위를 단속한다. 북한에서는 지역 이동 시 통행증이 필요하며, 사회안전성이 이동수단과 검문소에서 주민들의 이동증과 공민증을 검열 및 단속한다.

경비훈련국은 기관과 기업소, 단체의 경비 사업을 감독 및 통제하며 중요 기관, 기업소와 시설에 대한 경비 사업을 하는 부서이다. 국가 주요시설 및 주요 간부 사택, 사회안전성 산하 공장과 기업체 및 제반시설을 경비한다. 또한 일반 기업과 기업소, 단체와 인민반의 경비질서 위반행위를 감독 및 통제한다. 안전원에 대한 군사훈련을 지도 및 담당한다. 병기국은 총기류, 화학류와 폭발물, 방사성, 독성물질 등 위험 물질의 취급처리 및 질서를 감독 및 통제하는 부서이다. 무기와 탄약 및 장구류, 예비 물자 등에 대한 보관·관리·검열을 주 업무로 한다.

호안국은 소방사업 조직과 화재사고, 노동재해와 같은 각종 사고방지 사업집행을 감독하고 통제하는 부서이다. 화재, 화약, 전기, 가스, 기계, 익사, 교통 등 각종의 안전사고에 대한 예방 업무를 한다. 주민등록국은 주민들의 출생, 거주, 퇴거(이사)와 같은 주민등록사업을 하는 부서이다. 공민등록과 신원조사를 담당하며, 평양 거주를 위해 필요한 승인번호를 부여한다. 북한의 신분증 '공민증' 관련 업무 및 주민의 출생과 결혼, 사망, 주거, 퇴거 등 주민 신상의 변동사항을 파악하고 관리하는 업무를 수행한다.

국토총국은 홍수와 지진, 해일과 같은 자연재해를 예방하는 사업을 감독하고 통제하는 부서이다. 고속도로와 국가도로, 강, 하천 관리 및 단속, 산림 및 수자원 보호를 통해 홍수 등 자연재해를 방지한다. 작전국은 항공감시와 경보감시, 대피, 공습피해 제거와 같은 민간 반(反)항공사업을 한다. 작전국은 항공업무의 지도 감독, 일반 작전업무를 통제 및 조정하는 역할을 한다. 통신국은 기관과 기업소, 단체의 비밀관리사업과 컴퓨터 정보계통의 안전보호사업을 감독 및 통제하는 부서이다. 통신 업무를 지도하고 감독하며, 사회안전성 내 유·무선 통신 보장 및 정체불명의 전파를 탐지하는 업무를 수행한다.

교화국은 범죄자 수용관리, 북한 전역 교화소 업무 지도, 통제 감독, 사면, 감형, 기한 전 출소 등 행형업무를 하며 판결의 집행을 한다. 공병총국에서는 대규모 국가건설을 담당한다. 대규모 인력을 두고 있으며, 북한의 지하철 건설을 비롯한 도로, 지하 시설물 공사를 담당한다. 이외에 지도자가 지시하는 공사와 국가의 중점 정책이 되는 도로와 건물의 시공 및 수리, 주요 국가시설의 건설, 탄광과 광산 개발 업무를 한다. 또한, 건설 등에 필요한 자재와 후방 물자를 관리한다.

마지막으로, 중앙인민보안기관은 전체적인 사회안전원의 선발과 교육훈련, 배치, 승진, 감독, 해임 등 총괄적인 권한을 가짐에 따라, 재정국에서는 사회안전성의 예산 수립과 집행, 사회안전성 요원들의 월급 지급, 필요한 기술자재 등을 구입하는 역할을 한다. 후방국에서는 사회안전성 요원들에 대한 식량, 피복 등 일체의 자재 공급 지원 사업을 한다. 총무국은 사회안전성 요원들에 대한 일체의 신상 관리, 각종 기밀문서 보관 및 취급, 각종 증명서 발급과 같은 행정업무 처리, 문서 수발 등을 담당한다.

2) 지방조직

사회안전성의 지방조직은 북한 행정구역과 연계된다. 북한의 행정구역은 광복 이후 개편되었다. 향후 통일 과정 및 지도자 선출 과정에서 인구가 아닌 남한과의 지역별 비례 선거 등을 의식하여 6도를 한국과 같이 9개로 개편하기 위하여 도를 분할하고 신설했다. 1945년 광복 당시 북한에는 함경북도, 함경남도, 평안북도, 평안남도, 강원도, 황해도 등 6개 도가 있었다. 광복 이후 북한은 평안북도 일부와 함경남도 일부를 병합하여 자강도를 신설하였고, 함경남도 북부지방을 양강도로 분도하였고, 황해도를 황해북도와 황해남도로 분도함으로써 3개 도를 추가적으로 창설하여 총 9도를 만들었다.

북한의 도는 평안남도, 평안북도, 황해남도, 황해북도, 강원도, 함경남도, 함경북도, 자강도, 양강도 총 9개가 존재하고, 개성직할시, 라선직할시, 남포직할시 등 총 3개의 직할시와 평양특별시 1개가 존재한다. 사회안전성의 안전국은 1개의 특별시와 3개의 직할시, 9개도에 안전국으로 구성되어 있다. 13개의 안전국하에는 시·군·구역에 한국의 경찰서에 해당하는 안전서(보안서)가 존재한다. 안전서 산하에는 한국의 지구대와 파출소 급에 해당하는 안전소(분주소)가 있다.[42]

전국 시, 군, 구역 지구, 구에 200-300여 개의 안전서가 있다. 안전서에는 안전서장과 정치부장(상좌-대좌), 부서장(상좌-중좌), 과장(중좌-소좌), 부과장, 담당 지도원 3-5명이 존재한다. 안전서의 부서로 수사과, 감찰과, 예심과, 교통과, 주민등록과, 2부, 후방과, 호안과, 작전과(반(反)항공과), 통신과, 경리과, 총무과 그리고 일부 지역에는 간첩을 색출하는 반탐과가 편성되어 있다. 수사부서는 수사과, 감찰과, 예심과로 구성된다. 수사과는 주로 강력범죄 사건이 발생 시 수사를 담당하고 구류장을 관리한다. 감찰과는 일반감찰과 경제감찰로 구분되며, 일반감찰은 폭력, 간통 등의 일반사건을 담당하고, 경제감찰은 경제범죄에 대한 수사를 담당한다. 예심과는 수사과와 감찰과에서 수사한 내용을 바탕으로 해당 범죄 사건에 대한 진상을 규명하고 파악한다. 교통과는 해당 지역의 교통질서 유지하고 면허증 발급, 교통 단속을 통한 벌

42 「인민보안법」 제2장 제9조, 제10조.

금부여 업무를 담당한다. 교통순찰대는 오토바이를 타고 다니면서 단속하고, 벌금지도원은 단속된 차량 및 인원에 대한 벌금을 부과한다. 주민등록과는 공민증을 발급하고 주민등록 관련 업무를 담당한다. 2부는 여행증명서 발급 업무를 담당한다. 호안과는 화재 진압 등 사고 예방 업무를 한다.

안전소(분주소)는 북한 경찰의 최하위 기관으로, 리·동·노동자구 단위에 설치되어 있다. 북한 전역에 약 4,000여 개의 안전소가 설치되어 있다. 통상적으로 3~4개의 농장, 시·군·구역의 1개~3개 동에 1개소씩 설치되어 있다. 안전소 소장은 소좌-중좌, 부소장은 대위-소좌, 담당 지도원 등 안전소의 크기에 따라 10~20명으로 구성된다. 안전소의 담당 지도원은 책임 지역별로 1명씩 배치되어 주민들의 생활을 관리하고 범죄예방을 위한 순찰, 강연회 주최, 사건 발생 시 수사실시, 외부인 출입 여부 확인 및 숙박 시설 확인 업무를 수행한다. 이외에는 공민등록 지도원, 2부 지도원 등이 있다.

제3절

사회안전성의 주민통제 법

북한은 정권과 체제의 유지를 위해 사회안전성 등 물리적 통제 기구를 통해 주민을 강력하고 치밀하게 통제한다. 북한의 법은 위법행위와 범죄를 구체적으로 명시함으로써 사회안전성이 단속하는 대상과 처벌을 세부적으로 규정한다. 사회통제와 치안질서 유지를 위한 법으로 「형법」이 있으며, '위법행위'에 대한 처벌을 다루는 「행정처벌법」 등이 있다. 「인민보안단속법」과 「인민보안법」은 북한 경찰의 역할과 직무 및 단속 범위를 다룬다. 제3절 제1항에서는 범죄와 위법행위의 구별과 「형법」과 「행정처벌법」을 비교하고 기본적 구금시설을 살펴본다. 제3절 제2항에서는 대표적인 경찰 직무집행 법제를 분석한다.[43]

1. 법적 처벌대상과 구금시설

1) 북한의 위법행위와 범죄

위법행위는 행정처벌을 적용할 정도의 위험한 행위이면서 그 위험성 정도가 형벌 등 형사책임까지 추궁할 정도에는 이르지 못한 경우이며, 위법행위가 형벌을 줄 정도에 이르는 '범죄'의 경우 「형법」에 의해 처벌된다.

43 앞 절에서는 북한 경찰의 역할과 임무 관련한 기본법을 중심으로 다루었고, 그 외 「공민등록법」과 「주민행정법」 은 제4장 제2절에서 다루며, 「반동사상문화배격법」, 「청년교양보장법」, 「평양문화어보호법」 등은 제5장 제1절에서 분석한다.

표 3-3 북한 법 위반행위의 분류

법 위반행위 종류	적용 법
위법행위	행정처벌법
범죄	형법

위법행위에는 국방관리 질서 위반행위, 경제관리 질서 위반행위, 문화관리 질서 위반행위, 일반행정 질서 위반행위, 사회공동생활 질서 위반행위 등이 있다. 위법행위에 대한 행정처벌은 경고, 엄중경고, 무보수 노동, 노동교양, 강직, 해임, 직위 해제, 벌금, 중지, 변상, 몰수, 자격정지, 자격강급, 자격박탈 등이 있다. 행정처벌은 16세 이상인 자에 적용되며, 재판절차 없이 각급 사회주의법무생활지도위원회, 내각, 검찰, 재판, 중재, 인민보안, 검열 감독기관에게 처벌 자격이 있다. 기관, 기업소, 단체의 경우 자신들의 종업원에 한하여 변상처벌을 할 수 있다.

표 3-4 북한 행정처벌의 종류

행정처벌 종류	처벌 내용	처벌 기간 등
경고	- 직무수행과 관련한 가벼운 위법행위 - 자기 직무에서 사업을 계속하면서 잘못을 만회할 수 있다고 보는 경우에 적용	3개월
엄중 경고처벌		6개월
무보수 로동처벌	- 직무수행과 관련한 무거운 위법행위 - 위법행위를 한 일군을 어렵고 힘든 부문에 보내 노동을 시키는 방법	1개월 이상 6개월 이하
로동교양처벌	- 무거운 위법행위 시 노동교양대로 보내 노동을 시키는 방법 - 노동 단련형을 줄 정도에 이르지 않은 위법행위	5일 이상 6개월 이하
강직 처벌	- 해당 직급을 내려놓는 방법	
해임, 철직 처벌	- 해당 직무를 해제하는 방법	
벌금처벌	- 위법행위를 한 기관, 기업소, 단체와 공민에게 물질적 자극을 줄 목적으로 적용 - 해당하는 벌금을 국고에 내는 방법	

<table>
<tr><td>중지처벌</td><td>- 위법적 경영, 건설, 영업, 운영, 운행한 기업소, 단체에 적용
- 해당 대상에 대해 봉인, 동력 공급, 물자공급, 금융거래 등을 차단시키는 방법</td><td>- 경영, 건설, 운영은 결함퇴치 시까지 운행은 10일 이상 2월 이하</td></tr>
<tr><td>변상처벌</td><td>- 국가 및 사회협동단체의 재산에 손해를 준 기관, 기업소, 단체와 공민에게 적용
- 손해액의 전부 또는 일부, 배수로 지불하게 하는 방법</td><td>3개월 안 집행</td></tr>
<tr><td>몰수처벌</td><td>- 비법적 방법에 의해 이루거나 위법행위에 이용된 재산을 가진 기관, 기업소, 단체와 공민에게 적용
- 몰수한 재산을 국고에 귀속</td><td></td></tr>
<tr><td>자격정지처벌</td><td rowspan="3">- 기술기능자격을 소유한 자가 그 자격을 이용하여 위법행위를 한 경우
- 자격정지는 해당 기술 자격을 정지하는 방법
- 강급처벌은 해당 자격의 급수를 내리는 방법
- 자격박탈은 해당 자격을 박탈하는 방법</td><td>자격 정지 1개월 이상 6개월 이하</td></tr>
<tr><td>강급처벌</td><td></td></tr>
<tr><td>자격박탈처벌</td><td></td></tr>
</table>

출처: 북한 「행정처벌법」(2004년 채택, 2022년 수정보충) 참고

북한 「형법」 제10조에 따르면, 범죄는 '국가주권과 사회주의 제도, 법질서를 고의 또는 과실로 침해하여 형벌을 받을 정도의 위험한 행위'이며, 사회주의 법질서를 어기는 행위이다. 북한 「형법」 제12조에 따르면 형사처벌은 범죄 당시 14세 이상인 자에게 그 형사적 책임을 물을 수 있다.[44]

「형법」은 '범죄에 대한 형벌을 주는 목적'에 따라 분류한다. 반국가 및 반민족 범죄행위 대상자는 무자비하게 징벌하여, 더 이상 사회주의 제도를 반대하는 범죄행위를 하지 않도록 철저히 진압하고, 그 외 일반 범죄는 교양 개조하는 데 목적이 있다.[45]

44 「형법」 제 12조 (형사책임 나이) 범죄를 저지를 당시 14살 이상 이른 자에 대하여서만 형사책임을 지운다.

45 교육도서출판사, 『사회주의 도덕과 법』, p. 96.

표 3-5 북한 형법의 분류

범죄의 분류	반국가 및 반민족 범죄	일반 범죄
죄명	- (반국가 범죄) 국가전복행위죄, 테러죄, 조국반역죄, 공화국의 존엄모독죄, 파괴·암해죄, 반국가선전·선동죄, 간첩죄, 무장간섭 및 대외관계단절사촉죄, 외국인에 대한 적대행위죄 - (반민족 범죄) 민족반역죄, 조선민족을 적대시한 죄 - (반국가 및 반민족범죄의 관여범) 반국가 및 반민족죄 은닉죄, 반국가 및 반민족범죄 불신고죄, 반국가 범죄 방임죄	- 국방관리질서를 침해한 범죄 - 사회주의 경제를 침해한 범죄 (국가 및 사회협동단체 소유를 침해한 범죄, 경제관리질서를 침해한 범죄, 국토관리 및 환경보호질서를 침해한 범죄, 자금세척 및 테러 자금지원범죄) - 사회주의 문화를 침해한 범죄 - 일반 행정질서를 침해한 범죄(일반 행정질서를 침해한 범죄, 직무상 범죄) - 사회공동생활질서를 침해한 범죄 - 공민의 인신, 재산을 침해한 범죄 (인신을 침해한 범죄, 개인소유를 침해한 범죄)
형법조항	제3장	제4장~제9장

출처: 북한 「형법」(1990년 채택, 2023년 수정보충) 참고

행정처벌과 달리, 「형법」에 대한 처벌은 공식적으로는 형사재판을 통해 형벌을 적용한다. 형벌의 종류는 기본형벌과 부가형벌로 나눌 수 있다. 기본형벌은 기본적이고 독자적인 형벌의 형태로, 형벌의 강도에 따라 노동 단련형, 노동 교화형 및 사형으로 분류된다.

표 3-6 북한 형벌의 종류

<table>
<tr><th colspan="3">형벌의 종류</th><th>형벌 내용</th><th>형벌 기간 등</th></tr>
<tr><td rowspan="4">기본 형벌</td><td colspan="2">사형</td><td>- 범죄자의 육체적 생명을 박탈
- 최고의 형벌</td><td></td></tr>
<tr><td rowspan="2">로동교화형</td><td>무기 로동교화</td><td rowspan="2">- 범죄자를 사회와 격리된 교화소에 보내, 엄격한 규율과 감독하에 노동시키는 형벌
- 노동 교화형 집행기간에는 공민의 권리 일부 정지</td><td>해당 「형법」 조문에 따라</td></tr>
<tr><td>유기 로동교화</td><td>1년~15년</td></tr>
<tr><td colspan="2">로동단련형</td><td>- 노동 단련대에 보내 노동시키는 형벌
- 노동 단련형 집행 기간에도 공민의 권리는 보장</td><td>6개월~ 1년</td></tr>
</table>

<table>
<tr><td rowspan="5">부가
형벌</td><td>선거권 박탈형</td><td>- 반국가범죄를 저지른 자로부터 일정기간 선고와 투표할 권리 박탈</td><td></td></tr>
<tr><td>재산몰수형</td><td>- 유죄 판결을 받은 자의 재산을 국가에게 넘기는 벌</td><td></td></tr>
<tr><td>벌금형</td><td>- 반국가 및 반민족범죄를 저지른 자에게 가하는 물질적 제재</td><td></td></tr>
<tr><td>자격박탈형</td><td>- 유죄판결 받은 자의 자격 영구 박탈</td><td></td></tr>
<tr><td>자격정지형</td><td>- 유죄판결 받은 자의 자격 일시 박탈</td><td></td></tr>
</table>

출처: 북한 「형법」(1990년 채택, 2023년 수정보충) 참고

법위반행위는 위법 정도에 따라 위법행위와 범죄로 분류된다. 위법행위는 「행정처벌법」을 적용하여 처벌되고, 범죄는 「형법」을 적용하여 처벌된다. 반국가 및 반민족 범죄의 경우, 정치성과 적대성을 띠고 있어 「형법」에서 다룬다. 따라서 형법보다는 상대적으로 가벼운 행위를 담당하는 「행정처벌법」에는 정치범죄 관련 규정이 없고, 일반 범죄와도 분류하여 처벌한다. 「형법」과 「행정처벌법」의 범죄의 분류는 다음과 같다.

표 3-7 북한 형법과 행정처벌법 비교

<table>
<tr><th>범죄와 위반
행위의 분류</th><th>형법</th><th>행정처벌법</th></tr>
<tr><td>반국가 및
반민족 범죄</td><td>제3장 반국가 및 반민족 범죄
제1절 반국가 범죄
제2절 반민족 범죄
제3절 반국가 및 반민족의 관여범</td><td>해당 없음</td></tr>
<tr><td rowspan="2">국방 관리질서
관련</td><td>제3장 제4절 국방관리질서를 침해한 죄</td><td>제3장 제1절 국방관리질서위반행위</td></tr>
<tr><td colspan="2">(주요 형태)
- 명령, 결정, 지시집행태만행위
- 군사경비 근무질서 위반행위, 군사복무 동원 기피행위
- 무기, 탄약, 전투기술 기재 및 군사시설 과실·파손행위
- 군수품 생산용 자재 및 군수품 류용, 분실, 매매 행위
- 기피자, 탈영자 은닉행위, 군인으로 가장한 행위, 국방비밀 루설행위
- 민간군사훈련 및 병기</td></tr>
</table>

<table>
<tr><td rowspan="2">경제 관리
질서 관련</td><td>제4장 사회주의경제를 침해한 범죄
제1절 국가 및 사회협동단체소유를 침해한 범죄
제2절 경제관리질서를 침해한 범죄
제3절 국토관리 및 환경보호질서를 침해한 범죄
제4절 자금세척 및 테러자금지원범죄</td><td>제2절 경제관리질서 위반행위</td></tr>
<tr><td colspan="2">(주요 형태)
- 국가 및 사회협동단체 재산관리질서 위반행위
- 국토관리질서위반행위</td></tr>
<tr><td rowspan="2">문화
관리질서
관련</td><td>제5장 사회주의문화를 침해한 범죄</td><td>제3절 문화관리질서 위반행위</td></tr>
<tr><td colspan="2">(주요 형태)
- 혁명전적지 및 혁명사적지 관리질서 위반행위
- 문화유적 및 천연기념물 보호 관리질서 위반행위
- 가정교사행위, 컴퓨터 보안 및 리용질서 위반행위
- 퇴폐적인 문화반입 및 리용, 류포행위
- 적대방송 청취 및 적지물 수집, 보관, 류포행위
- 비법 아편재배 및 마약, 독성물질 제조행위와 비법 마약사용행위, 마약밀수, 밀매행위</td></tr>
<tr><td rowspan="2">일반
행정질서
관련</td><td>제6장 일반행정 관리질서를 침해한 범죄
제1절 일반행정 질서를 침해한 범죄
제2절 직무상범죄</td><td>제4절 일반행정질서 위반행위</td></tr>
<tr><td colspan="2">(주요 형태)
- 뢰물행위와 물질적 부담행위
- 사고방지질서 위반행위와 경비근무질서 위반행위
- 교통안전 및 륜전기재 운영질서 위반행위
- 국경출입 및 반출입질서 위반행위
- 직권남용 및 태만, 비법 심문과 석방, 부당한 판결과 판결판정의 미집행 등</td></tr>
<tr><td rowspan="2">사회주의
공동생활
질서 관련</td><td>제7장 사회주의 공동생활질서를
침해한 범죄</td><td>제5절 사회공동생활질서 위반행위</td></tr>
<tr><td colspan="2">(주요 형태)
- 공동질서 위반행위와 공중장소를 어지럽힌 행위
- 불량자적 행위, 집단싸움, 매음, 음탕한 행위 죄
- 가정파탄 및 가짜 혼인죄, 부양의무 회피 죄, 어린이 보호 관리 태만죄, 양로사업 태만죄, 학대 괄시 죄 등
- 미신행위, 도박, 거간, 습득물 횡령, 략취물건 거래죄
- 채무회피, 엄중한 결과 방임, 해난구조의무기피 죄 등</td></tr>
<tr><td rowspan="2">공민생명,
건강,인격
침해 관련</td><td>제8장 공민의 인신과 재산을 침해한 범죄
제1절 인신을 침해한 범죄
제2절 개인소유를 침해한 죄</td><td rowspan="2">해당없음</td></tr>
<tr><td>(주요 형태)
- 살인, 상해, 폭행, 유괴, 강간, 모욕 및 명예훼손 등
- 개인의 재산을 훔치거나 빼거나 속여 갖거나 횡령하거나 약취한 죄</td></tr>
</table>

출처: 북한 「형법」(1990년 채택, 2023년 수정보충)과 「행정처벌법」(2004년 채택, 2022년 수정보충) 참고하여 저자 작성

2) 구금시설

북한의 구금시설에는 교화소, 노동 단련대, 집결소, 구류장과 관리소(정치범수용소)가 있다. 위법행위에 대해 처벌을 규정한 「행정처벌법」이 적용된 경우, 노동 단련대, 집결소, 구류장 등의 구류시설에서 수용된다. 범죄행위를 규정한 「형법」은 형벌을 주는 목적에 따라서 반국가 및 반민족 범죄행위와 일반 범죄행위로 분류한다. 반국가 및 반민족 범죄행위에 대한 처벌은 관리소에서 이뤄지며, 관리소 수용의 목적은 주권과 제도를 반대한 범죄 행위자에 대한 무자비한 징벌이다. 그 외 일반 범죄는 교화소와 노동 단련대에서 이뤄지며, 주민들의 사상교양 및 개조에 목적을 둔다.[46]

표 3-8 북한의 수용시설

범죄유형	관리기관	수용시설	처벌	목적
경제범, 강력범	사회안전성 교화국	교화소	노동 교화형(무기, 유기)	사상교양 및 개조
		노동 단련대	노동 단련형	
		집결소	여행구역 이탈자, 여행기일 경과자, 부랑아, 사건 계류자 및 탈북자	
	사회안전성, 국가보위성	구류장	-	재판전 구금
정치범	국가보위성 제7국, 사회안전성	관리소 (정치범수용소)	반국가 및 반민족 범죄	무자비한 징벌

출처: 북한 「형법」(1990년 채택, 2023년 수정보충) 참고

가. 교화소

교화소는 사회안전성 교화국에서 관할하는 교정시설로, 「형법」에 의한 처벌 '노동 교화형'을 선고받은 자를 수용하는 곳이다. 노동 교화형은 교화소에 수용하여 강제노동을 시키는 형벌로, 무기노동 교화형과 1년에서 15년간의 유기노동 교화형으로 분류된다. 무기노동 교화형은 최고 형벌인 사형 다음으로 강력한 처벌로, 형법과

46 교육도서출판사, 『사회주의 도덕과 법』, p 96.

형법부칙을 통해 무기노동 교화형 선고를 받는 범죄를 규정한다. 반국가 및 반민족 범죄, 마약, 극히 무거운 경제사범과 형사사범의 경우는 무기노동 교화형을 선고받는다. 무기노동 교화형에 대한 범죄행위는 다음과 같다.

표 3-9 무기노동교화형 범죄의 분류

법	범죄의 종류	관련 조항
형법	제3장 반국가 및 반민족 범죄	제61조 국가전복행위 제62조 테러죄 제63조 조국반역죄 제64조 공화국의 존엄모독죄 제65조 파괴, 암해죄 제66조 반국가 선전, 선동죄 제69조 외국인에 대한 적대행위죄 제70조 민족반역죄
	제4장 국방관리질서를 침해한 범죄	제80조 무기, 탄약비법제작죄 제81조 무기, 탄약빕법사용죄
	제5장 사회주의경제를 침해한 죄	제11조 폭발물비법제조, 보관죄 제118조 폭발물비법사용, 양도죄
	제6장 사회주의문화를 침해한 죄	제227조 불량식료품 제조, 판매죄 제234조 아편비법채취죄 제235조 마약비법제조죄 제237조 마약밀수, 거래죄
	제9장 공민의 인신, 재산을 침해한 죄	제305조 중살인죄
형법 부칙	일반범죄	제1조 극히 무거운 형태의 무기, 탄약, 전투기술기재, 군사시설 고의적 파손죄 제2조 극히 무거운 형태의 국가재산략취죄 제3조 극히 무거운 형태의 국가재산강도죄 제4조 극히 무거운 형태의 국가 국가재산강도죄 제5조 극히 무거운 형태의 화폐위조죄 제6조 극히 무거운 형태의 귀금속, 유색금속밀수, 밀매죄 제7조 특히 무거운 형태의 교화인도주죄 제8조 극히 무거운 형태의 유괴죄 제9조 특히 무거운 형태의 강간죄 제10조 극히 무거운 형태의 개인재산강도죄 제11조 례외적으로 무기로동교화형, 사형을 적용할 수 있는 범죄

출처: 북한 「형법」(1990년 채택, 2023년 수정보충)과 「형법부칙」(2007년 채택, 2010년 수정보충)을 참고

2015년 기준, 북한에는 도(道) 단위당 대략 1~3개의 교화소가 설치되어 총 19개의 교화소가 운영되고 있다.[47] 함경북도 회령시에 위치한 전거리 교화소[48], 함경남도 함흥시에 위치한 함흥 교화소, 금야군에 위치한 금야 교화소, 자강도 강계시에 위치한 강계 교화소, 장강군에 위치한 장강 교화소, 성간군에 위치한 성간 교화소, 평안북도 신의주시에 위치한 신의주 교화소, 동림군에 위치한 동림 교화소, 평안남도 개천군에 위치한 개천 교화소, 숙천군에 위치한 숙천 교화소, 황해남도 해주시에 위치한 해주 교화소, 황해북도 사리원시에 위치한 사리원 교화소, 강원도 원산시에 위치한 원산 교화소, 천내군에 위치한 신흥리 교화소, 평양 강동군에 위치한 강동 교화소가 있다.

표 3-10 북한의 교화소

안전국 구분	시(군) 구분	교화소
함경북도 안전국	회령시	전거리 교화소
함경남도 안전국	함흥시	함흥 교화소
	금야군	금야 교화소
자강도 안전국	강계시	강계 교화소
	장강군	장강 교화소
	성간군	성간 교화소
평안북도 안전국	신의주시	신의주 교화소
	동림군	동림 교화소

47 한동호 외, 『북한 교화소』 (서울: 통일연구원, 2015), p. 12.

48 전거리교화소는 북한에서 규모가 작은 측에 속한다. 2001년에서 2007년 동안 북한에는 교화소가 모두 12곳이 있었다. 제1호 교화소인 평양 화천 교화소는 신분이 드러나지 말아야 할 사람들이 주로 수감돼 있어 외부에 알려지지 않았다. 강동에 2교화소, 사리원에 3교화소, 개천에 4교화소 등 전국 각지에 교화소는 분산돼 있다. 가장 규모가 큰 함흥 교화소엔 무려 1만 명이 수감돼 있는 것으로 알려져 있다. 이런 모든 교화소에서 전거리에서 벌어지는 것과 같은 끔찍한 일들이 매일매일 일어나고 있다. 교화소엔 단련형과 교화형을 받은 사람들이 간다. 북한 형법상 형벌에는 노동 단련대(1~6개월), 노동 단련형(1~3년), 노동 교화형(1~15년 및 무기), 사형 등이 있다. 단련형은 공민권이 유지되지만 교화형은 공민권이 박탈돼 큰 차이가 있다. 동아일보, 2024.12.3, [주성하 기자의 서울과 평양 사이] 전거리교화소의 '불망산' https://v.daum.net/v/20241202230918886.

평안남도 안전국	개천군	개천 교화소
	숙천군	숙천 교화소
	증산군	증산 교화소
평양 안전국	형제산 구역	형제산 교화소
	강동군	청운동 교화소
	강동군	강동 교화소
황해북도 안전국	승호군	금옥리 교화소
	사리원시	사리원 교화소
황해남도 안전국	해주시	해주 교화소
강원도 안전국	원산시	원산 교화소
	천내군	신흥리 교화소

출처: 『북한인권백서 2022』, p. 89; 『북한 교화소』, p. 12 참고

나. 노동 단련대

노동 단련대는 재판을 통해 노동 단련형(6개월 이상 1년 미만)을 선고받은 자들이나 사회안전성 등 인민보안기관에 의해 행정처벌로 노동교양처벌(5일 이상 최대 6개월)을 부과받은 자를 수용하는 장소이다. 노동 단련형을 선고받은 자는 사회안전성 관할의 노동 단련대에 수용되고, 노동 교양처벌을 받은 자는 인민위원회 노력동원부 관할의 시, 군, 구역 단위 노동 단련대에 수용된다.[49] 북한의 「형법」 조항 제61조부터 제329조까지 268개 중 노동 단련형이 규정된 조항은 200여 개에 이른다. 경제관리 질서, 국토관리, 환경보호, 노동행정 질서, 사회주의 문화 침해에 관련된 범죄 등을 포함하여, 사회질서를 저해하는 경미한 범죄는 대부분이 노동 단련형이 적용된다. 노동 단련형은 노동 교화형과 달리, 공민의 권리가 보장된다. 노동 단련형은 사회

49 노동 단련형을 선고받은 자는 사회안전성 관할의 노동 단련대에 수용되고, 노동교양처벌을 받은 자는 인민위원회 노력동원부 관할의 시·군·구역단위 노동 단련대에 수용된다는 인터뷰 내용이 확인된다. 2014-06-03 인터뷰 내용; 강원도 원산시 노동 단련대, 평안남도 증산군 노동 단련대가 사회안전성 관할의 노동 단련대라는 증언이 있다. 2015-09-08 인터뷰 재인용, 『북한인권백서 2017』, p. 80; 개천교화소 내에도 사회안전성 관할의 노동 단련대가 있는 것으로 파악된다고 밝혔다. 『북한인권백서 2022』, pp. 93-94.

안전성에서 관리하는 개인신상 문서에는 기록되지만, 사회에 적용되는 문건에는 올라가지 않기 때문에 경범죄로 인식된다.

다. 집결소

집결소는 여행증 없이 지역을 이동한 자, 여행증의 기일을 경과하여 여행 중인 자, 거주지 없이 떠도는 자, 사건이 계류 중인 자, 강제송환 탈북자 등을 조사하고 수용하는 곳이다. 집결소는 수용자가 거주지 관할로 이송되기 전에 머무는 곳으로, 공민증은 박탈되지 않지만 재판 없이 6~12개월 동안 수용 가능하다. 수용자가 들어오면 담당 안전서에 통보하여, 해당 지역 안전원을 통해 수용자를 담당 거주지역으로 이송시킨다.[50] 사회안전성 관할의 집결소는 전국적으로 각 도마다 운영되고 있으며, 국경 지역에는 국가보위성 관할의 집결소가 있다.

집결소는 교화소로 보내기에는 죄질이 경미하지만 노동 단련대에 보내기에는 죄질이 무거운 경우에 보내진다. 예를 들어 여행증명서 없이 돌아다니다 붙잡히거나 직장을 무단결근하거나 총화 학습을 결석하는 행위와 같은 도덕적 해이 사건, 의사나 운전기사의 업무상 과실치사 등이다.[51]

라. 구류장

구류장은 범죄혐의자가 재판을 받기 전에 구금되는 장소이다. 구류장에는 국가보위성 구류장과 사회안전성 구류장이 있다. 사회안전성에는 중앙과 각 도 단위의 안전국, 시, 군 단위의 안전서, 동, 리 단위의 분주소로 구분되어 별도로 구류장이 마련되어 있다. 필요할 때는 구류장에 대상자를 데려와 수사와 예심 등의 과정을 진행한다.[52]

---

50 집결소에서 거주지 보안서로 통보를 하는데, 그 시점에 따라 수용자들은 3-6개월 정도 집결소에서 지내게 되며 집결소 측에서 수용자들에게 강제 노동을 시키는 인권침해가 발생한다. 『북한인권백서 2016』, pp. 69-70.

51 『북한인권백서 2013』, pp. 106-107.

52 『북한인권백서 2013』, p. 108.

마. 정치범수용소

정치범수용소는 북한의 「형법」과 「형사소송법」에 구금시설로 존재하지 않는다. 북한은 정치범수용소를 ‘관리소’라고 부르며, 철저한 보안을 유지하며 운영되는 비공식적 구금시설이다. 2024년 기준으로 정치범수용소는 개천 14호 관리소, 요덕 15호 관리소, 명간 16호 관리소, 개천 18호 관리소, 청진 25호 관리소 등 총 5개의 수용소가 운영되고 있다.[53]

2. 사회안전성 주민통제 법제

1) 現 사회안전단속법(인민보안단속법)[54]

가. 사회안전단속법의 기본 목적과 방향

「사회안전단속법」은 1992년 12월 28일 최고인민회의 상설회의 결정 제22호로 채택되었다. 해당 법은 사회안전기관인 ‘사회안전성’이 형사법을 제외한 법 위반자를 조사할 때 지켜야 할 원칙과 방법, 절차를 제시한다. 「사회안전단속법」의 목적은 사회와 법질서를 위반하는 것을 국가와 인민의 이익에 반하는 유해한 행위로 규정하고, 준법 교양과 법적 단속을 강화하여 법질서 위반을 예방하는 것이다. 이 법의 적용대상은 사회와 법질서를 위반하였지만 형사적 책임을 묻기엔 가벼운 경우이다.[55]

북한은 1950년 3월 3일 최고인민회의 상임위원회 정령으로 「형법」을 채택하여 형사범의 책임을 묻고 처벌해 왔다. 1992년에는 「사회안전단속법」을 채택하여

53 정치범수용소에 대한 자세한 내용은 『북한인권백서 2023』, pp. 422-434 참고.

54 「사회안전단속법」은 북한 경찰 ‘사회안전성’이 인민보안성, 인민보안부 등으로 명칭이 변경됨에 따라 「인민보안단속법」으로 개칭되기도 하였다. 1992년 12월 28일 채택된 후, 1999년, 2001년, 2002년, 2005년, 2007년 수정보충되었다. 2020년 인민보안성이 사회안전성으로 명칭이 되면서 「인민보안단속법」을 「사회안전단속법」으로 대체하고 법을 개정하였다. 그러나, 2020년 개정된 「사회안전단속법」은 입수되지 않아 본 연구에 반영하지 못했다.

55 북한 「인민보안단속법」(1992년 채택, 2007년 수정보충) 제3조(법질서위반행위의 미연 방지원칙), 제5조(사회적 교양과 법적제재의 결합원칙), 제7조(인민보안단속법의 적용대상) 참고.

단속대상을 규정하였고, 2004년 7월 14일에는 위법행위를 규정 및 처벌하는 「행정처벌법」을 채택하였다. 1990년대 중반 경제난을 기점으로 한 「형법」의 개정과 「사회안전단속법」과 「행정처벌법」의 채택을 고려할 때, 경제난 이후 북한 사회에 사회적 일탈행위들이 많이 발생하였고, 사회질서와 체제 유지를 위해 법 개정과 제정이 필요했음을 알 수 있다. 「사회안전단속법」은 담당 단속기관인 사회안전성이 적극적으로 위법행위 등을 단속하여 예방하고 적발 시 수사하고, 주민들이 사회안전성의 단속 및 수사, 처벌에 성실하고 정직하게 임할 것을 독려하는 역할을 하였다.

나. 사회안전원의 단속과 처리권한

북한 경찰은 당의 정책과 김일성의 정치노선을 보장하기 위한 혁명적 무력기관으로 기능한다. 「사회안전단속법」은 북한 경찰의 단속과 처벌 시 필요한 권한을 법적으로 부여했다는 점에서 의의가 있다.

단속 및 조사 시 경찰에게 부여되는 권한은 7가지로 볼 수 있다. 첫째, 사회안전원은 법 위반자를 단속 시 자신의 신분과 단속 이유를 밝히고, 단속된 자의 신분을 확인하고, 위법행위와 관련된 물건과 문서를 파악하거나 필요한 내용을 조사할 수 있는 '조사권'을 가진다. 둘째, 신분이나 법 위반 내용이 정확히 확인되지 않는 경우는 증인에게 다른 장소 또는 사회안전기관까지 임의동행을 요구할 수 있는 '임의동행요구권'이 있다. 단속된 자와 증인은 사회안전원의 요구에 응하며 위법행위와 관련된 물음에 사실대로 답해야 할 의무가 주어진다. 셋째, 도주하거나 공모하였거나 조사를 방해하거나 신분이 확인되지 않은 경우에는 '억류 권한'이 있다. 억류 시 24시간 안에 단위책임자의 비준을 받아야 하며, 24시간 안에 검사와 억류된 자의 가족, 직장, 거주지 사무소에 알려야 한다. 운행질서를 어긴 자동차, 트렉터, 배 등 운송 수단도 억류할 수 있다. 넷째, 사회안전원은 법 위반자가 단속에 응하지 않고, 도주하거나, 법위반행위를 단속하는 사회안전원에게 폭행을 가한 경우에는 전투기술기재를 사용할 수 있다. 다섯째, 사회안전원은 단속자의 조사 및 처리를 위해 주민, 기관, 전문가들의 협조를 받을 수 있다. 기관, 기업소, 단체의 일군 또는 개별적 주민으로부터 필요한 설명을 들을 수 있고, 전문 감정기관 또는 해당 부문의 국가적 자격이나 전문

지식을 가진 사람으로부터 과학기술적 방조를 받을 수 있다. 여섯째, 위법행위와 관련된 물건과 문서는 해당조사가 끝날 때까지 정해진 장소에 보관시킬 수 있는 '압수권'을 가진다. 단속된 자의 신체를 수색하는 경우에는 입회인 2인을 세우고 신체와 의류에서 증거를 찾을 수 있다. 일곱째, 사회안전원은 사회안전 단속에 군중을 인입할 수 있으며, 긴급히 필요한 경우 도주하는 법 위반자를 체포하기 위해서 기관, 기업소, 단체와 공민이 가진 운수수단, 기술기재를 이용할 수 있다.

「사회안전단속법」에 따르면, 사회안전성은 법 위반자의 위법행위를 처벌할 경우 다음과 같은 권한을 갖는다. 첫째, 위법행위에 대해 직접 처벌여부를 결정하는 권한이다. 기본적으로 행위의 위험성 정도를 고려하여 사회안전기관 책임일군협의회에서 처벌여부 등을 결정하며, 노동교양, 자격정지, 강급, 자격박탈, 중지, 몰수처벌을 선고할 수 있다. 그러나 사회안전원이 직접 처리한다는 절차가 따로 존재하면, 위법행위의 처벌을 사회안전원이 직접 할 수도 있다. 사회안전원은 여행질서와 교통질서, 주·정차 운행질서를 어긴 자에게 직접 벌금을 물릴 수 있다. 둘째, 위법행위의 처리를 행위자의 지역관서로 이관시킬 수 있는 권한이 있다. 법 위반을 단속한 사회안전기관이 처리의 정확성과 신속성을 위해 법 위반자가 거주하거나 일하는 지역 관할의 사회안전기관에 법위반 조서와 증거물 등을 넘길 수 있다. 셋째, 위법행위가 가벼운 경우 교양처리를 결정할 수 있는 권한이 있다. 사회안전원은 위법행위가 가볍다고 판단되는 경우에는 법 위반자의 보호자나 그의 교양을 책임진 자로부터 담보를 받고 교양처리할 수 있다. 넷째, 사회안전성은 기관, 기업소, 단체에 위법행위 예방 및 단속, 교양에 대한 대책의견을 제기할 권한을 가진다. 사회안전기관은 해당 위법행위를 바로잡기 위해 기관, 기업소, 단체에 대책적 의견을 구두 또는 서면으로 제기할 수 있다. 대책 의견은 법 위반 내용을 어떤 방법으로 언제까지 시정할지를 지적하고, 의견을 받은 기관, 기업소, 단체의 책임일군은 그것을 심의 처리해야 한다. 다섯째, 위법행위에 이용된 수단, 부당하게 얻은 돈, 물건은 압수 또는 몰수할 수 있다. 위법행위가 엄중할 경우에는 정상에 따라 행정적 책임을 지우거나 해당 기관에 넘기기도 한다.

2) 인민보안법

북한 「인민보안법」은 2007년 4월 11일 최고인민회의 상임위원회 정령 제2206호로 채택되었다. 「사회안전단속법」이 경찰의 단속과 처벌 시 필요한 권한을 부여했다면, 「인민보안법」은 인민보안기관의 임무와 방향을 제시하였다.

가. 인민보안법의 기본 방향

「인민보안법」은 인민보안사업의 제도와 질서를 바로 세우고 국가의 안전과 인민의 생명재산을 옹호 보위하는 데 기본적 의의를 둔다. 인민보안기관에는 중앙 인민보안지도기관과 지방 인민보안기관이 있고, 중앙 인민보안지도기관에는 부서, 직속기관과 필요한 위원회를 둔다. 지방 인민보안기관에는 도(직할시), 시(구역), 군인민보안기관과 시, 군급 기능을 수행하는 기관, 기업소 인민보안기관이 있으며, 지방기관은 필요한 부서와 직속기관을 둔다. 그 밑에 일정한 행정구역 또는 부문 단위로 최하위 단위 인민보안기관인 '인민보안소'를 둔다.

북한 「인민보안법」 제2장 제11조에서는 인민보안기관의 임무 14가지를 정하고 있다.[56] 첫째, 국가의 정치적 안전의 위험을 주는 행위를 진압하는 것이다. 사회안정성의 첫 번째 임무가 수령을 결사옹위하고, 지도자의 권위에 대한 도전과 반대 정치세력을 제압하는 것임을 알 수 있다. 둘째, 퇴폐적인 문화를 끌어들이거나 유포시키는 행위를 단속하는 것이다. 지도자 결사옹위의 임무 다음으로 비사회주의적 행위에 대한 단속이 제시되었는데, 이는 비사회주의적 행위 단속의 중요성을 나타내며, 비사회주의적 행위가 사회에 미칠수 있는 영향력과 위험, 심각성을 반영한다. 셋째, 범죄와 위법행위를 단속 및 수사, 적발하는 것이다. 넷째, 국가의 경제정책 집행과 경제 관리에서 사회주의 원칙을 지키는가를 감독·통제한다. 사회주의 경제질서 유지를 해치는 경우에도 안전원이 개입하여 관여할 수 있음을 나타낸다. 다섯째, 사회공중질서 침해행위를 단속·통제한다. 여섯째, 교통안전질서를 유지하고, 위반 시 단속·통제한다. 일곱째, 기관, 기업소, 단체의 경비 사업을 감독·통제하는 등 경비 사

56 인민보안기관의 임무는 제3장 제1절 제2항 사회안전성의 조직 체계에서 부서별 역할과 중점적으로 다룬다.

업을 하는 것이다. 주요 산업의 국유화로 인해 기관과 기업소 등의 경비사업도 경찰의 임무임을 확인할 수 있다. 여덟째, 총기류, 화학류, 폭발물, 방사성, 독성물질과 같은 위험물질의 취급처리 질서를 감독하는 것이다. 아홉째, 소방사업 조직과 화재와 노동재해와 같은 사고방지사업도 진행한다. 열째, 주민들의 출생, 거주, 퇴거와 같은 공민등록사업을 진행한다. 열한째, 홍수와 지진 등 자연재해를 예방하는 사업을 감독 및 통제한다. 열두째, 항공과 경보 감시, 대피, 소개, 공습피해 제거 등과 같은 민간 반항공사업을 진행한다. 열셋째, 기관과 기업소, 단체의 비밀관리사업과 컴퓨터 정보계통의 안전보호사업을 감독 및 통제한다. 열넷째, 판결과 판정의 집행을 비롯하여 법이 정한 사업을 한다.

인민보안기관은 범죄와 범죄사실을 조사하기 위해 「형사소송법」에 따라 체포, 수색, 압수, 구금, 구류할 수 있으며, 수사와 예심행위를 한다. 인민보안기관은 「인민보안단속법」에 따라 위법행위를 단속하고 필요시 조사할 수 있으며, 위법행위를 저지른 운행수단을 억류할 수 있다. 인민보안기관은 범죄자 추격과 사회질서 유지를 위해 긴급히 필요한 운수수단과 기술기재의 보장을 요구할 수 있고, 해당 기관, 기업소, 단체와 주민은 요구에 응해야 한다. 또한, 주민들은 범죄와 위법행위 발견 시에는 인민보안기관에 신고해야 한다. 마지막으로 인민보안기관은 범죄와 위법행위를 저지를 수 있는 자를 빠짐없이 장악하고 관리하여, 교양시키고 단속·통제해야 한다. 인민보안기관은 관할의 기관과 기업소, 단체와 공민의 협조를 구할 수 있고, 협조요청을 받은 기관과 주민은 인민보안사업에 적극 협력해야 한다.

나. 인민보안원의 역할과 의무

「인민보안법」 제18조부터 제26조까지는 사회안전원(인민보안원)에 대한 조항이다. 사회안전원은 인민보안사업의 직접적인 담당자이며, 중앙 인민보안기관에서 안전원(보안원)을 선발 및 배치한다. 안전원은 해당 자격을 갖춰야 선발될 수 있으며, 중앙 인민보안지도기관은 안전원을 계획적으로 양성해야 한다. 안전원은 상급의 명령과 지시를 정확하게 집행하고, 주어진 임무를 제때 수행해야 한다. 안전원은 범죄, 위법행위의 제압, 재해구조를 발견한 즉시 제압해야 한다. 범죄와 위법행위의 즉각적인 제압을 위해 안전원은 기술자재를 사용할 수 있으며, 폭력과 무기탈취행위 등 범죄 후 도주하는 자를 체포할 때는 최후의 수단으로 무기를 사용할 수 있다. 안전원은 직권을 남용해서는 안 되고, 월권행위를 하거나 뇌물수수를 해서는 안 되며, 불법적으로 인민의 자유를 구속하거나, 신체와 가택을 수색해서는 안 된다. 또한 인민보안사업에 대한 비밀을 엄수할 의무가 있다.

다. 인민보안사업의 현대화와 지도통제

중앙인민보안지도기관은 인민보안사업의 현대화를 실현하기 위해 계획을 세우고, 단계별로 실행할 것이 요구된다. 이에 따라 기술수단과 수법의 갱신, 통신수단과 사무 처리의 현대화, 기동수단의 구비와 수리정비, 현대적인 기술기재의 생산보장, 최신 과학기술 연구를 도입해야 한다. 국가계획기관과 자재공급기관 등 해당 기관은 인민보안사업의 현대화 실현을 위해 설비, 자재, 자금을 제때 제공해야 한다.

인민보안사업의 목적은 국가의 인민보안정책을 철저히 집행하는 것이다. 인민보안사업에 대한 지도는 중앙 인민보안지도기관에서 하고, 지방 인민보안기관은 관할지역의 인민보안사업 실태를 파악하고 지도에 책임을 진다. 인민보안사업에 대한 감독과 통제는 중앙 인민보안지도기관과 해당 감독통제기관이 하며, 수사와 예심활동을 비롯한 인민보안기관의 사업을 감독·통제한다. 「인민보안법」을 어겨 엄중한 결과를 일으킨 자에게는 행정적 또는 형사적 책임을 지게 한다.

제4장

김일성·김정일 시대 사회안전성의 주민통제

제1절

김일성 시대 사회안전성의 주민통제

1. 주민통제의 제도적 기반 조성

1) 사회주의 기반 조성과 주민통제

전체주의 사회는 사회통제 기구를 통해 주민 생활 전반을 통제한다. 북한 역시 사회통제 기구인 '사회안전성'을 통해 주민들의 동향을 파악하고 민심을 관리한다. 김일성은 정치 권력의 독점을 위해 유일사상을 확립하고, 독재 체제 유지를 위해 체계적인 주민통제제도를 확립했다. 해당 과정에서 사회안전성은 혁명적 독재의 무기로서 적극적인 임무를 수행했다.

김일성은 1945년 8월 이후 북한에 사회주의 제도를 이식하면서 주민통제 및 사회주의 질서 유지를 위한 전문기관으로 사회안전성의 설치를 검토했다. 김일성 정권의 권력 유지 구상은 사회주의 통치이론과 유기적으로 연결되어 있다.[1] 김일성은 절대 권력인 수령의 유일사상 체계가 지속되고, 사회주의 체제가 유지되기 위해서는 주민들이 하나의 사상을 철저하게 신봉해야 한다고 판단했다. 북한의 공식 통치 이데올로기인 '주체사상'을 모든 북한 주민들에게 관철시키기 위한 정책을 추진했다.[2] 김일성은 주민들의 '혁명 의식화' 정도가 다르다고 판단하고, 주민들의 출생, 학력, 직업, 가족, 친척 관계 등을 기반으로 성분을 분류하여 차등적으로 관리 및 감시하는 '주민요해' 사업의 필요성을 제시하였다.[3]

1 Janos Kornai(1992), p. 60.

2 '온 세상의 주체사상화'는 1974년 2월 당 선전 일군 강습회에서 김일성이 한 발언을 기반으로 한다.

3 주민요해 사업이란 '17세 이상 모든 공민의 계급적 토대, 출생, 학력, 종교, 상벌 관계 등 사회정치 생활 경위,

김일성은 해방 직후 친일파와 민족반역자 등 반혁명 세력과 혁명 세력이 날카롭게 맞서고 있다고 하면서 당과 국가를 튼튼히 보위하며, 새 조국 건설과 공산주의를 위한 당과 인민의 혁명투쟁을 정치적으로 믿음직하게 담보하는 강력한 혁명적 독재의 무기인 사회안전기관의 필요성을 주장했다. 1945년 11월 19일 주체사상을 유일한 지도지침으로 삼고, 주체의 혁명 위업 보위를 본 사명으로 하는 사회안전성이 창설되었다. 김일성은 "력사적 경험은 적대계급의 반항을 진압할 수 있는 강력한 권력기관이 없이는 어떠한 계급도 진보적인 개혁을 실시할 수 없다는 것을 보여 주고 있습니다."라며, 개혁을 위한 강력한 권력기관의 필요성을 강조하였다.[4] 사회안전성은 적대계급의 반항을 진압함으로써 사회주의 개혁을 지지하는 주요 임무를 부여받았다.

사회안전성은 당의 정책과 김일성의 노선을 보장하기 위한 혁명적 무력기관의 역할을 담당하였다. 해방 직후 사회안전성은 친일파와 민족반역자 등 정권 반대자들을 처단하는 것을 시작으로 토지개혁에서 지주의 반항을 차단하고, 분배한 토지를 다시 몰수하여 협동농장화를 위해 부농을 통제했다. 주민요해사업으로 분류된 극소수 적대분자를 고립시킴으로써 광범위한 군중을 당의 영향권하에 관리했다.

해방 후 사회안전성은 친일파와 민족반역자 등 반동분자를 색출하여 제거하라는 김일성의 방침에 따라 반동분자 숙청을 비롯한 제국주의적 요소를 척결하는 선봉적인 역할을 했다. 1980년 사회안전부장 리진수는 김일성으로부터 친일파와 민족반역자 등 반동분자를 제거하라는 임무를 받고, 대중들을 동원하여 투쟁대상을 처리하였다.

가족 및 친척 관계 등을 파악하여 관리하는 사업'이다. 전현준(2003), p. 52. 주민들을 이른바 '성분'으로 구분하여 차별적으로 대우하는 계급정책이다. 북한은 초기 노동자, 농민을 중심으로 하는 사회주의 기본노선인 프롤레타리아 독재에 기초한 사회계급제를 시작하였다. 이러한 계급노선은 한국전쟁을 계기로 질적인 변화를 겪으며 새로운 차원으로 변질되었다. 한국전쟁은 엄청난 전사자·피살자, 영예군인, 월남자 가족 등을 양산하면서 북한의 사회구조를 근본적으로 변화시켰다. 6.25 전쟁과 관련된 성분을 중심으로 북한은 1958년 12월 이후 몇 차례의 성분 조사를 실시하였으며, 특히 북한 당국이 1967년 4월부터 1970년 6월까지 주민재등록사업을 실시하여 출신성분에 따라 핵심계층, 동요계층, 복잡계층 등 3대 계층 51개 성분으로 세분화하였다.

4 "사회안전부장 리진수 동지의 보고– 사회안전기관들은 당과 혁명을 튼튼히 보위하며 근로인민대중의 리익을 철저히 옹호하자", 『로동신문』 1980년 12월 20일.

> "위대한 수령 김일성 동지께서는 식민지 반봉건 사회였던 우리나라 사회경제 형편과 계급 관계를 과학적으로 분석하신 데 기초하여 해방 후 첫 시기 친일파, 민족반역자들을 투쟁대상으로 규정하시고 대중을 동원하여 그들의 반혁명적 책동을 철저히 분쇄할 데 대한 방침을 제시하심으로써 인민정권 수립과 그 공고화를 튼튼히 보위할 수 있게 하였습니다."[5]

그 후 김일성은 반제·반봉건민주주의 혁명의 중요 과업으로 토지개혁을 내세웠고, 사회안전성의 과업으로 지주계급 색출과 척결을 제시하였다. 1946년부터 진행된 토지개혁은 지주와 부농의 토지 몰수 및 재분배에 초점을 두었다. 토지개혁은 무상몰수·무상분배의 원칙으로 진행되었고, 소작농과 빈농, 중농 등 다수 농민들의 지지를 확보하는 계기가 되었다. 반대로 지주와 부농은 토지를 몰수당하고 고향을 떠나 남한 등으로 탈출했다. 토지개혁 시기 사회안전성은 토지를 몰수당한 지주계급의 반항이나 투쟁을 진압하는 통제 기구로서 역할을 충실히 수행했다.

> "위대한 수령님께서는 그 후 지주계급의 반항을 짓부시는 것을 인민정권의 주되는 과업으로 규정하시고 지주계급의 반혁명 책동에 공격의 화살을 집중하게 하심으로써 반제반봉건민주주의 혁명의 중요한 과업인 토지혁명을 성과적으로 보장할 수 있게 하시였습니다."[6]

주민들은 토지개혁의 무상몰수·무상분배의 원칙에 따라 자신이 등록한 가족 수와 성별, 나이 등에 따라 토지를 분배받았다. 토지개혁은 주민들이 자발적으로 출생과 주거, 가족관계의 신고를 독려하는 계기가 되었고, 이는 북한 정권이 전체 주민들을 파악하고 관리할 수 있는 기초적인 기반이 되었다.

---

5 "사회안전부장 리진수 동지의 보고– 사회안전기관들은 당과 혁명을 튼튼히 보위하며 근로인민대중의 리익을 철저히 옹호하자", 『로동신문』, 1980년 12월 20일.

6 위의 기사.

표 4-1 토지개혁 분배 기준표

구분	점수
남 18세~60세	1점
여 18세~50세	1점
청년 15세~17세	0.7점
소아 10세~14세	0.4점
아동 9세 이하	0.3점
남 61세 이상	0.3점
여 51세 이상	0.3점

출처: 윤미량(1991), 『북한의 여성정책』(서울: 한울아카데미, 1991), p. 71; 민주주의 민족전선 편, 『조선해방년도』(서울: 문우인서관, 1946), pp. 413-434 재인용

1950년 한국전쟁 시기에는 “모든 것을 전쟁의 승리를 위하여”라는 김일성의 지시에 따라 반혁명 책동 차단 및 치안을 담당하는 사회안전사업을 전시 체제로 개편하여 후방을 지키고 전방을 지원하는 역할을 하였다. 한국전쟁으로 북한의 주요 산업시설과 농촌 토지의 상당 부분이 폐허가 되었고, 인력손실도 막대했다. 전쟁이 끝난 1953년의 공업생산량은 이전보다 40%, 농업생산량은 25% 각각 감소하였으며, 이로 인해 전후 복구건설 문제가 정책의 주요 안건이 되었다. 북한은 전후 복구와 북한 사회 발전을 위한 방법으로 ‘중공업 우선, 경공업과 농업 동시발전’ 노선을 관철하고자 했다. 동시에 북한 사회를 경제적으로도 사회주의화시키고자 했다.

1946년 3월 실시한 토지개혁은 지주와 부농의 토지를 몰수하여 분배함으로써 봉건적 요소를 제거하였으나, 분배된 토지가 개인 소유임에 따라 사적 소유 관계가 지속되었고, 개인 소상공업도 존재했다.[7] 이에 사적 소유 관계의 종결 등 경제적 변형의 필요성이 제기되었다. 농업의 사회화는 1953년부터 점차 시작되었고, 1954년 말에는 대략 1/3의 개인 소유주들이 협동농장에 소속되었다. 협동화 촉진 정책은 농촌 지역의 40% 정도를 차지했던 빈농과 중농과의 동맹에 의존하며 진행됐다. 협동

7 이종석(2000), p. 70.

농장에는 농업 생활에 혜택과 특혜를 주는 반면, 부농들의 선택과 권력은 점차 제한하면서 농업 협동화로 이끌었다.[8] 사회안전성은 농업 협동화 과정에 반대하는 세력을 색출하여 그들의 반발을 진압함으로써 협동화 과정이 당의 정책 방향대로 진행되는 것을 도왔다.

> "특히 빈농에 튼튼히 의거하면서 중농과의 동맹을 강화하며 부농을 제한하고 점차적으로 개조할 데 대한 가장 올바른 계급정책을 제시함으로써 사회안전기관으로 하여금 사회주의혁명을 반대하는 극소수 적대분자들에게 투쟁의 예봉을 돌려 그들의 반혁명적 책동을 철저히 진압할 수 있게 하시였으며, 농업협동화운동의 승리를 확고히 보장할 수 있게 하시였습니다."[9]

표 4-2 김일성 집권 시기 사회안전성의 과업

시기 및 배경	사회안전성의 과업/역할
◦ 1945년 해방 직후, 한반도 분단, 반(反) 혁명세력과 혁명세력 간 첨예한 대립 ◦ '혁명적 민주기지 창설노선'	◦ 친일파와 민족반역자, 불순이색분자의 반혁명적 책동 차단 ◦ 인민정권 수립과 공고화, 당과 인민주권 보위
◦ 1946년 3월 토지개혁 ◦ 조선로동당의 영향력 확대와 대중적 지지의 필요성 ◦ '반제·반봉건민주주의 혁명'	◦ 지주계급의 반항을 차단 ◦ 지주계급의 반혁명적 책동을 공격하여 토지개혁의 성공적 보장
◦ 1950년 한국전쟁 ◦ 김일성의 호소 "모든 것을 전쟁의 승리를 위하여"	◦ 사회안전사업을 전시 체제로 개편, 후방 수호
◦ 1953년 전후(戰後) 파괴된 농업기반 조성 및 경제구조 변화의 필요성 ◦ 농업 협동화	◦ 빈농에 기반하여 빈농과 중농의 동맹 강화, 부농 제한 ◦ 사회주의 혁명을 반대하는 극소수 적대분자의 투쟁 진압 ◦ 농업협동화운동의 승리 유도
◦ 1958년 주민성분 조사사업	◦ 극소수의 적대분자 고립 철저, 적대분자책동 제압 ◦ 광범한 군중을 당의 영향력 하에 두어 혁명 역량의 압도적 우세 보장

출처: "사회안전부장 리진수 동지의 보고- 사회안전기관들은 당과 혁명을 튼튼히 보위하며 근로인민대중의 리익을 철저히 옹호하자", 『로동신문』 1980년 12월 20일 참고하여 저자 작성

8 Ellen Brun and Jacques Hersh(1976), p. 201.

9 "사회안전부장 리진수 동지의 보고- 사회안전기관들은 당과 혁명을 튼튼히 보위하며 근로인민대중의 리익을 철저히 옹호하자", 『로동신문』 1980년 12월 20일.

1958년 8월 농업협동화를 완성하면서 사회주의적 농업제도 개혁을 완료했다. 사회주의 건설을 위한 '전 주민의 노동화'를 목표로 시작된 주민성분 조사사업은 전체 주민들을 출신성분별로 분류하여 전 주민들의 계급적 배경과 사회활동, 정치적 성향을 파악하였고, 출신성분과 친척 관계, 전쟁경력 등을 바탕으로 분류 작업을 진행하였다. 성분제도는 정확한 성분 및 계층을 규정함으로써 극소수 적대분자들을 철저히 고립시키고, 광범위한 군중을 지지계층으로 확보하는 데 목적이 있었다.[10] 이에 따라, 1958년 12월에서 1960년 12월까지 2년간 불순분자를 색출 및 처단하여 산간벽지로 강제 이주시키는 '중앙당 집중지도사업'이 집중적으로 진행되었다. 사회안전성 요원들은 각 주민의 출생을 시작으로 가족 및 친인척 관계, 성장 과정, 정치적 성향까지 자세히 파악하여 기록하였고, 친일파, 민족반역자, 지주 등 사회주의 혁명에 반대하는 불순분자를 찾아 강제 이주시키는 역할을 수행했다.

1966년 4월부터 1967년 3월까지 1년간에 걸쳐 100만 노농적위대의 사상결속을 위한 주민성분 분류사업이 이뤄졌다. 각 주민의 직계 3대, 처가, 외가 6촌까지 조사하였고, 북한 당국은 전체 인민을 역경 속에서도 △ 북한 정권을 지지할 핵심계층 87만 가구 391만여 명 △ 유사시에는 북한 체제에 대한 견고한 지지를 기대하기 어려운 동요계층 70만 가구 351만 명 △ 유사시 한국에 동조할 적대계층 173가구 793만여 명으로 구분하여 집계하였다.[11]

1967년부터 1970년까지 진행된 주민재등록사업을 통해, 북한은 전 주민을 3대 계층 51개 성분으로 분류하였다. 1970년 주민재등록사업을 토대로 한 성분 분류는 다음과 같다.

---

10 이지수(2018), "김일성 시대 사회통제: 탈북자 증언을 중심으로," 『한국정치연구』 제27집 제1호 2018년, p.450; 정상돈(2016), p. 142; 『북한인권백서 2020』, pp. 204-205; 현인애, "북한의 주민등록제도에 관한 연구," (이화여자대학교 북한학과 석사학위 논문, 2008) p. 25.

11 『북한인권백서 2003』, pp. 170-172; 오가와 하루히사, "북한 정치범수용소," 조선일보사, 북한 동포의 생명과 인권을 지키는 시민연합, 고려대 국제대학원 공동주최, 북한인권-난민문제 국제회의, 1999년 12월 2일. 재인용; 1971년 2월 1일 북한 노동당 비서국이 하달한 인민 분류 목록에 따른 주민성분 분류를 기준으로 한다. 허만호(2014), pp. 33-34; 중앙정보부, 『북한의 인권탄압실태』 (서울: 중앙정보부, 발행연도 미상), pp. 48-49. 재인용.

표 4-3 **북한 성분 분류표(1970)**

3계층	51개 부류	대우
핵심계층 (12개 성분)	노동자, 고농(머슴), 빈농, 사무원, 노동당원, 혁명유가족, 애국열사유가족, 8.15 이후 양성된 인텔리, 6.25 피살자 가족, 전사자 가족, 후방가족, 영예군인 등	당, 정 군간부 등용 및 여타계층과 분리 특혜조치(진학, 승진, 배급, 거주, 진료 등에서 특혜조치)
동요계층 (18개 성분)	중·소상인, 수공업인, 소공장주, 하층 접객업자, 중산층 접객업자, 월남자 가족(제2, 3부류), 중농, 민족자본가, 중국 귀환민, 8·15 이전 양성된 인텔리, 안일 부화 방탕한 자, 접대부 및 미신 숭배자, 유학자 및 지방유지, 경제사범 등	각종 하급간부 및 기술자 진출 극소수, 핵심계층으로 승격 가능성
적대계층 (21개 성분)	8.15 이후 전락 노동자, 부농, 지주, 친일·친미행위자, 반동관료배, 천도교 청우당원, 입북자, 기독교 신자, 불교신자, 천주교신자, 출당자, 철직자, 적기관 복무자, 체포 투옥자 가족, 간첩관계자, 반당 반혁명 종파분자, 처단자 가족, 출소자, 정치범, 민주당원, 월남자 가족(제1부류) 등	중노동에 종사, 학교 입학, 진학 및 노동당 입당 원천 봉쇄, 탄압 제재 감시 포섭대상

출처: 『북한인권백서 2002』, 87; 통일부, 『북한개요 2000』, p. 420 재인용

1970년부터 북한 주민들의 계급적 토대와 사회·정치 생활 경위, 가정환경 및 현재의 사회적 토대 등을 파악하는 주민요해사업이라는 용어가 본격적으로 등장하였다. 모든 주민을 '믿을 수 있는 자', '반신반의자', '변절자'로 구분하여 분류하였다. 주민요해사업은 북한 체제를 유지하고 사회 전체를 통제하기 위한 사회안전사업의 근간이 되었다.[12]

1980년 김정일의 지시로 실시된 '외국 귀화인 및 월북자에 대한 요해사업'에서는 기존 3대 계층 51개 성분에서 13개 성분 부류가 추가되었다. 북한은 6.25 한국전쟁 이후 '주민등록그루빠(그룹빠)'를 조직하여 출신성분, 친척 관계 및 전쟁경력 등을 기초로 총 8차례에 걸쳐 주민성분 조사를 실시하였다.[13]

12 사법정책연구원, 『북한의 신분·공민·주민 등록제도에 관한 연구』 (경기도 고양시: 사법 정책연구원, 2017), pp. 43-45.

13 1997년 4월 입국한 전 노동당 비서 황장엽의 증언 재인용, 『북한인권백서 1998』, p. 33.

표 4-4 주민성분 조사사업의 주요 변화

시기	사업명칭	내용
1958.12~ 1960.12	중앙당 집중지도사업	불순분자 색출 처단 및 산간벽지 강제 이주
1966.4~ 1967.3	주민재등록사업	100만 노동적위대의 무장을 위해 주민성분 분류(직계 3대 처가와 외가 6촌까지 내사)
1967.4~ 1970.6	3대 계층 51개 성분 분류 구분사업	주민재등록사업 결과를 토대로 전 주민을 핵심계층, 동요계층, 적대계층으로 구분, 이를 다시 세분하여 51개 성분으로 재분류
1972.2~ 1974	주민요해 사업	남북대화와 관련, 주민 동태를 조사파악, 전체 주민을 믿을 수 있는 자, 반신반의자, 변절자 등 3개 성분으로 구분
1980.1~ 1980.12	공민증 검열사업	김정일 지시로 공민증 대조 및 갱신으로 불순분자 색출과 통제 기능 강화
1980.4~ 1980.10	외국 귀화인 및 월북자에 대한 요해사업	월북자 등 외부에서 입북한 자들을 구분, 감시자료 체계화
1981.1~ 1981.4	북송교포에 대한 요해사업	북송교포들에 대한 자료를 세분하여 동향 감시자료를 과학화
1983.11~ 1984.3	주민증 갱신사업	공민증 갱신 및 주민 문건 정비

출처: 『북한인권백서 2002』, p. 84; 통일부, 『2000 북한개요』 (서울: 통일부, 1999), p. 41 재인용

1993년 당시 사회안전부(現 사회안전성) 출판사에서 발간한 『주민등록사업참고서(절대비밀)』에 따르면, 주민재등록 사업을 토대로 전 주민을 크게 기본군중, 복잡군중, 적대계급 잔여분자 등 3대 계층으로 분류했다. 3대 계층 밑에는 56개 성분으로 구분 관리하고 있다.[14] 핵심군중은 12개 성분인데, 북한 체계를 이끌어 가는 통치계급으로 약 28%를 차지한다. 김일성과 김정일, 그 가족과 친척들, 약 20만 명(인구의 1%)으로 추산되는 고급 간부들과 나머지 26~27%의 중하위 간부들이 포함된다. 핵심계층 내 간부들은 대부분 항일혁명 투사와 그 가족, 한국전쟁 당시 피살자와 전사

14 사회안전성 출판사에서 발간한 '주민등록사업참고서(절대비밀)'는 1993년 발간되었고, 북한의 계층 및 성분 분류를 기본, 복잡, 적대 3개의 계층과 56개의 부류, 그리고 별도의 25개 성분으로 분류하고 있다. 『북한인권백서 2021』, p. 220.

자의 가족들이다.[15] 이들은 대부분 평양에서 거주하며, 당, 정, 군 간부 등용에 우선권이 있으며, 그 외 승진, 배급, 거주, 의료와 자녀의 교육에서도 특권을 누린다. 핵심계층의 자녀들을 위해 만경대 유자녀학원, 강반석 혁명학원 등을 설립하여 운영한다.

표 4-5 북한 주민성분 분류표(1993)

계층	부류	평가
기본군중	혁명가, 영예군인, 전사자, 영웅, 제대군인, 애국 희생자와 기타(당에 핵심적 역할을 하는 군중, 사회정치 생활에 건실한 노동자, 농민, 병사) 등	수령과 정권, 사회주의 체제에 충성하고 희생해 왔으며, 앞으로도 김일성-김정일주의 기치에 따라 끝까지 싸워 주민들의 본보기가 될 계층
복잡군중	반동분자, 군대 기피 및 도주자, 정치범, 월남자, 종교인, 적대계급 잔여분자의 가족 등	계급적 토대, 사회정치 생활 경위, 출신 가정 환경에서 정치적으로 복잡한 문제가 있는 계층
적대계급 잔여분자	지주, 부농, 예속자본가, 친일파, 친미파, 악질 종교인, 종파분자, 종파연루자, 간첩 등	자본주의와 봉건주의적 성향의 계층

출처: 전현준, 『북한의 사회통제 기구 고찰: 인민보안성을 중심으로』, p.56을 중심으로 저자 편집

기본군중은 18개 성분으로 적대계층도 아니고, 핵심군중도 아닌 일반적인 노동자, 농민, 사무원, 교원, 기술자와 그 가족들이 속하며, 전체인구의 45%를 차지한다. 대부분 지방의 중소도시와 농촌에서 거주한다. 적대계급은 21개 성분으로 민족적 적대자와 계급적 적대자로 이뤄져 있고, 불순분자와 반동분자로 취급받아 사회로부터 감시 및 소외되는 집단이다. 전체인구의 27%를 차지하며, 과거 지주, 부농, 자본가, 일제 강점기 공직자, 종교자, 체포되거나 감옥에 다녀온 자, 반당·반혁명 종파분자 등과 그들의 가족이 해당한다. 이들은 대학진학, 입당, 군 장교 등에 대한 자격이 박탈되며, 고용, 교육, 거주, 의료, 승진, 배급, 형사처벌 등 모든 부분에서 한계에 부딪히며 차별을 받는다.[16]

15 『북한인권백서 2002』, p. 85.

16 『북한인권백서 2002』, p. 86.

표 4-6 적대계층의 분류

적대계층의 분류	대상의 성향	관리 방법
탄압과 독재 대상	체제와 제도를 전복하려는 강한 위험분자	탄광지대와 산간고지 등으로 강제이주, 일반 주민들과 격리
감시와 고립 대상	유사시 남한에 동조할 잠재적 위험분자	지정하여 상시 동태 감시
포섭과 교양 대상	사상교양을 통해 체제와 이념에 순응할 가능성이 있는 자	집중적 사상교양 강화 및 포섭

출처: 『북한인권백서 2003』, p. 110을 참고

적대계층은 세부적으로 탄압과 독재 대상, 감시와 고립 대상, 포섭과 교양 대상으로 나눌 수 있다. 탄압과 독재 대상은 현재 북한 체제와 제도를 전복하려는 성분으로, 일반 주민들과 분리하고, 탄광지대와 산간고지 등 안전지대로 강제 이주시켜서 관리한다. 감시와 고립 대상은 독재 대상보다는 덜하지만 상당히 위험한 대중으로, 유사시 남한에 동조할 가능성이 있다고 판단되는 사람들이다. 따라서 이들을 따로 격리하지 않지만, 항상 주의 깊게 동태를 감시한다. 포섭과 교양의 대상은 적대계층뿐 아니라 동요계층의 일부까지도 포함하고 있다. 사회적 일탈 정도가 경미하고, 체제와 이념에 순응할 수 있다고 판단되는 성분이다. 따라서 이들에게 사상 교양을 강화하여, 사회주의 집단주의 체제에 순응할 수 있도록 포섭하고자 한다.[17] 사회안전성은 당과 지도자가 정한 계급노선과 군중노선을 관철하여, 극소수의 적대분자들을 철저히 고립 및 약화시키는 역할을 한다. 동시에 대다수의 주민을 당의 영향력하에 두고, 주민들을 당국 정책에 순응하도록 유도한다.

사회안전성은 북한 사회를 분류하는 기본적인 구조로서 작동하는 주민성분제도를 유지시키고 관리하는 역할을 한다. 사회안전성 요원들은 주민들의 출신성분과 사회성분을 기록하고, 상응하는 통제방식을 적용하여 주민들을 통제한다. 김일성 시대에는 한국전쟁과 이념적 대립에 대한 영향으로, 월남자, 남한 출신, 국군포로 및 그 가족과 친척까지 성분적인 차별을 받았던 것으로 나타났다. 통일연구원이 발간한 인

17 『북한인권백서 2003』, p. 110.

권백서에는 1975년 부친이 한국전쟁 당시 치안대에 가담한 사실로 인해 강제 추방된 친구에 대한 증언이 확인된다.

> “1975년 동창인 ‘김룡각’(당시 고등중 3년)의 가족이 부친의 6.25 당시 치안대 가담 사실로 인해 자강도 용림군으로 추방되었다.”[18]

가족 중 월남자나 남한 출신이 있는 주민들은 학교 입학 시에 차별을 받았다. 한 증언자는 1979년 대학교 입학시험에서 외삼촌이 월남자라는 이유로 입학생에서 제외되었고, 다른 증언자는 1986년 평양외국어대학에 합격을 하였으나 아버지가 남한 출신이라는 이유로 입학이 취소되는 등 사회적 진출이 제한되었다.

> “1979년 3월 초에 있었던 대학시험에 파견장이 나오지 않았다. 대학교 모집처에 문의한 결과 “학생의 외삼촌이 1946년 12월경 월남한 10호 대상(월남자 가족)이기 때문에 파견장이 나가지 않았다는 것이다.”
> “1986년 평양외국어대학에 합격하였으나 아버지가 남한 출신자라는 이유로 취소당했다.”[19]

사회안전성은 적대분자들이 사회적 영향력을 가질 수 있는 학교 입학, 승진, 노동당 입당 등의 기회를 원천적으로 차단함으로써 성분제도를 유지하는 데 주력한다. 김일성 시대 적대분자로 분류된 주민들은 결혼과 같은 사적인 생활에서도 차별을 경험했다. 북한에서 적대분자로 분류되었던 증언자는 1982년 당시 20세 때 부모님이 귀국자라는 이유로 군관과 결혼할 수 없었다.[20] 김일성 시대에는 성분제도가 강력히 작동하였고, 성분제도를 완화할 수 있는 요인들이 존재하지 않거나, 영향력이 미약하여 성분제도를 통한 주민통제가 강하게 이뤄졌다.

북한 주민들도 자신의 성분을 정확히는 아니어도 대략적으로는 알고 있다. 평상

---

18 1996년 7월 입국한 북한 이탈 주민 인터뷰 재인용, 『북한인권백서 1999』, p. 127.

19 1990년 6월 입국한 북한 이탈 주민과 1987년 2월에 입국한 북한 이탈 주민 인터뷰 재인용, 『북한인권백서 1997』, p. 140.

20 2011-04-05 인터뷰 재인용, 『북한인권백서 2012』, p. 234.

시에는 성분의 제약을 느끼지 못했을지라도 대학 등 상급학교 진학, 노동당 입당, 취업 및 승진 등 중요한 순간에는 성분적 한계를 체감한다. 북한 주민들은 어느 순간 능력이 아닌 성분 때문에 올라 갈 수 없는 유리천장(glass ceiling)에 갇혀 더는 신분상승을 할 수 없다. 일부의 경우 충성심을 유도하기 위해 정권을 숭배하고, 정책에 따라 적극적으로 희생하거나 본보기를 보이면 영웅이라는 호칭을 부여하여 신분 상승을 시켜주는 사례도 있다. 그러나 유리천장을 깨고 신분을 상승시키는 것은 매우 이례적이고 어려운 일이다. 반면, 정권과 지도에 대한 비난이나 비판을 한 경우 성분계급이 낮아지는 것은 물론이고, 수용소에 가거나 행방불명되는 등 강력한 조치가 따른다.

> "1982년 10월 평남 순천 소재 배급소에서는 식량 배급을 받지 못한 여자 한 명이 "왜정시대보다 못하다." 고함을 지르고, 주위 사람들이 이에 동조하여 집단 항의 사태로 발전한 사건이 있었다. 이들은 사회안전부에 의해 해산되었으나, 그 여자는 당일 밤 가족과 함께 행방불명되었다."[21]

북한 사회에서 소란을 야기한 경우, 사회안전성에 의해 집단수용소 등으로 격리조치된다. 또한 공공연하게 정권을 비난하는 행위는 당일 밤 행방불명되어 교화소나 수용소에 보내지거나 강제 이주될 수 있는 엄중한 처벌 대상이다. 지도자와 정권에 대한 비판과 비난뿐 아니라, 지도자의 초상화, 책 속에 김일성 사진에 대한 훼손도 수령에 대한 모독으로 감시 대상이다.[22] 김일성 시대 북한 주민들은 집 열쇠를 인민반장에게 맡기고 출근하여, 상시 검열을 받는 생활을 했다. 사회안전성 안전원 등 검열기관은 인민반장과 함께 집 주인이 없는 가택을 수색하여 특이 동향을 살피고, 불순분자를 색출해 내는 감시 활동을 수시로 진행하였다.

시·군 사회안전부 공민등록과에서는 주민 실정을 파악하기 위해 주민 대장을 작성 및 관리하고 있다. 주민 대장은 세대를 기준으로, 세대주의 생년월일 등 신상과 직장 이동 상세 내용, 세대주 부모의 출생과 전체 행적이 기재되고, 기타 내용으로 계급적 토대 또는 가족 중 특이 사항이 있는지가 포함된다. 이와 함께 세대 구성원과

21 『북한인권백서 1997』, p.140.

22 1987년 3월 입국 귀순자 김광호 인터뷰 재인용, 『북한인권백서 1997』, p. 140.

4촌까지는 인원별로 세대주와의 관계, 생년월일, 주거지, 가족관계, 학력과 직업변동이 기재되고, 최근 동향란에는 행정처벌 여부 등을 기재한다. 주민들은 주민 대장을 열람할 수는 없지만, 직장 이동, 거주지 이동, 결혼, 이혼 등의 사유가 발생한 경우에는 해당 부분의 반영 및 수정을 요청할 수 있다.[23]

2) 계획경제 운영과 이동 통제 및 주거통제

1946년 8월 9일 김일성은 주민들 중에서 반동분자를 적발하고 숙청하기 위해 공민증 교부사업의 필요성을 언급하였고, 공민증에 관한 결정서가 채택되었다.[24] 공민증 교부사업을 진행하기 위해 주민들의 이름, 성별, 생년월일, 태어난 곳, 부모 등 개인적인 정보들이 수집되었다. 공민증 사업에 앞서 진행된 토지개혁은 주민들의 가족관계와 주소, 재산 관계 등을 파악하는데 용이한 환경을 제공했다. 공민증 교부사업 진행을 위해 사회안전성은 담당 지역주민들의 이름, 나이, 주소, 가족 수 및 가족관계 등을 파악하였다.

1946년 9월 1일 공민증제도가 시행되었고, 1952년 '신분등록사업을 내무기관에 이관함에 대하여'가 채택되면서, 시군 인민위원회에서 관장하던 신분등록사업이 내무기관인 '인민보안성'으로 이관되었다.[25] 1961년 6월 23일 내각 결정 제107호에 따라 '공민증에 관한 규정'이 채택되었고, 1963년 12월 27일 인민보안성 규칙 제20호에 따라 '공민증에 관한 규정 시행세칙' 등에 의해 공민증제도가 확립되었다. 1984년 갱신한 공민증은 인적사항, 직업, 거주·퇴거, 결혼 및 가족 관계와 전과 등이 기재되어 있는 수첩형(12면)이었다.[26]

---

23 통일부, 『북한인권보고서』 (서울: 통일부, 2023), pp. 223-224.

24 한성훈, 『인민의 얼굴 북한사람들의 마음과 삶』 (파주: 돌베개, 2019), p. 82; 김일성, "공민증 교부사업을 진행할 데 대하여", 1946. 8. 9. 『김일성전집 4』 (평양: 조선로동당출판사 , 1992), pp. 823-825. 재인용; "공민증에 관한 결정성", 1946. 8. 9, 국사편찬위원회 『북한관계사료집 5』 (과천: 국사편찬위원회, 1987), pp. 823-835.

25 사법정책연구원, 『북한의 신분 · 공민 · 주민 등록제도에 관한 연구』 (경기도 고양: 사법 정책연구원, 2017), p. 34; 법원행정처(주47) 재인용.

26 전현준(2003), pp. 56-57.

표 4-7 1948년 북한 공민증 내용(수첩형)

앞표지	1면	2면	3면	4면	5면	뒷표지
공민증	- 공민증 번호 - 유효기간 - 성명 - 생년월일 - 출생지 - 현주소 - 민족별(국적) - 사진 - 지문	- 사회별 - 공민증 교부기관 - 공민증 발급사유 - 보안서장 인(印) - 공민증계장 인(印) - 교부 년, 월, 일 - 번호(제OO호)	- 공민증에 기록한 명부번호 - 성명 - 연령 - 공민증 소유자와 친족 관계 - 기관과 등록사유	특별 기록	기류[27]	〈주의사항〉 - 양도금지 - 외출 시 소지의무

출처: 사법정책연구원, 『북한의 신분·공민·주민 등록제도에 관한 연구』, p. 40 참고 작성

공민증은 단순한 행정사무를 넘어 주민통제를 위한 수단으로 활용되었다. 북한 주민은 18세 이상이 되면, 소관 안전서장에게 공민증 교부신청서를 제출하고, 인민보안서장은 그 내용이 적당하다고 판단하면 신청서를 접수하고 공민증을 교부하였다. 공민증은 18세 이상의 주민이 신청한다고 해서 무조건 발급되는 것이 아니라, 소관 인민보안서장의 판단 유무에 따라 공민증 교부 여부가 결정된다. 공민증 교부신청서에는 '성명, 연령, 성별, 출생지, 직장, 직업, 고정적 주소를 기재하고, 공민증에 기재할 가족 명부의 성명, 연령, 호주와의 관계' 등을 기입해야 한다. 공민증 교부를 위한 과정에서 주민들의 상세 신상정보가 인민보안기관에 넘어간다. 공민증을 신청 후 교부받은 주민은 2주일 내로 지방보안기관에 방문해 공민증과 공민증등록부에 거주 증명을 받아야 하며, 외출 시 필수적으로 공민증을 지참해야 한다. 이러한 규칙을 바탕으로 지역 인민보안기관은 공민증을 통해 주민들의 주거와 이동을 더욱 수월하게 통제하였다.

북한은 정기적으로 평양시 인구 소개(疏開) 작업을 실시해 왔다. 1968년 푸에블로호 납북사건 직후 평양 시민 중 성분이 불량한 주민들을 지방으로 대거 이주시켰다. 1976년 판문점 도끼만행사건 이후에는 전쟁 준비를 명분으로 상당수의 평양 시민을 지방으로 이주시켰다.

27 기류는 객지나 남의 집에서 한동안 지내는 것을 뜻하며, 법률적으로는 본적지 이외의 일정한 곳에서 30일 이상 머물러 살며 주소 또는 주거지를 갖는 일이다. 『고려대 한국어사전』.

"1976년 평양에서 토대가 명확하지 않은 가구는 소개민 형식으로 함경북도 무산에 보내졌다. 소개민의 경우 일반주민들과 어울릴 수 없으며, 소개민들끼리 모여살게 된다."[28]

토대가 나쁜 주민들뿐 아니라 장애가 있는 주민들도 평양에서 강제 추방되었다.

"1978년 평양 모란봉구역에서 불명의 안전원이 평양에서 추방되지 않기 위해서 16세가량의 반신불수인 아들을 독살한 사건이 있었다."[29]

1994년부터 평양시민증을 발급해 주기 시작하면서, 평양에 거주하면서 직장을 변경했던 주민, 행실이 불량한 주민, 처벌 대상자 등을 지방으로 이주시켰다.

"아버지가 만 2년간 결근일수가 기준치인 90일을 초과하여 1989년 제13차 평양세계청년학생축전을 앞두고 실시된 검열에 강제추방자로 선정되어 가족이 평양 모란봉구역으로부터 양강도로 추방당했다."[30]

북한 당국은 1990년대 중반 식량난이 지속되면서, 성난 민심을 차단하기 위해 평양과 지방도시의 일부 주민들을 1998년부터 2003년까지 5년간 농촌 등으로 이주시키는 계획을 세웠다. 평양 인구는 1998년 361만 명 중에서 1백만여 명, 지방 도시는 1998년부터 2001년까지 1백만 명을 각각 농촌으로 이주시킨다는 방침을 세우고 주민들을 재배치하였다.[31] 평양의 식량 배급이 어려워지자, 평양의 주민 수를 감축시키려는 조치였다. 평양은 배급 등 사회보장제도를 유지하는 사회주의 북한 당국의 최후의 보루이다. 평양 주민들이 동요한다면 북한 체제를 유지하는 것이 용이하지 않을 수 있다는 정무적 판단을 한 것이다.

---

28 2012-01-31 인터뷰 재인용, 『북한인권백서 2014』, p. 276.

29 위와 같은 증언.

30 2010-05-25 인터뷰 재인용, 『북한인권백서 2011』, p. 206.

31 국가정보원은 1999년 4월 2일 국회 정보위에 배포한 '최근 북한의 주민 재배치 동향'이란 자료에서 200만 명은 전체 주민의 8%에 해당하는 숫자로서 북한 정권 수립 이후 최대 규모의 주민 재배치 사업이라고 밝혔다. 『북한인권백서 2003』, p. 22.

표 4-8 북한의 강제 이주 사례

시기	배경	강제 이주 내용
1968	푸에블로호 납북사건	평양 시민 중 성분 불량자 지방 대거 이주
1976	판문점 도끼만행사건	전쟁 준비를 구실로 상당수의 평양시민을 지방으로 소개
1994	평양시민증 발급	평양에 거주하던 직장 변경자, 행실불량자, 처벌 대상자 등을 지방으로 소개
1998~2003	주민재배치 사업	평양인구 361만 명 중 100만 명 농촌 이주 지방도시 인구 100만 명 농촌 이주

북한에서는 주거와 직장이 정해져 있고, 직장을 통해 중앙의 식량배급을 받기 때문에 거주지 이동이 어렵다. 더불어 북한에서 주거지는 단순히 개인적인 생활공간이 아니라, 국가가 체계적이고 안정적으로 주민의 사상을 교양시킬 수 있는 공간으로서 기능한다. 주민들은 일차적으로 자신의 주거지가 속하는 학교와 직장, 근로단체 등 조직에 속하고, 해당되는 조직 생활을 통해 생활총화, 독보회 등을 진행하면서 사상 교양을 학습한다.[32] 주민들의 이념적 통제를 강화하기 위해 직장생활 이외에 제2의 단체 및 조직원으로서 직장 퇴근 후의 삶을 통제한다.

북한 사회에서 주민의 직장과 국가가 유기적으로 연결되어 있으므로, 당국의 허가 없이 타 지역으로 이동하여 생활하는 것은 불가능하다. 이사 갈 때는 이사 갈 시·군·구역의 안전서와 이전할 직장의 승인서가 필요하다. 그 외에도 거주 이전을 확인하고, 거주 예정지역에 이사를 신고하는 '거주신청서'와 현재 사는 지역에서의 배급을 정지하는 '식량정지증명서'가 필요하다. 식량정지증명서는 현재 살던 곳과 이사할 곳에서의 이중 배급을 막기 위해 현재 살던 곳에서 식량을 정지한다는 증명이다. 식량정지증명서는 이사하는 사람의 소속 회사에서 발급해 주기 때문에, 이사하는 곳에 이사 전 직장과 주소 등 정보를 제공하는 역할을 한다.

주민의 군대 관련 정보를 제공해 주는 '군사이동증'은 거주지역 군사동원부에서 발급해 주고, 해당 지역에서 예비군 소집을 더 이상하지 않고, 이사 지역으로 예비군

32 정영철은 식량난에 의한 거주제한의 완화를 안정적인 사상 교양 공간의 상실로 보았다. "북한 사회통제 메커니즘의 변화와 특징", 정영철(1997), p. 69.

을 편성시키기 위한 목적이다. ‘군사이동증’에는 해당 주민의 군 경력, 군수 동원 자격, 노동적위대 훈련 참가 상황 등이 포함된다. 또한, 북한의 모든 주민은 당과의 연결을 위해 근로단체에 소속되어야 한다. 직업과 나이에 따라 직맹, 농근맹, 청년동맹, 소년단 및 여맹 등 각종 직업별 및 연령별 조직에 소속되며, 이사 갈 때는 해당 지역 근로단체에서 앞으로 살 곳의 근로단체로 이동해야 한다.[33] 이때 현재 속한 근로단체 조직에서 ‘조직이동증’을 발급받는다. ‘조직이동증’은 근로단체에서의 주민의 활동 내역 및 조직생활 평가가 담긴 평정서와 함께 소속될 지역 근로단체로 발송된다.

이주자는 이사할 주택에 들어가 산다는 ‘주택입사증’과 동거가족의 입사 허락에 대한 ‘동거 입사증’과 같은 증명서를 제출해야 한다.[34] 이러한 서류들이 다 준비가 되어도 사회안전성에서 ‘퇴거증명서’를 발급해 주지 않으면 이사할 수 없다. 퇴거증명서를 발급받으면 15일 안에 거주 등록을 마쳐야 하고, 그렇지 않으면 사회안전성이나 국가보위성의 집중 감시와 추적의 대상이 된다.

여행할 때는 사전에 여행증을 발급받아 이동해야 한다. 여행 14일 전에 해당 단위의 직장장에게 신청서를 제출하여 1차로 노력 동원과 사상에 대한 검토를 거쳐 승인을 받는다. 2차로 해당 지역 사회안전부에서 검토하고, 3차로 위험분자, 감시자, 동향 불순자 여부를 검토한 후 직장 초급비서를 거쳐 여행증이 발급된다. 여행증을 발급받아 여행할 경우, 목적지에 도착하면 바로 해당 지역의 인민반장에게 숙박등록을 해야 한다.[35] 여행 증명서는 체험이나 풍경 감상, 친목 도모 등의 이유로 쉽게 발급되지 않는다. 관혼상제나 공무 출장 등과 같이 명확한 이유가 있을 때만 여행증을 발급을 받을 수 있다. 주민들이 여행을 하게 되면, 생활총화, 근로단체 활동 등 단체활동에 빠지게 되고, 사상교양이 중단되어 심리적 해이가 발생하기 쉽다. 또한, 주민들이 여행을 통해 새로운 사람들을 접하면서 정보를 교환하고, 정부 정책에 대해 비판을 하는

---

33 북한 주민들은 7세부터 근로단체에 소속된다. 7세부터 13세 어린이는 ‘소년단’, 14세에서 30세 청년은 ‘김일성사회주의청년동맹’, 노동자와 사무원은 ‘조선직업총동맹’, 협동농장 농민들은 ‘조선농업근로자동맹’, 여성들은 ‘조선사회주의여성동맹’에 소속되어 생활한다.

34 홍정기, “북한 기층조직인 인민반의 감시통제 요인 분석,” 『군사발전연구』, 제15권 제1호 (조선대학교 군사학연구소: 2021), pp. 43-44.

35 1987년 귀순한 김창화, 어성일 인터뷰 재인용, 『북한인권백서 1996』, p. 102.

등 비판적 의식을 키울 수 있으므로 당국은 사적인 이동을 최대한 통제한다.

2. 집단주의적 주민통제

1) 방송과 서적 등 정보 관련 주민통제

북한은 대내외적 정보의 유입을 철저히 차단하고, 외부와의 인적교류도 완벽하게 통제하여 사회질서를 유지한다. 1946년 3월 토지개혁이 진행되면서 부농과 지주, 자본가들은 토지를 무상으로 몰수당하고 남한으로 탈출했으며, 한국전쟁 기간 전후로 부르주아 계급과 종교인 등 사회주의 체제에 반하는 계급들 역시 억압과 핍박을 피해 남하하였다. 이후 1954~1958년 토지협동화와 국유재산화를 통해 사회주의 체제 건설을 위한 준비를 완성했다. 지도자의 지침과 조선로동당의 정책에 따라 국가의 모든 분야가 철저하게 계획되고 통제되었다.

김일성은 사회주의 체제에 반대하는 세력들이 남하한 상태에서 소작농과 빈농이었던 주민들에게 토지를 무상 분배함으로써 농민들의 지지를 얻었고, 1954년 시작된 토지협동화를 통해 사회주의 경제 체제의 기반을 조성했다. 또한, 김일성은 한국전쟁의 실패를 반대파 숙청의 계기로 삼았다. 이는 북한 사회가 반대세력 없이 김일성의 독재를 중심으로 철저히 통제되는 전체주의적 사회를 구성하는 토대가 되었다. '사회정치적생명체론'에 따르면, 북한 주민들은 수령에 의해 정치적 생명체를 부여받고 사회주의 대가정 속에서 살아간다.[36] 사회주의 대가정의 아버지인 수령은 사회주의 혁명을 이끌어 주는 뇌수로 작용하고, 주민들은 뇌수의 지도를 받아 사회주의 혁명 위업을 완수할 수 있다. 따라서 정치, 경제, 사회생활에서 주민들은 의견을 내거나, 판단하거나, 반대하지 않고 수령의 지도와 방향에 따라야 한다.

북한 당국은 반대세력들을 숙청하고 체제에 편입된 세력들을 관리하기 위한 대

36 사회정치적생명체론은 1986년 7월 15일 김정일이 당중앙위원회 책임일꾼들 앞에서 행한 '주체사상교양에 제기되는 몇 가지 문제에 대하여'라는 담화에서 제시되었다. 혁명의 주체는 수령, 당, 대중의 통일체 '삼위일체'로 이뤄진다.

책으로 정보의 차단에 주력했다. 언론과 집회 및 결사의 자유를 통제하기 위하여 미디어를 동원했다. 북한에서 방송은 정보의 전달이 아닌 주민들의 사상무장과 남한 적화 혁명을 전파하는 선봉대 역할을 수행한다. 모든 방송의 내용은 심의와 통제의 대상이고, 각 방송물에는 관철시키고자 하는 정책과 지침이 담겨 있으며, 지도자를 우상화하는 내용이 의도적으로 포함된다. 북한 방송은 사건의 즉시성과 신속성, 정확성, 공정성 및 공개성 등은 고려되지 않고, 북한 내부에서 발생한 부정적인 사건은 보도하지 않는다. 1970년 10월 14일 북한 최고인민회의 상임위원회는 방송절을 제정하는 정령을 발표하면서 북한 방송을 '조선로동당의 유력한 선전수단의 하나'로 설명하였다. "방송이 전체 인민들을 당의 유일사상으로 철저히 무장시키며 그들을 사회주의 혁명과 사회주의 건설을 위한 투쟁에 불러일으킴에 있어서 중요한 역할을 한다."라고 하며, 방송이 주민들을 유일사상으로 무장화시키고, 사회주의혁명 투쟁에 참여시키기 위한 중요한 선동 수단이라고 설명했다. 북한 당국은 1990년 10월 14일 중앙방송 방송절[37] 45주년 기념식에서 북한 방송이 당과 수령의 주체 위업을 끝까지 완성하는 인민의 신념 및 의지를 선전하는 것을 첫째가는 임무로 삼았다고 주장했다.[38]

당과 국가에 의해 철저히 통제되고 정권의 선전도구로 활용되는 북한 방송과는 달리, 외부 방송의 유입은 북한 정권의 정책 선전과 홍보에 방해가 되었다. 휴전선 일대 TV에서는 남한 방송이 잡히기도 하고, 북중 국경 지대의 경우 중국 TV 방송의 전파가 잡히기 때문에, 사회안전성에서는 라디오 주파수가 북한 방송으로 고정되어 있는지, 주파수를 돌려 남한 및 외국방송 신호를 잡아 청취하는지를 철저하게 검열한다. 안전원들은 담당 가정에서 TV와 라디오의 채널을 고정해 놓았는지 모든 가정을 방문하여 감시하며 단속한다.

> "사회안전부는 라디오의 주파수가 북한 공영방송에 고정되어 있는지 3개월마다 1회씩 검열한다. 만일 봉인이 뜯겨 있으면 주민이 남한방송이나 외국방송을 허가 없이 청취한 것으로 간주하여 정치범으로 적발한다. TV도 휴전선 일대는 채널을 고정해 놓았으며, 국경 지역에

---

37 정경모 편저, 『북한법령집 제1권』(서울: 대륙연구소, 1990), p. 488.

38 남성욱(2002), p. 141.

서는 중국 TV 방송까지 차단한다."[39]

한국 및 중국 등 해외에서 발간한 서적도 검열 대상이다. 사회안전성과 국가보위성 및 당 기관이 합동으로 외국 서적을 검열한다. 1990년대 후반 북한의 식량난이 심화되면서 세계식량지원기구(WFP) 등 인도적 지원 단체와 기구들이 평양을 방문하면서 서적 등 외부문물이 유입되었고, 안전원들이 주기적으로 불온서적 소지 감시를 진행했다.

> "인민보안성, 국가안전보위부와 당 기관이 합동으로 1년에 3번 정도 책을 검열하기 때문에 서적을 통한 외부사상의 유입은 힘들다."[40]

주민들의 불만과 일탈행위가 증가하자, 1992년과 1993년에 걸쳐 사회안전성과 보위성, 조선로동당 등 사회통제 기관들이 합동으로 각종 일탈 행위 등 비사회주의적 행위를 적발하는 '비사회주의 그루빠'를 만들어 사회통제를 강화했다.[41] 그루빠는 당의 지시를 위반하거나 당 정책에 불평을 하는 자를 집중적으로 색출하여 지방으로 강제추방하였다.[42] 주민들의 비사회주의적 행위가 체제 보위와 정권의 정당성에도 영향을 미칠 수 있으므로 사상이 해이해지거나 불순한 자는 강제 추방하거나 처벌하여 확실히 통제하였다. 정보를 차단하는 것은 주민들의 생활통제에서 핵심적인 부분으로 당국이 주력하는 부분이다.

2) 사회주의 생활양식과 주민통제

김일성 시기에는 협동 농장화와 모든 사업의 국유화를 통해 계획경제를 추구하는 사회주의 국가의 기반을 마련하였다. 국가가 전체적인 경제발전 계획을 세우고,

39 『북한인권백서 1996』, p. 42.
40 『북한인권백서 2002』, p. 110.
41 유호열, 『전환기 북한체제의 운명』(서울: 매봉, 2018), p. 71.
42 1992년 9월 귀순한 안명진 인터뷰 재인용, 『북한인권백서 1996』, p. 104.

국영기업소와 협동농장에서는 국가에서 계획한 목표를 달성하기 위해 단체적인 노력이 필요했다. '하나는 전체를 위하여, 전체는 하나를 위하여'라는 집단주의 원리를 강조하였고, 집단생활에서 사회주의 생활양식을 준수하는 예의와 도덕이 강조되었다.

북한에서는 공산주의 예의와 도덕을 잘 지키기 위해서는 '당성'과 '인간성'뿐 아니라 '문화성'이 갖춰져 있어야 한다. '문화성'이란 언어, 옷차림, 걸음걸이 등 광범위한 행동을 뜻하고, 언어와 행동 및 몸가짐에 대한 예절이 강조된다.[43] 집단주의 생활을 위해서는 개성을 강조하는 옷차림은 금지된다. 북한에서는 옷차림이 사람들의 심리상태와 인품을 나타낸다며, 상황에 맞게 외출복, 작업복 등을 구별하여 옷을 입을 것이 강조된다.

말을 할 때는 사투리, 비속어 또는 규범에 어긋나는 말을 하는 것은 상대방이 말을 이해하는 데 지장을 줄 수 있으며, 말하는 사람의 의도를 전달하지 못한다고 금지한다. 이에 따라 사상 교양과 문화어 학습을 통해 언어생활에서 민족성을 살릴 것이 강조된다. 북한 정권 출범 초기까지 만해도 외부사상과 문물에 대한 유입이 크지 않았고, 언어와 옷차림 및 행동에 대해서는 법적 처벌보다는 비판 및 교양의 대상이었다.

3. 체제 및 질서 유지의 공포통제

공개처형은 전통사회의 형벌로, 대중 앞에서 신체적 고통을 가하는 사형이었다. 산업사회로 넘어오면서 신체형벌에서 감금 형태가 형벌의 중심을 차지하게 되었다.[44] 세계 여러 나라에서는 인권 등의 이유로, 처형의 방식보다는 감금을 통해 처벌하는 것이 추세이다. 북한은 특정 행위에 대한 강력한 경각심과 공포심을 주고자 공개재판 및 처형을 해 왔다.[45] 공개처형은 재판소에서 판결 및 판정한 후 사형이 정해

43 학우서방, 『공산주의 례의 도덕 교양』 (평양: 군중문화출판사, 1964), p. 6.

44 이현희(2000), pp. 60-61.

45 북한 「형사소송법」(1999년 수정) 제179조, 재판소는 군중을 각성시키며 범죄를 미리 막기 위해 필요에 따라 현지 공개재판을 조직 진행한다.

지면, 사형집행 지휘문건을 내려받은 기관에서 주관하여 집행한다. 사형집행 지휘문건이 사회안전기관으로 하달된 경우, 사회안전성에서 공개처형을 주관하며, 미리 처형 대상자의 인적사항, 죄명, 공개처형 시간과 장소가 공지되어 집행을 선전한다.[46] 공개처형의 목적은 주민들의 이념과 체제 충성을 유도하기 위한 충격 요법이기 때문에, 운동장과 장마당, 강변과 같은 다수가 모이는 장소에서 진행한다. 공개처형은 주로 총살이며, 1명당 3발 이상 발사하여 사살한다.

1989년 국가재산 절취에 대한 공개처형을 목격하였다는 증언에 따르면, 공개처형 며칠 전 사회안전원 해설 강사가 국가재산 절도에 대한 해설 강연을 하였고, 며칠 뒤 해당 죄에 대한 공개처형이 실시되었다. '안전원의 해설강연'은 공개처형에 대한 정당성 확보와 선전을 위한 사전 교양이다. 공개처형 시에는 사형수의 부모 등 가족들이 맨 앞자리에 앉게 되며, 일반 시민들도 동원된다. 사형수는 사형장소까지 트럭으로 이동되며, 안전원들은 이미 움직일 수 없을 상태인 사형수를 사형장소로 옮긴다. 사형수의 판결은 중앙재판소 판사와 검사가 하고, 안전원이 사형수 사격 등 집행을 한다. 안전원은 자동보총을 발사하여 사형을 집행한다.

> 사형수의 이름은 이광철, 나이는 19살, 1989년 봄 회령시 오봉리 공터에서 였다. 그 며칠 전 직장 당조직에서 "직매점에 도적 물품을 진열해 놓고 안전원 해설 강사가 해설을 하니 모두가 가서 보라"는 것이었다. 직매점에는 (사형수가) 훔쳐졌던 물건이 진열되어 있었고, 안전원 해설 강사는 "죄수 이광수와 죄수△△△은 상점에서 이런 물품들을 도적질하였다. 이들은 국가재산을 도적질하였기 때문에 엄중한 처벌을 받게 될 것"이라고 말했다. (중략)
> (사형장소에서) 사형수의 부모와 형제들이 맨 앞자리에 앉아 있다. (중략) 그때 승용차와 트럭 한 대가 들어왔고, 안전원 4명이 내렸고, 2명이 트럭으로 다가가 눈에 흰 천을 동이고 솜동복을 입은 사형수를 끌어 내리었다. (사형수는) 머리도 제대로 들지 못하고 걷지도 못하여 안전원 2명이 질질 끌어다 나무 말뚝에 밧줄로 묶어 놓았다. 승용차에서 세 사람이 내리더니 책상에 앉았고, 소개하였다. "중앙재판소 판사 OOO동지입니다." "중앙검찰소 검사 OOO동지입니다. 지금부터 민족반역자 이광철에 대한 판결을 OOO판사 동지가 하겠습니다." 판사가 앉은 자리에서 "OO 사건 주모자 이광철은 △△△을 충동하여 국가재산을 도둑

46 북한 「판결, 판정집행법」(1998년 기준) 제2조, 재판소가 내린 판결, 판정의 집행은 사회안전기관 또는 해당기관이 한다. 「판결, 판정집행법」 제24조에서는 사형에 대한 판결 집행은 '사형집행 지휘 건을 받은 기관'이 한다.

> 질하였기 때문에, △△△은 징역 O년, 이광철은 사형에 처한다. 이상"하고 일어섰다. (중략) 안전원 3명이 각각 자동보총을 들고 사형수와 10M 정도 떨어진 곳에 "사격준비, 민족반역자 이광철을 향하여 탄 셋 단발로 쐈!"하는 구령을 내고, 첫발을 발사했고, 이어 두 번째, 세 번째 총소리가 들렸다. 사격을 마친 안전원들은 (사격수가) 죽었는지 확인하고 밧줄을 풀어주었고, 시체를 둘둘 말아 트럭에 싣고 사라졌다.[47]

공개처형은 처형의 원인이 되는 행동을 주민들에게 알리면서, 해당 행위에 대한 경각심을 주어, 범죄를 예방하는 효과를 가진다. 따라서 주로 북한 당국의 입장에서 반드시 고수하고 싶은 부분을 위반한 경우 공개처형시킨다. 김일성 시기에는 수용시설 도주 등 통제 밖의 행위, 계획경제에 반하는 행위, 사회주의적 도덕성을 해치는 행위에 대한 공개처형이 나타났다. 북한은 토지개혁과 농업협동화를 중심으로 농업의 사회주의화를 실행했고 기업의 몰수 등을 통해서 산업의 국유화를 진행하였다. 이에 따라 공동재산인 협동농장 농산물과 공장의 생산품 등을 훔치다가 적발된 절도에 관해서 공개처형하여 엄하게 처벌했다. 협동농장에서 강냉이를 절취하여 공개처형당한 사례는 당국에서 개인들의 소비보다 집단의 소유를 우선시한다는 것을 시사한다.

> "1989.9. 평남 안주 청천다리에서 협동농장원이었던 '고정갑'이 강냉이 60키로를 절취한 죄로 공개처형 되었다."[48]

1995년 이후 가뭄과 홍수 등 4년간에 걸친 자연재해로 북한의 식량 사정이 악화되고, 배급제도가 정상적으로 작동되지 않자 주민들은 생존을 위해 식량 절도 등 불법행위를 저질렀다. 북한 정권은 기아와 굶주림으로 인한 주민들의 동요를 막기 위해 해당 행위를 공개처형으로 처벌했다. 생존을 위한 식량 절취에 대해 '국가재산 강도죄', '조국 반역죄', '민족반역죄', '국가전복죄'라는 죄목을 부여해 공개처형한 사례들도 다수다.

---

47 김민정, "북한 독재의 노골적인 살인행위 '공개처형'," 『북한』 2005년 3월호 통권 제399호, pp. 181-186.

48 1994. 3. 입국한 귀순자 백영길 인터뷰 재인용, 『북한인권백서 1997』, p. 22.

"같은 군 동암리 24반에 살던 한정식(35살)은 먹을 것이 없어 탈곡장의 벼 몇 kg을 훔쳤다가 '국가재산 강도죄'라는 죄목을 쓰고 시범적으로 공개총살을 당하였다."
"함경남도 함흥시 회상구역 회상1동의 한 남성(38세)은 팔고 있는 담배를 단속하여 빼앗는 보안원의 모자를 집어 땅바닥에 던졌다는 이유로 '공권력에 대한 대항'이라는 죄목으로 즉각 처형하라는 김정일의 지시가 내려져 다음날 즉시 처형 되었다."[49]

북한은 사회주의 도덕 생활을 내세우며, 음란한 행위나 음란물 시청 및 치정 관계 등을 사회주의 사회의 긍정적인 면을 방해하는 것으로 규정한다. 북한의 영화배우가 재일교포와 치정 관계로 공개처형된 사례는 사회주의 사회에서 개인의 사생활이 존재할 수 없음을 시사한다. 북한에서 배우 등 예술가들은 주민들에게 당 정책과 사회주의 이론들을 앞장서 선전 및 선동하는 역할을 한다. 그 때문에 제국주의 세력인 재일교포와 유명 배우의 스캔들을 공개처형시켜 본보기로 삼았다.

"1981년 영화배우 우인희가 재일교포와의 치정 관계 때문에 공개처형되었고, 죄목은 '부화방탕죄'였다. 전체 영화인이 소집된 가운데 공개처형이 진행됐고, 그녀가 출연한 영화는 상영이 금지되었다."[50]

북한은 살인, 마약 등 강력범죄에 대한 공개처형도 진행한다. 친조부모, 부인, 남편 등 친족 살해에 관한 공개처형 사례이다.

"1992년 10월 함흥에서 폭력행위 상습자로 자신의 친조부모 주종은(84)과 최연옥(72)을 잔인한 방법으로 살해한 죄로 주수만에 대하여 공개처형을 실시했다."[51]
"1992년경 당시 45세 가량의 남성 피해자가 마약 부화죄 및 부인 살해죄로 새별군 다리 밑에서 교수형을 당했다."[52]

49 김지영, "북한인권 실태와 그 대책," 『UN 북한인권 서울사무소 개설과 북한인권법 제정』 2015. 6. 30. 세미나 자료집 pp. 43-44.
50 신상옥, 최은희 인터뷰 재인용, 『북한인권백서 1997』, p. 21.
51 『북한인권백서 2003』, p. 77.
52 『북한인권백서 2007』, p. 39.

제2절

김정일 시대 사회안전성의 주민통제

1. 주민통제의 법적 기반 조성

1) 학교입학과 성분통제

초기 김정일 집권 시기에는 성분에 의한 통제가 강하게 작용하였고, 사회안전성은 성분에 대한 각종 기록을 체계적으로 작성 및 보관함으로써 성분을 통한 사회구조 유지를 지원했다. 김일성 시대에 이어, 김정일 집권 시대에도 적대계층으로 분류되는 국군포로와 월남자의 가족에 대한 통제가 지속해서 유지되었다. 점차 늘어나는 적대계층 2세들의 사회 진출을 원천적으로 봉쇄하기 위해 자녀의 대학진학 및 교육을 통제했다. 간혹 실력을 인정받아 대학시험 자격이 주어지더라도 김일성종합대학, 김책종합공업대학 등 주요 대학은 6촌까지 성분 조사를 시행하기 때문에 국군포로와 월남자의 자녀들은 주요 대학에 입학할 수 없다.

> "북한 이탈 주민 정0용은 성적이 우수하여 김책공대에 지원하였는데, 아버지가 국군포로여서 갈 수 없었다고 증언하였다. 국군포로의 자식은 군에 갈 수 없고, 담임선생의 보증으로 군에 입대할 수 있었지만 뛰어난 능력에도 불구하고 열악한 직종에 배치되고 입당할 수 없었다.[53]

북한 사회에서 국군포로 자녀들은 실력이 있어도 원하는 상급학교에 진학하지 못하는 등 심한 차별대우를 받으면서 살고 있다. 국군포로 자녀들은 일반대학과 사

53 김O익 연구원 인터뷰 증언 재인용, 『북한인권백서 2002』 p. 90.

범대학에는 아무리 공부를 잘해도 진학할 수 없으며, 체육대학과 경제대학 등 정치사상적인 영향력이 적은 대학에만 진학할 수 있다. 북한에서는 대학을 진학하지 못할 경우, 바로 군대에 가거나 직장에 취업해야 한다. 남한처럼 재수라는 제도는 허용되지 않는다.

요컨대, 성분이 좋지 않으면 성적이 좋아도 주요 대학은 갈 수 없고, 일반대학 입학도 쉽지 않다. 일반대학에도 입학하지 못한 젊은이들은 부모와 같은 힘든 직장의 열악한 업무에 배치된다. 적대계층들은 주로 육체적 노동이 필요한 탄광과 농장 등에 배치되어 있으므로 자식들도 자연스럽게 같은 업종에 배치된다. 성분이 좋지 않으면 당정기관 등 국가기관에는 취직할 수 없고, 일반공장과 기업소에 취직해서도 진급과 승진에서 제약을 받는다.

반면 혁명 유가족과 당과 정부의 고위간부 등 핵심계층의 자녀들은 북한의 대표적인 특수학교인 '만경대혁명학원'에 진학한다. 만경대혁명학원을 졸업한 후에는 큰 잘못이 없으면 김일성종합대학 등 주요 대학 진학, 장교 임용, 당과 정부 초급 간부 기용 등이 차례로 보장된다.[54] 북한 사회는 핵심계층의 자녀들의 사회정치적 진출을 적극 장려하고 지원하는 한편, 적대계층의 자녀들의 사회 및 정치적 진로를 철저하게 차단함으로써 사회계층 간의 이동과 교류 등을 통제한다.

1995년 4월 10일 김정일은 "부부 중 한쪽이 농장원 출신이면, 배우자와 자녀 등 가족을 다시 농촌으로 배치시키라"라는 '410호 방침'을 지시했다. 부모가 농업에 종사했을 경우 자식은 노동자로 일하고 있을지라도, 강제적으로 다시 부모의 직업과 주거지로 복귀하라는 명령이었다.[55] 이는 부모와 조부모의 성분과 거주지, 직업이 자녀에게도 이어지고, 직장과 거주지를 강제하는 조치였다. 사회주의 국가들은 국가가 전반적인 5년 계획, 3년 계획 및 1년 계획을 세우고, 지역별로 각 기업소 및 농장의 목표치와 노동력 등 자원의 배분을 정한다.[56] 당국은 정해진 계획에 맞추어 노동력을 확보 및 관리하는 것이 중요하다. 인력의 체계적인 관리를 위해서 부모의 직업에 따

54 『북한대사전』, (서울: 동명사, 1999) p. 439.

55 『북한인권보고서 2023』, p. 225.

56 Janos Kornai,『The Socialist System: The Political Economy of Communism』, (Princeton University) pp. 110-130.

라 자녀를 그 직업에 투입시키는 것이 필요하고 지역적 차원에서 노동력 감소를 충당하여 국가 정책을 이끌어 나가기에도 용이하다. 직장배치에 있어, 부모의 직업은 중요한 요소로 작용한다.

> "토대나 성분 때문에 군 입대나 대학에 진학하지 못하는 경우에는 부모가 탄광 노동자이면, 자식도 탄광 노동자로 배치된다."[57]

1990년대 후반 북한 당국은 경제적 위기에 따라 사회적 일탈이 증가하자, "체제에 한을 품고 있는 자는 3대가 내려가도 계급적 본성은 변하지 않는다."라며 노동당이나 사회안전성 등 치안 및 권력기관 근무자를 선발할 때 철저한 출신성분 검토를 명령했다. 출신성분 체크는 정치와 치안 기관의 신규 선발뿐 아니라 기존 근무 성원에 대해서도 실시되었으며, 군대 군관 선발 시에도 출신성분이 검토되었다.[58] 사회안전성 입직(入職)의 경우, 입직 후 바로 당 조직에 편재되고, 국가보위성의 경우 보안을 취급하기 때문에 성분 조사를 엄격히 하였다. 안전원의 경우 6촌까지, 보위원은 8촌까지의 친인척에 대한 성분 조사를 실시하여 선발했다.[59]

반면 기술 부문 종사자들은 한국전쟁에 가담했더라도, 취업 시에는 출신성분을 따지지 않았다. 일제 강점기 동안 대한민국의 기술자 양성부터 기술 개발까지 전반적인 산업 분야는 일본에 의해 독점되었다. 또한 한국전쟁 기간에는 기술자를 포함한 많은 산업인력이 희생되었다. 전쟁이 중단되자 전후(戰後)복구를 위한 기술자들에 대한 수요가 급증하였다. 숙련된 기술자의 부족을 극복하기 위해, 학생뿐 아니라 근로자들이 일하면서 기술을 배우는 '노동자 학교'를 만들었고, 1960년대에는 주요 공장에 '공장대학'을 세워 노동자들의 기술적 수준을 향상시키고자 했다.[60] 북한의 전후복구와 경제발전을 위해, 지식인과 기술자들의 공급은 필수적 요소였고, 기술인들의 성분은 취업에 적용되지 않았다. 그러나 취업 외에 생활에 대한 감시는 유지 및 강화

---

57 2003-04-26 인터뷰 재인용, 『북한인권백서 2005』, p. 81.

58 기술 부분 종사자들은 출신성분을 크게 따지지 않고 등용하였다. 『북한인권백서 2003』, p. 113.

59 북한 이탈 주민 김O섭과 김O임의 인터뷰 재인용, 『북한인권백서 2003』, p. 241.

60 Ellen Brun and Jacques Hersh(1976), PP. 230-243.

되었다.[61]

1990년대 김정일 집권기 초기까지 북한 주민들은 결혼과 같은 사생활에서도 성분의 영향을 받았다. 결혼할 때 자신보다 낮은 성분의 배우자를 만날 경우, 앞날의 미래가 많은 제약과 차별이 있으리라 생각하여 만남을 꺼렸다. 주민들은 자신의 토대와 성분이 좋으면 결혼 후 상대방의 낮은 토대와 성분으로 인한 제한 및 한계에 부딪힐 것을 걱정하고, 자신의 토대가 나쁘면 결혼을 통해 토대가 좋은 상대방을 만나 계급적 한계를 극복하고 싶어했다.

> "출신성분이 좋지 못한 경우 발전 가능성이 없기 때문에 토대 좋은 여자와 결혼하지 않는 한 계급적 한계를 극복하지 못한다."[62]
> "납북귀환자 이0근은 맞선을 보았지만 보위부, 공장 당위원회 사람들이 체제에 반감을 가진 자라는 이유로 뒤에서 의도적으로 남한 출신이라는 사실을 상대방에게 알려 방해하였기 때문에 10번이나 맞선을 보았지만 혼사가 성사되지 못하였다."[63]

그러나 경제적 어려움으로 배급제도가 정상 작동하지 못함에 따라 생존을 위한 경제활동이 증가하였고, 경제력이 성분적 차별을 완화하는 작용을 하였다.[64] 김정일 시대 대학진학의 경우, 김일성종합대학과 같은 주요 대학은 여전히 성분이 중요한 역할을 하였으나, 평양에 있는 일반기술대학은 성분이 조금 나쁜 복잡군중 경우에는 입학할 수 있었고 지방소재 대학도 입학이 가능했다.

> "최근에 토대 역할이 많이 죽었으며, 김일성종합대학은 모르겠지만 청진에 있는 강산금속대학 같은 대학 입학은 가능하다."[65]
> "자신의 아버지 형제 중에 월남자들이 많고, 자신과 부인은 추방을 당하여 토대가 좋은 편은 아니었는데, 손자가 평양에 있는 인쇄대학에 입학하였다."[66]

---

61 국가정보원, 『최근 북한 실상』, 제186호 (1999.8), p. 37.
62 2004-07-07 인터뷰 재인용, 『북한인권백서 2007』, p. 95.
63 2004-01-07 인터뷰 재인용, 『북한인권백서 2006』, p. 89.
64 2019-04-08 외 다수의 인터뷰 재인용, 『북한인권백서 2023』, p. 208.
65 2008-01-30 인터뷰 재인용, 『북한인권백서 2009』, p. 126.
66 2008-09-17 인터뷰 재인용, 『북한인권백서 2009』, p. 127.

대학입학에서의 성분적 제약은 완화되었으나, 입학 시 받는 성분적 혜택과 특혜는 여전히 존재한다.

> "조선체육대학 출신의 북한 이탈 주민 OOO은 조선체육대학은 일급대학으로 토대가 나쁘면 조선체육대학에 입학할 수 없는 반면, 토대가 있는 사람은 실력이 없어도 입학할 수 있었다."[67]

초기 주요 적대계층인 지주와 부농, 월남자 및 국군포로들은 대부분 사망하였지만, 그들의 손자녀 등 가족들은 여전히 성분적 제약을 받는다.

> "할아버지가 남한 출신이라는 이유로 본인이 승진에 있어 차별을 받았으며 군입대를 거부당했다."[68]
> "조부모가 귀국자라는 이유로 사촌오빠가 입당과 직장배치에 있어 차별을 당하는 것을 목격했다."[69]

또한 정치범수용소에 다녀오면 가족뿐 아니라 친척들까지 안전원과 보위원의 감시 대상이 되며, 대학 입학과 직장배치 및 승진 시 배제의 대상이 된다.

> "작은아버지가 정책을 비난하는 발언을 하여 정치범수용소에 수용되었고, 이로 인해 자신이 대학진학과 직장배치에 있어 차별을 당한 경험이 있다."[70]

북한 이탈 주민의 수는 2001년부터 2003년까지 1,000명대를 유지하였지만 2004년부터 급속히 증가하기 시작하여, 2006년부터 2,000명대를 돌파하였고, 2007년부터 2011년도까지는 2,000명 이상의 북한 이탈 주민들이 국내에 입국하였다. 해당 시기 북한은 압록강과 두만강 국경을 넘은 도강자와 행방불명된 자 및 그의

---

67 2008-07-04 인터뷰 재인용, 『북한인권백서 2009』, p. 128.
68 2010-06-07 인터뷰 재인용, 『북한인권백서 2011』, p. 182.
69 2010-10-05 인터뷰 재인용, 『북한인권백서 2011』, p. 184.
70 2010-12-02 인터뷰 재인용, 『북한인권백서 2011』, p. 180.

가족들에 대한 생활적 통제를 강화하였다.[71]

> "자신의 도강으로 인해 형부가 승진에 있어 차별을 당하였다고 한다. 형부가 안전원이었는데 자신의 도강이 형부의 승진에 걸림돌이 되었고 이로 인해 언니 부부와 자신의 관계가 멀어지게 되었다."[72]

다음은 행방불명된 가족과 친척 때문에 군대를 입대하지 못했다는 증언도 확인된다.

> "부모와 고모의 행방불명으로 2008년 자신이 군 입대를 하지 못한 경험이 있다."[73]
> "남동생이 행방불명이라는 이유로 자신이 군 입대를 하지 못했다."[74]

2000년도 이후 중국을 통한 도강과 탈북 사례가 증가함에 따라 중국 출신이나 중국에 친척이 있는 주민들은 입당에 제약을 받는다. 그 외 승진과 취업, 자녀의 대학 진학 시 영향을 받는다. 그렇지만 북한의 경제 사정이 어려워짐에 따라 중국과 연고가 있는 주민이나 화교 출신들이 상대적으로 물건 수입이나 자금 지원 측면에서 장점이 있어 주민들은 화교를 부정적으로 인식하지는 않았다.

> "부모가 중국 태생이라는 이유로 자신이 입당과 대학진학, 승진에 있어 차별을 당한 경험이 있다."[75]
> "화교들은 입당 외에 차별이 없으며, 북한 주민들은 화교들의 경제적 능력으로 인해 그들을 오히려 긍정적으로 인식한다."[76]

---

71 통일부 홈페이지 북한 이탈 주민 정책 최근 현황에 따르면, 북한 이탈 주민 입국 인원은 1998년까지 947명, 2001년 1,043명, 2002년 1,142명, 2003년 1,285명, 2004년 1,898명, 2005년 1,384명, 2006년 2,028명, 2007년 2,554명, 2008년 2,803명, 2009년 2,914명 2010년 2,402명, 2011년 2,706명으로 집계된다.

72 2010-11-23 인터뷰 재인용, 『북한인권백서 2011』, p. 180.

73 2010-11-02 인터뷰 재인용, 『북한인권백서 2011』, p. 181.

74 2010-11-30 인터뷰 재인용, 『북한인권백서 2011』, p. 181.

75 2010-06-24 인터뷰 재인용, 『북한인권백서 2011』, p. 183.

76 2010-10-19 인터뷰 재인용, 『북한인권백서 2011』, p. 184.

성분제도를 통한 통제는 상위계층이 모여 있는 평양에서도 나타난다. 평양은 모란봉, 대동강, 서성구역이 속한 '중심구역'과 용성, 형제산, 대성구역 일부가 속하는 '주변구역'으로 구분된다. 주변구역에 사는 주민들은 중심구역의 직장에 배치받지 못하고, 중심구역의 주민들보다 배급받는 양이 적다.[77] 김정일이 지시한 '410조치' 대상 지역은 용성구역, 순안구역, 역포구역, 낙랑구역(일부), 사동구역 등으로 주변구역이다.

2010년부터 2012년까지 3년 동안 입국한 북한 이탈 주민들을 대상으로 "북한에서 토대를 이유로 차별받은 적이 있는지"를 조사한 결과, 응답자의 75%가 북한에서 토대를 근거로 차별이 이루어지고 있다고 답변하였다. 특히 간부 등용에 있어서 응답자의 78%가 성분으로 인한 차별을 받았다고 답하였고, 입당하는 경우에는 응답자의 68%가 차별이 심하다고 답변하였다.[78] 북한 정권은 입당과 간부 등용, 중요대학 입학을 제약함으로써 적대계층과 복잡계층의 사회적 지위 취득과 영향력 행사를 통제한다.

2) 주민통제의 법제화

김정일 정권은 김일성의 권력을 이양받아 정권의 정당성을 확보하고, 체제를 유지하고자 주민통제의 법적 기반을 조성하였다.

북한은 1946년 9월 1일 공민증제도를 실시했다. 주민들의 신분과 가족관계 등 모든 부분을 철저히 파악하고 관리하기 위한 제도와 질서를 세우기 위해, 1997년 11월 26일 최고인민회의 상설회의 결정 제102호로 주민들의 출생, 거주, 퇴거등록과 절차, 방법 등을 규정하는 「공민등록법」을 채택하였다. 「공민등록법」은 '공민등록'의 주체가 각 거주지역의 인민보안기관임을 밝히고 있으며, 인민보안원(안전원)들이 주민등록대장에 주민들의 이름, 성별, 생년월일, 출생장소, 주거지, 직업, 결혼, 이

77 『2023 북한인권보고서』, pp. 227-228.

78 『북한인권백서 2013』, pp. 17-18

혼 등을 정확히 기록해야 한다는 의무를 제시한다.[79] 주민들은 가까운 안전서(보안서)로 가서 신분을 등록할 수 있다. 안전서의 주민등록과는 신분등록 신청서 등의 내용을 토대로 주민대장을 작성한다.[80]

북한에서 신분에 대한 증서에는 출생증, 공민증, 평양시민증이 있다. 「공민등록법」에 따르면 신분증은 주민들이 거주하는 지역 사회안전기관에서 사회안전성의 이름으로 발급한다. 출생등록은 아이가 태어난 지 15일 안에 해야 하며, 아이의 이름, 성별, 출생일, 출생장소, 주소, 국적(민족별)을 출생등록신청서에 작성하여 제출한다.

그림 4-1 출생증

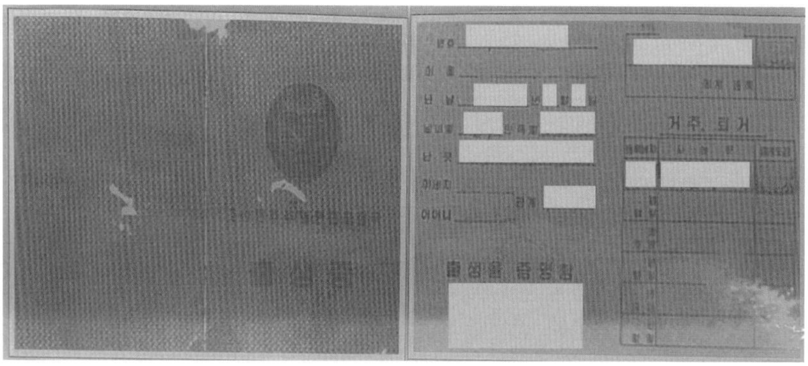

출생 시부터 17세 미만의 북한 주민은 '출생증'을 가지고 다니며, 17세가 되면 사회안전기관에 공민증을 신청해 발급받는다. 다만 평양에 사는 17세 이상의 주민들은 공민증이 아닌 '평양시민증'을 발급받아 휴대한다.

79 「공민등록법」 제4조, 제6조, 제9조(출생등록), 제9조, 제10조, 제13조.

80 2016-10 북한 이탈 주민 김두오 인터뷰 재인용, 사법정책연구원(2017), p. 88.

그림 4-2 공민증

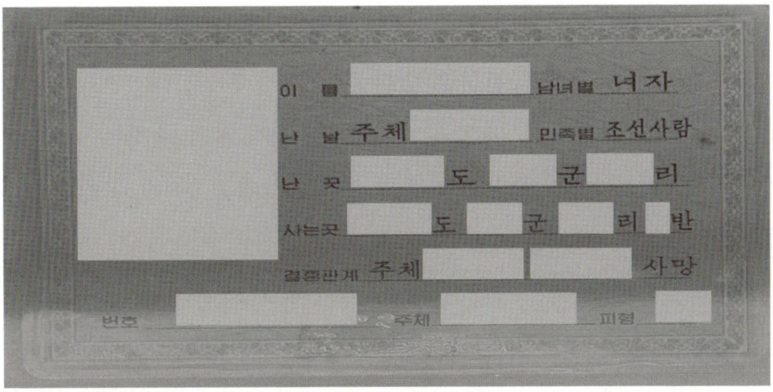

주민들은 사망하거나 정신병에 걸렸거나, 국적에서 제적되었을 때 소지하던 출생증과 공민증, 평양시민증을 거주지역의 인민보안기관에 반납해야 한다. 재판소 판결으로 무기노동 교화형과 유기노동 교화형을 받은 경우에는 출생증과 공민증, 평양시민증이 회수된다. 북한 주민이 조선인민군, 조선인민내무군, 인민보안, 안전보위기관에 입직한 경우에는 인민보안기관에 공민증을 반납하고 해당 보안기관의 신분증을 휴대한다.[81]

주민들은 다른 지역으로 이동 시 인민보안기관에 퇴거 등록을 하고, 퇴거 등록한 주민은 15일 안에 지역 보안기관에 거주 등록을 해야 한다.[82] 북한 주민들은 출생증, 공민증, 평양시민증은 분실하거나 빌려줘서는 안 되며, 이 법을 어긴 경우 행정적 또는 형사적 책임을 진다.[83] 즉 사회안전성은 「공민등록법」을 통해 주민들의 출생,

81 사회안전부 출신 북한 이탈 주민 이성현씨는 "인민보안원은 인민보안서가 발급한 (군인)신분증만 휴대하며, 공민증이나 시민증은 갖지 않는다."라고 2016년 10월 1일 전화면담에서 증언하였다. 제성호, "북한의 경찰법령과 경찰업무 처리에 관한 분석," 『통일과 법률』 제28권, p.56.

82 「공민등록법」 제14조에 따르면, 다른 지역으로 거주지를 옮기려는 공민은 퇴거 등록을 하여야 한다. 이 경우 퇴거등록신청서를 거주지역의 인민보안기관에 내야한다. 퇴거 등록신청서에는 이름, 성별, 난날, 난 곳, 사는 곳, 퇴거하여 가는 곳 같은 것을 밝혀야 한다. 제15조에는 퇴거등록을 한 공민이 퇴거등록을 한 날부터 15일 안에 거주 등록해야 하는 의무를 나타낸다.

83 「공민등록법」 제19조에 따르면, 이 법을 어기고 공민등록사업에 엄중한 결과를 일으킨 기관, 기업소, 단체의

주거, 이사, 사망, 범죄 이력, 안전보위기관 취업 및 입대 등을 즉시 파악함으로써 주민통제의 근간을 조성한다. 북한 「공민등록법」 제18조는 「공민등록법」의 통일적 지도를 '중앙사회안전지도기관'에서 '인민보안성'으로 변경함으로써, 공민 등록에서의 사회안전성의 책임과 역할을 강조하고 있다.

1990년대 북한의 경제난 이후 생계를 위한 상행위의 증가는 주택의 거래에도 영향을 미쳤다. 북한은 대부분의 건축물을 국유화시켰고, 직장과 성분에 따라 주택을 배정하였다. 그러나 경제난으로 배급 체제가 원활히 작동되지 않아 직장에 나갈 필요가 없어지거나, 배정받은 주택이 필요 없어진 경우 주택을 암거래하는 것이다. 주택매매는 상호 간의 집을 바꿔 사는 형태로 이뤄지거나 주택이용허가증을 매매하는 방식으로 진행된다.[84] 주택매매 현상은 반드시 배정받은 집에서 거주했던 과거와 달리, 같은 구역 내에서 이동, 같은 군과 도 내에서 이사를 일정 부분 용인하게 하는 기능을 하였다. 거주지 이탈을 위한 공민증을 위·변조하는 등 사회적 일탈 현상이 발생했다. 이러한 사회적 분위기 쇄신의 일환으로 공민증 점검 및 갱신이 진행되었고, 1946년 이후 총 6차례 갱신이 진행됐다.[85]

1992년 12월 28일 최고인민회의 상설회의 결정 제22호로 「사회안전단속법」이 채택됨에 따라, 북한 주민들의 여행질서 위반은 법적 단속 대상이 되었다. 「사회안전단속법」은 사회안전기관의 단속 대상과 방법 및 절차를 제시한다. 「사회안전단속법」(1999) 제17조는 "사회안전기관은 려행질서, 걸어 다니는 질서를 위반하는 행위를 단속한다."라고 하여 사회안전기관이 여행질서를 단속하는 주체이며, 여행질서 위반은 단속 대상으로 교양처리 되거나 행정적 책임을 질 수 있음을 명시한다.

「인민보안단속법」 제30조와 「행정처벌법」 제299조에서 "인민보안기관은 려행질서, 걸어다니는 질서를 어기는 행위를 단속한다."라고 규정하듯 지역 이동 시 사회

책임 있는 일군과 개별적 공민에게는 정상에 따라 행정적 또는 형사적 책임을 지운다.

84 정세진(2000), p. 119; 『'계획'에서 시장으로: 북한체제변동의 정치경제』(서울: 한울아카데미, 2000), 내외통신사, 『북한실상종합 자료집』, (서울: 내외통신사, 1995) pp. 255-257. 재인용.

85 1953, 1958, 1964, 1974, 1984, 1998년 공민증 갱신이 진행되었다. 1984년 갱신한 공민증에는 인적사항, 직업, 거주·퇴거, 결혼 및 가족관계와 전과 등이 기재되어 있는 수첩형 12면이었다. 1998년 갱신한 공민증은 직업, 거주·퇴거가 삭제되었고 주체 연호와 혈액형이 추가되었고, 양면형으로 간소화되었다. 전현준(2003), pp. 56-57.

안전성의 사전허가를 받아야 한다. 위반 시 「행정처벌법」 제194조에 따라 경고, 벌금, 무보수 노동 등 당국의 처벌을 받는다. 일시적으로 지역 간 이동할 때 안전서에서 발급해 주는 '여행증'을 사전 발급받고, 여행 시 소지하여야 한다. 목적지에 도착하였을 때나 목적지를 떠날 때, 그 사실을 인민반에 알려야 한다. 또한 친인척이나 지인의 집에 머물 때도 안전서에 '숙박등록'을 하고, 여행증 뒷면에 검인을 받아야 한다. 여행증이 없으면 숙박등록을 할 수 없으며, 불법 여행자로 취급된다. 불법 숙박자는 「행정처벌법」 제173조에 따라 처벌 대상이며, 「인민보안단속법」 제33조에 따라 숙박질서위반 단속을 사회안전성에서 실시한다.[86] 불법 여행자가 머무르는 집의 주인은 「주민행정법」 제32조의 위반혐의가 적용된다.[87]

식량난 이후 주민들은 식량을 구하고 장사로 생계를 유지하기 위해 직접 이동해야 해야 함에 따라 주민들의 유동성이 증가하였다. 배급중단이후 북한 주민의 약 8%가 생계를 유지하기 위해 식량을 구하러 지역 간 이동을 하였다.[88] 중국과 인접한 국경 지역은 중국에서 온 물건과 식량이 많다고 여겨졌고, 주민들의 지역이동이 잦았다.[89]

여행증은 비용 없이 발급받을 수 있지만, 소요기간이 오래 걸린다. 여행증 발급 시 뇌물을 주면, 여행증을 신속히 발급받을 수 있다. 여행증이 없으면 차표 구매가 어렵고, 기차 내 단속에서 걸리면 여행증을 발급받을 때보다 훨씬 더 많은 뇌물비용이 든다. 따라서 주민들은 여행증을 사전에 발급받으려 한다.[90] 기차 내에는 여행질

---

86 「행정처벌법」 제173조 "숙박등록질서를 위반한 자는 경고, 엄중 경고, 벌금 또는 3개월 이하의 무보수 노동, 노동 교양 처벌이 부과된다."

87 「주민행정법」 제32조 "주민은 자기 집에 다른 사람을 숙박시키려 하면 정해진 질서에 따라 해당 기관의 승인을 받아야 한다."

88 배급중단 후 식량 난민들의 생존방식에 대한 질문에 472명이 답했다. 45%의 응답자들은 벼 뿌리와 소나무 껍질 등 식량을 대체하여 다른 것을 먹어 보았고, 42% 응답자들은 산나물과 무, 옷 등 장사를 해 봤으며, 36%의 응답자들은 가구와 집기 등을 팔아서 생존하였고, 21%의 응답자는 친지의 도움을 받기도 했고, 10%의 응답자는 생존을 위해 도둑질을 하였고, 8%의 응답자는 식량을 구하러 다른 지역을 다녔다고 답했다. 그 외에 5%의 응답자는 집을 팔았다고 답했다. 우리민족서로돕기 불교운동본부, 『식량난민 472명이 증언한 북한 식량난 실태보고서』1998.3; 정세진(2000), p. 83. 재인용.

89 2000-05-23 인터뷰 재인용, 『북한인권백서 2002』, p. 104.

90 2003-02-04 인터뷰 재인용, 『북한인권백서 2004』, p. 135.

서를 관리하는 사회안전성 안전원이 주민들의 이동을 검열하고 통제한다. 여행증이 없는 주민들은 지역이동이 어렵고, 안전원에게 아주 많은 뇌물을 지급하면 여행증 없이 공민증으로 이동할 수 있지만, 이것 역시 어렵다.

지역을 이동하는 방법으로는 기차를 이용하는 방법과 육로를 이용하는 방법이 있다. 육로 이용 시에는 '서비차'라고 불리는 트럭이나 자동차를 이용한다. 북한에는 지역을 이동하는 시외버스가 없고, 개인이 차량을 소유하고 있지 않지만, 각 직장 단위에 소속된 차량을 사적 이용하여 서비차로 운영한다. 사람들에게서 차비를 받고 특정 지역까지 이동시켜 준다.[91]

주민들의 이동을 통제하는 수단으로 여행증 제도가 존재하고, 이동을 통제하는 역할은 교통 관련 담당 안전원들이 수행한다. 교통 안전원은 적재품 초과나 인원초과, 외지차량 등을 단속한다. 외지 차량이 지나갈 경우 해당 지역 방문 허가 증명서를 확인하고 위반 시 벌금을 부과한다. 주민들의 이동성이 증가함에 따라 교통질서를 관리하는 안전원의 권한도 강화되었다.

2. 비사회주의적 행위통제 실태

1) 불법 영상물 시청통제

1990년대 사회주의권 국가들의 붕괴 전후하여 북한에는 심각한 경제난과 주민들의 불만과 일탈행위가 발생하는 등 사회변화가 발생했다. 북한은 과거 동유럽 사회주의 국가의 실패 원인을 '부르주아 사상 침투'에서 찾는다. 동유럽 사회주의 국가들이 경제건설에만 초점을 두고 사상사업을 소홀히 하였고, 자본주의의 출판물과 영화, 음악 등을 통해 부르주아 사상이 침투하는 것을 방관해서 체제가 붕괴되었다는 주장이다. 이에 부르주아 사상 침투를 막기 위한 사상 교양과 사상투쟁을 강화할 것이 강조된다. 북한의 여성동맹 기관지 『조선녀성』에서는 북한 정권이 부르주아 사상

91 2003-02-04 인터뷰 재인용, 『북한인권백서 2005』, p. 100.

침투를 통한 비사회주의적 현상을 경계하는 것이 반영된다. 비사회주의적 현상을 배격하는 『조선녀성』 기사는 여성들의 생활통제를 강조한다.

> "녀맹원들은 비사회주의적 현상에 절대로 말려들지 말고 사업과 생활을 혁명적으로, 전투적으로 진행하며 낡은 사회의 유물과 자본주의 사상 문화를 철저히 반대 배격 해야 한다."[92]

1992년 10월 김정일은 "비사회주의적 현상에 대하여 절대 소홀히 대하지 말고 그것을 철저히 뿌리 뽑기 위한 집중적인 공세를 들이대야 합니다."라며 비사회주의 행위 근절을 위한 적극적 조치를 취할 것을 지시했다.[93] 북한은 부르주아 사상이 자본주의 방송, 출판물, 전자매체, 영화, 문학예술 등을 통해 내부로 침투된다고 보았다. 사회안전성에서는 주민들의 가택을 수색하여 출판물 및 영상물과 음악 등의 물품 소지와 주파수 고정 여부 등을 검열한다. "비사회주의 현상을 없애라"라는 김정일의 지시로, 사회안전성과 국가보위성, 중앙재판소, 검찰소 및 중앙당 등 여러 기관에서 인력을 차출하여 '그루빠, 연합지휘부, 109상무' 등을 조직하였고 비사회주의적 행위를 단속하기 시작했다.

비사회주의적 행위는 한국 등 외국의 드라마와 영화 등 영상물을 시청하거나 소지한 경우, 한국 등 외국의 노래를 부르거나 음원을 소지한 경우, 한국 등 외국 서적 등 출판물을 소지한 경우, 미신행위를 한 경우 등이다. 기본적으로 라디오와 TV, 녹음기 및 녹화기 등 전자기기는 반드시 등록해야 하고, 사용 중인 TV와 라디오는 북한 방송으로 주파수를 고정해야 한다. 그러나 밤에 몰래 주파수를 돌려 한국방송을 시청하거나 라디오를 청취하는 주민들도 있었다. 사회안전성에서는 라디오 주파수를 고정한 봉인을 확인하여, 주파수가 북한의 공영방송인 중앙방송에 고정되어 있지 않거나 봉인이 뜯겨 있으면 한국방송이나 외국방송을 허가 없이 청취한 것으로 간주하여 적발 및 처벌하였다. TV의 경우, 휴전선 일대는 한국방송이 나오기 때문에 채널을 고정해두고, 국경 지역은 중국방송을 막기 위해 검열한다.[94] 라디오가 해외

92 『조선녀성』 2019년 1월호, p. 51.

93 『조선녀성』 2019년 1월호, p. 153.

94 사회안전성은 3개월에 한 번씩 라디오 주파수 고정을 검열한다.『북한인권백서 2002』, p. 107.

주파수를 연결하는 매개체 역할을 함에 따라 안전원들은 라디오 판매를 감시하며 통제하였다.[95]

외국 영상물 감상 및 소지를 단속 시에는 녹화기 등 전자기기를 등록한 가정을 우선적으로 검열한다.[96] 안전원들은 외국 드라마와 영화 시청과 외국 음악 감상 등 비사회주의적 행위를 적발하기 위해 정전을 활용하기도 한다. 전력난이 심각하여 수시로 정전이 되는 점을 활용해 정전 시 집중적으로 단속하는 것이다. 전력난으로 인한 정전이 아니더라도, 안전원들이 의도적으로 정전시키고 들어와 불을 켜고 단속하기도 한다. 정전 시에는 재생 중이던 CD나 비디오테이프를 기기에서 뺄 수 없고, 증거물을 숨기거나 인멸하기 어렵기 때문이다.[97]

1990년대 후반 식량난으로 인해 생존을 위한 밀수가 성행함에 따라 남한 영상물이 담긴 CD와 테이프, 해외서적 등의 유입과 시청이 증가하였다. 국경 지역을 통한 남한 영상물이 담긴 녹화테이프와 CD의 유입이 지속됨에 따라 해당 행위에 대한 단속이 강화되었고, 2003년경부터는 남한 드라마 시청으로 처벌을 받게 되었다.

> "2004년 남포시 마사동 거주 40세 가장의 가족 3명이 한국 영상을 시청하던 중 순찰하던 보안원에게 적발되어 남포시 보안서에서 추방 처벌을 받는 것을 목격하였다."[98]

김정일 정권에서는 불법 영상물을 시청하다 발각되면 평균적으로 노동 단련대 6개월 형을 선고받는다. 불법 영상물이 담긴 CD를 판매하는 경우에는 6개월에서 2년까지 교화형 처벌이 이뤄진다. 적발 시 영상물 시청을 위해 사용했던 CD 리더기와 TV, 녹화기는 몰수된다.[99] 한국 드라마가 담긴 CD 등을 판매하여 교화소에 가는 경

---

95 김근식, "북한인권특별보고관의 북한인권보고서 분석",『북한인권 관련 국가, 국제기구 및 INGO의 동향분석』(서울: 국가인권위원회, 2007), p. 72.

96 2010-06-08 인터뷰 재인용,『북한인권백서 2011』, p. 221.

97 2008-01-17 인터뷰 재인용, 『북한인권백서 2008』, p. 164: "평양에서 의도적으로 정전을 시키고 들어와 단속을 실시한다." 2008-01-30 인터뷰 재인용, 『북한인권백서 2009』, p. 183.: 2023-06-11 인터뷰 재인용, 『북한인권백서 2014』, p. 137.

98 2007-03-10 인터뷰 재인용, 『북한인권백서 2007』, p. 153.

99 2010-10-09 인터뷰 재인용, 『북한인권백서 2011』, p. 219; 2010-08-10 인터뷰 재인용, 『북한인권백서 2011』, p. 221.

우에는 그 가족들은 양강도 '갑산'과 같은 외진 지역으로 강제추방 당하기도 한다.

> "2008년 6월 동네 아주머니가 한국 CD를 팔다 적발되어 2년 교화형에 처해졌고, 그 가족은 갑산으로 추방되었다."[100]

불법행위로 인해 강제추방이 발생하면, 인민반 회의를 통해 추방 사실을 주민들에게 공개하여 주민들이 불법행위에 대한 경각심을 갖도록 조치한다.[101] 『북한인권백서』에 나타난 김정일 시대의 불법 영상물 시청 및 판매에 관한 처벌사례는 〈표 4-9〉와 같다.

표 4-9 김정일 시대 불법 영상물 시청 및 판매 처벌사례

발행 연도	내용	처벌 수위	특이 사항	출처*
2003	남한 CD-ROM 시청	남포 소년교양단련대 구금	학생	2011, p.98. 2019-06-03
2004	한국 드라마 시청	추방	보안서에서 추방처벌	2007, p.153. 2007-03-10
2005	CD 시청	노동 단련대 6개월		2010, p.226. 2009-04-07
2005	녹화물 적발	노동 단련대 3개월	5년 이상 교화형 및 추방이었으나, 뇌물 주고 형량 줄임	2014, p.317. 2012-07-03
2006	남한 CD 시청	요덕 관리소 수용		2011, p.129. 2010-09-14
2006	한국 테이프 시청	원산 단련대 6개월		2011, p.97. 2008-11-20
2007	한국 CD가 넣어진 채로 녹화기 판매	교화소 1년 6개월		2010, p.226. 2009-03-12

100 2009-06-09 인터뷰 재인용, 『북한인권백서 2010』, p. 226.

101 2009-11-11 인터뷰 재인용, 『북한인권백서 2011』, p. 213.

2007	CD 판매	교화형 예정	뇌물 300만 원으로 풀려남	2010, p.226. 2009-11-10
2008	한국 CD 판매	교화형 2년	가족 갑산 추방	2010, p.226. 2009-06-09
2008	한국 드라마 시청	노동 단련대 6개월		2010, p.226. 2009-08-14
2009.2	한국 드라마 시청	노동 단련대	군 책임비서의 아들은 처벌 없음, 분조장의 아들만 노동 단련대행	2010, p.226. 2009-03-03
2009.2	성 관련 비디오 시청		조직부장 아버지 해임	2010, p.226. 2009-05-12
2009.2	CD 시청	함흥 오로교양소 수감	인민반장 아들에게 적발 후 가택수색	2010, p.226. 2009-09-08
2009	CD 시청	혜산 노동 단련대 6개월	의과 대학생	2010, p.226. 2009-09-22
2010	남한 노래 부른 것이 발각	노동 단련대 구금 예정	뇌물 주고 10일 만에 풀려남	2014, p.254. 2011-09-06
2010	CD 대여	노동 단련대 1년 6개월	가족 강제추방	2014, p.317. 2012-02-07

출처: 『북한인권백서』 2003~2011년 인터뷰 재인용 및 참고하여 저자 작성
*북한인권백서 출판년도, 페이지, 재인용한 인터뷰 날짜

한국 영상물 CD-ROM 시청에 대한 단속은 사회안전성에서 한 달에 1-2회 실시하며, 적발 시 평균 노동 단련대 6개월에 처해지고 행위에 따라 교화소로 보내지기도 한다. 그러나 단속 및 적발 즉시 혹은 단련대나 교화소로 넘어가기 전 구류소에서 뇌물을 주면 형을 줄이거나 면할 수도 있다.[102] 뇌물을 지급할 수 있으면 불법 영상물에 대한 처벌을 무마할 여지가 있지만, 돈이 없어 뇌물을 낼 수 없으면 그 처벌을 면할 수 없다. 사회주의 국가에서 뇌물로 사건을 무마하는 행위는 사회 전반에 확산되어 있다. 배금주의 사상이 팽배하여 돈이 있으면 이념도 사상도 해결할 수 있다는 인식이 만연한 것이 현실이다.

102 2010-09-07, 2010-07-27, 2010-06-22 외 다수 인터뷰 재인용, 『북한인권백서 2011』, p. 220.

2) 통신기기 사용에 대한 통제

북한의 통신은 공공의 행정 및 치안 수요를 충족시키는 것을 기본 목적으로 한다. 따라서 주민들의 통신 요구를 해소하기에는 전기통신 시설이 매우 열악하다. 1998년 국제전신연합(ITU: International Telecommunication Union)의 세계전신보고서와 1995년 한국정보통신기술협회(TTA: Telecommunication Technology Association)의 세계정보통신지표에 따르면 북한은 약 110만~130만 회선을 가지고 있었으며, 당시 인구 100명당 5회선도 보급이 안 된 상황이었다.[103] 따라서 일반 주민들은 개인 유선전화기가 없어 협동농장이나 기업소 등에 설치된 공동전화나 공중전화를 이용해야 했다. 당 간부 등 지도층의 가정에만 개인 전화가 설치되었다. 2000년대까지는 주로 시내전화가 가능했고, 개인 전화기가 설치된 곳도 제한되어 있어 통신기기 사용에 대한 통제가 강하게 진행되지 않았다.

1990년대부터 전국 시외전화망 확보를 위해 '통신망 현대화사업'을 진행하였다. 1998년 1월 3일 조선중앙방송에서는 "1997년 말까지 평양과 70여 개의 시, 군과 단위의 전화 자동화를 실현했다."라고 보도했다. 2001년 3월 1일 민주조선을 통해 "평안북도 체신관리국에서 제2단계 빛섬유통신까벨공사(광케이블 공사)를 완료하여 도 내의 모든 시. 군들의 통신을 현대화했다."라고 보도했다. 2000년이 돼서야 평양 중앙의 지시를 지방 행정단위에까지 전달할 수 있는 수단이 확보되었다.[104] 2000년까지는 이동전화가 나진과 선봉 등 경제특구와 군, 사회안전성 등에서 국방 및 체제 유지용으로 제한적으로 사용되었다.[105]

2000년대 이후부터 기업소 간부들에게 전화를 설치해 주고, 개인들도 전화 설치비용을 지불하면 전화기를 개설할 수 있게 되었다.[106] 유선전화기 설치가 증가하자

---

103 남성욱, 『북한의 IT 산업 발전전략과 강성대국 건설』 (서울: 한울아카데미, 2002), pp. 121- 122.

104 위의 책, pp. 123- 124.

105 나진 · 선봉 지역의 경우 태국의 록슬리 그룹과 북한 대외건설총회사의 합작회사 동북아전신전화회사(NEAT&T)가 이동전화 500회선, 무선호출 1,500회선 용량을 설치한 바 있다. 위의 책, p. 130.

106 부모님이 간부이거나 장사를 해서 돈이 많아 설치비를 지급할 수 있으면 유선전화를 설치할 수 있다는 증언들이 수집된다. 2007-01-31 인터뷰 재인용; 2007-01-23 인터뷰 재인용; 2007-01-24 인터뷰 재인용, 『북한인권백서 2007』, p. 154.

직통전화 사용을 제한하라는 조치가 내려졌다.[107] 전화통화를 통한 국내외 정보 교환과 경제난 시기 지도자와 체제에 대한 불만 공유가 사상해이를 유발하고, 일탈 행위로 이어질 것을 염려한 것이다.

> “모든 체신소를 통해 통화하는데, 통화 내용을 실시간으로 감시하므로 비밀은 있을 수 없다.”[108]

2006년 이집트 오라스콤이 북한에서 이동전화사업을 시작하면서 북한 내부에서 사용할 수 있는 휴대전화가 보편화되기 시작하였다.[109]

북한 휴대전화는 외국과 통화가 불가능하다. 그러나 중국과 가까운 반경 5km 이내의 연선지역에서는 중국 등 해외 휴대전화를 중국 통신망에 연결하면 국외와 통신할 수 있다. 이에 중국을 통해 장사하거나 중국 등 해외에 연고가 있는 주민들이 중국에서 휴대전화를 구매하거나 받아서 해외 휴대전화를 불법으로 사용했다.

북한에서 중국 전화기 및 통신사 등을 활용하여 휴대전화를 사용하는 것은 간첩행위로 간주한다. 2005년 발행된 ‘반간첩투쟁을 위한 군중 교양 자료’에 따르면, 휴대전화를 비법적으로 이용하는 것은 ‘적들의 반공화국 책동을 도와주는 범죄행위’이다. 해당 교양 자료에서는 중국과의 무역을 위한 사업상 통화조차 간첩행위로 간주하는데, 그 이유는 “남한 사람과 내통한 중국 사람이 휴대전화를 의도적으로 넘겨주어 북한 내부의 기밀을 빼내 간다.”라는 것이다. 남한 사람들이 중국의 장사꾼과 밀수업자를 비롯한 불순한 사람들을 매수하거나 첩자로 흡수하며, 매수당하거나 첩자가 된 중국인이 북한 사람들에게 휴대전화를 넘겨 주는 것이라는 주장이다. 북한 주민들이 중국인들과 자주 통화하면서 그들의 사주를 받아 당, 국가, 군사 비밀자료를 뽑아내도록 하고 있으며, 국가 전략물자를 밀수 매매하고, 비법 월경자를 안내하도록 부추긴다는 인식이다. 이에 북한 당국은 중국 등 해외 휴대전화 사용을 엄격히 금지하고, 중국전화를 소지하고 있다면 자발적으로 해당 기관에 제출하고, 주변에서

---

107 “2008년 직통전화에 대해 통제를 하는데, 반드시 교환원을 거쳐 시외전화를 하도록 하고, 특히 군에서는 외부전화를 할 때 직통전화를 하지 못하게 한다.” 2008-01-10 인터뷰 재인용, 『북한인권백서 2009』, p. 180.

108 2009-09-08 인터뷰 재인용, 『북한인권백서 2011』, p. 215.

109 남성욱, 『4차 산업혁명 시대 북한의 ICT발전과 강성대국』 (서울: 한울아카데미, 2021), p. 166.

중국 휴대전화를 사용하는 사람들이 있다면 즉각 신고할 것을 강조한다.[110]

1990년대 후반 고난의 행군 이후 배급 체계가 정상 작동하지 않고, 생계를 위해 중국과 국경 지역의 밀수 등이 이뤄지고, 중국으로부터 식량과 물건을 들여와 판매하는 장사가 성행하게 되었다. 중국과의 거래를 위해서는 통신이 필요했고, 2002년 이전부터 중국 휴대전화를 반입하여 중국지역의 사람들과 통화하기 시작한 것으로 보인다.[111] 북한 정권은 불법 휴대전화기 사용을 색출하기 위해 북중 국경 인근의 중국전파를 차단하고 감시한다. 전파관리는 사회안전성과 체신성 전파감독국, 노동당 등 3개 부처에서 관장하고 있다. 전파 보안은 사회안전성 산하 사회안전국과 국가안전보위부에서 공동으로 수행하고, 업무 총괄 지휘는 노동당에서 담당한다.[112]

2006년경 휴대전화를 색출하기 위해 안전서와 무력부가 대대적 협동작업을 시작하였다. 국경 지역 주변을 담당하는 안전원들이 1명에서 3명으로 증원되었고, 전화 탐지기를 추가 투입하면서 불법 휴대전화 사용의 통제를 강화하였다. 불법 휴대전화 단속을 위해서는 원거리 전화 탐측기를 이용한다.[113] 탐지기는 통화 중인 전자파를 탐지하기 때문에, 불법 휴대폰을 사용하는 북한 주민들은 통화를 길게 하지 않는다.

북한 주민들은 외국과의 통화를 위해 중국 휴대전화뿐 아니라, 한국 휴대폰도 사용한다. 불법 휴대전화 사용 검열 시 중국 휴대전화의 경우는 장사 등의 이유로 중국과의 통화를 위해 사용했다고 주장할 수 있지만, 한국 휴대전화의 경우는 소지만으로도 간첩행위로 간주된다.

---

110 2006-04-07 인터뷰 재인용, 『북한인권백서 2008』, pp. 48-49; 좋은벗들, 『오늘의 북한소식』15호 (2006.04.07.) 재인용.

111 2003-04-26 인터뷰 재인용, 『북한인권백서 2006』, p. 106.

112 남성욱(2002), p. 118.

113 『북한인권백서 2008』, p. 162; 좋은벗들, 『오늘의 북한 소식』, 90호 (2007. 09. 19) 재인용.

표 4-10 김정일 시대 불법 휴대폰 단속과 처벌

발행 연도	내용	처벌 수위	특이 사항	출처*
2004	친구가 자신이 빌려준 휴대전화로 북한 주민을 남한으로 보내다가 발각		100만 원 주고 풀려남	2010, p.222. 2009-03-17
2005	함남 온성군 풍인 무산탄광에 다니던 남자가 휴대전화 이용	온성 보위부 구류장 6개월		2007, p.155. 2007-03-17
2007	친구 엄마가 자신의 딸을 중국에 시집보내려고 통화하다가 발각	교화형 2년		2010, p.222. 2009-03-03
2007	아들 친구가 휴대폰으로 중국과 통화하다 발각		현장에서 70만 원 주고 풀려남. 휴대폰 압수	2010, p.222. 2009-06-09
2008	중국 휴대폰을 사용하다 적발	회령시 노동 단련대 1개월		2011, p.97. 2010-10-26
2008	남한에 있는 누나와 통화하고 탈북 기도	회령시 관리소 수용		2011, p.128. 2010-06-29
2008	중국 휴대폰을 연결하다 적발	집결소 1개월 노동 단련대 6개월		2011, p.97. 2008-07-17
2008	중국 휴대폰 사용을 자수	노동 단련대 6개월	이후 지속적 감시 대상이 됨	2010, p.222. 2009-03-12
2008	중국의 친척으로부터 중고 옷을 받을 때 그 속에 휴대폰을 넣어 보내 줘 사용하다가 적발		뇌물 주고 풀려남	2010, p.222. 2009-03-26
2009	조카가 이모한테 중국 휴대폰이 있다고 말한 것이 보위부원에게 들어감	노동 단련대 예정	50만 원 주고 풀려남	2010, p.223. 2009-11-17
2010	산에 올라가서 중국 거부 가족들과 연락하다 발각, 자수 처리하고 벌금형[114]		벌금 50만 원	2011, p.164. 2010-10-05

출처: 『북한인권백서』 2003~2011년 인터뷰 재인용 및 참고하여 저자 작성
*북한인권백서 출판년도, 페이지, 재인용한 인터뷰 날짜

114 북한 이탈 주민은 '벌금을 낸다'고 표현하지만, 뇌물을 주고 무마하는 경우도 많다.

3) 미신행위통제

2004년 전면 개정된 북한 「형법」에서는 미신행위와 미신행위 조장 죄를 명시한다. 제267조(미신행위죄)는 "돈 또는 물건을 받고 미신행위를 한 자는 2년 이하의 노동 단련형에 처한다. 정상이 무거운 경우에는 5년 이하의 로동교화형에 처한다." 이며, 제268조(미신행위조장죄)는 "리기적 목적 그 밖의 동기에서 여러 사람에게 미신행위를 유포한 자는 2년 이하의 노동 단련형에 처한다. 앞 항의 행위를 많은 사람에게 하였거나 대량의 돈 또는 물건을 받고 한 경우에는 3년 이하의 로동교화형에 처한다. 정상이 무거운 경우에는 3년 이상 7년 이하의 로동교화형에 처한다."[115]라며 미신행위를 한 자와 조장하고 유포한 자를 처벌의 대상으로 정했다.

북한 사회에서는 "어느 집에 가면 점을 잘 봐준다."라는 소문이 돌기도 하고,[116] 인민반이나 기업소 등 회사에서 "미신, 손금 등을 보지 말아라"라는 강연회가 진행[117] 되는 등 미신행위와 단속이 이어지고 있다. 김정일 시대에 수집된 미신행위에 대한 증언의 대부분은 미신행위를 한 '점쟁이'에 대한 적발과 처벌에 관한 내용이다. 미신행위 자체로는 노동 단련대 3개월과 6개월에 대한 처벌이 일반적이었다. 그러나 비사회주의적 행위를 부추기는 미신행위를 한 경우나 소문이 돌아 쟁점이 된 경우에는 보위부로 가거나 교화형을 받는다.

> "중국에 도강하여 가려는 사람에게 점을 봐주는 미신행위를 해서 교화형 3년형을 처벌받았다."[118]

미신행위를 의뢰한 자의 처벌은 미신행위를 한 자의 처벌보다는 약한 단련대 처벌을 받는다. 처벌의 이유는 당이 아닌 미신을 믿었기 때문이다.[119] 탈북한 전 북한

115 장명봉 편, 『김정일체제 아래의 북한법령집』 (서울: 연이문화사, 2005) pp. 168-169; 조선민주주의인민공화국 형법(2004) 제267조, 제268조.

116 2008-01-16 인터뷰 재인용, 『북한인권백서 2008』, p. 159.

117 2005-02-19 인터뷰 재인용, 『북한인권백서 2006』, p. 97; 2011-10-19 인터뷰 재인용, 『북한인권백서 2013』, p. 103.

118 2011-08-02 인터뷰 재인용, 『북한인권백서 2014』, p. 300.

119 2011-11-08 인터뷰 재인용, 『북한인권백서 2014』, p. 300.

외교관 태영호는 조선일보 인터뷰에서 "간부 아내들이 남편의 승진이나 보직 이동, 해임, 직위 해제 등 신상을 알아보고 부적을 붙이고 액땜하기도 한다."라고 증언했다.[120] 일반 주민들뿐 아니라 당 간부와 그 아내들마저 점을 보러 오는 것으로 보아, 미신행위는 북한 사회에 만연하게 퍼져 있는 듯하다. 따라서 조용히 점을 봐 주는 경우에는 엄격한 통제를 진행하지 않는 것으로 파악되었다. 다만 미신행위 단속을 나온 안전원들에게 뇌물을 주지 않아 심기를 불편하게 하거나, 미신행위가 크게 소문이 나는 경우에는 처벌되는 것으로 보인다. 또한, 미신행위를 하는 자가 사주 책자 등을 소지한 경우에는 지속해서 미신행위를 할 수 있고, 책을 판매하거나 전달하여 미신행위를 전수할 수 있다고 보기 때문에 더 엄격하게 여겨 처벌한다.[121]

> "보위부원, 당간부, 보안원들도 용하다고 하면 보기 때문에 처벌받지 않을 수도 있다고 한다. 점을 보아주더라도 돈을 바치지 않거나, 비위를 맞추지 않거나 소문이 크게 난 경우는 처벌한다."[122]

3. 정권위기 모면을 위한 공포통제

1) 포고문을 통한 주민통제

북한에서는 「형법」, 「인민보안단속법」, 「행정처벌법」이 주민통제의 법적 수단이다. 형사적 책임을 물을 때는 「형법」을 적용하고, 형사적 책임을 묻기에는 가벼운 법질서 위반행위에 대해서는 「인민보안단속법」으로 단속하고, 「행정처벌법」으로 처벌한다. 북한 「형법」 제6조는 "형법에서 범죄로 규정한 행위에 대해서만 형사책임을 지우도록 한다."라고 명시하고 있으나, 주민들을 강력하게 통제하기 위해 포고문을

120 태영호, "北서 미신은 5대 범죄 중 하나지만 간부층 아내들까지 여전히 부적써요", 『조선일보』 2019년 11월 23일.

121 전 북한 외교관 태영호는 "북한 사회에서 (사주)책을 가진 점쟁이들은 지속적으로 불법행위를 할 수 있는 조건을 갖추고 있다고 보기 때문에 심각한 미신행위로 취급한다."라고 설명했다. 위 기사.

122 2008-07-22 인터뷰 재인용, 『북한인권백서 2009』, p. 211.

통해 처벌한다. 포고문은 식량 위기와 화폐개혁 시기에 주민들의 불만 표출을 막는 통제 수단으로 활용되었다.[123]

2011년 통일부 정책보고서에 따르면, 북한 이탈 주민 80명을 상대로 "북한에 사는 동안 법이라고 생각했던 것이 무엇이었느냐"라고 질문하자, 김정일 말씀 지시가 90.5%로 가장 높았고, 그다음으로 인민보안부 포고문 86.5%, 「헌법」과 「형법」 등의 국가법 79.7%, 국방위원회 명령 77%, 당의 방침 74.3%, 유일사상 10대 원칙 71.6%, 내각 결정문 지시서 56.8% 순이었다.[124] 이는 북한에서 가장 중요한 것은 지도자의 말씀이고, 사회안전성에서 발표하는 포고문이 주민들의 생활을 통제하는 데 중요한 역할을 하고 있음을 반영한다.

다음은 1997년 쌀 등 곡식에 대한 절도와 매매 등 불법행위가 성행함에 따라 당국이 발표한 포고문이다. 사회안전성은 정권의 위임을 받아 포고하고, 해당 행위에 대해 단속한다.

표 4-11 **북한 포고문(1997)**

포 고 낟알을 훔치고 팔며 허실하는 자들을 엄격히 처벌함에 대하여
알곡은 인민들의 첫째가는 생활수단이며 나라의 가장 중요한 전략물자이다. 올해에 우리나라에서는 당의 현명한 령도밑에 전군 전민이 총동원되어 영농전투를 힘있게 벌림으로써 긴장한 식량 문제를 풀고 〈고난의 행군〉을 승리적으로 결속할 수 있는 전망을 열어 놓았다. 그러나, 일부 주민들은 극단한 개인리기주의에 사로잡혀 제 살궁리만 하면서 군민이 피땀흘려 지어놓은 귀중한 낟알을 훔치거나 허실하여 량곡을 가지고 상적행위를 감행하고 있다. 이것은 나라의 쌀독을 침해하는 반국가적 범죄행위이며 우리식 사회주의를 고립압살하려는 적들을 도와주는 역적행위로서 준엄한 징벌을 받아야 한다. 사회안전부는 공화국정부의 위임에 따라 낟알을 훔치거나 허실하는 행위를 철저히 없애기 위하여 다음과 같이 포고한다. 1. 낟알을 훔치는 행위를 절대로 하지 말라! 낟알을 포전과 무지, 탈곡장, 창고에서 훔친 자는 법적으로 엄격하게 처벌하며 전량을 변상시킨다. 특히 엄중한 자는 총살한다.

123 성준혁(2020), p.171.

124 『북한인권백서 2013』, p. 62; 최봉대, 『북한이탈주민 법의식 사례 연구』(통일부 정책연구용역결과보고서, 2011), pp. 10–12 재인용.

포전과 낟알무지, 탈곡장, 창고들에 대한 자체 경비조직과 경비근무 수행을 무책임하게 하여 량곡을 침해당하게 한자들도 법적으로 처벌하며 량곡을 경비원이 훔치거나 경비원과 공모하여 훔친자는 더 엄중히 처벌한다. 량곡을 훔치다가 피해 당한자는 상소할 수 없다.

2. 량곡을 가지고 장사하는 행위를 절대로 하지 말라!
   부정축재를 목적으로 많은 량곡을 가지고 장사행위를 한 자는 총살에 이르기까지 법적으로 엄중히 처벌한다.
   국영 및 협동농장들과 부업자들에서 량곡을 훔쳐다 농민시장과 공공장소 뒤골목에서 팔고사거나 물건과 바꾼 자는 법적으로 처벌하며 거래된 낟알과 돈 물건은 회수한다.
   량곡을 가지고 고리대행위를 한자도 법적으로 엄격히 처벌하며 고리대로 주고 받은 량곡과 물자 돈은 전량 몰수한다.
3. 량곡을 탐오락취, 허실하는 행위를 절대 하지 말라!
   량곡을 생산량에서 루락시킨 자와 〈사업〉, 〈지원〉, 〈손님접대〉, 〈물물교환〉 등 여러 가지 명목으로 비법처리하도록 조직한 자와 집행한 자, 직권을 악용하여 떼먹은 자, 공모 결탁하여 탐오랑비[125]한 자들은 총살에 이르기까지 법적으로 엄중히 처벌하며 루락시켰거나 탐오 락취한 량곡전량은 몰수 또는 변상시킨다.
   협동농장, 작업반, 분조, 농장원들과 기관, 기업소, 사회협동단체와 주민들 사이에 서로 비료, 농약, 농기계, 기름, 부속품, 집짐승 등을 량곡과 바꿈질하는 자는 법적으로 엄격히 처벌하고 거래된 량곡과 물자는 전량 몰수하여 량곡을 류실 부패, 변질시킨 책임있는 자도 법적으로 처벌한다.
4. 모든 공민들은 숭고한 애국, 애족의 정신을 높이 발휘하여 량곡을 훔치거나 량곡장사를 하며 탐오랑비, 허실하는 자들을 예리하게 살피고 제 때에 신고하라.
5. 이 포고를 어긴 자는 직위, 공로, 소속에 관계없이 현행범으로 단속 체포하여 법에 따라 처벌한다.

조선민주주의인민공화국 사회안전부
1997년 8월 5일

출처: 『북한인권백서 2005』, p.32.

2007년 7월경에는 '불법 녹화물 및 선전물 유통 차단'에 대해 북한 당국의 방침이 내려졌다. 이에 사회안전성은 반사회주의 사상 문화적 침투를 막기 위한 포고문을 지역별로 하달했다. 주민들에게 반사회주의 사상을 침투시키는 오락실, PC방, 노래방 등 시설을 전부 폐쇄하고, 필요한 경우 국가출판물 보급소를 통해 승인받은 서적 등 물품을 구매하도록 지시하였다. 개인적으로 운영하는 봉사소 형식의 식당 역시 단속 대상에 포함되었다. 포고문이 나간 시점부터 안전원들의 적발이 시작되고, 위반자는 타 지방으로 이주시키거나 추방하고, 모든 것을 무상몰수하며, 연관자는 지위 여하와 관계없이 엄하게 벌한다는 내용이 확인된다.[126]

2009년 12월 28일 북한 사회안전성(구 인민보안성)이 포고한 포고문에 따르면

125 탐오랑비는 북한에서 공금횡령을 의미한다.

126 좋은벗들, 『오늘의 북한 소식』, 80호 (2008.01.16).

외화매매행위를 「형법」에서 정한 형량과 달리 사형까지 부과하고 있다.[127]

표 4-12 북한 포고문(2009)

포 고

조선민주주의인민공화국 령역에서 외화를 류통시키는자들을 엄격히 처벌함에 대하여

북한 인민보안부(구 인민보안성) 포고문 국가의 유일적인 화폐 류통질서를 철저히 지키는 것은 모든 공민들의 신성한 법적 의무이며 민족의 자주권을 지키고 사회의 경제적 기초를 보호하기 위한 중요한 담보이다. 그러나 최근 일부 기관, 기업소, 사회협동단체와 공민들은 국가의 화폐 류통질서를 란폭하게 위반하여 사람들의 사상정신 생활에 커다란 후과를 미치게 하고 있으며 건전한 사회질서를 파괴하고 사회주의 경제관리질서를 헝클어놓고 있다. 이것은 국가와 인민의 리익을 침해하는 엄중한 범죄행위이며 강성대국 건설을 저해하고 우리식 사회주의제도를 좀먹는 매우 위험한 해독행위이다. 인민보안성은 공화국정부의 위임에 따라 국가의 화폐 류통질서를 엄격히 세우고 국내에서 외화를 류통시키는 범죄와 위법행위를 철저히 없애기 위하여 다음과 같이 포고한다.

1. 모든 기관, 기업소, 사회협동단체와 공민들은 국내에서 외화현금을 류통시키는 행위를 일체 하지 말라.
   1) 외화상점, 식당, 봉사소를 비롯한 모든 단위들에서 외화현금을 받고 진행하던 봉사를 일체 중지하고 우리돈으로 봉사하라. 비행장, 국제려관을 비롯한 전문대외봉사단위들은 외국인들이 외화를 화폐교환소에서 우리돈으로 바꾸어 쓸 때에만 봉사하라.
   2) 국가기관들이 외화로 받아들이던 각종 수수료와 운임, 료금 등을 우리돈으로 받으라.
   3) 모든 무역기관(합영, 합작단위 포함)들은 수입한 상품을 국가계획에 따라 공급하며 계획에 없는 기관, 기업소, 사회협동단체와 공민들에게 수입상품을 넘겨주어 비법적인 외화류통을 조장시키는 모리간상행위를 일체 하지 말라.
   4) 모든 공민들은 외화를 반드시 화폐교환소를 통하여 우리돈과 바꾸어 쓰는 질서를 철저히 지키며 외화를 가지고 암거래, 자판장사, 고리대, 사기협잡, 거간, 밀수, 뢰물, 략취 등의 범죄행위를 일체하지 말라.
   5) 모든 기관, 기업소, 사회협동단체들에서 필요한 외화는 국가계획에 맞물려 보장받으라.
2. 국가가 승인해준 단위들을 제외한 그밖의 모든 단위들의 국내수출지표를 모두 없애며 국내 기관, 기업소, 사회협동단체상호간 비법적인 외화현금거래를 일체 하지 말라.
3. 해당 은행기관들은 외화와 우리돈의 교환체계와 질서를 바로 세우고 교환사업을 책임적으로 하라.
4. 모든 기관, 기업소, 사회협동단체와 공민들은 비법적인 외화류통을 단속통제하는 감독통제 기관과 일꾼들의 사업을 간섭하거나 방해하는 행위를 절대로 하지 말며 국내에서 비법적으로 외화를 거래하는 행위를 보면 즉시 법기관에 신고하라.
5. 이 포고를 어긴 기관, 기업소, 사회협동단체는 경영활동과 영업을 중지시키거나 해산하고 거래한 돈과 물건은 몰수하며 외화로 물건을 팔고사는 자, 외화암거래, 고리대, 거간, 뢰물 행위를 비롯하여 비법적으로 외화를 류통하거나 략취한자, 그러한 행위를 조직하거나 묵인 조장시킨자에 대해서는 거래한 돈과 물건을 몰수하고 엄중성 정도에 따라 사형에 이르기까지 법적으로 엄격히 처벌한다.
6. 이 포고는 국가의 모든 기관, 기업소, 사회협동단체(무력 및 특수기관 포함)와 공민들, 외국인들에게 2010년 1월 1일부터 적용한다.

127 당시 「형법」 제104조에서는 외화매매행위에 대해 최대 3년의 로동교화형을 처했고, 2023년 기준 「형법」 107조 외화관리질서 위반죄는 1년 이하의 로동단련형, 정상이 무거운 경우 3년 이하의 로동교화형에 처하고 있다.

조선민주주의인민공화국 인민보안성
주체98(2009)년 12월 28일

출처: 『북한인권백서 2013』, pp. 72-73.

위와 같이, 포고문은 규제가 시작되는 포고 시점만 적시되고, 포고문의 효력이 종료되는 시점은 언급하지 않는다. 특히, 포고문은 법의 규정이나 처벌수준과 상관없이 최고 사형까지 처벌함으로써 정권의 방침과 의도를 강력하게 전달한다.

포고문의 내용은 외화 거래, 장마당 불법 거래, 지역 이동, 벌목 금지 등 정해진 범위 없이 사회의 전체 부분에서 당국의 방침에 따라 역점을 두어 단속하고 통제를 하는 부분이다. 좋은벗들의 『북한소식』 80호에 따르면, 불법 녹화물 및 선전물 유통자에 대해 대대적인 조사 및 숙청작업을 진행하라는 당국의 방침이 내려오자, 함경북도 회령과 온성, 무산 등에서는 7월 4일 저녁에 포고문을 붙이고 5일 아침까지 보안원들을 내세워 인민반 별로 대대적인 수색작업을 진행하였다.

> "반사회주의 사상 문화적 침투를 막기 위한 소탕전이다. 전자다매체, 컴퓨터방, 전자오락실, 노래방 등을 통한 반 사회주의 사상 류포를 막기 위해 이런 시설 등을 일체 다 없애고, 필요한 경우 국가출판물보급소에서만 승인 판매를 허용한다. 돈벌이 목적으로 차려놓았던 봉사소 형식의 식당, 노래방, 전자오락실, 컴퓨터방을 모두 폐쇄한다. 포고가 나간 이후부터 위반자는 타 지방으로 이주시키거나 추방과 함께 모든 것을 무상몰수하며 련관단위는 직위 여하에 관계없이 엄벌에 처한다."[128]

당국의 방침이 정해지면, 사회안전성은 포고문을 붙이고, 당국의 방침에 맞게 주민들의 생활과 행동을 검열한다. 2006년경 한국 등 영상 녹화물 시청과 배포와 마약 판매 등에 대한 포고령이 내려왔고, 단속된 주민들은 포고문에 따라 처벌되었다.

> "2006년 5월 17일 녹화물과 아이스 빙두를 밀매하던 장사꾼 2명이 수남시장 옆 수성천 강둑에서 포고에 따라 공개처형되었다."[129]

128 좋은벗들, 『오늘의 북한소식』, 80호 (2008.01.16.); 『북한인권백서 2008』, p. 164.
129 좋은벗들, 『오늘의 북한소식』 26호 (2006. 6. 21).

2) 공개처형을 통한 주민통제

1995년 하반기에 김정일의 친필 방침에 따라 시도별 공개처형이 실시되었다. 공개처형의 대상자는 살인 및 살인 미수자, 상습 절도범, 강도 재범자 등이 포함된다. 사회안전성은 지도자와 당의 방침을 실행하는 기관으로서 범죄자 색출을 위해 주민들을 감시 및 통제하고, 공개처형을 집행할 권한을 가진다. 주민들은 공개처형 목격 시 정신적 충격과 심리적 공포감을 느끼고, 이는 처형을 당하게 된 행위에 대한 경각심과 공포감을 심어 줌으로써 강력한 주민통제의 수단이 된다.

북한의 「판결·판정집행법」(2005)에 따르면, 일반적 판결은 재판장에 의해 확정되고, 해당 집행기관에 집행 지휘문건을 보내 판결을 집행한다. '사형판결'에 대해서는 해당 사회안전기관에 사형집행 지휘문건과 판결서 등본을 보내고, 노동 교화형 판결에 대해서는 해당 사회안전기관에 집행 지휘문건을 보내고 사회안전성에서 공개처형 등 사형을 집행한다.[130] 「판결·판정집행법」(2005) 제2조에 따르면 판결과 판정의 집행은 인민보안기관 또는 해당 기관이 한다고 명시하고 있으며, 「인민보안법(2007)」 제11조에서는 판결과 판정의 집행을 인민보안기관의 임무로 정하고 있다. 『2023 북한인권보고서』의 증언에 따르면 2011년 진행된 북한 주민들 4명의 공개재판에서 피고인이 사형선고를 받자, '도 안전국의 주도'로 공개총살되었다는 내용이 확인된다.[131]

사회안전원들에 의해 색출 및 검거된 공개처형 대상자들은 다수가 모이는 공개된 장소에서 공개적으로 처형된다.[132] 공개처형 방법으로 총살형이나 교수형, 화형이 있

---

130 「형사소송법」(1999) 제295조는 재판장의 판결과 판정이 확정되면, 노동 교화형과 사형의 판결에 대해 해당 '사회안전기관'에 판결, 판정 확정 통지서를 보내고, 집행하도록 한다고 명시하고 있다. 「형사소송법」(2021) 제420조에서는 사형판결의 집행을 위해, 중앙재판소가 사형집행 지휘문건을 발급하고, 그 집행은 사형집행 지휘문건과 판결서 등본을 받은 형벌집행기관이 한다고 명시하고 있다. 「인민보안법」(2007)은 인민보안기관의 임무와 역할을 규정하고 있다. 제11조 인민보안기관의 임무 제14호에는 판결, 판정의 집행을 비롯하여 법이 정한 사업을 한다고 명시하여 북한 경찰이 판결과 판정의 집행업무를 수행함을 확인할 수 있다.

131 『2023 북한인권보고서』, p. 148.

132 「판결·판정집행법」(2005) 제2조(판결, 판정의 집행기관)에 따르면, "판결, 판정의 집행은 인민보안기관 또는 해당 기관이 한다. 그러나, 재산과 관련하여 내린 판결, 판정의 집행은 재판소 집행원이 한다." 제42조 (사형판결집행기관) "사형에 처할데 대한 판결의 집행은 사형집행 지휘문건을 받은 기관이 한다.", 「인민보안법」(2007) 제11조 (인민보안기관의 임무) 제14항에는 "판결, 판정의 집행을 비롯하여 법이 정한 사업을 한다"라

다. 사형집행장에 대상자를 데리고 나와, 사회안전부장 등이 죄명을 밝히고 공개처형을 지시하면 사형이 집행된다.[133] 사회안전성 교화국 등 집행자들은 사형 대상자의 반항을 방지하기 위해 사전에 구타 등으로 대상자를 완전 제압 후 사형을 집행한다.[134]

김정일 시대의 공개처형 사례는 크게 형사적, 경제적, 정치적 사건들로 분류할 수 있다. 첫 번째 형사적 사건은 살인, 강간, 상습절도 및 민심소란과 같은 사회질서를 어지럽히는 형사 사건에 대해 공개처형이 이뤄지는 경우이다.

> "1995년 남편을 살해한 죄로 함흥 평수 장마당에서 공개처형당했다."[135]
> "2004년 청진 수성천에서 당구 비용이 부족해 친구 할머니를 죽이고 돈 2만 원을 강탈한 죄로 공개 총살당했다."[136]
> "2009년 여름 강원도 원산시 소재 대학에 다니는 대학생이 대학교 동료의 어머니를 살해한 죄목으로 강원도 천내군 강변에서 처형되는 것을 목격하였다."[137]

두 번째 공개처형 사례 유형은 경제 관련 사건이다. 북한은 사회주의 계획경제를 추구함에 따라 농업은 협동농장화를 시켰고, 경공업과 중공업은 국영 기업소에서 운영하고, 주민들은 일터에서 식량 배급을 받는다. 북한의 경제는 1990년경 공산권 국가의 몰락과 사회주의 자체적인 문제로 어려움을 겪기 시작한다. 경제적 어려움으로 배급이 감소하거나 중단되자, 농작물 등 식량 절도 등이 빈도 높게 발생하였다. 이에 북한 당국은 기업소 재산과 식량을 훔치는 절도행위에 대해 공개처형을 처벌하여 경제위기로 인한 혼란을 통제하고자 하였다. 기업소와 탄광에서 전화선, 동력선, 구리선 등을 절도하여 공개처형되었다는 증언들이 다수 확인된다.

> "1996년 말 평북 신의주와 남신의주에서 각각 6명과 3명이 전화선이나 동력선 등을 절취

고 규정하여, 판결의 집행을 하는 것이 사회안전성의 임무임을 명시하고 있다.

133 1998.5. 입국한 손철남 인터뷰 재인용, 『북한인권백서 1999』, p. 31; 『북한인권백서 2002』, p. 56.

134 『북한인권백서 2001』, p. 18; 북한 이탈 주민 박은주와 김현숙 인터뷰 국가정보원, 『최근 북한 실상』, 1999년 4월호, pp. 17-18 재인용.

135 1995. 5. 입국한 안선국 인터뷰 재인용, 『북한인권백서 2004』, p. 78.

136 2008-09-23 인터뷰 재인용, 『북한인권백서 2009』, p. 54.

137 2011-09-06 인터뷰 재인용, 『북한인권백서 2013』, p. 86.

> 한 죄로 공개처형당했다."[138]
> "2009년 1월 황해북도 사리원시에서 통신선을 절도하였다는 이유로 30대 남성 1명이 총살되었다."[139]

가축과 곡물을 훔치는 절도에 관한 공개처형 사례도 수집된다. 식량난으로 어지러운 질서 속에서 공포를 주는 처벌을 통해 사회를 통제하고자 했다.

> "1997년 초 남자 9명이 군복을 입고 군인으로 위장, 탈곡장에서 옥수수를 훔치다 적발되어 청진시 나남구역에서 공개총살을 당하였다."[140]
> "북한 이탈 주민 김00에 의하면 명천군 룡암구에 거주하는 림철산이라는자가 기업소에서 관할하는 염소를 훔친 공범 4명과 함께 처형당하였다고 한다."[141]

1990년 식량난이 악화됨에 따라 많은 북한 주민들이 굶어 죽었고, 인육을 판매하여 공개처형되었다.

> "1995년 12월 평양 만경대구역에서 인육 판매사건으로 일가족 5명이 공개처형되었다."[142]
> "1997년 4월 평양 용성구역 장마당에서 인육을 팔다 적발되어 시부모, 아들과 며느리 등 4명이 공개처형 당했다고 증언하였다."[143]
> "북한 이탈 주민 OOO은 양강도 혜산시 마산동에 거주하던 남자가 살인 후 인육을 먹었다는 죄목으로 2009년 12월 처형되었다는 소문을 들었다. 화폐개혁 직후 너무 먹을 것이 없는 상황에서 어떤 남자가 지나가는 10세 정도의 여자아이를 잡아먹어서 공개처형당한 것이다."[144]

세 번째로 지도자의 초상화 훼손, 군·당 간부 관련된 사건 등 사회의 규율을 위

---

138 1995. 5. 입국한 안선국 인터뷰 재인용, 『북한인권백서 1998』, p. 18.
139 2012-04-26 인터뷰 재인용, 『북한인권백서 2015』, p. 53.
140 2000-11-20 인터뷰 재인용, 『북한인권백서 2001』, p. 20.
141 2002-06-29 인터뷰 재인용, 『북한인권백서 2004』, p. 79.
142 1998년 2월 입국한 장성숙과 장선영 인터뷰 재인용, 『북한인권백서 1999』, p. 31.
143 2000-05-24 인터뷰 재인용, 『북한인권백서 2001』, p. 21.
144 2011-10-19 인터뷰 재인용, 『북한인권백서 2013』, p. 87.

해 본보기로 공개처형하는 사례이다. 조선로동당과 사회안전성 등 당과 지도자 보위기관에 대한 도전을 지도자의 도전으로 받아들여 공개처형을 한 사례들도 다수다. 당 일군과 사회안전원들은 지도자의 정치적 권력을 위임받아 일하는 사람으로, 그들에 대한 도전을 지도자에 대한 모욕과 권위에 도전하는 것으로 해석하여 공개처형한 것이다.

> "당 간부를 구타한 후 3일 만에 당시 함흥시 사회안전부에 체포되었는데, 군당에서 인민참심원 2명을 임명하여 재판에서 죄목에 대하여 의견을 개진하도록 하였다. 재판 시 임명된 인민참심원들이 "사회적으로 놓고 볼 때 김일성을 보필하는 간부를 때렸다는 것은 위험하다"라는 발언을 하였고, 판사나 검사는 이러한 인민참심원의 견해를 기반으로 하여 재판을 진행하였다는 것이다."[145]
> "1996년에 유OO는 사회안전원과 폭력 시비로 공개처형을 당했는데 사회질서 유지 차원에서 본보기를 보였다."[146]

2000년대부터 식량난으로 인해 국경을 이탈하여 장사하거나, 탈북하는 행위가 증가하였다. 생계유지를 위한 밀수와 밀매가 성행함에 따라 외부문물과 문화에 대한 유입도 확대되었다. 중국 물건뿐 아니라 한국 영상물, 서적 등이 자연스럽게 유입되어 확산되었다. 2004년경부터 남한 영상물 시청 및 반포와 중국 휴대전화 사용에 대한 비사회주의적 행위에 대한 공개처형 증언이 수집된다.

> "친구 아버지의 집에서 남조선 삐라와 총이 발견되어 반혁명죄로 공개 총살되었다."[147]
> "2005년 1월 32세 가량의 남성이 한국방송을 듣고 한국 노래를 불렀다는 죄목으로 청진시 라남구역 라남시장 앞 마당에서 공개처형당했다."[148]
> "2007년 11월 회령시 축구 구락부 성원이 한국 영화, 비디오 특히 반공영화를 유포한 죄로 공개처형되었다."[149]

---

145 2001-05-16 인터뷰 재인용, 『북한인권백서 2009』, p. 121.
146 2003-10-20 인터뷰 재인용, 『북한인권백서 2004』, p. 78.
147 2002-07-06 인터뷰 재인용, 『북한인권백서 2007』, p. 34.
148 2007-02-28 인터뷰 재인용, 『북한인권백서 2007』, p. 34.
149 2007-03-10 인터뷰 재인용, 『북한인권백서 2007』, p. 34.

북한 주민들이 북한을 자의적으로 떠나는 일은 사회주의 대가정의 선전에 도움이 되지 않는다. 이에 북한 정권은 주민들의 탈북행위를 강력히 통제한다. 탈북을 도와주거나 알선한 사람들을 인신매매로 처벌 및 공개처형하고 있다.

> "북한이탈주민 ○○○은 2007년 4월 함경북도 회령시에 거주하던 ○○○이 가족의 도강을 도와줬다는 죄목으로 회령시 장마당에서 총살되는 것을 목격하였다."[150]
> "2009년 양강도 혜산시에 거주하던 남성 2명이 자발적으로 중국으로 가기를 원하는 27명을 도강시켜준 데 대해 인신매매의 죄목으로 2009년 5월 혜산시에서 처형되었다."[151]

그 외 풍기 문란한 행동으로 사회에 문란을 야기하는 사건에 대해서도 공개처형하여, 주민들에게 경각심을 심어주고자 했다.

> "1997년 10월 온성에서 고등중학교를 졸업한 남녀 4명이 술 먹고 옷벗기 내기를 한 것이 발각되어 처형당하였다고 한다."[152]

북한은 2009년 11월 말 화폐개혁을 실시하였으나 경제난이 심화되면서 실패하였다. 기존에 사용하던 북한 화폐 가치의 하락은 많은 주민의 비난과 원망으로 이어졌다. 김정일 정권은 화폐개혁에 대한 불만을 공개처형으로 강력하게 통제하고자 했다.

> "2010년 7월 함경북도 청진시 수남구역에서 구 북한 화폐가 무용지물이 되었다며 화폐를 강에 뿌렸다는 죄명으로 남자 한 명이 처형되었다는 소문을 들었다."[153]

위 공개처형 사례는 지속되는 경제난에 이어 실패한 화폐개혁에 대해 심화되는 북한 주민들의 불만을 반영한다. 국가에 대한 불만과 불신은 주민들을 주변에서 감

---

150 2010-06-08 인터뷰 재인용, 『북한인권백서 2011』, p. 67.
151 2012-03-23 인터뷰 재인용, 『북한인권백서 2014』, p. 221.
152 2002-06-29 인터뷰 재인용, 『북한인권백서 2004』, p. 109.
153 2011-10-04 인터뷰 재인용, 『북한인권백서 2012』, p. 76.

시하는 안전원과 보위성원 살해와 같이 극단적인 형태로 나타나기도 했다.[154]

1990년대 이후 식량난이 지속되면서 다양한 일탈행위가 발생하기 시작하였다. 이에 2007년 9월경 김정일은 주민들의 일탈행위에 대한 주민통제를 강화할 것을 지적하였고, "사회 무질서가 많이 조성되었기 때문에 총소리를 울려야겠다."라는 특수 기밀문서가 내려와 함경도 집중 지도검열이 있었다.[155] 같은 시기 '반사회주의 사상 문화적 침투를 막기 위한 소탕'에 관한 포고문이 내려왔다.[156] 김정일 집권시기에 발생한 식량난과 국경 일부 개방은 주민들의 일탈행위 증가로 이어졌고, 이는 공개처형과 포고문 등을 통한 주민통제가 강화되는 원인이 되었다.

154 함북 회령시에서 2010년 여름경 발생한 공개처형 사건으로, 해당 공개처형에 대해 다수의 증언이 존재한다. 공개처형된 두 명의 남자 형제가 적발당한 불법행위가 불법 휴대전화 사용인지, 마약인지, 남한 녹화물 시청인지는 증언이 엇갈리고, 두 남자가 살해한 감시원이 보안원이라는 증언과 보위부 지도원이라는 증언이 나왔다. 2011-04-26 외 다수 인터뷰 재인용, 『북한인권백서 2013』, p. 79.

155 2008-09-04 인터뷰 재인용, 『북한인권백서 2010』, p. 148.

156 좋은벗들, 『오늘의 북한소식』, 80호 (2008.01.16).

제5장

김정은 시대 사회안전성의 주민통제

제1절

북한인권백서와 주민통제 분석

1. 기본적 생활통제

1) 성분제도를 통한 주민통제

김일성은 사람마다 혁명화 정도가 다르다고 보았고, 혁명화 정도에 따라 차등한 조처를 해야 한다고 강조하여 '성분제도'를 구축하였다. 선대정권들에 이어 김정은 시대에서도 성분제도에 따라 혁명의 정도가 높지 않은 주민들은 정치·사회적 영향력을 갖기 위한 출발점부터 차단되는 조치가 취해진다. 시·군 사회안전부의 공민등록과는 주민실정을 파악하기 위해 '주민대장'을 작성 및 수정하면서 관리한다. 또한, 성분 확인을 요구하는 기관에 해당 주민의 성분을 제공한다. 주민들은 직장 이동, 거주 이전, 결혼, 이혼 등의 사유가 발생하면 분주소에 공식적으로 수정을 요청한다. 그러나 주민들은 자신의 주민대장을 직접 확인하거나 수정할 수 없다. 간혹 토대로 인한 차별을 경험한 주민이 자신의 주민대장을 수정하기 위해 안전원에게 뇌물을 주는 경우가 있으나, 사회안전성에서는 연 1회 주민대장 실사라는 검열이 시행되기 때문에 주민대장의 내용 등을 바꾸기는 쉽지 않다.[1]

> "주민들은 자신의 문서가 대장으로 만들어져 있다는 사실을 알고 있지만, 열람하는 것은 가능하지 않습니다. 대부분 주민은 주민대장에 어떤 내용이 기재되어 있는지 모르지만, 토대에 의해 자신이 불이익을 당했다고 생각하면 궁금해 할 뿐 볼 수 없습니다. 토대에 의해 차별을 받는 사람들이 간혹 자신의 대장을 수정하기 위해 보안원에게 뇌물을 주는 경우도 있습니다."

1 『2023 북한인권보고서』, pp. 222-224.

2012년 성분을 결정하는 가족의 범위를 축소하는 주민등록문건 개혁이 실시되었다. 이전에는 주민들의 성분을 결정할 때 남녀 모두 증조할아버지와 그 형제들까지 범위에 포함되었지만, 개혁 이후에는 남자들은 사촌 형제들까지, 여자들은 남자 형제의 기록까지만 토대 범위로 간주한다는 내용이다.[2] 이는 북한 정권이 성분적 토대를 결정하는 범위를 축소하는 조치였고, 성분제도에 의한 통제를 일부 약화시키는 효과를 발생시켰다.

또한, 고난의 행군 이후 경제적 능력이 중요해지고 뇌물이 만연해진 사회적 분위기는 성분에 대한 차별과 특혜를 완화하는 작용을 하였다. 사회 전반에서 성분적 토대가 절대적으로 중요했던 김일성 시대와는 달리, 김정은 시대에는 경제적 능력의 중요성이 커졌다.[3]

> "토대가 무슨 재산인가? 돈이면 다 된다."
> "영웅도 돈으로 가능할 정도로 토대보다 돈이 우선시된다."
> "고난의 행군때 까지는 토대가 중요했으나 그 이후는 돈이 지배하고 있으며, 토대도 돈으로 무마된다."

북한 사회에서 주민들의 경제력이 중요한 역할을 하지만, 계급적 토대는 여전히 적지 않은 영향을 미친다. 특히 사회정치적 영향력을 행사할 수 있는 당과 권력기관의 간부 등용 시와 보안기관 등 법 일꾼 입직 시에는 계급적 토대가 결정적인 영향을 미친다.[4]

> "검찰서, 보안서, 인민위원회, 군당 등은 토대가 중요하고 나머지 직종은 경제력이 중요하다."
> "북한에서 최고인민회의 대의원, 관리위원장, 당 비서들은 성분이 좋은 사람들이다."
> "돈(뇌물)이 중요해지기는 하였지만, 당 간부 등용에서는 토대가 여전히 중요하다."

---

2 『북한인권백서 2016』, p. 187.

3 2011-09-20, 2011-08-09, 2011-04-05 인터뷰 재인용, 『북한인권백서 2012』, pp. 191-193.

4 2019-08-26, 2022-05-18 인터뷰 재인용, 『북한인권백서 2022』, p. 198-200; 2014-03-18 인터뷰 재인용, 『북한인권백서 2015』, p. 148.

김일성종합대학, 인민경제대학, 평양외국어대학 등과 같은 중앙대학과 사범대학 입학 시에는 토대를 엄격하게 보는 편이다. 상대적으로 도급, 시급 단위의 지방 일반대학은 성분에 대한 차별이 약하며, 본인의 능력으로 입학이 가능한 부분이 존재한다.[5]

> "아버지가 재외 귀국자여서 김일성종합대학을 가고 싶었지만 갈 수 없었고, 보위성 계통에 들어갈 수도 없었으며, 당 일꾼은 될 수 없고 행정 일꾼만 가능했다."
> "지방 일반대학의 경우 토대가 좋지 않더라도 본인의 노력으로 진학이 가능하지만 김일성종합대학, 인민경제대학, 평양외국어대학 등과 같은 중앙대학은 본인의 능력과 상관없이 토대가 나쁘면 갈 수 없다."

사회·정치적 영향력을 갖는 당 간부, 안전원, 보위부, 법 일꾼으로의 입직과 정치 분야 진출로 이어질 수 있는 평양 주요 대학 입학은 성분에 따라 진출을 철저하게 제한함으로써 전체적인 사회구조를 통제한다.

성분이 좋은 주민들에게는 혜택과 특권이 주어진다. 예를 들어, 당·정 간부의 자녀는 대학 진학 시 추천을 받기가 용이하며,[6] 성분이 좋은 사람들을 위한 별도의 병원 등 의료시설이 존재한다.[7] 또한, 범죄 형량이 정해질 때도 가족 구성원에 당원이 많고 성분이 좋으면 죄를 뉘우치고 갱생할 환경이라고 판단하여 형량을 감경해 주는 등 판결에 참작한다.[8]

김정은 집권 시기 성분에 대한 통제의 특징은 다음과 같다. 첫째, 남한과 관련된 행위를 한 자에 대한 통제가 강화되었다. 즉 탈북자와 행방불명된 자,[9] 남한 영상물을 시청 및 배포하여 수용소에 다녀온 자와 그 가족은 적대계층으로 하향 분류되어 감시와 통제의 대상이 된다. 가족의 탈북행위는 남은 가족들의 성분에 지대한 영향

---

5 2019-04-20 인터뷰 재인용, 『북한인권백서 2022』, p. 234; 2015-01-27 인터뷰 재인용, 『북한인권백서 2022』, p. 197.

6 2022-06-10 인터뷰 재인용, 『북한인권백서 2022』, p. 101.

7 2022-05-18 인터뷰 재인용, 『북한인권백서 2022』, p. 201.

8 위의 책, p. 154.

9 행방불명된 자는 거주지와 일터, 고향 등에서 행방이 묘연해진 자로, 탈북을 의심받는 자이다.

을 끼친다.[10]

> "가족이 한국에 간 것이 확인되면 가장 낮은 성분으로 떨어지며, 가족의 한국행 기도로 관리소나 교화소에 가게 되면 성분에 많은 영향을 받는다."
> 탈북자의 가족들은 낮아진 성분에 따라 당 간부 등용, 입당과 대학진학 등 모든 분야에서 제약을 받고, 감시받게 된다.[11]
> "토대가 나빠도 돈으로 입당까지 가능하지만, 가족 중에 행불자가 있으면 입당과 출세가 어렵다."
> "아버지의 교화소 수감과 탈북 때문에 5과에 선발되었으나 보류가 되었다. 대학진학을 하더라도 어차피 좋은 직장을 구할 수 없기 때문에 대학진학을 포기했다."

특히, 간부 등용 시에는 친척이 탈북자이거나 한국 영화 등 유포로 교화소를 다녀온 이력이 있는 경우 배제 대상이 된다.[12]

> "간부는 성분이 굉장히 작용을 많이 하는데 자신의 친척 중 한 명이 한국 영화 유포죄로 교화소에 갔기 때문에 직계가 아니라도 간부 등용이 되지 않았다."

둘째, 중국과 연고 있는 사람에 대한 입당과 승진, 간부 등용에 대한 통제가 강화되고 있다. 화교 및 중국과 연고 있는 사람들은 경제적인 형편이 일반 주민들보다 나은 경향이 있어, 일상생활에서는 특별한 제한이 없다. 그러나 정치적인 영향력을 갖게 되는 입당과 간부 등용에서는 화교의 진입을 차단하여 통제한다.

> "화교 성분으로 대학에는 갈 수 있고 직장에 들어가는 데는 특별한 차별이 없지만 입당과 승진에 차별이 있고 간부 등용에는 제한이 있다."[13]

---

10 2013-02-05 인터뷰 재인용, 『북한인권백서 2015』, p. 158.

11 2013-04-16, 2013-12-10 인터뷰 재인용, 『북한인권백서 2014』, pp. 244-245.

12 2022-05-25 인터뷰 재인용, 『북한인권백서 2022』, p. 198.

13 2022-05-18 외 2개의 인터뷰 재인용, 『북한인권백서 2022』, p. 240.

중국과 연고 있는 자는 군입대 시 연선지역에서 군사복무를 하지 못하고, 후방에 배치되기도 한다.[14]

"김정은 집권 시기에는 중국 연고자의 4촌까지가 차별대상이었으나, 김정은 집권 이후는 6촌까지로 차별 범위가 확대되었다. 중국 연고자들은 국경연선에서 군사복무를 하지 못하고 후방에 배치되었다."

화교는 중국과 북한을 오가며 상품을 이동시켜 판매해 부를 축적하였으며, 북한 시장에서의 영향력을 확대하고 있다. 이러한 경제력에도 불구하고, 화교들은 성분적 제약에서 벗어날 수 없다. 북한 정권은 외부로 이동이 가능한 화교들이 한국 등 외국 영상과 물품 등을 북한 내부로 반입하고 있으며, 체제를 위협하는 '부르주아 사상'을 유입시키는 데 주도적 역할을 하고 있다고 간주한다.[15] 김정은 정권하 북한의 외부문물 차단과 통제가 강화됨에 따라 화교에 대한 성분적 통제 및 감시, 제한 역시 강화될 것으로 판단된다.

2) 이동 및 주거 관리사업

북한 주민들은 지역 간 이동을 통제받고, 합당한 사유가 있을 때만 여행증을 발급받아 이동할 수 있다. 1990년 식량난으로 지역 간의 이동량이 증가함에 따라 평양과 같은 특별한 지역을 제외한 지역으로의 여행증 발급은 이전보다 수월해졌다.

여행증을 신청하고자 하는 주민은 자신이 속한 직장의 장에게 여행증 발급 신청서를 제출하고, 기업소 행정책임자와 기업소 담당 안전원과 보위원을 거쳐 2부에서 여행증을 발급해 준다. 직장이 없는 경우 인민반을 통해 여행증을 신청하고, 지역

---

14 2016-09-06 인터뷰 재인용, 『북한인권백서 2022』, p. 197.

15 코로나19 봉쇄 이후, 평안북도 룡천군 화교마을 화교 수십명이 한국 드라마를 전파하고 탈북민 가정에 돈을 건네준 혐의로 조사를 받고 있으며, 특히 한국여행을 했거나 중국에서 자녀를 데리고 오지 않은 화교를 중심으로 조사 및 추궁하고 있다는 북한 현지 소식통의 전언이 확인된다. 조현, "보위부의 화교 탄압, 무엇을 의식한 것인가?," 『Daily NK』 2024년 10월 4일.

안전서 분주소 담당자의 승인을 받아 발급받는다.[16] 여행증 발급 비용은 무료이고 기간은 2~15일 정도 걸리는 것으로 알려졌지만, 발급기관에 뇌물을 주지 않으면 발급 기간이 오래 걸려 주민들은 뇌물을 지불하고 여행증을 신속히 발급받는 경우가 많다.[17]

김정은 시기에는 여행증을 사전에 발급받지 않아도 열차 안전원에게 많은 뇌물을 지급하면 여행이 가능하기도 하다. 사전 여행증 발급을 받지 않은 주민은 지역 분주소에 지불하는 뇌물보다 훨씬 많은 뇌물을 열차안전원에게 지급한 뒤 공민증을 맡기면 지역이동이 가능하다.[18]

> "열차승무원과 보안원 등에게 가서 '증명서를 못 떼었는데 여행할 수 있게 해달라'고 하면 뇌물을 받고 자리까지 앉혀준다."

그러나 평양은 안전원에게 뇌물을 주더라도 여행증 없이 공민증으로만 여행하는 것이 불가능하다. 평양에 들어가기 위해서는 평양시민증 또는 평양에 업무와 군복무, 공부 등으로 파견 시 발급받는 임시거주증을 소지하거나 평양시의 승인번호가 찍힌 여행 증명서를 지참해야 한다.[19] 평양에 행사가 예정되어 있거나 정세가 어지러운 경우에는 평양여행증이 아예 발급되지 않지만, 병원 진료와 같은 경우는 예외적으로 허락되기도 한다.[20] 과거에는 평양에 거주하는 친척 방문과 병원 진료 등 평양에 연고가 있거나 특별한 목적이 있어야 방문했다. 그러나 김정은 정권은 '인민사랑, 후대사랑' 정책을 내세우며, 문수물놀이장과 릉라인민유원지 등을 건설 및 재정비하였고, 여행 목적의 평양 방문이 수월해졌다.[21]

---

16 『북한인권백서 2014』, p. 263.

17 통제구역의 여행증 발급은 7~15일 정도, 비통제 구역의 경우 2~3일 정도 기간이 소요된다. 『북한인권백서 2014』, p. 198.

18 2020-07-06 외 2개의 인터뷰 재인용, 『북한인권백서 2022』, p. 240.

19 201-08-27, 2018-08-27 인터뷰 재인용, 『북한인권백서 2022』, pp. 122-123.

20 2018-04-09. 인터뷰 재인용, 『북한인권백서 2019』, p. 102.

21 김정은 정권은 '인민대중제일주의' 정책 선전을 위해 마식령스키장, 릉라인민유원지, 문수물놀이장을 건설하였다. 릉라인민유원지는 수족관과 워터파크, 놀이동산이 있는 유희공간으로 2012년 준공되었고, 문수물놀이장은 2014년 준공된 북한의 워터파크로, 평양직할시 대동강구역에 위치하고 있다.

> "2018년도에 200위안을 들여 평양가는 여행증명서를 발급받아서 갔는데 막상 가 보니, 신의주나 남포 등 전국 각지에서 온 관광객들이 적지 않았으며, 서로 통성명도 하였다. 물론 돈은 들었지만 한 번 다녀오니 주변에 자랑도 할 수 있고 꼭 다시 가보고 싶다."[22]

일반 주민들과 다르게 평양시민들은 여행증 없이, 평양 주변 지역을 이동한다. 지역이동 중 검문초소에서 평양시민증을 제시하면 통과할 수 있고, 별도의 소지품 검사도 하지 않는다. 북한의 성분제도가 주민들을 혁명화 정도에 따라 분류하여 차등적으로 관리하기 위함이기 때문에, 성분이 좋은 평양 주민들에 대한 지역이동통제는 상대적으로 느슨하게 진행되는 것을 확인할 수 있다. 또한, 조선로동당 간부는 여행증 없이 당 도장이 찍힌 신임장을 발급받아 여행을 할 수 있다.

초기 북한의 이동통제가 전체 주민의 이동과 거주를 감시하고 통제하는 데 초점이 맞춰져 있었다면, 김정은 시대에는 특정 지역에 초점을 두고 더 강하게 통제하는 경향을 띤다. 내륙에서 국경 지역으로 이동할 경우는 국경 지역에서 내륙으로 이동할 때보다 여행증 발급이 더 어렵다.[23] 두만강과 압록강, 비무장 지대 등의 행정구역이 포함된 시, 군을 여행할 때에도 거주지역 도에서 발급하고 평안북도, 자강도, 양강도, 함경북도 인민위원회 2부의 승인번호가 찍힌 여행증명서를 소지해야 한다.[24] 승인번호가 부여된 여행증에는 여러 가지 색의 줄이 있고, 암호번호가 부여되기 때문에 일반여행증과는 확연히 다르다.[25] 또한, 국경 지대 주민들은 군내 이동 시에도 공민증 외에 '외출확인증'이 필요하다. 외출확인증에는 인민반장의 도장과 방문 날짜, 용무, 장소 등이 기재되어 있다.[26] 이는 주민들의 국경탈출에 대한 북한 정권의 감시와 우려를 반영한다. 코로나19 사태 이후 2020년 사회안전성은 국경을 봉쇄하여 이동을 통제하는 조치를 취했다. 사회안전성은 연선지역의 불법행위를 금지하고, 국경 철조망, 국경과 인접한 철길과 도로에 야간통행 금지를 지시하였다. 코로나19 사

22 2022-08-31 인터뷰 재인용, 『북한인권백서 2022』, pp. 122-123.

23 『북한인권보고서 2023』, p. 128.

24 『북한인권백서 2013』, p. 197.

25 『북한인권보고서 2023』, p. 128.

26 『북한인권보고서 2023』, pp. 128-129.

태 이후 국경 인근 지역의 지역이동 통제는 최고수준으로 강화되었다.[27]

일반 주민 등의 이동통제는 상당 부분 완화되는 면모가 발견되지만, 뇌물을 주어도 여행증 발급이 되지 않는 이동통제의 특별대상이 있다. 적대계층 중 일부는 이동이 제한되어, 자체적으로 여행증을 발급받을 수 없다. 예를 들어 귀국자의 경우 여행증 발급이 어렵고, 타인의 부표로 이동할 수 있다.[28] 또한, 교화소 출소 후 여행증 발급이 안 된다는 증언도 수집된다. 이를 통해, 일반적인 여행증 발급은 완화되었지만 여행증 자체의 발급이 제한되는 성분과 대상이 존재하고, 교화소를 다녀온 주민들은 공식적으로는 이동 자체가 불가한 것을 알 수 있다.

> "교화소에 다녀온 후 여행증 발급이 불가하여, 부표를 떼서 지인과 함께 이동한다. 부표는 타인의 여행증명서 상단에 동반하는 사람의 인적사항을 붙이는 것이다."[29]

미성년자들은 공민증이 없어 단독으로 여행증을 발급받을 수 없고, 일반적으로 부모의 여행증명서에 부표로 이동한다. 미성년자는 이동이 필요하면 학교에서 단체로 이동하거나 부모와 동행하도록 조치하고 있으나, 가족 방문과 같이 명확한 목적지가 있는 경우에는 출생증만으로 이동이 가능하다. 여행증을 검사하는 안전원들은 자신들이 소지한 여행증 번호와 여행자 번호를 대조하여 일치 여부를 확인한다.[30] 지역에 따라 통행증에 그어진 줄의 색을 다르게 하고, 줄의 색을 수시로 변경함으로써 위조를 방지한다.[31]

북한 당국은 주기적으로 불법 여행자나 신고하지 않은 숙박을 단속하기 위해 숙박검열을 실시한다. 숙박검열은 김정일 생일(2.16), 김일성 생일(4.15), 정전협정일

---

27 하윤아, "국경에 사회안전성 포고문..."완충지대 들어오면 무조건 사격,"" 『Daily NK』 2020년 9월 4일.

28 북한에서 부표는 타인의 여행증에 동반하여 여행하는 것을 의미한다. 2012-12-18 인터뷰 재인용, 『북한인권백서 2014』, p. 269.

29 2013-08-06 인터뷰 재인용, 『북한인권백서 2015』, p. 184.

30 여행증 번호의 발급은 각 지역 단위로 일정한 숫자 내에서 행해진다. 위의 책, p. 106.

31 자강도 여행증의 경우 빨간 줄, 평양 및 국경연선은 파란 줄, 기타 지역은 줄이 없었음. 2013-04-16 인터뷰 재인용; 국경연선 여행증에는 파란 줄 2줄이 그어져 있고, 보위부 암호번호가 있었음. 2014-05-20 인터뷰 재인용, 『북한인권백서 2016』, p. 102.

(7.27), 정부수립일(9.9), 당 창건일(10.10), 양력설, 음력설 등 특별 경비주간에 집중적으로 실시되며, 이 기간에는 매일 검열이 진행된다.[32]

2000년대 식량난 이후 등장한 '서비차'는 정권에서 공식적으로 운영하는 광역버스나 시외버스가 아니라, 직장 단위 등에 소속된 차량에 운전자를 고용하여 지역이동버스로 운영하는 것이다.[33] 버스와 트럭 등 이동수단의 다양화 및 변화는 지역이동 통제가 어느 정도 완화되고, 지역이동수단의 수요에 따른 공급이 제공되는 현실과 돈벌이를 위해 북한 정부기관과 민간의 연계가 이루어지고 있음을 반영한다.[34]

북한은 주민들의 성분에 따라 거주지역을 차등화하는 조치를 하고 있다. 북한정권은 남한 출신자, 과거 지주, 자본가 계층 등 성분이 좋지 않은 사람들은 한국이나 자본주의에 대한 동경을 갖고 있어 탈출의 위험성이 크다고 보았다. 따라서 성분이 좋지 않은 사람들은 평양시와 남포시, 해변가, 전연지대에서 거주할 수 없고, 수도와 대도시, 외부로 통할 수 있는 지역이 아닌 내륙 산간지방에 살게 된다.

거주 요건이 까다로운 지역은 수도 '평양'이다. 평양에 거주하기 위해서는 성분이 절대적인 요건이 된다. 평양에 살기 위해서는 「평양시관리법」에 따라 거주등록을 해야 하며, 평양 내 주변 지역에서 중심지역으로 이동하여 거주하거나 지방에서 평양시로 거주하려는 주민들은 거주 승인을 받아야 한다.[35] 평양에서 거주하는 주민들은 전체 주민들과 비교했을 때 성분이 좋은 편이지만, 평양 내에서도 성분은 3부류로 나눠진다. 1, 2부류는 평양시 거주에 문제없는 핵심계층이다. 특히 1부류는 중앙당과 내각의 간부, 호위사령부 등 북한의 고위급 간부들이며, 평양시 중구역에 거주하고 있다. 3부류는 북송교포, 남한 출신자, 친인척 중 행불자가 있는 사람들이며, 평양 거주민의 10~20% 정도를 차지한다. 3부류에 속하는 평양주민들은 평양에 행사가 있어도 환영 군중으로 참석하지 못한다.

이전에는 함경북도와 양강도, 자강도 등 위쪽 지역에서 평안도 등 내륙지방으로 이사하는 것이 힘들었지만, 현재는 내륙지방에서 국경 지역으로 이사하는 것이 매우

32 『북한인권백서 2013』, p. 204.

33 2012-09-25 인터뷰 재인용, 『북한인권백서 2013』, p. 203.

34 『북한인권백서 2013』, p. 204.

35 「평양시관리법」(2014) 제30조(거주등록)과 제31조(거주승인) 참고.

어렵다. 그 이유는 연선지역을 통한 불법 월경(越境)행위 성행과 탈북시도가 발생하기 때문이다. 김정은 정권은 통치가 시작되는 2012년을 기점으로 국경 지역 철조망을 재정비하였고, 2015년경 양강도 혜산시의 감시카메라를 설치하는 등 주민들의 국경 이탈에 엄중한 경계를 하고 있다.

지역이동에 가장 큰 제약을 받는 직업군은 '농장원'이다. 한번 농부의 집안에서 태어나면 죽을 때까지 농촌에서 지내고, 그의 자식과 그 자식의 자식까지 계속 농부로 살게 한다. 2019년에도 '410방침'과 같은 내용의 "농촌에 연고가 있는 사람을 다시 농촌으로 돌려보내라"라는 지시가 하달되었다.[36] 김정은 정권에서도 농장원 회귀 정책 '410방침'이 지속되고 있다.

마지막으로, 주민들을 감시하는 법 일꾼들인 보위부, 안전원(보안원), 검찰 등에 대한 감시가 강화되었고, 주민들 간의 상호 감시를 법적으로 독려하는 특징이 발견된다. 주민통제기관 담당자들의 친인척 중 탈북자 여부를 조사하여 처벌, 해임, 철직 등 조치가 있었고, 주민들의 감시를 돕는 인민반장, 위생반장, 여맹위원장도 감시의 대상에 포함시켰다. 2019년 4월 28일 채택된 「군중신고법」은 범죄 및 위법행위에 대해 제때 사회안전성 등 법 기관에 신고하는 것을 공민의 법적인 의무이며, '신고'를 적법한 행위로 규정하여 주민들 간의 상호 감시를 통한 신고를 적법화하며 독려하였다.

북한에서는 직장에 다니지 않는 '무직'과 '무단결근'을 비사회주의 현상으로 규정하고 적발한다. 사회주의 국가에서 노동력은 경제성장에서 가장 중요한 수단이다. 국가와 당 정책에 의한 경제정책의 추진을 위해서는 모든 노동력을 최대한 많이 공공 분야로 흡수시켜야 한다. 또한 직장은 주민들의 주거 및 생활을 확인하고 통제하는 단위로도 작용한다. 무직과 무단결근에 대한 단속과 통제는 이전부터 진행되었고, 김정은 시대에도 무단결근에 대한 단속은 계속되고 있다.

> "2016년 11월 무단결근을 이유로 보안서 사람들과 정치위원이 노동교양처벌 6개월을 결정하였고, 이에 따라 양강도 혜산시 노동 단련대에 수용되었다. 혜산시 중등학원 건설현장

---

36 농장원의 자녀로 노동자가 된 사람을 농장원이 되도록 하라는 것으로 아버지가 일하는 농장에 강제로 이직되었다는 진술이 있었다. 『북한인권보고서 2023』, p. 231.

에 투입되어 아침 7시부터 9시까지 일하였다."[37]

무직이거나 무단결근 중인 주민들은 단속을 피하기 위해, 서류상의 직장을 구해 소속 비용을 내거나, 의사로부터 "일을 할 수 없다."는 진단서를 받는다. 회사에 소속되어 있지만, 장사 등 다른 일로 생계를 유지하는 주민들은 출근하지 않는 일수만큼 회사에 비용을 지불하여 무단결근 단속을 피한다.[38]

2. 비사회주의적 행위통제

1) 불법 영상물 소지 및 감상 단속

북한에서 모든 인민들은 사회주의 강성대국 건설이라는 목표를 설정하고, 하루하루 목표를 달성하기 위해 투쟁하여야 한다. 그러나 개인적 이기주의와 낡은 사상 잔재, 부르주아 사상·문화적 침투는 비사회주의적 현상을 발생시키고, 사회주의 강국 건설에 기본이 되는 정치·사상적 부분을 약화시킨다. 북한은 외부의 적들이 불순 출판물과 녹화물을 유입시키고, 미신행위를 조장하여 주민들의 사상과 정신적 방해를 한다고 주장한다.[39] 이에 비사회주의적 현상을 없애기 위해 사상교양과 사상투쟁을 강화할 것이 강조된다. 다음은 비사회주의적 현상에 대해 경계하고 투쟁할 것을 독려하는 『조선녀성』의 기사이다.

"제국주의자들이 방송과 출판물, 전자매체, 영화, 문학예술 등 각종 수단과 방법을 써가며 류포시키고 있는 부르주아 사상 문화가 이처럼 침략의 주역이 늘고 있다는 것을 똑바로 알

37 2017-10-23 인터뷰 재인용, 『북한인권백서 2021』, p. 68.

38 1990년 식량난 이후 기업소 등 회사를 나가도 월급을 받지 못하고, 국가로부터 정해진 배급을 받지 못하거나 배급으로는 생계를 유지할 수 없기 때문에, 스스로 장사나 개인 텃밭을 운영하면서 회사에는 따로 무단결근에 대한 대가를 지불하는 것으로 해석된다.

39 『조선녀성』 2019년 3월호, p. 51.

고 이에 혁명적 경각성을 높여야 한다."[40]

북한이 부르주아 사상을 통제하는 이유는 외부문물을 통해 한국을 포함한 외부의 정보가 유입되고, 이는 북한의 지도자와 체제에 대한 정당성의 위협으로 이어질 수 있기 때문이다. 단속의 대상이 되는 비사회주의 행위는 한국과 미국 등 외국의 드라마와 영화 등 영상물을 시청하거나 소지한 경우, 남한 노래를 듣거나 부르거나 소지한 경우, 남한 등 외국 출판물을 소지한 경우, 해당 영상과 음악이 담긴 이동식 저장매체 소지가 발각된 경우이다.

「인민보안법」 제122조는 "인민보안기관은 퇴폐적인 음악, 춤, 그림, 사진, 도서를 복사, 류포하거나 컴퓨터, 인쇄기, 수자식촬영기, 반도체 라지오, 반도체 라지오가 달린 록음기의 등록질서를 어기는 것과 같은 행위를 단속한다."라고 적시한다. 사회안전성은 인민보안기관으로서 퇴폐적인 사상문화류포행위를 적발 및 감시한다.

비사회주의적 행위의 적발과 감시 통제를 강화하기 위해, 주민들 간의 감시와 신고를 독려하고 있다. 2019년 4월 28일 최고인민회의 상임위원회정령19호로 채택된 「군중신고법」은 개인과 기관, 기업소, 단체가 범죄 및 위법행위를 신고하는 것을 법적 의무로 정하였다. 「군중신고법」 제15조(신고할 내용) 제6항에서는 '적대방송을 시청하거나 적지물을 보관, 리용하면서 그 내용을 류포하는 행위', 제9항에서 '불순선전물들을 들여오거나 제작, 복사, 보관, 류포, 시청하는 행위'를 신고 사항으로 포함시켜, 개인이나 단체가 인민보안기관에 직접 불법행위를 신고하도록 독려하고 있다.

김정은 시대에 들어 비사회주의적 행위에 대한 법적 규제가 강화되었다. 말과 행동 및 사상을 통제하기 위해 김정은 정권은 「반동사상문화배격법」(2020년), 「청년교양보장법」(2021년), 「평양문화어보호법」(2023년) 및 「국가비밀보호법」(2023년) 등 4대 악법을 제정했다. 비사회주의적 행위에 대한 처벌 역시 강화되었다. 2018년 이후부터 한국 영상물을 시청하다 단속되면 뇌물로 무마시킬 수 없고, 교화소 5년 이상의 처벌을 받으며 공개재판에 회부되는 등 강력한 처벌을 받는다.

비사회주의적 행위를 처벌하고자 2020년 제정된 「반동사상문화배격법」에서는

40 『조선녀성』 2019년 11월호, p. 51.

비사회주의적 행위를 괴뢰 사상문화 전파, 적대국 사상문화 전파, 이색적 사상문화 전파, 불순 문화 전파 등으로 분류하여 더 강력히 처벌하고 있다. 특히 영화나 영상물, 편집물, 도서를 유입하거나 배포한 행위에 대한 처벌이 가장 강했으며, 노래와 사진, 그림, 도안의 유입과 유포는 영상물과 도서의 시청과 같은 형량으로 처벌하였다. 영상물과 도서, 노래 등 사상문화의 출처에 따라 처벌 형량에 차등을 두었다. 처벌형량이 가장 높은 사상문화의 출처는 한국이었고, 그 다음은 북한이 적대국으로 칭하는 미국과 일본 등 자본주의 국가로부터 유입된 사상문화이고, 그 다음은 사회주의 사상문화가 아니거나 북한식 집단주의 생활양식과 대치되는 사상문화이다. 북한은 모든 출판물을 검열 후 출판하기 때문에 개인이 제작한 모든 영상과 사진, 인쇄물의 소지와 배포는 처벌된다. 특히 성(性)과 미신행위가 관련된 영상물과 도서를 제작 또는 유입하여 유포한 경우는 사회기본질서 유지 차원에서 무기노동 교화형에 처하는 등 처벌강도가 매우 강했다.

표 5-1 「반동사상문화배격법」의 비사회주의적 행위와 처벌 분류

법 조항	행위	처벌 정도
제27조 (괴뢰사상문화전파죄)	한국 영화, 녹화물, 편집물, 도서의 유입·반포	무기노동 교화형
제29조 (성록화물, 색정 및 미신전파죄)	성 녹화물, 색정, 미신 관련 영화, 녹화물, 편집물, 도서, 사진, 그림의 제작 및 유입·유포	무기노동 교화형 ※ 많은 양 유입·유포 또는 많은 사람에게 유포, 집단적 시청, 열람 조장 시 사형
제28조 (적대국 사상문화전파죄)	미국, 일본 등 영화, 녹화물, 편집물, 도서의 유입·반포	10년 이상의 노동 교화형 ※ 많은 양 유입·유포 또는 많은 사람에게 유포, 집단적 시청, 열람 조장 시 무기노동 교화형
제27조 (괴뢰사상문화전파죄)	한국 영화, 녹화물, 편집물, 도서, 노래, 그림 사진의 시청 및 보관	5년 이상 10년 이하의 노동 교화형 ※ 정상이 무거운 경우 10년 이상의 노동 교화형
제27조 (괴뢰사상문화전파죄)	한국 노래, 그림, 사진, 도안의 유입·반포	5년 이상 10년 이하의 노동 교화형 ※ 정상이 무거운 경우 10년 이상의 노동 교화형

第29조 (성록화물, 색정 및 미신전파죄)	성 녹화물, 색정, 미신 관련 영화, 녹화물, 편집물, 도서, 사진, 그림의 시청 및 보관	5년 이상 10년 이하의 노동 교화형 ※ 정상이 무거운 경우 10년 이상의 노동 교화형
第30조 (이색적인 사상문화전파죄)	불법적으로 해외 영화, 녹화물, 편집물, 도서 유입·유포	5년 이상 10년 이하의 노동 교화형 ※ 많은 양 유입·유포 또는 많은 사람에게 유포, 집단적 시청, 열람 조장 시 10년 이상의 노동 교화형
第28조 (적대국 사상문화전파죄)	미국, 일본 등 적대국 영화, 녹화물, 편집물, 도서, 노래, 그림 사진의 시청 및 보관	5년 이하의 노동 교화형 ※ 정상이 무거운 경우 5년 이상, 10년 이하 노동 교화형
第28조 (적대국 사상문화전파죄)	미국, 일본 등 적대국 노래, 그림, 사진, 도안의 유입·반포	5년 이하의 노동 교화형 ※ 정상이 무거운 경우 5년 이상, 10년 이하 노동 교화형
第31조 (불순문화전파죄)	개인이 제작한 녹화물, 편집물, 사진, 인쇄물의 제작 및 유포	3년 이하의 노동 교화형 ※ 정상이 무거운 경우 3년 이상, 5년 이하 노동 교화형
第31조 (불순문화전파죄)	북한 정권이 아닌 개인이 제작한 녹화물, 편집물, 사진, 인쇄물의 시청 및 보관	노동 단련형
第30조 (이색적인 사상문화전파죄)	사회주의 또는 북한식 생활양식과 다른 영화, 녹화물, 편집물, 도서, 노래, 그림 사진의 시청 및 보관 불법적으로 해외 노래, 그림, 사진, 도안, 의상 등 유입·유포	노동 단련형 ※ 정상이 무거운 경우 5년 이하의 노동 교화형
第32조 (괴뢰문화재현죄)	한국식으로 말하거나 글쓰거나 노래하거나 인쇄물 제작	노동 단련형 ※ 정상이 무거운 경우 2년 이하의 노동 교화형

출처: 북한 「반동사상문화배격법」(2020년 채택, 2022년 수정보충) 바탕으로 저자 작성

다음은 북한인권백서에서 조사된 김정은 시대 비사회주의적 행위 단속에 대한 증언 내용이다.

표 5-2 김정은 시대 비사회주의적 행위 단속

발생 시기	내용	출처*
2012	청진시 송평구역 장마당에서 CD을 판매하다가 적발된 사례를 목격함. 구금자는 송평구역 구류장에서 예심을 거쳐 교화 예정이라고 득문함.	2014, p.318. 2013-06-11
2012	2012년 양강도 혜산시에서 '109상무'에 의해 녹화물을 단속당했으나 중국 돈 3,000원을 주고 처벌받지 않음.	2015, p.216. 2013-10-01
2012.1	양강도 혜산시의 경우 녹화물 이유로 한 공개재판이 많음. 단련대 내지 교화형이며 교화의 경우 4~5년형임.	2015, p.216. 2012-04-10
2012.2	중국, 러시아 녹화물은 뇌물 수수로 처벌면제가 가능하나 한국 녹화물 시청 및 유포 시 정치적 범죄로 규정되어 교화형을 받게 됨.	2014, p.320. 2012-12-04
2013	2013년 개천교화소에 수용되어 있었는데, 한국 드라마 시청, 노래청취, 한국 필름 판매 등으로 노동 교화형 9년, 15년형(판매자)을 받은 수형자가 있었음.	2017, p.168. 2014-10-21
2013	2013년 함경북도 온성군에서 보위지도원, 보안원, '109상무', 청년동맹 지도원이 합동으로 단속하였음. 한국방송 혹은 미국영화 시청 시 무조건 노동 교화형이나 단련대 6개월 처벌이었음.	2016, p.159. 2013-05-28
2013	2013년 양강도 삼지연군에서 9월 한국영화, 음악 시청 및 청취 발각 시 사형에 처한다는 포고문이 내려옴. 시범 케이스로 총살당하였음.	2016, p.159. 2014-07-01
2013	2013년 양강도 혜산시에서 한국드라마 시청 시 돈으로 해결, CD만 몰수당하였음. 중국이나 러시아 CD시청은 처벌받지 않았음. 단속이 심하지 않았음.	2016, p.159. 2015-11-17
2013	2013년 4월 양강도 혜산시에서 녹화매체를 보거나 파는 사람을 노동 단련대 또는 노동 교화 보내라는 김정은 방침이 있었음.	2016, p.159. 2013-08-06
2014	2014년 봄 함경북도 회령시에서 녹화물 관련 공개재판 및 노동 교화형을 받는 것을 봄. 처벌받는 사람은 주로 집에 힘이 없는 아이들이었음. 녹화물 유포자는 노동 교화형, 처음 반입한 자는 관리소형을 받았음.	2016, p.159. 2015-02-10
2014	2014년 봄 함경북도 회령시에 거주하는 친구가 한국영화를 시청하다 현장에서 발각되어 3천 위안을 109상무에게 주고 처벌을 면하였음.	2017, p.168. 2015-12-02
2015	2015년 친구가 생일에 한국 노래를 부르다가 이웃의 신고로 체포되어 노동 단련대 6개월을 선고받음.	2018, p.169. 2017-08-28
2015	2015년에 동창 한 명이 유포죄로 적발되어 군대에 가지 못하고, 청년동맹증을 반납하여 사회생활을 하지 못하게 되었으며, 공개재판이 아니라 공개폭로모임에서 판검사가 아닌 보안원이 노동 단련형 6개월을 선고하여 단련대로 보내짐.	2020, p176. 2019-05-07.
2015	2015년 불순녹화물(한국드라마) 시청자가 증가함. 발각될 경우 무조건 노동 교화형이므로 몰래 볼 뿐만 아니라 단속될 경우를 대비하여 대처법(뇌물)을 마련해 놓음.	2016, p.159. 2015-09-08

2016	2016년 5월 함경북도 온성군에서 한국 노래 청취 및 불순 녹화물 시청한 죄로 유기교화형 6년형을 선고 받고, 전거리 교화소에 수감 중인 사람을 목격함.	2018, p.169. 2017-04-10
2016	2016년에 아는 동생이 드라마를 보다 잡혀서 5년형을 받음. 단속되면 무조건 추방임. 대학생들이 유포죄로 주로 많이 걸림.	2022, pp.201-20. 2022-06-10
2016	2016년 고등중학교 졸업한 해에 청소년들 모아놓고 비판무대 하는 것을 목격함. 심각하면 소년교도소에 보냄. 처벌이 심각하긴 해도 돈을 주고 빼내는 경우도 많이 있음.	2022, p.201. 2022-06-23
2016	2016년 한국 노래를 메모리에 담아서 듣다가 노동 단련형 6개월을 선고받고 복역했음.	2021, p.193 2018-05-08
2016	2016년 사촌언니가 친구들과 모여 한국 드라마를 시청하다 걸렸는데 4명 중 2명이 미성년자임에도 불구하고 교화 2년을 갔음.	2019, p.166. 2018-10-01
2016	어릴 때부터 중국 드라마를 많이 보아서 남한 드라마를 보니 별 이질감이 없었고, 남한이 중국보다 잘 산다고 느낌. USB를 피라미드 조직처럼 유통해서 보고 있음. 2016년 간호사학교 재학시절 USB단속을 당함. 양이 많을 경우 뇌물로 무마하기 어렵고 처벌을 받게 됨.	2023, p.190. 2023-08-01
2016.2	한국영화 녹화물 1편을 친구 어머니에게 빌려주었는데, 그 어머니가 고발하였음. 4개월 숨어 지내며 처벌을 면했으나, 그 어머니는 3개월 동안 노동 단련대에 다녀옴.	2017, p.168. 2016-05-03
2017	2017년에 노트북에 홍콩 영화랑 한국 영화가 있던 걸 109상무가 노트북 검열할 때 잡혀서 보안서에 갔음. 취조를 받으면서 맞기도 함. 머리카락을 잡아당기고 책으로 머리를 때림. 미국 영화도 있어서 돈을 아무리 가져다 줘도 누구랑 공범인지 얘기해야 끝남. 미성년이라 처벌이 강하지 않았던것 같음. 결국 복사해 준 사람을 불고 나왔음.	2022, p.202. 2022-06-22
2017	2017년에 한국 영화를 보면 같이 본 친구들을 모두 말해야 하니 혼자 가겠다고 마약 한 병 마시고 죽은 애가 있었음. 교도소에 가는 게 끝이 아니라 가족들 모두 추방당함. 예전에 5년형을 받았다면, 지금은 10년형으로 늘어남. 한국 영화를 보면 교도소를 보내기 때문에 간혹 자살하는 애들도 있음.	2022, p.201. 2022-06-10
2017	2017년에 구류장에 있을 때, 중고로 산 컴퓨터에 이전 사용자가 저장해 둔 미국 영화가 걸려 들어온 사람이 있었음. 2017년 12월에 구류장에 같이 있던 사람의 딸이 한국 드라마인줄 모르고 친구랑 같이 봤는데 친구 중 한 명이 걸리면서 딸도 같이 잡혔음. 그 딸은 구류장에서 심문을 받다가 죽었다고 들음. 한국 영상물 시청으로 받는 형량은 7년형에서 10년형. 무기징역이나 정치범수용소로 보내지는 등 처벌 강도는 더욱 심해지고 있음.	2022, pp.200-201. 2022-06-13
2017	2017년에 학생 8명이 한국 음란물을 보다가 단속되어 추방당함.	2021, p.193. 2019-04-08
2018	2018년 탈북 전에 한국 노래를 듣고 단련형 6개월을 간 애가 있었는데, 부모가 뇌물을 주고 단련형 6개월만 받음. 단속이 심하기 때문에 집 문을 잠그고 사람이 없는 것처럼 창문에 담요를 덮고 문을 두드려도 열어주지 않는 상태에서 시청함.	2022, p.202. 2022-05-25

2018	2018년에 아들이 친구 집에서 한국 음악에 맞춰 춤을 추고 놀다가 같이 있던 친구가 신고해서 109상무에 잡혀감. 15,000위안을 주고 처벌을 면한 게 단련대 6개월이었음.	2022, p.202. 2022-05-19
2018	2018년에 지인이 한국 영화를 보다가 녹화물 가택수색에 단속되었음. 6개월 정도 보위부에 들어가 있었으며, 돈을 많이 고이고 단련대에 가는 것을 면했음. 한국 영화가 단속되면 자칫 교화소에 가게 되므로 대략 2,000달러 정도로 많이 고여야 함.	2023, p.189. 2020-07-06
2018	2018년도에 딸이 친구에게 USB를 빌려줬는데 109상무에게 검열당해 잡혀감. 딸이 잡혀가서 너무 많이 맞아서 화장실 간다고 얘기하고 도망침. 결국 1,800원을 주고 풀려남.	2023, p.189. 2022-06-16
2018.1	이웃이 한국 녹화물을 대량 생산, 판매하여 교화형 3년을 선고받음.	2019, p.162. 2018-07-02
2019	2019년 2월에 방침이 떨어져서 한국 녹화물뿐만 아니라 중국이나 소련의 녹화물도 보지 못하게 단속을 강화함. 109상무가 집집마다 돌아다니며 단속을 했음. 양강도 혜산시에 거주하던 여성이 한국 녹화물을 보다가 이웃의 고자질로 불시에 109상무에 단속을 당해 뇌물로 20,000위안을 건냈는데도 무마되지 않고 붙잡혀 갔다는 소식을 전해 들음.	2020, p.176. 2019-08-26
2019	2019년 탈북하기 전까지 USB로 드라마를 시청함. 예전에는 CD-R을 보는 것을 눈감아 줬는데 그게 좀 없어짐. 단속되면 무조건 보위부 취조를 받음. 취조받아서 전문적으로 유포했다는 것이 밝혀지면 총살감임.	2022, p.202. 2022-05-13
2019	2019년도부터 엄격해졌으며, 한국 영화는 시간당으로 1시간에 교화형 1년임. 한국 영화 7시간 봤다고 교화 7년간 사람이 있음. 단련형이면 뇌물 주면 괜찮음.	2022, p.202. 2022-05-18
2019	2019년에 학교 후배 3명이 한국 녹화물을 보다 단속되어 교화소에 보내지는 공개재판을 봄. 18살을 교화소를 보낸 적은 처음임.	2022, p.202. 2022-06-22
2019	2019년에 남편의 사촌동생이 한국 드라마를 보다가 단속되어 자신의 집으로 도주해 왔음. 드라마를 100회 가까이 보았고, 최근 드라마였음. 증언자도 친척을 보호해 줬다고 해서 단련대에 갈 뻔함. 친척은 심문은 받았지만 뇌물을 10,000위안 정도 고이고 법적 처벌과 퇴학을 면했음. 돈이 없으면 무조건 교화소를 가는데, 시동생이 무마해서 증언자 가족도 처벌을 면함.	2021, p.194. 2020-08-03
2019	2019년 보천에서 109상무 단속을 자주 했음. 웬만하면 교화는 가지 않으며, 유포하지 않고 단순 시청이면 뇌물로 무마할 수 있음. 특별단속에 걸리면 본보기 대상으로 강력한 처벌을 받음. USB로 저장해서 영상물을 보았으며, 중국 녹화물은 최신 것을 남한 것은 좀 시간이 경과한 것을 시청함. 기존에 배웠던 남조선 이미지와 영상물 속 모습이 너무 달라서 처음에는 다른 나라인 줄 알았음. 20대들은 남한의 옷차림을 많이 따라하고 잘 사는 나라라는 인식이 생기게 됨. 본인은 2019년 남한 드라마를 보다가 노동 단련형 7개월을 받음.	2023, p.190. 2022-07-27

2019	남한 녹화물에 대한 단속은 매우 심한 편이고, 보안원, 당일군 등에서 단속을 함. 등교 길목에서 갑자기 컴퓨터, 녹음기, 손전화 등을 단속하는 식임. 본인의 아들이 2019년 길거리 단속에서 남한 노래 200곡을 소지한 것이 적발됨. 일반 학생들과는 달리 고급중이나 대학을 다니는 아이들은 부모가 자식의 미래를 위해 뇌물을 써서라도 처벌을 피하려 할 것이라는 점을 활용해 고액을 요구함.	2023, p.19. 2023-08-02
2019.2	음란물이 적발되면 최대 교화 10년형을 받기도 함.	2022, p.109 2019-05-07
2020	2020년 1월에 친구가 한국 드라마를 보다가 걸려서 3년 교화형을 받음.	2022, p.202. 2022-05-31
2020.2	불법 영상물 단속에 걸려 잡혀 들어가면 심문을 통해 반드시 유포자에 대한 자백을 받아냄.	2022, p.109. 2020-06-15
2020.2	한국 영화를 보는 것이 빙두를 하다 단속된 것보다 더 강한 처벌을 받는데, 교화형·강제 추방을 받거나 정치범수용소에 가게 됨.	2022, p.109. 2020-07-06
2022.2	당시에 몰래 보았던 드라마 내용에 북한에 가서 김일성을 수술하는 내용이 나왔는데 들키는 순간 정치범수용소에 가기 때문에 극도로 조심함.	2022, p.197. 2022-05-13
2023.2	고등학교 때 불순녹화물, 한국 영화를 보고 친구들이 처벌을 받음. 한국 영화의 경우에는 교화형 처벌됨.	2023, p.190. 2023-04-28

출처: 『북한인권백서』 2012년~2023년 인터뷰 재인용 및 참고하여 저자 작성
*북한인권백서 출판년도, 페이지, 재인용한 인터뷰 날짜[41]

정보통신기기의 발달로 영상물 시청과 보관이 편리해짐에 따라, 북한 내에서 남한 등 외국 영상물과 음악감상 및 보관이 증가하고 있다. 1990년대 후반과 2000년대 초에는 CD-R과 녹화된 테이프를 통해 한국영화 등 영상물을 시청하였다면, 이후에는 USB 이동식 저장매체를 사용하고, 최근에는 SD카드에 보관하여 시청 및 공유하고 있다. 영상물 저장기기의 크기가 줄어드니 단속 시 영상 저장매체를 숨기기가 수월해졌지만, 적발 시에는 처벌이 더 강해졌다는 증언이 수집된다.[42]

특히, 김정은 시대에는 다음과 같은 비사회주의적 행위통제에 대한 특징이 나타난다. 첫째, 정보기기 사용이 용이한 청소년과 대학생 등 젊은 세대를 중심으로 외부

41 북한인권백서 증언에서 사건 발생 시기가 인터뷰에 나타난 경우에는 해당년도(예: 2018)를 기입하였다. 사건 발생 시기가 없을 경우 인터뷰 응답자가 탈북한 년도(예: 2018.1)로 기입하였고, 탈북한 연도가 없는 경우 인터뷰한 연도(예: 2018.2)로 표기하였다.

42 2022-06-10 인터뷰 재인용; 2022-05-25 인터뷰 재인용, 『북한인권백서 2022』, p. 197.

정보가 유입되고 배포된다. 중학교 재학 중 친구로부터 한국 드라마와 영화를 공유받아 시청했다는 사례들과 2019년 북중 접경 지역에서 청년들이 중국 스마트폰으로 영상 자료를 다운로드하여 외부정보를 접했다는 사례가 확인된다.[43] 고등학생과 대학생, 20대~30대 초반 청년들이 한국 드라마 등 영상물을 서로 돌려보고, 함께 보는 등 활발하게 시청하고 있다. 북한 당국에서도 휴대폰과 컴퓨터를 보유한 젊은 층들이 영상물을 시청 및 공유하는 것을 인지하고, 청년층의 휴대폰과 소지품 검열의 빈도와 강도를 높이고 있다.[44]

둘째, 청년들의 비사회주의적 행위가 증가함에 따라 사회안전성 등 단속기관은 비사회주의적 행위 단속 시, 불법 영상물의 유포자 색출에 주력하고 있다. 셋째, 청년들의 비사회주의적 영상물 유포와 시청에 대하여 부모의 책임을 강조하는 특징이 발견된다. 2020년 2월 말~3월 초 북한 정권은 학부모들에게 자녀들의 불순녹화물 시청을 단속하도록 조치를 취했다. 학부모들을 대상으로 "집에서 자녀들이 불순녹화물을 시청하지 못하도록 하겠다."라는 각서를 작성하도록 하였다.[45] 2020년에 채택되어 2022년에 수정·보충된 반동사상문화배격법에서도 가정교양의 중요성을 강조하고 있다. 제26조(가정교양과 통제)에서는 "부모는 가정교양과 통제를 강화하여 자녀들이 불순출판선전물을 시청, 류포하는 행위를 하지 않도록 하여야 한다."라고 정하고 있다. 북한의 청년층은 전자기기의 사용에 능통하고 돈으로 무엇이든 해결할 수 있다고 생각하는 경향이 있다. 반면, 부모세대는 북한 정권의 공포적 통제를 직접 목격하거나 득문한 경험이 있으며 사상적 교양이 비교적 잘 되어 있어 문제를 일으키지 않고 살기를 원한다는 점에서 젊은 세대보다 외부 영상물 시청의 유혹을 끊어낼 수 있는 자제력이 높다.

넷째, 비사회주의적 행위에 관한 법이 제정되고 처벌이 강화되고 있다. 2020년 12월 14일 최고인민회의 상임위원회 제14기 제12차 전원회의에서 반사회주의 사상문화의 유입과 유포행위를 막기 위한 「반동사상문화배격법」을 채택하였다. 「반동

---

43 『북한인권보고서 2023』, p. 194.

44 2022-05-25; 2022-06-10; 2022-06-10; 2022-06-10 인터뷰 재인용, 『북한인권백서 2022』, p. 198.

45 『북한인권보고서 2023』, p. 194.

사상문화배격법」은 한국 등 외국 문화, 반동적인 출판, 선전물, 영상물 등 시청, 유입과 유포를 막는 것을 목표로 한다. 비사회주의적 법적 처벌이 「형법」, 「행정처벌법」 등에 존재함에도 불구하고, 직접적으로 비사회주의 행위를 대상으로 하는 특별법을 제정하여 적용한 것이다.

「반동사상문화배격법」은 반동 사상문화가 유입되는 경로를 지적하며, 관련 기관의 엄격한 차단을 요구한다. 반동 사상문화가 유입되는 경로는 다섯 가지로 분류된다. 첫째, 중국 및 러시아와 연결된 국경을 통해 공식 또는 비공식적으로 반입되는 물건을 통한 유입이다. 따라서 세관과 국경 검사 및 경비기관은 북한으로 들어오는 물건과 사람 중 허가가 금지되거나 허가받지 않은 물건과 사람의 출입을 철저히 차단할 것이 요구된다. 둘째, 북한 정권에 의해 허가받지 않은 출판선전물을 통해 유입된다. 출판선전물감독기관과 국경검사기관 등 해당 기관은 퇴폐적이거나 북한식과는 다른 내용이 담긴 출판선전물이 반입되는 것을 엄격히 통제해야 한다. 셋째, 반동 사상문화가 외국인을 접하는 대외사업공간을 통해 유입된다고 본다. 다른 나라 대표단을 북한으로 초청하거나 영접, 면접하는 등 대외 활동이 있을 때 외국인들이 불순 출판선전물 등을 반입할 수 있기 때문에 대외사업기관과 해당 기관은 외국인들이 소지하여 반입하는 출판물 등을 차단할 것이 요구된다. 네 번째는 중국과 한국 등 해외 전파와 인터넷 연결을 통한 반동 사상문화의 유입이다. 국경 지역와 분계선 지역에서는 TV와 라디오, 인터넷 접속이 가능한 전자기기를 통해 해외정보 유입이 가능함에 따라, 중앙정보산업지도기관 등 해당 기관은 TV와 라디오의 주파수 고정과 인터넷 연결 전파를 차단할 것이 요구된다. 다섯 번째는 한국 적지물을 통한 해외 사상문화의 유입이다. 한국은 바람과 바다 등을 통해 해외정보가 담긴 전자기기, 의약품, 생필품, 식량들을 전달하고 있고, 이러한 적지물이 반동사상을 유입시킨다고 보는 것이다. 따라서 북한의 해당 법 기관과 기업소, 단체들은 적지물을 감시하고 즉시 신고 및 처리할 것이 요구된다.

표 5-3 반동사상문화 유입 경로와 차단 조치

반동사상문화배격법 조항	외부사상 유입 경로	외부사상 유입 차단 조치
제9조 (국경을 통한 유입의 차단)	국경	- 세관을 비롯한 국경검사기관과 국경경비부문이 인원과 물품에 대해 엄격히 검사 - 외부사상 유입 공간 철저히 차단
제10조 (출판선전물을 통한 유입의 차단)	출판물	- 출판물 검열기관과 국경검사기관의 북한식이 아닌 출판선전물 내부 유입 감독 통제
제11조 (대외사업공간을 통한 유입의 차단)	외국 대표단 초청, 영접, 면담 등 대외 활동시	- 외국인을 접하는 대외 사업시 외국인이 외부문물을 대외 사업 공간에 가지고 들어오거나 유포하지 못하게 차단
제12조 (전파,인터넷을 통한 유입의 차단)	해외 전파와 인터넷	- 중앙정보산업지도기관 등 해당기관은 TV와 라디오의 주파수가 고정되어 있는지 감시 통제 - 인터넷 접속기능이 있는 휴대전화 등 전자기기 이용 감시통제
제13조 (적지물을 통한 유입의 차단)	적지물 (대북 전달 물품 등)	- 해당 법기관, 기관, 기업소, 단체가 적지물 발견시 신고하는 '군중신고체계' - 발견된 적지물에 대한 즉각적 취급처리

출처: 북한 「반동사상문화배격법」(2020년 채택, 2022년 수정보충) 제2장 제9조~제13조를 바탕으로 저자 작성

2) 비사회주의적 행위와 표현 단속

북한은 외부문물을 접한 주민들의 무의식적 행동과 언어에서 외부사상과 문화 접촉 여부가 반영된다고 본다. 한국 드라마를 시청하는 주민들은 본인도 모르게 한국식 말투를 사용한다는 것이다. 북한 정권은 주민들이 한국 영화나 드라마를 귀에 익고 입으로 오를 정도로 많이 봤기 때문에, 부지불식간에 한국식 말투를 사용한다고 간주한다.[46] 따라서, 북한당국에서 주민들의 행동과 언어에서 비사회주의 행위를 색출할 수 있는 기준을 하달하면, 안전원들은 주민들의 언어와 옷차림 등을 단속하여 한국 드라마 시청 여부를 적발한다.

북한 정권은 휴대폰이 불순 영상물 등을 보관하고 시청할 수 있는 도구이며, 부

46 "북한, 결혼식 이벤트까지 '외부사조' 차단하려 간섭," 『국가안보전략』 2023년 5월호, p. 10.

르주아 사상의 매개체 역할을 한다고 간주한다. 북한의 2017년 휴대전화 가입자 수는 약 370만 명이고, 2020년 기준 약 600만 명 수준으로 추산된다.[47] 전체 인구의 20% 이상이 휴대폰을 사용하고 있으며,[48] 휴대전화 사용량의 증가에 따라 북한 정권의 휴대폰 사용 단속과 검열이 강화되고 있다. 2020년 12월 4일 최고인민회의 상임위원회에서는 이동통신봉사와 이용 제도와 질서를 엄격히 하기 위해 정령 제478호로「이동통신법」을 채택하였다. 곧이어, 2023년 3월 2일 이동통신법 내용을 추가 및 확대 수정하였다.「이동통신법」 제35조(이동통신말단기 리용에 지켜야 할 요구)는 휴대폰을 이용하여 불법 영상물, 음악, 게임 등을 시청하거나 이용하지 말 것과 문자 메시지와 전자우편에서 한국 말투를 사용하지 말 것 등을 정하고 있다. 또한, 휴대폰상에서 한국 말투를 사용한 문자와 이메일을 주고받았을 경우에는 휴대폰을 몰수하며, 형사적 책임을 부과한다고 명시하고 있다.[49]

이에 안전원들은 시간과 장소의 제약 없이 휴대폰을 검열한다. 안전원들은 사람들이 많은 장마당이나 기차, 길에서 휴대폰을 사용하는 사람들에게 휴대폰 제시를 요구한다. 휴대폰 검열 시 착안 사항은 메모리, 문자 메시지 내용, 통화기록 등이다. 주로 휴대폰 내장 메모리에 한국 노래, 드라마, 영화 등이 보관되어 있는지를 검열한다. 문자 메시지에서는 한국어와 외국어, 이모티콘을 사용하는지 확인하며, 휴대폰에 저장된 사진 중 케이크, 장미꽃, 해외 호텔, 영어가 있는 그림과 사진 등을 비사회주의적 표현 사용으로 간주하여 적발한다.[50] 휴대폰을 이용하여 불법 영상물을 시청하거나 한국식 말투를 이용하여 문자를 보내는 행위가 발각되면, 단속원은 휴대폰을 몰수할 수 있다.[51] 다음은 안전원이 휴대폰 속 사진과 오락 등을 검열하였다는 내용

---

47 북한 휴대전화 서비스는 이집트, 태국 합작사 등 3개 통신사가 3G 통신서비스를 제공하고 있다.『북한인권백서 2023』, p. 191. 박영자 외,『김정은 시대 북한 경제사회 8대변화』(서울: 통일연구원, 2018), 149. 재인용.

48 공식적으로 3G서비스를 이용하는 휴대폰 가입자 수가 600만 명이라고 볼 때, 북한 전체 인구 2600만 명의 25%를 차지한다. 공식적으로 북한에서는 휴대폰을 1인당 1대를 가입 및 사용할 수 있어 휴대폰 사용 인구는 20% 이상이며, 25% 정도라고 추산 가능하다. 2020년도 제정된「이동통신법」에 따르면 1인당 1개의 휴대폰 사용이 가능하다. 2022-05-25 인터뷰,『북한인권백서 2023』, p. 192.

49 북한「이동통신법」(2020년 신설, 2023년 개정) 제35조(이동통신말단기 리용에 키져야 할 요구), 제36조(이동통신봉사의 중지), 제42조(몰수), 제44조(형사적 책임)를 참고하였다.

50 『북한인권보고서 2023』, p. 197.

51 북한「이동통신법」(2020년 신설, 2023년 개정) 제42조(몰수)

의 증언이다.

> "보안원이 주로 단속하고, 기차타면 열차내 보안원도 검열한다. 단속하다가 보지 말라는 영화가 들어있거나 이상한 사진, 하지 말라는 오락이 들어있으면 걸린다. 교화소에도 갈 수 있고 노동 단련대도 갈 수 있다. 보안원들이 검열하고 구류장에 집어넣는다."[52]

북한 젊은층 중 일부는 휴대폰의 착신음 설정을 한국 노래로 지정해 놓는 경우가 있으며, 휴대폰 벨소리 역시 단속의 대상이 된다.

> "합법 휴대폰을 소지했으나, 내장 데이터에 한국 노래가 있는지 여부를 단속하였다. 북한 젊은이들의 경우 휴대폰 착신음(벨소리)을 한국노래로 많이 해놓고 있다."[53]

휴대폰 문자 메시지 검열 시 착안 사항은 문자 메시지에서 사용한 말투, 내용, 이모티콘 등이다. 메시지를 통해 주고받은 이야기와 사용한 유머 등이 불순한지, 대화 중 "~요.", "오빠", "자기야", "남친, 여친" 등 한국식 말투와 호칭을 사용하는지와 외국어(외래어)를 사용하는지를 검열한다. 또한, 북한에도 통용되는 단어가 존재함에도 불구하고 한국 단어를 사용하는 것도 단속의 대상이다.[54] 예를 들어, 북한식 단어명은 '손전화'인데 한국식 명칭인 '휴대폰'을 사용하거나, 북한식 명칭은 '통보문'인데 한국식 단어 '문자'를 사용하거나, 북한에서 사용하는 '유희'가 있는데 한국식 표현 '게임'을 사용하는 것이다.

---

52 2022-06-10 인터뷰 재인용, 『북한인권백서 2022』 p. 206.

53 2013-09-03 인터뷰 재인용, 『북한인권백서 2014』 p. 316;『북한인권백서 2020』 p. 182.

54 정태주, "김책공대 박사원생 대상 태양절 특별강연서 '괴뢰말' 근절 강조", 『Daily NK』 2023년 4월 11일.

표 5-4 남한식 단어 사용 통제

순번	북한식 단어	한국식 표현
1	손전화	휴대폰
2	통보문	문자
3	비데오	동영상
4	유희	게임

출처: 『북한인권백서』 2012~2022년 참고

다음은 일상생활에서 안전원으로부터 휴대폰 문자 단속에 대한 내용 증언이다.

> "2016년에 길에서 통화 중 보안원에게 메시지로 주고받은 유머 이야기가 불순하고 부르주아 사상이라 단속 당한 후에 문자메시지를 받으면 바로바로 삭제한다."[55]

학교나 기업소에서도 단체 휴대폰 검열을 진행하여 비사회적 행위를 규제한다. 직장이나 학교에서 휴대폰 소지자들에게 몇 시부터 몇 시까지 휴대폰을 제출하라고 하여, 해당 휴대폰에 저장된 내용, 문자와 전화 통화 내역 등을 검열한다.

> "2019년 탈북 전에 집체적으로 방침이 내려오거나 할때 직장에서 휴대폰 소유자 명단으로 단속하였다. 몇시부터 몇시 사이에 오라고 하면 (휴대폰을) 가져가기 전에 불필요한 거 다 지웠다."[56]

2020년 6월 19일 김정은은 '괴뢰들의 말투를 본 따거나 흉내 내는 쓰레기들을 철저히 소탕해버리기 위한 대책과 관련한 제의서'에 관한 비준방침을 내렸다. 김정은은 2020년 5월 13일 청년들이 일상생활에서 괴뢰(한국) 말투를 본뜨거나 흉내내는 현상의 심각성을 지적하였다. 해당 제의서를 통해, 북한 사회에 이미 한국말과 표현을 사용하는 현상이 상당히 만연한 것을 확인할 수 있다. 해당 단속을 '우리의 언어

55 2019-08-26 인터뷰 재인용, 『북한인권백서 2020』, p. 182.
56 2022-05-13 인터뷰 재인용, 『북한인권백서 2022』, p. 206.

생활 영역에 들어온 괴뢰말 찌꺼기들을 몽땅 불살라버리기 위한 저격전, 추격전, 수색전, 소탕전'으로 칭하고 있으며, 단속과 통제를 '전 당적, 전 국가적, 전 동맹적으로 강도 높게 벌일 것'이 제시되었다. 주로 청년들 사이에서 휴대폰 통화하거나 문자를 주고받을 때 남한 말투를 사용하는 현상이 나타나고 있어, 이에 대한 집중적인 단속을 할 것이 제시된다.[57]

2023년 초에는 최고인민회의에서 비사회주의적 언어 사용을 통제하고자 「평양문화어보호법」을 제정하였다. 「평양문화어보호법」에 따르면, 북한은 한국식 말투가 유입되는 공간과 요소를 7가지로 규정한다. 첫째, 국경을 통과하는 인원과 물품, 화물, 운송수단을 통해 한국 책과 물건 등이 반입되는 것이다. 둘째, 한국에서 보내는 전단지와 USB, SD카드, 기타 물품 등 적지물을 통해 한국 말투가 유입되는 것이다. 셋째, 바다와 강, 하천을 통해 한국 물건과 쓰레기가 발견되고, 한국식 말투가 유입되는 것이다. 넷째, 북한 내부에 체류 중이거나 거주하고 있는 외국인과 해외 동포로부터 한국 책자와 물건 등을 넘겨받음으로써 유입된다. 다섯째, 해외 출장과 여행을 다녀오는 주민들이 한국 책과 물건 등을 불법적으로 유입하는 것이다. 여섯째, 국경과 휴전선 일대 지역에서 주민들이 라디오와 TV, 휴대폰을 사용하여 해외전파를 연결하여 해외 방송을 시청하거나 청취함으로써 한국말을 유입시키는 것이다. 일곱 번째, 북한 내 인터넷 사용 허가를 받은 사람들이 한국말로 표기된 출판물이나 프로그램을 다운로드하거나 복사함으로써 한국말투가 유입되는 것이다.[58]

한국식 표현과 말투는 대외사업 및 경제활동, 해외출장 및 여행, 전자 및 전파 설비, 인터넷 이용을 통한 해외 출판물과 방송, 영상, 녹화물 등에 의해 유입된다. 이에 세

---

57 2023년 2월 자유아시아방송은 J.M 선교회로부터 일부를 입수한 '새로 채택된 「평양문화어보호법」의 요구를 잘 알고 철저히 지켜나갈데 대하여'라는 문건을 일부 공개하였다. 이 문건은 북한 주민들을 대상으로 교육 및 강연을 진행하는 간부급 인원에게 전달되는 것으로, "반동적인 사상문화에 오염된 현상들을 밑뿌리채 들어내기 위한 교양사업과 밀접히 결부하여 자체 실정에 맞게 집중적으로 진행할 것"이라는 교육 지침 내용도 담겨 있었다고 한다. 목용재, "평양어보호법, '괴뢰말' 인쇄물 등 제작·유포시 '사형'," 『RFA 자유아시아방송』, 2023년 2월 28일자.

58 「평양문화어보호법」(2023) 제8조(국경에서의 검사, 경비근무 강화), 제9조(적지물에 대한 공중감시 및 수색 강화), 제10조(강하천, 바다에 대한 감시 및 오물처리), 제11조(대외사업, 대외경제 활동에서 지켜야 할 요구), 제12조(해외출장, 사사 려행자에 대한 장악통제), 제13조(출판선전물에 대한 통제강화), 제14조(전자, 전파설비에 대한 감독통제 강화), 제15조(인터네트 리용자에 대한 감독통제 강화) 등을 통해 분류하였다.

관 등 국경검사기관과 국경경비기관은 검사와 검열을 통해 국경 경계를 강화하고, 남한으로부터 온 적지물과 물건들은 즉각 취급 처리할 것이 요구된다. 또한, 외국인이나 해외동포, 해외 출장이나 여행을 통한 출입자들이 한국식 책자 물건을 반입하지 못하게 통제하고, 인터넷과 전파 및 전자 설비에 대한 통제를 강화할 것이 요구된다.

「평양문화어보호법」에서는 사회주의제도와 생활 방식을 고수하기 위해 다음과 같은 한국식 언어 사용을 금지한다. 첫째, 한국식 호칭사용을 금지한다. 가족관계가 아닌 이성관계에서 '오빠'라고 부르거나, 직무 뒤에 '-님'을 붙여 부르는 행위를 금지한다. 소년단 시절까지는 오빠라는 호칭을 쓸 수 있으나 청년동맹원이 된 이후에는 '동무'라는 호칭만 사용할 것이 제시된다. 둘째, 한국 단어와 표현 사용을 금지한다. 생파와 친구, 남친, 여친, 사랑해 등의 한국식 단어 사용을 금지한다. 셋째, 한국식 글자체를 사용하여 글을 쓰거나 문서를 만드는 행위가 금지된다. 넷째, 한국식 억양을 사용하는 것이 금지된다.[59] 다섯째, 작명 시 한국식 이름을 짓거나 휴대전화나 컴퓨터에서 한국식 표현을 따라한 가명을 쓰는 행위를 금지한다. 휴대폰 주소록에 이름 정자가 아닌 별명이나 '아빠' 등 호칭으로 저장해 놓는 것을 단속한다.[60] 여섯째, 한국식 글자체와 표현이 표기된 물건과 전자제품, 프로그램을 밀매하거나 사용하는 것을 금지한다. 일곱째, 한국식 글자체와 표현이 표기된 출판물과 인쇄물 유포를 금지한다. 여덟째, 각종 문건에서 한국식 말투 사용을 금지한다. 아홉째, 물건 판매 시 한국식 표현이나 글자체로 표기된 가격표, 메뉴판, 안내문, 광고를 게시하거나 물건을 진열하는 것을 금지하고 있다.

표 5-5 「평양문화어보호법」의 한국식 표현 금지 내용

법 조항	금지 내용
제19조	한국식 호칭 금지
제20조	한국적 단어 사용 금지
제21조	한국식 글자체, 철자 금지

59 북한에서는 한국식 억양을 '비굴하고 간드러지며 역스럽게 말꼬리를 길게 끌어올리는 것'이라고 표현하였다.
60 『북한인권보고서 2024』, p. 60.

제22조	한국식 억양 사용 금지
제23조	한국식 작명, 가명 사용 금지
제24조	한국식 글자와 표현으로 표기된 편집물, 그림 제작 및 유포 금지
제25조	휴대폰과 인터넷상 한국식 표현의 문자 메시지와 전자우편 송·수신 금지
제26조	한국어 또는 한국 글자체가 표기된 물건 또는 한국 글자체 등이 나타나는 전자제품과 프로그램의 밀매 및 사용 금지
제27조	한국식 표현과 글자체로 표기된 출판물과 인쇄물 유포 금지
제28조	문건 작성 시 한국식 말투 사용 금지
제29조	상품 판매 시 한국식 표현 또는 글자체로 가격, 메뉴판, 안내표, 광고 게시 및 진열 금지

출처: 북한 「평양문화어보호법」(2023년 채택) 제19조~29조 참고

「평양문화어보호법」은 5개장, 65개 조문으로 구성돼 있으며, 58조~65조는 처벌조항이다. 「평양문화어보호법」 제58조는 "괴뢰말투로 말하거나 글을 쓰거나 괴뢰말투로 통보문, 전자우편을 주고받거나 괴뢰말 또는 괴뢰서체로 표기된 인쇄물, 록화물, 편집물, 그림, 사진, 족자 같은 것을 만든 자는 6년 이상의 로동교화형에 처한다."라는 내용이다. 한국식 말투를 사용하면 6년 이상의 징역을 받을 수 있고, 한국식 말투 교육과 유포의 경우 최고 사형까지 처벌한다는 내용을 법으로 정했다.[61]

평양문화어보호법은 주민들의 말을 통제하고 있다는 점에서 역대 최악의 법으로 평가된다. 김정은 특유의 문화보수주의 사상, 나아가 본인의 사고방식이나 기준에 맞지 않는 사람은 저항하지 않더라도 제거되어야 한다는 전체주의 통치를 단적으로 보여 주었다. 마치 조지 오웰의 소설 『1984』에 나오는 신어사전처럼 당국이 검열한 문화어만 일상 회화에서 사용하게끔 유도하고 외부문화, 특히 자본주의 문화로부터 유입되었거나 그렇게 여겨지는 말을 사용할 경우 처벌한다. 이뿐만 아니라 평안도나 함경도 등의 지방 사투리도 평양 중심의 통치를 방해하고 지방분권주의의 성행을 우려하여 금지한다.[62]

---

61 강지원, "〈북한내부조사〉 평양문화어보호법에 따른 '말사냥' 시작(1) "한국어, 사투리, 외래 낱말 박멸하라" 최고형은 사형으로 명기," 『아시아프레스』, 2023년 4월 28일.

62 제1조(평양문화어보호법의 사명)

또한, 옷차림과 생활 방식도 비사회주의적 행위 단속 대상이 되었다. 2017년경부터 김정은의 방침으로 "제 나라의 식대로 살아야 하는데, 다른 나라식대로 살면 안 된다."라며 '비사회주의 현상을 없앨 데 대한 방침'이 지속적으로 하달되었고, 언어와 의복 등 생활양식에 대한 단속과 통제가 강화되었다.[63] 패션과 헤어스타일에서 우리식(북한식) 모양을 고수할 것을 당부하고, 소위 '날라리풍' 외모를 단속한다. 예를 들면 나팔바지와 스키니바지 등을 서양식 날라리풍 옷으로 간주하고, 특이한 옷이 단속에 적발되면 가위로 옷을 자르기도 했다는 증언도 수집된다. 머리 스타일의 경우 남성은 염색과 앞머리 길이 제한이 있었고, 여성들은 염색과 파마, 머리 길이 제한 등이 확인된다. 안전원들과 규찰대는 길거리에서 휴대폰으로 통화하거나 노트북을 소지한 주민, 외모를 개성 있게 꾸미거나 비싸 보이는 옷을 입은 주민들의 소지품 검사를 한다.

2021년 4월 세포비서대회에서 김정은은 청년교양문제를 '최중대사'라고 언급하였듯 청년들로부터 비사회주의적 행위가 많이 발견된다. 이에 청년층의 옷차림과 헤어스타일, 언행, 인간관계 등에 대한 통제가 강화되었다.[64] 같은 해 9월 29일 제정된 「청년교양보장법」은 "청년들이 사회주의 도덕과 문화의 참다운 주인으로서 국가가 사회생활 모든 령역에서 반동적인 사상문화의 침습으로부터 청년들을 보호하며, 청년들속에 혁명적이며 건전하고 문명한 생활기풍을 확립하기 위한 투쟁을 힘있게 벌려 나간다."라는 원칙을 내세웠다. 청년들이 하지 말아야 할 사항으로 강력범죄, 마약, 훔치기 등 약취뿐 아니라 종교와 미신행위, 불순 출판선전물을 유입, 제작, 복

조선민주주의인민공화국 평양문화어보호법은 괴뢰 말투를 쓰는 현상을 근원적으로 없애고 비규범적인 언어요소를 배격하며 온 사회에 사회주의적 언어생활 기풍을 확립하여 평양문화어를 보호하고 적극 살려 나가는 데 이바지한다. 제2조(정의) 이 법에서 용어의 정의는 다음과 같다.

1. 평양문화어는 우리의 고유한 민족어를 현시대의 요구에 맞게 발전시킨 가장 순수하고 우수한 언어로서 우리나라 국어인 조선어의 기준이다.
2. 괴뢰말은 어휘, 문법, 억양 등이 서양화, 일본화, 한자화되여 조선어의 근본을 완전히 상실한 잡탕말로서 세상에 없는 너절하고 역스러운 쓰레기말이다.
3. 비규범적인 언어요소는 국가적으로 승인되지 않은 외래어와 일본말 찌꺼기, 리해하기 힘든 한자말을 비롯하여 평양문화어 규범에 맞지 않는 언어요소이다.

63 『북한인권보고서 2023』, p. 196.

64 지정은, "청년교양법, 북 청년층 사상통제 어렵다는 방증," RFA 자유아시아방송』, 2021년 8월 30일.

사, 보관, 유포, 시청하는 행위, 조직 이탈하는 행위, 우리나라 노래를 왜곡하여 부르거나 우리식이 아닌 춤을 추는 행위, 우리식이 아닌 이색적인 말투로 대화하거나 글을 쓰는 행위, 이혼 및 조혼, 사실혼 행위, 우리식이 아닌 이색적인 옷차림과 몸단장, 결혼식을 하면서 사회의 건전한 분위기를 흐려놓는 행위, 사회안정과 질서 확립에 저해를 주는 행위, 그 외 공화국법에 저촉되는 행위가 제시된다.[65]

3) 불법 휴대폰 사용 단속

북한 사회에서 정보는 편집되고 통제된다. 정권의 필요에 따라 선별된 정보를 전달하는 방송매체는 '주민들의 사상 무장의 수단'으로서 역할을 한다. 북한에서 방송은 신속성을 중시하지 않으며, 북한 내부에서 발생한 사건과 사고 등 부정적인 내용은 보도하지 않는다. 북한은 정보가 차단된 사회이며, 정보전달의 목적은 당과 지도자의 위대성을 선전하고, 당이 하달하는 정책적 방향으로 주민들을 선동하기 위함이다.[66]

북한에서 중국산 등 해외 휴대폰을 사용하는 것은 금지된다. 외부정보를 철저히 통제하는 북한 사회에서 불법 휴대폰을 통한 해외통화는 북한 정권에게 도움이 되지 않기 때문이다. 불법 휴대폰을 사용한 외부와의 통화는 외부정보를 유입시키고, 외부정보는 주민들로 하여금 '북한 내부에서 전하는 정보'와 '외부에서 접하는 정보' 간의 괴리를 느끼게 한다. 외부정보의 유입은 북한 사회 내 사상적 논리에 의문과 반문을 갖게 만드는 요인이 되기 때문에, 북한 정권은 외부정보를 유입시키는 해외와 북한 간 통화를 엄격히 금지하여 단속한다. 불법 휴대폰을 사용하는 주민들은 주로 중국에서 중국산 휴대폰을 받거나 구매하여 사용하며, 한국산 휴대폰을 사용하는 주민도 있다. 그러나 외국 휴대폰을 소지해도 중국의 전파가 잡히지 않으면 사용할 수 없다. 따라서 불법 휴대폰 사용에 대한 단속과 통제는 주로 중국의 전파가 잡히는 연선지역에서 이뤄진다. 불법 휴대전화 사용의 주된 이유는 한국 등 외국에 있는 가족과

---

65 박성희, "남북한의 또 다른 비대칭 전력, 말," 『조선일보』, 2023년 3월 24일.

66 남성욱(2002), p. 141.

연락 또는 중국을 통한 밀수를 위해서이다.

『북한인권백서』 증언에서 2013년 기준 양강도 혜산시 전 지역이 중국 전파가 잡힌다는 내용과 양강도 혜산시와 보천군에서 중국 휴대폰을 사용한 적이 있다는 내용이 수집됨에 따라 해당 지역에서 중국전파를 통한 해외 휴대폰 사용이 가능한 것을 예측해 볼 수 있다.[67] 함경북도 회령시의 경우 2014-15년 기준, 한국과의 연락을 하다가 적발되었다는 증언이 수집됨에 따라, 함경북도 회령시도 중국 전파가 잡혀 북한 외부와 통화가 가능한 지역으로 확인된다. 양강도 혜산시는 국경과 인접하여 중국 전파가 잘 잡히고, 밀수를 통한 장사로 생계를 이어가는 사람들이 많아 불법 휴대폰 사용이 비교적 많았던 것으로 확인된다.[68]

북한 당국은 불법 휴대폰 사용에 대한 통제와 감시를 지속해 왔다. 2014년 1-2월경 양강도에 불법 휴대폰 사용을 금지하는 포고문이 내려졌고, 4월경에는 불법 휴대폰 사용 및 소지를 자수하면 처벌을 면한다는 지시가 하달되었다.[69] 같은 해 양강도 혜산시에서는 '탈북행위에 대한 경계심 강화'를 내용으로 하는 주민총회가 실시되었다.[70] 또한, 같은 해 8월경에는 김정은의 지시로 독일제 전파탐지기를 도입하여 휴대전화 사용을 단속하고, 평양 보위부 150명이 양강도 혜산시로 내려와 집중 단속하였다.[71] 불법 휴대폰 단속 방법은 가택수색, 전자파 검열, 신고, 자수 등이 있다. 불시에 진행된 가택수색에서 중국 휴대폰이 적발되기도 한다.

> "영장 없이 불시에 이루어진 가택수색으로 친구엄마에게 받은 중국전화가 발각되어 노동 단련대 1개월에 수감된 경우도 있다"[72]

불법 휴대폰을 사용하면, 전자파 검열에 걸려 전화통화 위치와 장소가 특정되

67 2013-06-25 인터뷰 재인용, 『북한인권백서 2014』, p. 313.

68 한 증언자는 혜산시의 경우 대부분이 중국과의 장사로 생계를 이어가기 때문에 80% 정도가 중국 휴대전화 소지한다고 주장했다. 2013-04-16 인터뷰 재인용, 『북한인권백서 2014』, p. 316.

69 2014-09-02; 2014-10-07 인터뷰 재인용, 『북한인권백서 2015』, p. 215.

70 2015-09-22 인터뷰 재인용, 『북한인권백서 2016』, p. 171.

71 2015-02-10 인터뷰 재인용, 『북한인권백서 2016』, p. 164.

72 2015-04-21 인터뷰 재인용, 『북한인권백서 2017』, p. 43.

고, 내용도 도청당할 수 있다. 따라서 숨거나 집에서 몰래 해외통화를 하더라도 금새 단속된다.[73] 다음과 같이 집에서 불법 휴대폰을 사용하던 중 단속에 적발된 사례도 확인된다.

> "2015년에 집에서 중국 전화로 딸과 통화하다가 단속에 걸려서 구류장에 들어갔다. 단속에 걸린 후로 집에서 통화를 못 하고 높은 산에 올라가서 한다. 도청이 된다 해도 실제로 믿기 힘들었는데 직접 겪어보았다."[74]

불법 휴대폰을 사용하는 주민들은 평상시에는 휴대폰 전원을 끄고 숨겨두었다가 산이나 아파트 꼭대기 등 인적이 드물고 높은 장소에서 짧게 통화하면서 단속을 피한다. 불법 휴대폰 단속을 피하기 위해 통화 대신 중국식 모바일 메신저 위챗(WeChat)을 사용하여 대화하거나 문자 메시지만 주고받은 후 내용을 삭제하기도 한다.[75] 불법 휴대폰 사용을 위해 주변을 살피던 중 주민의 신고로 적발된 사례도 발견된다.

> "2017년 5월 산에 올라가 중국산 전화기로 한국에 있는 아들에게 전화하려고 했지만, 미처 통화하기도 전에 주위를 살피는 것을 수상하게 본 밭갈이 하는 사람들이 신고해서 잡혔다. 이후 2017년 5월 5일 ~ 15일까지 혜산시 시 보위부 구류장에서 조사받고, 시 안전부에 이관되어서 22일간 구류되며 조사받았다. 같이 갔던 손전화 주인도 함께 보위부 구류장에 갔고, 시 안전부에서 노동교양대 3개월 처분을 받아 숙식을 하며 강제노동을 했다. 병이 있어서 1,100위안을 내고 나왔다."[76]

이웃의 신고로 불법 휴대폰 사용이 단속된 증언을 통해, 북한에는 여전히 사상적 교양이 잘 유지되고 있는 주민들이 많이 존재할 수 있다는 점과 주민들을 활용한 감시와 통제 방법이 잘 작동되고 있음을 확인할 수 있다. 다음은 불법 휴대폰 사용이

---

73 2014년 함경북도 청진시의 경우, 불법 통화 1-2분이면 탐지되어 적발된다. 2014-12-02 인터뷰 재인용, 『북한인권백서 2015』, p. 125.

74 2022-05-19 인터뷰 재인용, 『북한인권백서 2022』, p. 206.

75 2022-05-19; 2022-05-26; 2020-06-15; 2020-07-06 인터뷰 내용, 『북한인권백서 2023』, p. 192.

76 2020-07-06 인터뷰 재인용, 『북한인권백서 2021』, p. 197.

많은 양강도 혜산시에 북한 당국이 불법 휴대폰 사용을 자수하라는 지시가 내려오자, 주민들이 실제로 소지했던 불법 휴대폰을 제출하는 등 자수했다는 증언이다.

> "2014년 4월 양강도 혜산시에서 휴대전화 관련 자수하면 처벌을 면한다는 지시가 있었다. 많은 사람들이 자수했다."[77]

불법 휴대전화 사용이 단속되어도, 통화의 행선지 등 목적에 따라 처벌이 다르다. 불법 휴대폰 사용이 적발되면, 가장 먼저 한국 전화번호가 있는지 여부를 확인한다.[78] 한국과의 전화통화를 가장 강력히 처벌하며, 밀수를 통한 생계문제로 중국과 통화했다고 할 경우는 한국과의 통화보다 처벌이 약했다.

> "불법 휴대전화 단속의 경우 통화목적에 따라 처벌이 다른데, 한국 등 해외에 있는 가족찾기가 목적일 경우 교화소행이며, 밀수가 목적일 경우 노동 단련대행이다."[79]
> "2014년 양강도 보천군에서 동료가 밀수를 하기위해 중국 휴대전화를 사용하다 적발되었다. 뇌물을 주고 처벌받지 않고 휴대전화만 몰수되었다."[80]

불법 휴대폰 검열과 사용을 통제하기 위해 안전원과 보위부 등 감시원들은 전파를 탐지하는 기계를 가지고 다니면서 길거리나 기차에서 수시로 휴대전화를 검열한다.[81] 북한 당국은 불법 휴대폰 사용을 차단시키기 위해 중국전파를 방해하는 방법도 사용한다.[82] 중국과 인접한 지역에 방해 전파를 발신하여 통화를 어렵게 하는 것이며, 북한의 방해 전자파가 중국까지 여파를 미쳐 중국 주민들의 불만도 고조되고 있다.[83]

---

77 2014-10-07 인터뷰 재인용, 『북한인권백서 2016』, p. 164.
78 2013-06-11 외 다수의 인터뷰 재인용, 『북한인권백서 2015』, p. 213.
79 2016-05-01 인터뷰 재인용, 『북한인권백서 2020』, p. 182.
80 2014-08-12 인터뷰 재인용, 『북한인권백서 2016』, p. 164.
81 『북한인권백서 2020』, p. 182.
82 2022-05-27 인터뷰 재인용, 『북한인권백서 2022』, p. 206.
83 SBS 뉴미디어부, "북중, '휴대전화 방해전파'갈등…"중, 북에 중단요구"", 『SBS NEWS』, 2015. 11. 02.

표 5-6 불법 휴대폰 사용 및 처벌 사례

해당 년도	불법 휴대폰 사용지역	휴대폰 사용 이유	기타(처벌, 전파방지, 포고문)	출처*
2013	양강도 혜산시	-	양강도 혜산시 전지역 통화가능	2014, p.313. 2013-06-25
2013	평안북도 신의주시	-	전파방해로 휴대폰 사용 불가능	2014, p.315. 2013-09-17
2014	양강도 보천군	밀수	뇌물, 휴대폰 몰수	2016, p.164. 2014-08-12
2014	양강도 혜산시	한국가족과의 연락	뇌물줘서 한달 만에 풀려남	2016, p.164. 2014-08-26
2014	양강도 혜산시	-	1-2월경 휴대전화 금지 포고문 하달	2015, p.215. 2014-09-02
2014	함경북도 청진시	-	전자파 탐지로 통화 1-2분 만에 탐지 가능	2014, p.215. 2014-12-02
2014	함경북도 무산군	한국가족과 연락	뇌물주고 25일 만에 풀려남	2016, p.164. 2015-02-24
2014	함경북도 회령시	브로커가 한국과 연락	뇌물주고 20일 만에 풀려남	2016, p.164. 2015-12-01
2014	양강도 혜산시	-	휴대전화 자수하면 처벌 면한다는 지시하달, 많은 사람들이 자수함	2015, p.215. 2014-10-07
2014	양강도 혜산시	-	2014년 8월 김정은의 지시로 평양 보위부 150명이 내려와 불법 휴대폰 사용 감시	2016, p.164. 2015-02-10
2015	함경북도 회령시	한국과 연락	1심에서 교화 3년행, 뇌물주고 1년 6개월로 감형	2017, p.173. 2014-12-01
2017	양강도 혜산시	한국가족과 연락	시 안전부에서 노동교양대 3개월 처분, 병이 있어 뇌물주고 나옴	2021, p.197. 2020-07-06
2018	-	-	2018년에 중국 전화로 전화하다가 친구 집에서 갑자기 단속을 당했을 때 유심칩부터 씹어서 버림. 전파를 잡아 가택수색을 하는 거라 영장도 없었음	2023, p.192. 2022-05-31
2019	혜산 쪽	-	방해 전자파가 있어서 전화를 잡을 수 없음. 감시원들은 전파를 탐지하는 기계를 가지고 다니면서 길거리나 기차에서 수시로 휴대전화를 검열	2020, p.182. 2018-11-19

출처: 『북한인권백서』 2012-2023년 인터뷰 재인용 및 참고하여 저자 작성

*북한인권백서 출판년도, 페이지, 재인용한 인터뷰 날짜

4) 미신행위 단속

북한은 공식적으로 종교의 자유가 허용된다고 주장하고 있으나 수령 독재체제 특성상 수령의 위대성을 다른 신이 대체할 수 없으며 그 위상도 나눌 수 없기 때문에 북한 사회 내 종교에 대한 자유는 허락되지 않는다. 종교에 대한 감시 및 탄압은 김일성의 유일 체제가 확립되면서부터 시작되었다. 김일성은 1962년 인민보안부(現 사회안전성)에서 행한 연설 중 "우리는 그러한 종교인들을 함께 데리고 공산주의 사회로 갈 수가 없습니다. 그래서 우리는 기독교, 천주교에서 집사 이상의 간부들을 모두 재판해서 처단해 버렸고 그 밖의 일부 종교인들 중에서도 악질들은 모두 재판하였습니다. 그리고 일반 종교인들은 본인이 개심하면 일을 시키고 개심하지 않으면 수용소에 가두었습니다."라고 하며, 북한 사회에서 종교인들이 공존할 수 없음을 밝힌 바 있다.[84]

김정은 정권에서는 미신행위가 사회적 동요를 일으키거나 미신행위가 범죄와 연관되는 경우와 점을 보는 목적이 한국과 관련된 경우에는 강하게 처벌하고 있다.

> "점을 보는 목적이 도강날짜 및 성공 여부 등 한국과 관련된 경우, 미신 본 사람과 봐준 사람 모두 처벌을 받으나, 한국과 무관할 경우에는 미신 봐준 사람만 처벌한다."[85]

「형법」 제291조(미신행위죄)에서는 "미신행위를 한 자는 로동단련형에 처한다. 상습적으로 미신행위를 하였거나 미신행위로 엄중한 결과를 일으킨 경우에는 5년 이하의 로동교화형에 처한다. 정상이 무거운 경우 5년 이상 10년 이하의 로동교화형에 처한다."라고 규정한다.[86] 2015년 이전에는 미신 행위를 한 자는 1년 이하의 노동단련형을 처한다고 했지만, 개정된 「형법」에서는 1년 이하를 규정하지 하지 않고, 노동 단련형을 처한다고 정했다. 또한 2015년 개정 이전의 「형법」에서는 '여러 명에게 미신행위를 하거나 엄중한 결과를 일으킨 경우에는 3년 이하의 노동 교화형'에 처했

84 고태우, 『북한의 종교정책』(서울: 민족문화사, 1989), p. 79. 재인용; 『북한인권백서 2013』, p. 216.
85 2012-09-25 인터뷰 재인용, 『북한인권백서 2014』, p. 301.
86 북한 『형법』(1990년 채택, 2023년 수정보충).

지만, 개정 후「형법」에서는 '상습적으로 미신행위를 하였거나 미신행위로 엄중한 결과를 일으킨 경우에는 5년 이하의 노동 교화형'에 처한다고 정했다. 미신행위자에 대한 처벌을 3년 이하의 노동 교화형에서 5년 이하의 노동 교화형으로 변경하며, 2년의 교화형을 증가시켰다. 또한, 2015년 개정 이전「형법」에서는 미신행위의 최고형은 '3년 이상 7년 이하의 노동 교화형'이었는데, 개정 이후 미신행위의 최고형을 '5년 이상 10년 이하의 노동 교화형'으로 정하면서 미신행위의 형법적 처벌을 강화하였다.

2017년경부터 미신행위가 공개재판에 회부되며, 실제로 미신행위의 처벌을 목격했다는 증언들이 수집되었다. 이전에는 미신행위를 직접 한 자는 처벌했지만, 미신행위를 보러 간 자는 처벌하지 않았다. 그러나 김정은 정권 이후 미신행위를 한 자는 물론 미신을 보러 간 자까지 처벌받은 것이 확인된다.

> "2017년에 미신행위를 하다 적발된 2~3명이 공개재판을 받는 것을 목격하였다. 이들은 각각 교화형 5년과 8년을 받았고, 점을 보러 갔던 사람들은 노동 단련형을 받았다."[87]

2018년에는 "미신행위를 하는 자에 대해서 총살까지 할 수 있다"라는 포고령이 내려왔다.[88]

> "2018년 함경북도 청진시에서 70대 여성이 미신행위를 20명의 제자들에게 전수해 주다 적발돼 총살당했다.", "2018년 방토(귀신 쫓기) 등 미신행위를 해 주던 사람이 무기교화에 처해졌다."[89]
> "2019년 619연합지휘부가 실시한 미신행위 단속에서 50명 가량이 체포되었고, 평양시 호텔 앞에서 공개재판을 진행하였고, 한 점쟁이는 노동 교화형 5년을 받았고, 자체적으로 약을 제조하여 사람들에게 먹인 무당은 형이 가중되어 노동 교화형 7년을 받았다. 죽은 시신이 부활할 수 있다고 하면서 사람들을 현혹한 사이비 집단 교주와 성경을 소지하고 기도 생활을 한 사람은 사형을 받았다."[90]

---

87 2020-07-06 인터뷰 재인용,『북한인권백서 2022』, p. 135.
88 『북한인권보고서 2023』, p. 187.
89 2019-08-26 인터뷰 재인용,『북한인권백서 2022』, p. 185.
90 『북한인권보고서 2023』, p. 187.

"2019년 혜산에서 점쟁이 여러 명이 검거되었고, 그중 여성 2명이 총살되었다."[91]
"2018년 청진 수남구역에 있는 강가에서 미신행위를 한 사람들 7명을 총살했다."[92]

2017년 이후 사회안전성은 미신행위에 대한 포고문을 집중적으로 내려 보내고, 단속하면서 미신행위에 대한 통제를 강화하였다. 특히 미신행위가 사회적 동요를 일으킨 경우에는 공개재판에 회부하고, 공개처형을 시켜 법보다 강력히 처벌함으로써 주민들에게 미신행위에 대한 경각심을 심어주고자 했다.

미신행위에 대한 단속과 처벌은 2023년에도 계속되었다. 사회안전성에서는 2023년 1월 연초 신년운세를 보는 사람들이 많은 시점에서 불시 단속을 진행하였다. 평안북도 신의주시의 경우, 안전원들의 불시단속으로 점을 보던 십여 명의 주민들과 미신행위자 5명이 적발되었고, 각각 노동 단련형과 노동 교화형을 받았다.[93] 이는 미신행위에 대한 처벌과 단속이 이전보다 강해졌음을 보여 주며, 향후에도 계속될 것을 시사한다.

3. 공포적 수단통제

1) 포고문을 통한 주민통제

사회안전성에서는 「형법」에서 규정한 범죄행위뿐 아니라, 그 당시 지도자와 당의 정책을 반영하는 포고문을 하달한다. 포고문은 사람들이 많이 지나다니는 곳에 붙여지고, 포고문의 효력은 게시 즉시 발휘된다. 포고문은 포고문이라는 제목이 가운데 쓰여 있고, 포고문의 주체적 역할을 하는 기관인 '사회안전성'이 하단에 표기된다. 포고문을 통해 하달되는 행위는 법에 따라 위법행위가 아니더라도, 안전원들이 주민들의 행동 등을 통제할 수 있는 기준으로 작용한다.

91 2020-07-06 인터뷰 재인용, 『북한인권백서 2022』, p. 184.
92 2023-04-13 인터뷰 재인용, 『북한인권백서 2023』, p. 172.
93 박세영, "입시철 교문에 찰떡 붙였다가…"미신행위"로 노동교화형 처해질 수도," 『문화일보』 2023년 4월 5일.

선대 정권에 이어, 김정은 시대에도 포고문은 사회통제를 위해 지속적으로 활용되었다.[94] 포고문의 내용은 한국 녹화물의 시청 및 유포 금지부터 미신행위 금지, 마약의 판매나 유통 금지, 외화유통 금지, 약초채취 및 중국 판매 금지까지 다양한 내용이 실린다.

> "보안서에 갔을 때 육각형 원통 모양에 여러 가지 미신행위와 관련한 처벌 내용을 명시하는 포고문을 목격하였다. 내용 중에 "미신행위를 했을 때 최고 교화형 1년부터 5년까지 처한다."는 내용이 있었다."[95]

2013년 1월에는 탈북자와 인신매매, 국경 지역에서의 휴대폰 사용에 관한 포고문이 하달되었다. 포고문이 내려오면 해당 행위에 대한 안전원의 감시와 통제가 강화되고, 적발된 행위는 지역에서 처리하지 않고 도 보위부로 이관되어 처벌된다.[96] 국경 지역에서 국경이탈과 불법 휴대폰 사용이 증가함에 따라 안전원과 보위부 등 물리적 기구들이 합동하여 집중적으로 감시하고 처벌한다.

포고문은 지역적 특색과 문제에 따라, 사회통제가 필요한 특정 지역에만 하달되기도 한다. 2013년 9월 양강도 삼지연군에는 한국영화 시청과 음악 청취 시 발각되면 사형에 처한다는 포고문이 내려왔고, 시범 케이스로 총살이 이루어졌다.[97] 한국영화 시청 및 한국 음악 청취에 대한 포고문이 전국적으로 내려왔는지, 연선지역에 집중적으로 내려왔는지 확인할 수 없지만, 해당 지역에 한국 영상과 음악 감상에 대한 감시와 통제가 강화된 것은 확인할 수 있다.

2014년 1~2월경 양강도 혜산시 등 불법 휴대폰 사용이 가능한 지역에서 휴대폰 사용을 금지한다는 포고문이 하달되었다.[98] 해당 포고문은 양강도 혜산에서 불법 휴대폰 사용이 발생하고 있으며, 이에 대한 사회안전성 안전원들의 집중 감시와 통제가 유지될 것을 시사한다.

---

94 『북한인권백서 2013』, p. 62.

95 2012-05-08 인터뷰 재인용, 『북한인권백서 2013』, p. 232.

96 2014-04-29; 2014-04-15 인터뷰 재인용, 『북한인권백서 2015』, p. 380.

97 2014-07-01 인터뷰 재인용, 『북한인권백서 2015』, p. 218.

98 2014-09-02 인터뷰 재인용, 『북한인권백서 2015』, p. 215.

2018년 3월경 함경북도에서 '반사회주의·비사회주의 행위를 하는 자들을 엄격히 처리함에 대하여'라는 제목의 사회안전성 포고문이 발표되었다. 포고문의 내용은 불법 영상물 시청과 유포, 외부 소식을 퍼뜨리는 '사회주의를 침해하는 행위'와 우리식이 아닌 옷차림과 머리 모양 등에 젖어 사회주의의 우월성을 허무는 '사회주의 영상을 흐리는 행위', 고리대업을 하거나 개인 간 장사를 하는 '사회주의 경제제도를 침해하는 행위'를 금지한다는 내용이다.[99] 포고문을 통한 한국 드라마와 영화 등 불법 영상물 감상에 대한 통제가 지속되고 있다. 『2023년 북한인권보고서』에는 "2018년 경부터 포고문이 내려올 때마다 '괴뢰영화'를 시청하다가 단속되면 엄하게 처벌한다는 내용이 있었다."라는 증언이 확인된다. 또한 외부 정보를 단속하는 안전원의 감시와 통제뿐 아니라, 당과 보위성, 사회안전성, 기술 전문가 등 여러 기관에서 연합체를 구성하여 단속하고 있다. 해당 연합조직은 109상무, 109그루빠, 109연합지휘부, 109소조 등으로 칭하고 있었다.[100]

2020년 8월 25일에는 국경 연선지역의 이동을 통제하고, 출입시 사격, 1-2km의 완충지대를 설정한다는 사회안전성 포고문이 하달되었다. 완충지대 내에 위치했던 가정집들은 압록강 강둑과 붙어 있어 당국의 국경감시가 어려웠다. 코로나19 사태를 명목으로 완충지대의 가정집들을 철거하였고, 당국의 탈북과 밀수행위에 대한 감시와 통제가 수월해졌다.

코로나19 사태 시기 사회안전성은 정권의 위임을 받아 주민의 이동을 통제하고, 국경 지역을 봉쇄하는 데 중요한 역할을 하였다. 사회안전성은 북부 국경 지역을 봉쇄하기 위해 국경 지역에 완충지역을 설정하고, 야간의 통행금지를 설정하면서 이동통제를 강화하였다. 포고문의 지시를 어기고 완충지대나, 국경 지대에 출입한 경우 즉시 사격의 대상이 되고, 주민들은 항시 주위를 살펴야 하며, 국경이탈 등 특이사항 발견 시 즉시 신고할 것이 요구된다.

99 이진수, "北", 정상회담 앞두고 '날라리풍' 척결 포고문," 『아시아경제』 2018년 4월 20일.

100 『2023 북한 인권보고서』, pp. 194-195.

표 5-7 북한 사회안전성 포고문(2010)

포 고
북부국경봉쇄작전에 저해를 주는 행위를 하지 말데 대하여

세계적인 보건위기상황이 급격히 악화되고 대류행성전염병이 공기와 물건을 통하여서도 전파되고있는 오늘의 현실은 북부 국경연선에서 국가비상방역체계를 더욱 엄격히 유지 강화할 것을 절실히 요구하고 있다.

그러나 일부 공민들은 국가의 안전과 인민의 안녕을 지키기 위한 비상방역규률과 질서를 심히 어기고 제 마음대로 북부 국경연선에 드나들거나 린접국에까지 비법 월경하면서 악성비루스전염병을 류입시킬수 있는 공간을 조성하고 있다.

조선민주주의인민공화국 사회안전성은 공화국 정부의 위임에 따라 북부 국경일대의 지역적 특성에 맞게 완충지대를 정하고 이 지대에서 비상방역 규률과 질서를 더욱 엄격히 세워 재앙을 몰아올수 있는 대류행 전염병을 결정적으로 막기 위하여 다음과 같이 포고한다.

1. 국경봉쇄선으로부터 1~2km 계선에 완충지대를 설정할 것이다.
   - 모든 공민들은 설정된 완충지대에 비법 출입하는 행위를 절대로 하지 말 것이다.
   - 기관, 기업소, 단체와 공민들은 완충지대안으로 조직적인 승인없이 인원 출입과 물자들을 수송하는 행위를 하지 말 것이다.
   - 완충지대안에 조직적인 승인을 받고 들어가는 공민들은 공민증을 비롯한 신분을 확인할수 있는 증명문건을 무조건 휴대할 것이다.
2. 국경차단물에 련한(※잇닿은) 도로, 철길들에서는 야간에 인원과 륜전(※차량)기재들의 통행을 금지할 것이다. 야간통행 금지시간은 4월부터 9월까지 20시부터 다음날 5시까지, 10월부터 3월까지는 18시부터 다음날 7시까지 할 것이다.
3. 북부 국경일대에서 설정된 규률과 질서를 어기고 완충지대에 비조직적으로 들어갔거나 도로, 철길에 련한 국경차단물에 접근한 인원과 짐승에 대하여서는 무조건 사격한다. 이외에 압록강, 두만강의 우리측 강안에 침입한 대상과 짐승은 예고없이 사격한다.
4. 모든 기관, 기업소, 단체와 공민들은 대류행 성전염병의 류입을 막기 위하여 북부 국경일대에 설정한 행동질서를 엄격히 지켜 조국의 안전과 인민의 안녕을 사수하도록 할것이다.
   - 모든 기관, 기업소, 단체들은 주민, 종업원들 속에서 국경붕쇄사업과 비상방역사업에 저해를 주는 행위가 나타나지 않도록 교양과 통제를 더욱 강화할 것이다.
   - 모든 공민들은 완충지대를 비법 출입하는것을 비롯하여 인민군대가 수행하는 북부국경 봉쇄작전에 저해를 주는 행위들을 예리하게 살피고 제때에 신고할 것이다.
5. 이 포고는 공화국 령역안의 모든 기관, 기업소, 단체 (무력, 군수, 특수단위 포함)와 공민에게 적용된다.

조선민주주의인민공화국 사회안전성
주체 109(2020)년 8월 25일

출처: 정광성, "8월 24일 북한 사회안전성이 발표한 포고문으로 본 北中관계, 북한과 거래하는 자국 내 기업조사... 北 국경봉쇄하며 맞대응,"『월간조선』 2020년 12월자.

2023년 2월 22일경 북한 사회안전성은 '범죄와의 전쟁'을 선언하는 포고문을 발표하였고, 전국의 주요 거리와 장마당 입구 등에 포고문을 게시하였다. 포고문의 부제는 '사회주의 제도의 안전과 인민의 생명 재산을 침해하는 자들을 엄격히 처벌할 데 대하여'이다. 포고문은 6개 조항으로 구성되고, 범죄 유형은 '당 정책 시비 중상', '간부들과 가족폭행', '반체제 행위', '어린이 유괴', '강도', '강간' 등이다. 또한 '무단 결근자', '사실혼 관련자'들도 법적으로 처리할 것이고, '사적인 모임'을 만들거나 '조직폭력' 등을 만들어 사회의 정치적 안전에 위험을 조성하는 자들을 엄벌에 처한다고 밝혔다. 이는 북한 내부의 혼란스러운 사회를 반영하고 있으며, 포고문을 통해 주민통제를 강화하고자 함을 확인할 수 있다. 특히 행위가 엄중한 경우에는 사형에 처하고 그 가족은 추방 이주시킨다는 조항을 포함하고 있어, 해당 행위에 대한 공포적 통제 효과가 높을 것으로 판단된다.[101] 그 외 미신행위, 녹화물 시청 유포 등에 대한 포고문 게시된 것을 목격했다는 증언이 『북한인권백서』에서 확인된다.[102]

2) 공개처형을 통한 주민통제

2011년 12월 김정일 사망 이후 집권한 김정은은 표면적으로 후대사랑과 인민사랑을 내세우며 민생 챙기기와 경제발전 정책 노선을 진행하고 있다. 그러나 표면적인 감성정치와 달리, 정치적 정당성 확보를 위해 고위관료를 공개처형하는 등 공포정치의 면모를 보이고 있다. 김정은 정권은 집권 다음 해 2013년 12월 고모부 장성택을 처형하고, 그의 먼 친척까지 강제 이주시켰다. 2017년 2월에는 이복형 김정남을 사살하면서, '유일영도 체제'의 기반을 조성하였다. 김정은은 집권 3년 동안 고위간부 68명을 처형하였고,[103] 리영호 인민군 총참모장을 반혁분자로, 현영철 인민무력부장을 반당 종파분자로, 김영진 내각 부총리를 반당, 반혁명분자로 간주하여 정치간부들을 처형하였다.[104] 특히 장성택의 공개처형은 북한 주민들에게 큰 공포감으로 자리 잡았다. 김정은이 자신의 가족도 서슴없이 죽일 수 있다는 사실은 주민들이 지도자에 대한 두려움을 느껴, 지도자와 정권에 대한 비난과 불만의 표출을 억제시

101 김명성, ""척추 꺾겠다" 범죄와의 전쟁 나선 北," 『조선일보』 2023년 3월 9일; 이용수, "富村 개성마저 아사자 속출…"김주애는 신수 훤해" 수군수군," 『조선일보』 2023년 3월 10일.

102 2012-05-08 인터뷰 재인용; 2015-05-19 인터뷰 재인용; 2015년에도 한국 녹화물 시청과 유포에 대해 사형한다는 포고문이 게시되었다. 2015-05-19 인터뷰 재인용, 『북한인권백서 2022』, p. 199.

103 국가정보원이 밝힌 자료에 의하면, 김정은이 처형한 고위관리는 2012년 17명, 2013년 10명, 2014년 41명이다. 김지영(2015), p. 45.

104 김윤영, "북한 3대 사회통제기구의 과거와 현재", 『북한』 2019년 10월(통권 574호), p. 41.

키는 기능을 했을 것이다.

양강도 혜산시와 함경북도 청진시에서 한국 녹화물 시청과 마약 판매에 대한 공개처형이 진행되었다.[105] 평안남도 평성시와 황해남도 벽성군에서 한국 영상물 시청과 마약 판매 등의 행위로 주민들이 총살당했다. 국경 지역뿐 아니라, 황해남도와 평안남도 등 내륙지방에서도 비사회주의적 행위에 대한 공개처형이 진행됨에 따라 비사회주의적 행위가 전국적으로 발생하고 있는 것으로 판단된다.

주요 불법행위를 동시에 저질러 공개총살된 사례들도 확인된다. "마약을 복용하고 한국 성인물을 봤다.", "마약과 한국 CD를 운반했다.", "한국 드라마 유포 및 마약 밀매 죄목" 등이다.

표 5-8 한국 영상물 시청 및 유포 공개처형 사례

발생연도	한국 영상물 시청 및 유포 공개처형 사례	출처*
2013	2013년 양강도 혜산시 제당령에서 한국 성인물을 봤다는 죄목으로 대학생 2명이 총살되었음.	2015, p. 52. 2014-07-29
2013	2013년 1월 함경북도 청진시 수남구역에서 남성 2명이 한국 녹화물 및 빙두를 이유로 총살되었음.	2015, p. 52. 2014-05-20
2013	2013년 10월 함경북도 청진시에서 마약 및 한국 CD 운반책이었던 40~50대 남성이 공개재판을 받은 후 총살되었음.	2018, p. 47. 2016-06-14
2013	2013년 겨울 양강도 혜산시 연봉동 산에서 남성 2명이 한국 녹화물 시청·유포 행위 등을 이유로 총살되었음.	2018, p. 47. 2017-11-20
2014	2014년 양강도 혜산시에서 혜산농림대학 학생 1명과 50대 남성이 불법 녹화물 시청과 음란행위를 이유로 총살되었음.	2017, p. 46. 2016-06-14
2014	2014년 양강도 혜산시 비행장에서 남성 2명이 한국 드라마 시청, 마약 등을 이유로 총살되었음.	2016, p. 54. 2015-02-10
2014	2014년 10월 양강도 혜산시 연봉동 비행장에서 남성 3명이 한국 녹화물 유포 행위로 총살되었음.	2020, p. 47. 2018-10-01

105 양강도와 함경북도에서의 증언이 많이 수집된 이유는 국경 지역을 통해 한국 녹화물 시청과 마약 등이 유입되기 때문이기도 하지만, 인터뷰 대상자인 북한 이탈 주민의 대다수가 국경 지역 출신이기 때문이라는 점도 배제할 수 없다.

2014	2014년 함경북도 청진시 광장에서 한국 드라마 유포 및 마약 밀매 죄목으로 1명이 총살되었음.	2021, p. 47. 2019-10-05
2014	2014년 양강도 혜산시 연봉동에서 남성 2명이 각각 한국 영화 유포와 성매매 장소 제공의 이유로 총살되었음.	2020, p. 47. 2019-11-09
2015	2015년 양강도 혜산시에서 적어도 10명 내외의 사람들이 불법녹화물 시청과 음란행위를 이유로 총살되었음.	2017, p. 46. 2016-07-26
2015	2015년 7월 양강도 혜산시에서 당 간부가 한국 녹화물 유통 등의 혐의로 공개재판 후 총살된 사건을 사촌으로부터 들었음.	2017, p. 46. 2016-09-20
2015	2015년 3월 평안남도 평성시에서 30~40대 남성 5명이 한국 녹화물 시청과 마약 거래 혐의로 공개재판을 받은 후 총살되었음.	2022, p. 53. 2019-07-29
2017	2017년 양강도 혜산시 연봉동 비행장에서 남성 1명이 한국 녹화물 유포행위로 총살되었음.	2021, p. 47. 2018-10-13
2017	2017년 2월 황해남도 벽성군에서 20여 명이 한국 녹화물 시청·유포행위와 마약 거래를 이유로 총살되었음.	2022, p 53. 2017-08-28

출처: 『북한인권백서』 2012~2022년 인터뷰 재인용 및 참고

*북한인권백서 출판년도, 페이지, 재인용한 인터뷰 날짜

2020년 10월 중순경 함북 청진시에 사는 중앙당 39호실 산하 수산기지 소속 최모(40) 선장이 자유아시아방송(RFA)을 듣다 북한 당국에 걸려 총살되었고, 제3군단 지휘부 후방부장인 김모(50대 초반)씨가 한국 드라마와 예능 프로그램을 시청 및 보관했다는 이유로 공개 총살당했고, 김 씨의 아내와 두 아들은 정치범수용소로 호송되었으며, 모든 재산은 몰수되었다.[106] 많은 범죄 중에서 한국 영상물 시청에 대한 처벌이 가장 강력하며, 그 가족들 역시 재산이 몰수되고, 감시와 통제의 대상이 된다.

2019년에는 COVID-19 사태가 발생함에 따라, 공개처형을 통해 방역조치를 준수시키고, 위반 주민들을 통제하였다. 2021년 10월 수정 보충된 「비상방역법」은 방역조치를 위반한 주민들에게 최고 사형까지 부과할 수 있게 정하였고, 코로나 방역조치를 위반한 사람을 공개처형하였다.[107] 김정은 정권은 선대정권에 이어, 공개처형을 사회통제 수단으로 지속 활용하고 있다.

106 문순보, “반동사상문화배격법, 북한당국 ‘내로남불’의 진수,” 『Daily NK』, 2021년 3월 5일.

107 2023년 탈북한 한 북한 이탈 주민은 주민들을 모아서 방역 조치를 위반한 사람들을 공개처형했다고 증언하였다. 2023-10-27. 『북한인권백서 2023』, p. 542.

제2절

북한 이탈 주민 심층인터뷰와 주민통제 분석

김정은 시대의 북한 사회안전성의 주민통제의 특징을 파악하고자, 김정은 통치 하에서 5년 이상 거주한 경험이 있으며 2017년 12월 이후 탈북한 이탈 주민 8명을 대상으로 심층 인터뷰를 진행하였다.[108] 양적 분석에 따른 한계를 보완하기 위해서 질적 분석을 추가했다. 인터뷰에 앞서 재북 시 북한 경찰의 이미지와 역할, 그리고 접촉 빈도를 조사했다.

대체적으로 경찰에 대한 이미지는 부정적이었으며, 잘못한 게 없어도 단속하고 잡아갈 수 있는 사람이기 때문에 어디에서도 마주치고 싶지 않은 대상이었다. 함경북도 출신 B씨는 "보안원들이 당시에 포고문이 내려와 있으면, 포고문 내용과 맞는 옷차림인지, 맞는 형식인지를 길가에서 늘 감시하였고, 그래서 북한에서 경찰을 보면 내가 뭐 잘못한 게 없나하고 차림을 다시 확인하고 불안해했다."라고 증언했다.

표 5-9 북한 경찰의 이미지

구분	대상자 정보	북한에서 경찰은 어떤 사람인가요
A	양강도 10대	좋지는 않은 것 같다. 모든 것에 신경을 쓰이게 하는 사람이다. 제가 친구들이랑 이야기하면서 마음 편히 길을 가다가 한국 드라마 얘기나 한국 말투를 쓰면, 그냥 둘이 얘기한 건데 뒤에서 듣는 사람이 내가 경찰이야라고 잡아가는 경우도 되게 많아서 그런 것도 같다.

108 인터뷰 대상자의 정보는 제1장 제3절 연구방법 및 구성에서 제시한다.

B	함경북도 40대	정책상으로는 인민을 위한 보안기관이거든요. 전혀 대책이 없어요. 집에 도둑이 있거나 강도를 당해도 전혀 보호막이 안 되고. 항상 인민을 못살게 굴고, 마음의 흉터로 남아 있어요. 길거리에 있던 경찰을 마주치기 싫은 거예요. 남한에서는 경찰이 보이면 안전한 감이 드는데, 북한에서는 항상 불안하고, 내가 뭐 잘못 된 게 없나 하고 차림을 다시 확인해요. 경찰에 대한 피해의식이 항상 있었어요.
C	함경북도 20대	약간 잘못을 안 해도 보안원을 딱 보기만 하면 떨려요. 일단 그냥 모든 걸 다 통제하고 단속할 수 있는 사람들이요.
D	함경남도 30대	모든 사람들의 범죄를 대하는 사람이요.
E	평안남도 40대	자신의 돈이나 권력을 이용해서 인민들을 못 살게 구는 사람 같아요. 그래야만 자기한테 차려지는 몫이 많거든요.
F	평양 30대	안 좋죠. 경찰이라는 게, 경찰 연봉으로는 담배도 못 사서 피잖아요. 그러니까 경찰이 돈을 벌 수 있는 수단은 자기가 관리하는 대상들한테서 뜯어내는 것밖에 없잖아요. (따라서) 경찰도 이미지가 안 좋아요.
G	양강도 20대	보안원들은 군복입고 많이 돌아다니고, 공무원 느낌이에요. 무난해요. 보안원은 뇌물을 주면 해결을 해 주는데, 보위원은 뇌물을 주면 받고 끊기지 않고 해결이 안 되는 느낌이에요.
H	양강도 10대	국가에서 하지 말라는 것을 안 하면, (보안원이) 딱히 상관없는 사람이에요. 국가에 필요한 사람이고, 저한테는 필요하거나 상관이 없다는 생각이 들어요.

출처: 저자 작성

북한에서 통제 기구인 사회안전성의 역할과 임무는 공개되지 않는다. 따라서 주민들은 자신들의 일상생활에서 접하는 경찰의 모습을 통해 경찰의 역할과 업무에 대해 답하였다. 응답자들은 전반적으로 경찰들이 불법행위를 단속하고 통제하는 일을 한다고 생각했다. 범죄 발생 시 경찰에 신고하면 해결할 수 있으며, 경찰들이 기차와 도로 등 질서를 유지하고 숙박을 검열하는 역할을 한다고 답했다.

사회안전성의 주된 임무는 지도자의 지침과 당의 정책에 따라 주민들을 통제하고 감시하는 것이다. 지역에 따라 불법행위와 일탈행위가 다르게 발생함에 따라 이를 감시하는 경찰의 역할도 달라진다. 예를 들어, 중국과 인접한 국경 지역의 경우 밀수와 탈북시도가 많았다. 관련 불법행위를 단속하기 위해 이동증명서를 철저히 확인하고, 외부 사람이 국경 지역으로 이동하여 숙박등록 없이 머무르는지 단속하는 숙박검열의 빈도를 높인다. 이와는 달리, 내륙지역은 국경지역만큼 숙박검열의 빈도가 높지 않았다.

대부분의 응답자들은 북한경찰의 단속과 통제의 범위가 정당하지 않았다고 느꼈다. "귀에 걸면 귀걸이, 코에 걸면 코걸이"라는 표현에서 알 수 있듯이 북한 사회에는 법 이외에도 포고문, 지도자의 지침 등이 수시로 내려와서 통제기관의 단속기준이 되기 때문이다. 또한, 북한 사회 내부가 법의 내용과 변경 등의 정보가 주민들에게 원활히 전달되고 공유되는 사회가 아니라는 점도 고려할 사항이다. 안전원들은 법과 포고문, 지침, 지시 등 새로운 규정이나 규칙이 내려와도 주민들에게 해당 사실을 알려 불법행위 등을 예방하려고 하지는 않는다. 포고문을 통해 하달된 새로운 불법행위는 안전원들이 주민들을 단속할 수 있는 기준이 되기 때문이다. 해당 불법행위가 적발되거나 단속되면 주민들은 처벌을 면하기 위해 뇌물을 지급하고, 뇌물은 배급과 월급으로는 생활할 수 없는 안전원들에게 생계유지의 수단이 된다.

따라서 북한 경찰들은 뇌물을 수수하기 위해, 하달되는 포고문과 지침의 세부 적용사항을 자의적으로 해석하기도 한다. 안전원이 "동상 주변에서 수령권위를 손상시키는 행위를 하지말라"라는 내용으로 동상과는 멀리 떨어진 넓은 공간에 있던 함경북도 출신 B씨를 수령 권위 훼손으로 단속했다는 증언이다.

> "북한에서 기차를 타면 세월없이 연착이거든요. 그래서 청진에서 멈춰서 시간이 좀 있으니까 청진 한 바퀴를 돌면서 동상 앞 잔디에 앉아서, 동상이랑 많이 좀 떨어져 있었는데 밥을 먹으려고 펼치니까, 갑자기 어딘가에서 보안원이 와서 "동상 주변에서 이래도 되냐. 수령 권위가 훼손된다."고 단속했어요. 아옹다옹해야 우리가 지고, 원칙대로 하자고 해도 우리가 지기 때문에 잘못했다고 빌고 뇌물을 줬어요."

이는 북한 주민이 동상 앞에 넓은 잔디밭에 앉았다가 안전원에 의해 적발이 된 것으로, 안전원이 '동상의 주변 범위'를 자의적으로 해석하여 단속한 사례이다. 또 다른 응답자 함경남도 출신 D씨는 길거리를 지나던 중 귀걸이의 길이가 너무 길다고 안전원에게 단속을 당했고, "귀밑 1cm가 넘는 귀걸이를 착용하면 안 된다."라며 건설현장에 보내 일을 시켰다고 증언했다. 응답자는 그런 규정이 있는지도 몰랐고, 시장에서 팔아서 구매하였는데 단속되었다고 답했다. 이는 새롭게 추가되거나 변경된 단속사항뿐 아니라 전체적인 단속 내용이 주민들에게 잘 공유되지 않는 북한의 현실을 반영한다.

따라서 주민들은 밖에서 안전원을 만나면 어떤 부분이 잘못되었다고 단속할지 모르기 때문에 불안 속에서 생활한다. 함경북도 출신 C씨는 대로변과 사거리로 지나다니면 규찰대와 안전원들이 옷차림 등을 단속하기 때문에 좁은 골목길로 다녔다고 하였다. 함경북도 출신 B씨는 자전거를 타고 가더라도 헬멧은 썼는지 벨은 있는지 등을 체크하고, 늘 옷차림과 소지품 등 모든 면에서 안전원에게 단속될 것이 없는지 스스로 점검하였지만, 안전원을 마주치면 가슴이 떨리고 불안했다고 답했다.

표 5-10 북한 경찰의 역할

구분	대상자 정보	북한에서 경찰은 무엇을 하는 사람인가요
A	양강도 10대	구박을 하고, 나쁜 물 안 들게 단속하는 것 같아요. 단속하는 사람이라는 인식이 있는 것 같아요. 절대 뭐를 도와주거나 아플 때, 바쁠 때 아무리 큰 일이 있어도 경찰은 안 찾고 있어요.
B	함경북도 40대	경찰은 단속이 될 이유가 없어도, 단속할 수 있어요. 귀에 걸면 귀걸이 코에 걸면 코걸이죠. 국내에서 일어나는 일은 다 보안원들이 처리해요. 모든 일상생활 속에서 일어나는 살인사건과 강도사건, 절도사건, 불법 장사를 하는 것을 보안원이 처리한다고 보면 돼요. 기차 탈 때 기차 질서를 유지하고, 차 타는 것도, 질서 위반하는 것도 다 보안원이 해요. 자기네 관할에 불법 숙박하는 것도 감시해요.
C	함경북도 20대	일단 그냥 모든 걸 다 통제하고 단속할 수 있는 사람들이요.
D	함경남도 30대	경찰들은 수시로 신고받고 나가요. 연선지역은 밀수단속을 많이 하는 것 같아요. 가정싸움, 친구와의 싸움, 도둑질 등 경찰에 신고하면 경찰이 처리해 줘요.
E	평안남도 40대	보안원은 주민들이 거주해서 살고, 안살고, 불법 체류하는지 등을 관여해요. 보위원은 국경 지대 관련된 일과 간첩행위를 잡아요. 그 외에 십자거리(사거리) 단속, 숙박검열, 장마당 단속들을 해요.
F	평양 30대	경찰은 전면에 나서 주민들을 감시해요. 경찰이 돈이 없으니, 국가에서 내놓은 규정을 잣대로 들이대면서 주민들을 못살게 굴어요.
G	양강도 20대	불법을 단속하는 사람이요.

H	양강도 10대	국가에서 하지 말라는 걸 잡는 사람이요.

출처: 저자 작성

인터뷰 응답자들은 일상생활에서 쉽게 접할 수 있는 통제자로 안전원(보안원), 군인, 보위원 중 안전원을 꼽았다. 군인들은 부대 안에 있거나 국경을 지키는 역할을 하고, 보위원은 해외와 관련된 문제나 반체제적인 국내사건을 다루는 역할을 하고, 안전원은 생활 어디에나 있는 존재로 전체적 국내 문제를 전부 다룬다고 인식했다.

표 5-11 실생활에서의 경찰 접촉 빈도

구분	대상자 정보	북한에서 경찰(안전원), 보위원, 군인들 중에 가장 자주 보거나 밀접하게 관계를 맺는 사람은 누구인가요
A	양강도 10대	경찰이요. 경찰은 아무데나 있어요. 군인들도 어디에나 있긴 한데 본인(군인)이 밖에 나다니지 못하니까 아무래도 경찰을 좀 더 보기는 하는 것 같아요.
B	함경북도 40대	군인들은 군대에 있고, 우리를 저거할(단속할) 아무런 그게(자격이) 없어요. 근데 또 보안원은 경기도 보안원이든 충청도 보안원이든 관계없이 전국의 주민들을 단속할 권한이 있어서 다 잡아요.
C	함경북도 20대	저희는 시장 옆에서 작은 매점 같은 거를 했었는데 그 옆에 보안서가 있다 보니까 보안원들을 많이 만났어요.
D	함경남도 30대	저희는 군인가정에서 생활해서 보안원이 따로 없었어요. 보위지도원이 있었어요.
E	평안남도 40대	장마당과 길거리에서는 보편적으로 보안원을 마주치고, 가택 수색할 때도 보안원이 하고, 공민등록할때도 분주소 가서 승인받아야 돼요.
F	평양 30대	제가 보안국 안에 있는 지하철 운영국에 있었어요.
G	양강도 20대	보안원은 생활에서 많이 만나죠. 밀수하는 집은 주기적으로 감시하고 돈을 뺏어요.
H	양강도 10대	가정폭력이 많은데, 보안원이 그런 부분에서는 알아서 하라고 하니까 필요하다는 생각이 들지 않아요.

1. 기본적 생활통제

1) 성분제도를 통한 주민통제

북한 생활통제의 기본이 되는 성분제도는 공개되지 않지만, 주민들이 정치·사회적 영향력을 갖게 되는 역할이나 직위와 연관될 때는 성분제도의 영향을 받는다. 노동당에 입당하거나, 대학교에 입학하거나, 당과 국가, 보안 등 중요 기관에 취업할 때나, 회사에서 승진할 때는 성분제도의 영향을 받는다. 북한에서 정치적으로 영향력이 있고, 출세하기 위해서는 군대를 다녀와야 하고, 입당해야 하며 대학까지 나와야 한다. 김일성은 사람의 혁명화 정도가 다르기 때문에, 혁명화 정도에 따라 차등한 조치를 취해야 한다며 성분제도를 구축하였다. 따라서 혁명화 정도가 좋지 않은 성분이 낮은 사람들이 군복무를 마치고, 입당하고, 대학교를 졸업하여 사회·정치적 영향력을 갖는 부류로 진입하는 것을 통제하고자 한다. 반대로 성분이 좋은 주민들에게는 부모와 조부모를 이어, 사회·정치권 진출이 수월한 환경이 조성된다.

평양출신 30대 출신 F씨는 출신성분이 좋은 부류로 '974부대'를 꼽았다. 북한에서 지도자를 바로 옆에서 호위하는 사람들은 노출이 안 되고, 평생 비공개 대상이지만 최측근 경호 다음으로 지도자를 호위하는 경호대가 974부대인데, 군 복무 13년을 마치면 원하는 대학교를 보내 주고, 졸업 후에는 정치권에서 바로 발탁해 간다는 것이다. 974부대는 지도자를 경호하는 부대인 만큼 당연히 출신성분이 좋을 것이고, '지도자를 결사옹위하는 974부대'에서 복무한 이력이 더해져 대학 졸업 후에는 사회·정치적으로 권력을 갖게 되는 일자리로 취업이 된다. 이는 사회적·정치적 영향력을 발휘할 수 있는 직장이나 위치에 오르기 위해서는 반드시 좋은 성분이 뒷받침돼야 하는 현실을 반영한다.

그러나 이전에는 성분이 좋지 않으면 불가능했던 대학 입학과 노동당 입당 등도 경제력이 있어 성분이 좋지 않은 만큼 뇌물을 더 많이 지급하면 진입이 가능해졌다. 인터뷰 응답자들은 성분에 의한 차별이 존재한다고 하면서도 경제력도 중요해졌다고 답했다. 경제력은 성분이 좋지 않아 제약되는 부분을 어느 정도 상쇄시키는 역할을 하는 것으로 분석된다. 평안남도 출신 E씨는 2010년경부터는 경제적 능력이 중시되면서 돈으로 어느 정도 발전이 가능하기 때문에 성분적 통제가 약해졌다고 주장했다. 예를 들어 입당을 할 때 생활도 잘하고 건전한 평범한 사람이 100만 원의 비용을 쓴다면, 성분이 안 좋은 사람들이 입당할 때는 200-300만 원 정도로 몇 배의 비용을 사용하면 입당할 수 있다고 답했다. 결혼을 할 때도, 여자가 성분이 좋지 않으면 남자가 출세하는 것을 막는다고 생각해 혼인을 꺼리는 등 성분에 의한 영향을 받아 왔다. 그러나 김정은 시대에는 여자가 성분이 좋지 않더라도 경제력이 있으면, 남편이 출세할 때 성분 때문에 부딪히는 난관을 뇌물로 어느 정도 완화시킬수 있게 되었다. 경제적 능력의 중요성이 높아지면서 결혼 등 사적 영역에서의 성분의 중요성이 감소하였다.

시간이 지나도 변하지 않는 통제가 있다. 바로 '농장원'에 대한 통제이다. 북한은 1955년 토지 협동화를 진행하였고, 1964년 2월 25일 당 중앙위원회 제4기 제8회 총회에서 김일성의 '우리나라 사회주의 농촌문제에 관한 테제'가 채택되었다. 이는 농촌경제의 제도를 발전시키면서 도시와 농촌 간의 격차를 서서히 줄여나가는 방향에 대한 제시였다. 테제는 "농업이 공업보다 물질적, 기술적 토대가 약하고, 농촌주민의 문화수준이 도시주민들의 수준보다 낮고, 농민이 노동자보다 사상의식이 떨어져" 있다고 하며, 농촌에서 기술, 문화, 사상 혁명을 통해 농업과 농촌을 발전시키자는 것이다.[109] 기술 발달과 장비의 현대화, 배수시설 등 수리화로 농업의 생산력을 증가시켰지만, 사회주의 계획경제의 근본적인 문제점으로 인해 농업의 생산량은 감소하였고 경제난으로 이어졌다. 경제난에서 중요한 것은 식량으로, 협동농장의 알곡 생산량은 지도자들의 중점 관심 대상이 되었다. 계획경제의 근본적 문제점은 해결하지 않고, 농업생산량을 위해서 농장원의 이동을 막았고, 농장원의 자식도 농장원으로 일해야 했다.

함경남도 출신 D씨는 옥수수 농장에서 일했던 농장원으로, 주거 이전을 할 수 없어 모든 재산과 집을 버리고 야반도주하였다. 김정은 시대에도 "부부 중 한쪽이 농장원 출신이면, 배우자와 자녀 등 가족을 다시 농촌으로 배치시키라"라는 김정일의 '410호 방침'이 지속되며 농장원의 이동이 통제되고 있었다.

109 Ellen Brun (1976), pp. 217-225.

젊은 세대의 경우 성분이 아니더라도, 돈이 없으면 대학생활을 할 수 없다는 생각을 가지고 있었다. 청년들이 경제적 능력을 중요시하는 경향을 보이는 이유로 첫째, 북한에서의 성분은 눈에 보이거나 정확히 알 수 없지만, 경제적인 능력 '부'는 눈으로 실감할 수 있기 때문이다. 둘째, 성분에 따른 제약은 보통 학생 시절보다는 졸업 후에 대학을 진학할 때, 직장을 구할 때, 직장에서 승진할 때, 당-국가기관과 보안기관 등에 입직하고자 할 때 발생하기 때문이다. 셋째, 학생들 사이에서 한국 드라마 등을 시청하고, 한국 노래를 틀고 노는 문화가 성행하고 있는데, 안전원에게 단속되었을 때 역시 경제적 능력이 있어야 단속을 벗어날 수 있기 때문에, 경제적 능력을 중시하는 것으로 판단된다.

표 5-12 생활 속 성분통제

구분	대상자정보	성분에 따른 제약이나 특혜를 경험하거나 득문한 적이 있나요
A	양강도 10대	성분에 대한 제약이 있는 것 같아요. 아빠가 당원이 아니거든요. 근데 아빠가 군부대에서 일을 하셔가지고 거의 20년을 일을 하셨고, 군부대 군인들의 양식을 책임지셨어요. 이제 한 단계씩 올라갈 때 있는데 그게 당원이 아니면 항상 그 위치에서 또 올라가지 못했어요. 그래서 입당을 해야 어디에 발령이 나거나 좋은 자리로 옮겨 가고 하는데, 아빠는 당원이 아니어서 한 10년을 그냥 계속 그렇게 있었어요.
B	함경북도 40대	노동자인지 농민인지의 차이가 있어요. 농민은 끝까지 농민이 돼라고 하고, 그 차이가 너무 심해요. 그나마 제 남편은 노동자여서 지역을 이동할 수 있었지만, 농민은 진짜 더 많은 돈을 투자해야 될걸요.
C	함경북도 20대	2014년 제 사촌 동생이 김일성 종합대학 가는데, 저희는 그때 알게 된 거 보니까 할아버지의 아빠가 지주여서 그래서 입학이 원래 안 되는데, 그 서류를 어떻게 바꿔서 대학교를 갔다고 해요. 아마 보안서에서 서류를 바꾼 것 같아요.
D	함경남도 30대	농촌에 살면, 자녀들도 졸업하면 당연히 농촌에 가요. 저도 공부 좀 잘 했는데, 대학교까지는 경제력이 안 돼서 못 갔어요. 농촌에서는 경제력이 생기기가 힘들잖아요.
E	평안남도 40대	결혼할 때 출신을 많이 봐요. 남자가 출세를 하려면 대학도 가고 해야 되는데, 발전이 막히기 때문에 성분을 봐요. 특히 부모가 정치범인 경우에는 아무리 잘 살아도 그 여자는 남자와 결혼이 잘 안 돼요. 2010년도 경부터는 점점 경제력이 좋으면 돈으로 어느 정도 발전이 괜찮으니까 성분(성분적 제약)이 좀 괜찮아졌어요.

F	평양 30대	친척들 중 누가 한국으로 월남하거나 전쟁 때 미군 종사한 경우에는 좋은 대학도 못 가게 하고, 출세도 못 하게 막아요. 반대로 출신이 너무 좋은 이들은 김일성을 도와서 가까이 싸웠던 '1세대'의 자녀들인데, 대학을 30점 만점에 간다 하면, 얘네들은 +5점을 더 줘요.
G	양강도 20대	학교에서 애들이 쟤네 아빠는 뭐한다. 당원이다. 이런 게 있었어요. 직업에서도 당원의 여부와 군 복무했느냐 안 했느냐가 중요한 것 같아요.
H	양강도 10대	학교 진학 시 성적이 낮아도 뇌물 써서 학교를 가긴 해요. 그런데 대학교는 돈이 많이 들어서 부모님이 짱짱하게 밀어줘야 해요. 돈이 없으면 못 다녀요.

출처: 저자 작성

2) 주거 및 이동통제

북한은 주민들의 이동과 여행이 간첩과 정치 반대세력들의 준동의 적발을 막는다고 하여 통제한다. 따라서 주민들은 자신이 거주하는 지역 안에서 생활하며, 일정 범위를 벗어나면 해당 지역의 사회안전성에 출발과 도착시간을 신고해야 한다. 40km가 넘는 지역을 이동할 때는 안전서(보안서)에서 여행증명서를 발급받아 이동해야 한다.[110] 실제로는 같은 군과 시 안에서 이동하는 것은 비교적 자유롭고, 같은 도안에서 군과 군 또는 군과 시를 이동할 때에는 여행증이 필요하다. 같은 도 안에서는 여행증 없더라도 공민증을 소지하여 이동하고, 적발 시 어느 정도는 뇌물로도 무마할 수 있다.

거주하는 도에서 다른 도로 이동할 때는 여행증을 사전에 발급받아야 이동할 수 있고, 여행증이 없으면 단속 시 뇌물로 사전 여행증발급 비용보다 훨씬 더 많은 돈을 지불하면 공민증만 보여 주고 여행할 수도 있다. 그러나 국경 지역이나 평양은 여행증 없이 이동할 수 없다. 여행증 발급 시 발급 소요기간을 줄이기 위해서 뇌물이 필요하지만, 여행증 발급 없이 지역을 이동하다가 단속에 걸려서 주는 뇌물의 액수가 훨씬 크기 때문에 급한 경우나 경제력이 매우 좋은 경우가 아니면 여행증을 발급받아 여행하는 경우가 많다.

평양시의 경우, 다른 지역들보다는 이동통제가 강하고, 여행증 없이는 평양으로

110 오경섭, "북한인권 침해의 구조적 실태," 『북한인권, 이대로 좋은가? 민주평통국민소통1분과이원회 특별활동 북한인권개선 학술회의』 2023년 6월 1일.

출입할 수 없다. 평양의 여행증 신청 시에는 방문 목적을 '관광'으로 기재해도 방문할 수 있어 국경지역보다는 여행증을 발급받기가 수월하다. 그러나 평양은 중요 행사가 있거나 지도자의 지침이 떨어지면 이동을 전면 통제하기도 한다. 양강도 혜산시와 같은 연선지역은 국경이탈이 많이 발생함에 따라 혜산시로 들어오는 외부인에 대한 통제가 매우 강하다. 혜산시 국경지역으로 이동 시에는 여행증이 필요하고, 여행증 발급 시에도 가족 방문 등 여행이 필요한 합리적인 사유가 필요하다. 함경북도 출신 C씨는 2018년 함경북도 청진에서 양강도 혜산시로 여행증을 발급받았는데, 이모가 양강도 거주해서 방문한다는 목적이 있어서 이동이 가능했다고 증언했다.

기차 이용 시에는 기차 안에서 여행증과 공민증을 단속하고, 버스와 같은 서비차 이용 시에는 도간 경계를 넘는 초소에서 이동증을 검사한다. '서비차'는 열차와 같이 공식적인 이동수단이 아니고, 지역의 공공기업소와 공장 등에서 사용되는 차량을 사적으로 이용하는 것이다. 이는 구(舊) 공산주의권 국가에서 널리 퍼져 있는 '국가로부터 절취행위'의 전형적인 예이다. 국영부문의 절취행위는 경제난이 심화되면서 증대된 것으로 보이며, 개인적 차원에서 보면 총체적인 부족 상황에 생존을 위한 대응이다. 해당 공장과 기업소 간부의 묵인과 허락, 가담을 통해 기업소와 공장의 차량이 서비차로 이용되며, 서비차의 운영은 북한 주민의 이동을 수월하게 하는 요인으로 작용한다.[111]

연선지역과 평양에 대한 이동통제와는 달리, 전반적인 지역 이동통제는 완화되었다. 함경북도 출신 B씨는 예전에는 무조건 통행증이 있어야 이동이 가능했지만, 이제는 여행증이 없어도 공민증과 뇌물을 주면 기차를 이용하여 이동할 수 있다고 증언하였다. 다음은 B씨가 여행증 없이 지역을 이동한 경험이다.

> "옛날에는 무조건 통행증이 있고, 청표가 있어야 했죠. 이제는 이동증이 없어도, 승차 보안원에게 등록증을 보여 주고, 뇌물을 주면 기차를 탈 수 있어요. 처음에 기차를 탈 때 신분증을 맡기면서 "나는 이동증은 없고, 이게 내 주민등록증이고, 어디 사람인데 어디 간다."라고 하면서 신분증을 맡겨요. 그러면 그게 뇌물을 주겠으니까 태워달라는 말이에요. 예를 들어,

111 북한에서 차량은 보통 주민이 개인적으로 소유하기 어렵고, 기업소와 공장에서도 차량이 무수히 많지 않기 때문에 회사 차량이 서비차로 사적 이용된다는 사실을 기업소 간부가 모를 수가 없을 것으로 판단된다.

함북 청진에서 평양역까지 간다고 하면, 처음에 탈 때 주민등록증을 주고, 평양역 도착하기 몇 정거장 전에 돈 거래가 되는 거죠. 내 공민증을 찾으면서 얼마를 주는 거예요."

김정은 정권하 주민들의 이동통제는 전반적으로는 완화되었지만, 통제가 필요한 지역을 집중적으로 단속 및 통제하고 있었다. 북한 주민들은 '서비차'와 기차 등을 이용하여 여행할 때도 여행증이 없이도 여행할 수는 있지만, 신분을 확인할 수 있는 공민증은 반드시 소지해야 한다. 또한, 여행증이 없는 경우에는 여행증을 신속하게 발급받기 위해 지불하는 비용보다 훨씬 비싼 금액을 뇌물로 지불해야 한다. 지불하지 못하면, 여행증명서 없이 이동하였기 때문에 「행정처벌법」 제299조(려행질서위반행위) 에 따라 벌금 또는 3개월 이하의 노동교양 처벌을 받는다.

따라서 열차 안전원의 측면에서는 여행증 검사를 완화한 것이 아니라, 여행증을 대신해 더 많은 뇌물을 받고 있는 것이다. 여행증 없이 이동할 수 있다고 하지만 실상은 여행증을 대신하여 뇌물을 지급할 경제력을 가진 주민들의 이동통제가 완화되었다고 볼 수 있다. 따라서 여행증 없는 여행에 상응하는 대가를 지불할 수 없는 주민들의 이동통제까지 완화되었다고 보기는 어렵다.

표 5-13 지역 간 이동통제

구분	대상자 정보	지역 간 이동통제를 경험하거나 득문한 적 있나요
A	양강도 10대	혜산시에서 다른 지역을 갈 때 이동증을 발급받고, 혜산시 안에서 (여행증 없이) 이동하는 건 상관없어요. 그런데 다른 지역 사람이 혜산시로 들어올 때 엄청 심각하게 다루는 것 같아요.
B	함경북도 40대	그 전에는 여행증이 있어야 움직일 수 있다고 모두 생각했어요. 그런데 시대가 발전하고 장사의 이치가 되면서 그것도 크게 없어진 것 같아요. 이제는 여행증이 없어도 신분증과 뇌물을 주고 이동할 수 있어요. 평양은 여행증에 승인번호를 찍어주기 때문에 반드시 증명서가 있어야 돼요. 그렇게 못하면 평성 민박에라도 가거든요. 근데 저는 고향이 평성이라서 갈 이유가 되는 거죠.

C	함경북도 20대	평양이랑 양강도 들어갈 때 조금 어려웠어요. 양강도가 국경 지역이라서 좀 더 어려웠어요. 특별히 안 해 주는 곳이 양강도예요. 평양은 약간 여행으로라도 많이 갈 수 있는데 양강도는 갈 일이 없으니까. 여행증을 잘 안 해 줘요. 국경 가는 거는 훨씬 더 어려워진 것 같아요. 그때 혜산에서 워낙 중국으로 가는 분들이 많아가지고 단속도 엄청 심해졌어요. 2018년 저희 여행증 낼 때 보니까 많이 어려웠어요. 국경 지역은 사유 없이는 갈 수가 없어요.
D	함경남도 30대	저는 옥수수가 나는 산골에서 살았는데, 이사를 간다 하면 안 보내줘요. 허락을 안 해 주니까. 그래서 2014년경 몰래 집도 다 버리고 도주해서 나왔어요.
E	평안남도 40대	군인가정이어서 군대가 바뀔 때마다 지역을 이사 다니긴 했어요. 그런데 제대하고 이사할 때 평안남도로 배정받기 위해서 엄청난 뇌물을 쓰고 작업을 했어요.
F	평양 30대	평양에 거주하면서 지역을 이동한 경험은 단체로 양강도와 강원도 원산을 간 적밖에 없네요. 둘 다 단체로 간 거여서 제가 따로 여행증을 발급받지는 않았어요. 평양 주민들은 주변 지역인 평성과 남포 등을 여행증 발급 없이 시민증을 가지고 다닐 수 있어요. 그런데 평양에 들어올 때는 단속이 심해요. 평양 들어오는 차가 더러워도 평양에 들어올 수 없어요. 도시외관을 해친다고 하더라고요.
G	양강도 20대	국경 지역은 밀수도 많고 해서 숙박등록도 하고, 여행증도 있어야 돼요. 평양은 평양 시민증이나 여행증명서 없으면 못 들어가요.
H	양강도 10대	일단 이동하는 지역마다 초소가 있어서 늘 검사를 해요. (혜산)시에만 돌아다닐 때는 상관없고, 옆에 군이나 다른 데 갈 때마다 초소가 있어 검사를 해요. 출생증이나 공민증이 없으면 껄끄러워지는 경우가 많아요.

출처: 저자 작성

북한 주민들은 거주 이전과 이동의 자유가 허락되지 않기 때문에 자유로운 여행 등 지역 간의 이동을 거의 하지 않는다. 장사를 하기 위해 국경 지역을 이동하는 사람들을 제외하고, 일반 주민들은 자신이 거주하는 지역을 벗어나지 않는 경향이 있었다. 자신이 거주하는 도를 벗어나는 경우는 군대, 이사, 혁명사적지 답사, 출장, 여행, 가족 및 친척 방문 등의 사유가 있었지만, 이동한 횟수는 매우 적었다.[112]

북한 주민들은 지역을 이동 시에는 여행증명서를 발급받고, 다른 지역에서 숙

112 밀수 등 장사를 업으로 하는 사람을 제외하고는 다른 지역은 가 본 적이 없거나, 평균 2-3회 정도로 집계되었다. 가족이 사는 다른 도에 2-3회 방문한 경우, 학교와 회사 출장으로 2-3회 정도 타 지역을 가 본 경우, 군복무로 이동할 때, 이사를 하고자 지역을 옮길 때 다른 도를 가 보았고, 거주지역에서 벗어나 본 적이 없는 경우도 다수 있었다.

박할 경우는 해당 지역 인민반장에게 숙박등록을 해야 한다. 안전원들은 관할지역의 집을 돌면서 숙박등록을 제대로 했는지, 등록하지 않은 외부인이 있는지 등 특이사항을 살핀다. 외부인의 숙박에 대한 검열의 경우 평안남도, 함경남도 등 내륙지역보다는 국경과 근접한 양강도 혜산시의 숙박검열의 빈도가 더 잦고, 엄격한 것으로 나타났다.

양강도 출신 A씨는 같은 양강도에 사는 친척이 집에 와서 자고 가도 인민반장을 찾아가서 숙박등록을 하였다고 증언했다. 다음은 A씨가 양강도 내 친척 집을 방문하였을 당시 1일 이상 머무는 경우 숙박등록을 했다는 증언 내용이다.

> "저는 친척들이 대부분 양강도에 살아서 다른 곳은 한 번도 가 본 적은 없어요. 양강도 다른 군에 사는 친척들이 오잖아요. 그럼 인민반 반장한테 가서 책 같은 거 있는데, 거기에 친척이 집에서 3일 동안 있다가 갈 거고, 왜 왔는지 써요. 한 10Km 내외로는 그냥 그런 것도 안 쓰고 지내다 가고 그래요. 그런데 김형직군(다른 군) 같은 데서 오면 당일로 왔다가 돌아갈 수는 없으니까, 하루 있다가 갔는데 그때 저는 안 썼어요. 근데 한 닷새 삼일 이렇게 있으면 어디서 왔고 언제 가고 왜 왔는지 하면은 또 그냥 삼촌 병문안 이렇게 그냥 간단하게 딱 쓰고 하면 돼요."

성분이 좋거나 신분이 보증된 경우는 성분이 좋지 않은 사람들보다 이동이 더 수월하였다. 그 이유로 첫째, 평양 주민들의 경우 평양의 주변 도시인 평성과 남포 등은 여행증 없이 평양시민증만으로 이동할 수 있다. 둘째, 보위부와 안전원의 정보원 등 신분이 어느 정도 보장된 경우 여행증 발급이 더 수월한 것으로 보인다. 함경북도 출신 B씨는 재북시 보위부의 정보원으로 일했고, 보위부에 바로 지급신청을 해서 여행증을 바로 지급받았다고 증언하였다. 일반 주민들보다 보위부와 안전원 등 감시기관 종사자들이 여행증을 쉽게 발급받는 것을 확인할 수 있다.

안전원들은 여행증 검사 시, 여행증 소지 여부와 공민증을 통한 신원확인뿐 아니라 여행 목적지와 출발지 및 여행하는 합리적인 사유가 있는지를 확인한다. 예를 들어, 국경 지역 사람이 평안남도 평성과 함경남도 함흥시에 연고가 없는데 그 지역을 다녀온 경우는 마약을 소지할 가능성이 있어 소지품과 신체검사를 한다. 북한에서는 국가과학원과 평성과학원, 함흥과학원에서 마약을 생산하고 있다.[113] 과학원 연구자와 종사자들은 배급과 월급을 받지만, 생활이 어려워 일부 생산품을 유출하는 '국영부문의 절취행위'가 발생한다. 유출된 마약은 국경 지역으로 옮겨져 중국으로 판매되기 때문에 안전원들은 평성과 함흥에서 국경 지역으로 이동하는 경우에는 반드시 소지품 검사를 실시한다. 북한에서 마약에 대한 사용과 거래, 유통 등이 심각한 사회문제로 대두됨에 따라 2021년 7월 「마약범죄방지법」을 채택하였다. 이에 안전원들은 제정된 법과 하달된 지시에 따라 마약 유통 및 거래하는 자들을 색출한다. 함경북도 출신 B씨는 본 고향이 평안남도 평성이어서 기차를 타고 이동하면서 국경 지역 사람이 평성과 함흥을 다녀오는 경우 소지품과 신체까지 전체를 검사하는 것을 수차례 목격했다고 증언했다.

> "저처럼 국경 지대 사람이 평성이나 함흥을 다녀오면 무조건 몸까지 수색을 해요. 평성 과학원과 함흥 과학원에서 빙두, 마약을 생산하거든요. 그게 평성과 함흥에서 생산되니까 그쪽 지방 사람들이 그걸 많이 나르거든요. 기본으로 짐을 싹 보고, 온몸을 싹 보는 거예요. 기차 안에서 그러는 게 많아요. 기차 보안원이 함경북도나 양강도 사람이 평성을 갈 이유가 없는데 갔다 함흥시 해상구역이라던가 그 주변을 갔다 왔다 할 때는 그 앞에 얼음(마약)이 있어요. 과학원에서 과학자들이 얼음을 생산하는데 일하면서 조금씩 빼다가 가져다 파는 거예요. 그 주변에 가는 사람들은 그걸 사러 가는 거예요."

표 5-14 여행증 신청과 숙박등록 경험

구분	대상자 정보	지역을 이동할 때 여행증을 발급받거나 숙박등록한 경험이 있나요
A	양강도 10대	혜산시 내에서 (여행증 없이) 이동하는 건 상관없었어요. 다른 시를 갈 때 이동증이 발급되는 거고요. 혜산시 양강도에서 혜산시 다른 군에 있는 친척집을 1일 이상 방문 시에는 인민반 반장한테 가서 숙박등록을 했어요.
B	함경북도 40대	여행증명서가 있으면 돈이 적게 들지만, 단거리 자처럼 빨리 가야 돼서 어쩔 수 없는 상황일 때는 증명서를 받을 시간이 없으니까 공민증을 가지고 그냥 갔어요. 저는 보위부 비밀정보원으로 일해서 보위부에서 여행증을 바로 해결을 해 주었어요.

113 정서영, "마약범죄방지법 제정 후 첫 검열...국가과학원 등 연구기관 타깃," 『Daily NK』 2021년 8월 17일.

C	함경북도 20대	2019년 함북 청진시에서 양강도 혜산시 친척 집을 가기 위해 인민위원회 2부에서 여행증을 발급받았어요. 국경이라서 돈은 냈어요. 조금이라도 빨리 나오게 하려면 뇌물을 줘야 해요.
D	함경남도 30대	저는 걸어서 이동해서 여행증을 신청해 본 적이 없어요.
E	평안남도 40대	도 안에서 이동을 할때는 공민증으로 여행할 수 있지만, 도에서 도를 이동할 때는 여행증이 있어야 해요. 서비차를 이용해도 여행증명서와 공민증이 필요해요. 혜산시의 경우에는 같은 도에서 도라도, 숙박하는 곳이 국경과 인접하면 숙박등록을 미리 해요. 낮에 갈 때는 괜찮은데, 자고 올 때는 해요.
F	평양 30대	평양 시민증으로 남포, 평성 등 가까운 곳은 갈 수 있어요. 저는 2번 다른 지역을 갔었는데 한 번은 학교 다닐 때 양강도 혁명사적지 답사 때문에 갔고, 다른 한 번은 회사 출장 차 강원도를 간 적이 있었어요. 두번 다 단체로 처리가 돼서 개인적으로 따로 여행증을 발급받지는 않았어요.
G	양강도 20대	어릴 때 어른들 따라서 여행간 적이 있었죠. 어른들은 여행증 떼고, 저는 어른들이랑 같이 가고요. 학교 때 양강도 혜산시에서 백두산쪽으로 답사를 간 적이 있었어요. 지나가는 초소가 4-5개 돼서 어른들은 거기를 다 통과하려면 여행증명서도 있고, 왜 여행하는 사유도 있어야 되니까요. 보안원들이 담당지역 관할구역의 집집마다 숙박인원을 체크하는데, 그냥 동네(혜산시내 거주하는) 친구가 와서 자다가 숙박등록 안 하면 죄송하다고 하고 담배주고 그랬어요. 그런데 다른 지역에서 친구나 친척이 저희 집에 왔는데 숙박등록을 안 하면 문제가 되는 거에요. 숙박검열의 정해진 기간이 없고, 월간 주간에 따라 실시해요. 4월은 사고방지월간 이런 식으로 보안원들이 수시로 진행해요.
H	양강도 10대	저는 학생이어서 출생증을 가지고, 함경남도 풍산에 있는 언니네 집에 혼자 2번 정도 간 적이 있습니다. 서비차를 타고 갔고, 검사할 때는 출생증을 보여 주었습니다.

출처: 저자 작성

사회주의 계획경제하에서 노동력은 자원이기 때문에 경제개발 계획에 따라 각 지역의 기업소와 농장에 배분되고, 주민들은 직장에서 제공하는 집에서 생활한다. 계획경제하에 주택은 국가에서 공급해 주고, 국가소유이기 때문에 거주하는 사람이 판매할 수 없다. 그러나 경제난이 악화됨에 따라 주택을 배정받지 못하는 경우가 생겨 수요가 발생하고, 생계를 위한 수단으로 주택을 판매하고자 하는 공급이 생겨났다. 주택의 매매는 집을 교환하여 살거나, 주택이용 허가증을 매매하는 등의 방식으로 이뤄진다.[114]

114 정세진(2000), p. 119.

이사를 가고자 하는 지역에 거주할 수 있는 주택이나 아파트가 있으면 암묵적으로 이사가 가능해졌다. 같은 도 내 지역에서의 거주 이전은 수월하지만, 도를 바꿔 이사를 하는 경우에는 절차가 복잡하여 이동이 어렵다. 예를 들어, 함경북도에서 평안남도로 이사를 하는 것은 매우 어렵다. 평안남도는 평양과 가까운 지역으로 타 도에 비해 상대적으로 부유한 지역이기 때문이다. 함경북도 출신 B씨는 함경북도 출신 남편이 평안남도에서 군생활을 하다가 제대하면서 함경북도로 원복되자, 평안남도 평성으로 이사시키기 위해 엄청난 뇌물이 필요했고, 석탄을 한 트럭 살 수 있는 뇌물을 치르고 거주등록과 당원 등록증을 받았다고 증언했다.

인터뷰 대상자들은 공통적으로 농촌 지역에서 시내로 이동하는 것이 매우 어렵다고 증언했다. 함경남도 출신 D씨는 함경남도 단천의 농장에서 살다가 양강도로 이사하고 싶었지만 이사를 허락해 주지 않아서, 집과 모든 살림을 버리고 밤에 도주하듯 농장원을 떠났다고 증언했다. 양강도 출신 A씨는 혜산 시내에서는 이사할 수 있지만 농촌에서 도시로의 이동은 통제된다고 증언하였다.

> "혜산시, 청진시, 평양시에서 사는 사람들은 통행증도 필요없고, 많은 것이 가능하지만, 근데 시골 농장에서 살던 사람이 시내로 나와 살 수 없어요. 거기서 살아야 되고, 아니면 내가 농장원 자녀로 벗어나고 싶다 하면 군대를 가거나 대학교를 나와서 거기에 떨어져서 사는 거 외에는 방법이 없어요."

사회주의 계획경제는 완전고용을 추구하지만, 만성적인 노동 부족에 시달리게 되는 구조이다. 노동력이 필요한 곳과 잉여 노동력이 존재하는 지역이 달라 노동력 부족이 발생한다. 1960년경 초기 산업화 시기 노동력이 필요한 곳은 도시에 위치한 중공업 공장이었고, 잉여 노동력은 농촌에 존재하였다. 그럼에도 불구하고 도시에서는 한정된 자원이 존재하고, 배정할 주택과 인프라 등이 부족했기 때문에 '농촌에서 도시로의 이동'이 허락되지 않았다. 농촌과 도시 간의 지역 격차가 상당했기 때문에 농촌의 젊은이들은 도시로의 이동을 원했고, 지역 이동을 제한하지 않으면 감당할 수 없는 대규모 인구의 이동이 발생할 것이기 때문이다. 북한은 도시와 농촌의 격차를 지역 간의 주민 이동이 아닌 기술, 문화, 사상적 혁명을 통해 농촌을 발전시키고

자 하였다.[115]

또한, 이사가 가능하더라도 이사를 위한 서류의 발급과 제출 등 절차가 복잡하고 오래 걸린다.[116] 평안남도 출신 40대 여성 E씨는 퇴거증명서 발급을 신청하고 발급받기까지 3년이 걸렸다고 증언했다.

> "평안남도에서 퇴거증명서를 신청하고, 2016년 양강도 혜산시에 예비로 등록하고 이사와서 살았어요. 보안원이 계속 왔다 갔다 하면서 "퇴거(증명서)를 빨리 붙여라(제출하라). 너는 왜 퇴거를 안붙이냐"라고 했어요. 그런데 제가 퇴거 증명서를 받으러 갈 교통수단도 없고 비용도 엄청 많이 드는데, 개인이 부담해야 되는건데 평안남도를 다시 갈 수 없는 거 잖아요. 2019년 여름에야 퇴거증명서가 도착했어요."

인터뷰를 통해, 퇴거증명서가 발급이 되지 않은 상태에서도 새로운 지역에 임시 거주로 등록하여 살 수 있는 것이 확인된다. 안전서(보안서)에서 주민들의 출생, 거주, 퇴거를 담당하기 때문에, 퇴거 증명서를 제출하지 않은 E씨를 안전원이 계속 찾아가 퇴거증명서를 제출하라고 독촉하였다. 「공민등록법」의 제14조(공민등록)와 제15조(거주등록기간)에 따르면, 다른 지역으로 거주지를 옮길 때에는 거주했던 인민보안기관에 퇴거등록을 해야하고, 퇴거등록신청서를 거주지역의 인민보안기관에 제출해야 한다. 또한, 퇴거등록을 한 날부터 15일 안으로 거주등록을 해야 한다. E씨는 퇴거등록 신고를 했지만, 퇴거등록신청서를 받지 못하고 거주할 지역의 인민보안기관에 임시 거주등록을 한 채로 이사하여 3년을 지낸 것이다. E씨의 경우, 남편이 제대 후 남편의 고향으로 복귀한 것이기 때문에 안전원이 퇴거증명서 제출을 독촉하고자 집을 수 차례 찾아왔지만, 별다른 조치는 취하지는 않았다. 또한, 이사할 지역인 양강도에 직접 가서 서류를 제출하지 않고, 양강도에 살고 있는 지인을 통해서 거주 등록 등 서류를 대신 제출하였다. 이를 통해 반드시 본인이 직접 필요 증명서를 발급받거나 제출할 필요가 없다는 사실이 확인된다.

---

115 1964년 2월 25일 채택된 '우리나라 사회주의 농촌문제에 대한 테제'의 제1원칙은 도시보다 낙후된 농촌의 수준을 올리자는 것이었다. 남성욱(2003), pp. 109-111.

116 북한의 주거 이전 절차는 제4장 1절 2항에서 설명하고 있다.

표 5-15 주거 이전 통제

구분	대상자 정보	이사하는 데 어려움이나 통제를 경험하거나 득문한 적이 있나요
A	양강도 10대	혜산시 내에서 이사 할 수 있어요. 혜산시 내에서는 혜산시, 청진시 안에서는 다 되는데 시골이랑 농장에서 시내로 나오지는 못해요.
B	함경북도 40대	이사도 안 되고, 자기 마음대로 거주를 옮길 수가 없어요. 만약 내가 평안남도에서 함경북도로 간다고 하면 "어서 가세요" 하거든요. 그런데 함경북도 양강도 사람이 평안도 거주하겠다고 하는 건 정말 힘들어요. 돈을 막 수도 없이 찔러 줘야 해요. 평안남도 안쪽에 평양이 있기 때문에, 평안남도 떨어지기가 참 힘든 거예요.
C	함경북도 20대	함북 청진시에 살다가 2010년 10월에 양강도 혜산시 친척 집에서 2년 정도 살았어요. 그리고 다시 청진으로 왔어요.
D	함경남도 30대	함경남도 농장에서 이사를 허락 안 해 줬어요. 그래서 집도 놔두고 도주하듯 나왔어요.
E	평안남도 40대	군인가정으로 평안남도에서 살다가 2016년 퇴거 신고를 하고, 양강도 혜산시로 이사왔어요. 퇴거신청이 안 된 상태여서 양강도에서 임시등록하고 살았어요. 퇴거신청서 등록돼서 처리되는데 3년이 걸렸어요. 2019년 여름에 평남에서 퇴거 증명서가 도착했어요.
F	평양 30대	이사한 적이 없어요.
G	양강도 20대	돈이 있어야 이사를 해요. 돈이 없어서 이사를 못 하는 것 같아요. 혜산시에서 엄청 잘 사는 부자도 평양에서 3개월을 못 버틴다고 하잖아요. 거기는 집값이랑 물가가 지방보다는 훨씬 비싸다고 하니까요.
H	양강도 10대	고모가 2015년에 탈북을 해서, 고모 집으로 이사가서 지내긴 했어요. 같은 혜산시여서 상관없었던 것 같아요.

출처: 저자 작성

3) 국경 지역 이탈 통제

김정은 시대에는 국경이탈이 많이 발생하는 연선지역에 대한 통제가 강화된 것이 확인된다. 첫째, 앞서 이동과 주거의 통제에서 언급했듯 연선지역으로 이동 시에는 여행증명서 발급이 필수적이었고, 가족방문 등 합당한 이유가 필요했다. 같은 맥락에서 연선지역은 내륙 쪽인 함경남도와 평안남도 쪽보다 숙박검열의 빈도가 더 높았다. 평안남도 출신 E씨는 함경남도에 거주할 당시에는 낯선 사람들을 자신의 집에서 재워주기도 했는데, 2016년경 양강도 김정숙군으로 이사 온 후로는 절대 낯선 사람을 집에서 재우지 않았다. 그 이유는 숙박검열에서 단속되면 주인까지 처벌받기 때문이라고 증언했다. 양강도 혜산시 내에서도 국경과 더 인접한 지역에서는 반드시 숙박등록을 해야 한다. 양강도 출신 G씨는 재북 시 자신의 집이 양강도 혜산시에서도 밀수를 많이 하는 지역이었고 거의 매일 숙박검열을 한다고 생각했으며, 가족이나 친척이 방문하면 숙박등록을 반드시 했다고 답했다.

숙박검열은 기본적으로 안전원들이 담당 인민반장을 동행하고 담당 구역에 있는 집들을 방문하여, 집에 숙박등록이 되지 않은 외부인이 있는지를 확인하는 것이다. 그러나 안전원은 숙박검열 명목하에 가정 내부로 들어오면, 외부인의 숙박 여부뿐 아니라 불법 영상물을 보고 있는지, USB와 불법 휴대폰 등이 있는지, TV의 채널이 고정되어 있는지 검열한다. 함경북도 출신 C씨는 안전원이 지역을 순찰하다가도 가정집 문이 열려있으면 숙박검열을 이유로 집에 들어온다고 증언했다.

> "동네 순찰 보안원들은 순찰하다가 문이 열려 있으면 그냥 들어와요. 저는 숙박검열을 할 때 가끔 문을 안 열어줄 때도 있었는데, 한 달에 한 번은 하는 것 같아요. 인민반장이랑 올 때도 있고 보안원들이 2-3명이서 그냥 올 때도 있어요. 문 열어주면 '숙박검열' 왔다고 해요. 숙박검열이면 집에 누가 있는지를 봐야 하는데, 그냥 집에 들어와서 다 봐요. 만약 컴퓨터(노트북)가 펼쳐져 있으면 그것도 막 보고 TV 보고 있으면 뭘 봤는지 확인도 하고 그래요."

둘째, 국경 지역의 철조망을 정비하였다. 인터뷰 응답자들은 공통적으로 국경에 철조망이 생기거나 추가된 것을 목격하거나 득문하였다고 답했다. 철조망에는 뾰족한 것을 달아 설치하였다는 증언과 철조망을 이중으로 설치하였다는 증언도 있었다. 또한 국경 지역 CCTV가 설치되었으나, 전기의 부족으로 작동되지 않는 것 같다는 증언도 수집되었다.

셋째, 국경이탈을 감시하는 인력의 정비가 확인된다. 국경을 감시하는 국경 경비대에서 뇌물을 받고 국경이탈을 돕는 경우가 발생함에 따라, 김정은 시대에 국경 경비대의 주둔지를 바꾸는 '배비변경작전'을 진행했다.[117] 2012년 3월경 함경북도 두

117 북한의 대규모 군부대 주둔지 교체는 1995년 발생한 '6군단 쿠데타 모의사건' 이후 처음이다. 김정은 정권이 탈북 문제에 얼마나 민감히 반응하지는 가늠해 볼 수 있는 대목이다. Daily NK, "탈북 봉쇄위해 양강도-함북

만강 연선국경을 담당하던 27여단과 양강도 25여단의 근무지를 바꾸었고, 압록강 국경연선을 담당하는 자강도와 평안북도 경비여단의 변경하였다. 함경북도 출신 B씨 역시 국경 지역 군대가 다른 지역과 교체하는 것을 봤다고 증언하였다.

또한 무단 월경자의 적발과 단속에 대한 지침이 계속 하달됨에 따라, 국경 지역의 경비대와 안전원, 보위부 등의 협력이 강화되었다. 안전원과 보위부가 불법 휴대폰을 감청하다가 국경이탈에 대한 내용이 검출되면 국경경비대에게 해당 내용을 전달해주며, 불법 월경자를 적발한다는 인터뷰 내용이 확인된다. 양강도 국영식당에서 일했던 양강도 출신 H씨는 군부대 안에 책임지원이라는 안전원이 사회에 있는 보안원들이랑 연결이 되어 있어서 '얘네가 좀 수상하니, ○월 ○일에 국경을 잘 지켜야 한다.'고 전달하는 등 국경감시를 철저히 할 시간과 장소 등을 공유해서 국경이탈을 막는다고 증언하였다.

넷째, 2020년 코로나19가 확산되면서, 북한의 국경이탈자 통제에 대한 지침이 강력하게 하달되었다. 북중 접경 지역에 1~2km의 완충지대를 설치하고, 무단 접근 시 사살한다는 명령과 포고문이 하달되었다.[118] 양강도 출신 A씨는 2016년 국경을 탈출하는 사람이 총을 맞는 것을 목격했고, 심한 정신적 충격을 받았다고 증언했다.

> "2016년경 그때는 좀 제가 나이가 어렸을 땐데, 거기는 바닷가가 없으니까 압록강에서 수영을 하는데요. 여자 아이 두 명이 수영을 해서 중국으로 넘어갔어요. 그거를 군인이 막 따라가다가 이제 한 명을 이미 놓쳐버렸고, 그 상황에서 그 뒤에 한 명을 총으로 쐈죠. 한 두번 서라고 계속 얘기를 하다가 안 서면 진짜 쏘더라고요. 근데 맞지는 않았어요. 그런 것 때문에 사람들이 두려워서 탈북 결정을 못 내린 사람들도 굉장히 많은 것 같아요."

2020년부터 북한 이탈 주민 수가 확연히 감소하여 2021년부터는 100명 이하의 북한 이탈 주민이 입국한 것으로 확인된다. 북한 이탈 주민의 수는 국내 입국 시를 기준으로 하기 때문에, 해당 시기 북한에서 국경을 이탈한 주민의 수를 정확히 반영할 수 없다. 그럼에도 불구하고 북한 국경이탈자의 수가 증가하였는데 국내 입국

경비여단 맞교체,"『Daily Nk』 2012년 3월 12일.

118 김아영, "북한, 중국 국경에 특수부대...사살 명령도 내렸다,"『SBS NEWS』 2020년 9월 11일.

한 북한 이탈 주민의 수가 확연히 줄 수는 없다고 판단했으며, 국경 지역의 통제가 상당부분 효과적으로 작동하고 있다고 평가했다.[119]

표 5-16 국내 입국한 북한 이탈 주민 수(2012-2022.6)

구분	'12	'13	'14	'15	'16	'17	'18	'19	'20	'21	'22	'23.6월 (잠정)	합계
남(명)	404	369	305	251	302	188	168	202	72	40	35	23	9,533
여(명)	1,098	1,145	1,092	1,024	1,116	939	969	845	157	23	32	76	24,448
합계 (명)	1,502	1,514	1,397	1,275	1,418	1,127	1,137	1,047	229	63	67	99	33,981
여성 비율	73.1%	75.6%	78.2%	80.3%	78.7%	83.3%	85.2%	80.7%	68.6%	36.5%	47.8%	76.8%	71.9%

출처: 통일부 홈페이지

다섯째, 국경이탈을 시도했다가 중국에서 북송되는 경우, 북한에서 재산 무상몰수 후 강제이주 또는 교화소행 등 강력한 처벌을 내리며 본보기를 보였다. 평안남도 출신 E씨는 2022년 자신의 남편이 탈북하였다가 중국에서 북송되어 강제이주를 당했다고 다음과 같이 증언했다.

> "애 아빠가 2022년 작년 12월에 딸이랑 제가 한국에 오니까 따라오려고 중국까지 왔는데 중국에서 잡혀서 북송됐다는 거란 말이에요. 그래서 보위부에서 취조를 받고 이러니까 이 사람은 남한에 가족이 있고 이러니까 도망갈 우려가 있다 하고 재산을 다 무상몰수당하고 농촌으로 추방됐다 하더라고요. 그래서 힘들게 산대요."

119 통일부에서 집계한 국내 입국 북한 이탈 주민 수는 북한에서 국경을 이탈한 북한 주민 수를 그대로 반영하지는 않는다. 국내 입국한 북한 이탈 주민들은 이전에 북한에서 나와 중국 등 제3국에서 체류하다가 입국하는 경우도 있고, 체류기간은 모두 상이하다. 또한, 제3국에서 외화벌이 차 일을 하다가 한국으로 탈출하는 경우도 있어 북한 국경이탈 연도와 국내 입국연도가 일치하지 않을 수 있다. 또한 북한 국경이탈을 했지만 중국에서 거주하는 경우도 있고, 중국 공안에 붙잡혀 다시 북송되는 경우도 있다. 그럼에도 불구하고, 북한 국경을 이탈하는 북한 주민의 수가 증가하는데도 불구하고, 한국으로 입국하는 북한 이탈 주민의 수가 감소하지는 않는 등 일정 부분 비례한다고 판단했다.

국경이탈자는 혁명화 정도가 가장 낮은 적대계층으로 분류되어 주거지 등 전 재산을 몰수당하고, 고립지역으로 분리 이동되어 상시 감시 속에 살아간다.

2. 비사회주의적 행위통제

1) 불법 영상물 시청 등 단속

북한의 모든 방송과 출판물은 당과 국가의 직접적인 통제하에 있으며, 모두 사전검열을 통해 방송되고 출판된다. 북한에서 제작했지만 방영을 금지시키면 '불순 영상물'이 된다. '불순'은 외부로부터 북한 사회에 유입되거나, 북한 내부에서 생성되었더라도 공식적이지 않거나, 사회주의적이지 않거나, 북한식이 아닌 모든 것을 뜻한다. 불순 녹화물은 중국과 러시아 영상물, 한국 영상물 등 북한식이 아닌 것을 포함하며, 북한에서 제작했지만 방영을 금지한 영상물이 될 수도 있다. 따라서 북한 주민들은 해당 시기에 따른 당과 지도자의 정책에 맞는 방송과 책만을 볼 수 있다.[120]

비사회주의적인 불순 녹화물의 유입은 1990년대 경제난에 따른 부분적 개방 이후 급속도로 증가하기 시작하였고, 사회적 처벌로는 통제가 어려워지자 관련 법을 제정하여 법적 처벌 대상으로 지정하였다. 불순한 비사회주의적 통제의 대상은 영상물, 노래, 출판물을 포함하며, 북한식이 아닌 옷차림, 언어 등도 포함이 된다.

가. 불법 영상물 시청

인터뷰 응답자의 과반수 이상이 한국 드라마 등 불법 영상물 시청경험이 있었다. 국경 지역이 밀수를 통해 불법 영상물이 빠르게 유입되어 전파되는 것으로 보인다. 특히 가족 등 주변에서 밀수를 하면 불법 영상물들을 더 쉽게 접할 수 있는 것으로 확인된다.

120 북한에서 제작 후 정권과 당의 검열을 통과한 합법적 도서와 영상물이라고 할지라도, 이를 불법적으로 복제하거나 복사하면 '불순'으로 취급된다. 2023-08-01 인터뷰, 『북한인권백서 2023』, p. 181.

반면, 불법 영상물 시청에 대한 통제가 잘 작동된 사례도 수집된다. 첫째, 군인 가정과 같이 불법 영상물의 유입이 되지 않은 집단이 있는 것으로 확인된다.[121] 군인 가정은 군복무를 하면서 군대마을에서 군인들이 모여 사는 경우로, 외부와는 떨어져 지내고 있다. 평안남도 출신 E씨의 경우, 학교를 졸업 후 바로 결혼을 했고 2016년까지 군인마을에서 살았는데, 그곳에는 불법 영상물의 존재 자체가 없었고, 지도자의 말씀 관철을 우선으로 삼고 살았다고 답했다. E씨의 증언은 평안남도 군인마을과 양강도 혜산시 간의 외부문물의 노출 차이와 사상교양 정도의 차이를 반영한다. 다음은 E씨가 평안남도 군인마을에서 양강도로 이사했을 때 느꼈던 감정이다.

> "군인 가정에서 사회로 나와 보니 '반동'인 줄 알았어요. 사회에 대한 비방을 드러내고, 그럼에도 아무런 상관이 없어서 너무 놀랐어요. 우리는 당과 수령만 믿고 살아야 되고, 힘들어도 참아야 된다고 생각했는데 내가 10년 세월 방침 전달과 세뇌교육을 따르면서 멍청이로 살았나 싶더라고요."

두 번째로, 끊임없이 통제가 지속되자 불법 영상물을 더 이상 보지 않게 된 경우도 확인된다. 평양 출신 F씨는 2008년경부터 학교에서 한국 드라마를 보기 시작했는데, 2013년 김정은 정권이 '불순과의 전쟁'을 선포하면서 당에서 지도자의 지침을 널리 퍼뜨리는 '퍼치기' 사업이 시작되었다. F씨는 계속되는 자백 강요에 더 이상 불법 영상물을 시청하지 않게 되었다. 이는 김정은 집권 후 2013년 선포된 '불순과의 전쟁'으로, 불법 영상물과 음악, 서적뿐 아니라 옷차림에 대한 단속과 통제정책이 강력히 실시되었고, 통제가 어느 정도 효과적으로 작동한 것을 보여 준다. 다음은 F씨의 증언 내용이다.

121 2021년 5월 이후 제작된 북한 내부 영상 중에는 한 20대 병사가 "나는 내가 이용하던 손전화기로 미국영화 15편과 남조선 괴뢰영화 17편에 127개, 괴뢰노래 160여 곡을 시청했다."라고 자백하는 장면이 담겨 있다. 이를 통해 모든 군인 가정이 균일하게 잘 통제되어 유지된다고 볼 수 없으며, 개인과 가정의 성향과 환경에 따라 통제의 정도가 다를 수 있다고 보여진다. 그럼에도 불구하고, 연선지역보다는 내륙지역의 군인 가정과 같이 주민접촉이 많지 않은 집단이 조금 더 통제가 잘 유지되고 있다고 볼 수 있다. 최원기, "[한국은 지금] "북한 무인기 잡는 무기 20곳에 배치"," 『VOA』 2024년 9월 11일.

"2008년부터 3-4년간 (한국 드라마를) 보다가 김정은이 이제 등장하고 나서 불순과의 전쟁을 선포했거든요. 당쪽으로 김정은의 지시를 전달해 주는 퍼치(기)사업이 내려오면, 모든 사람들한테 김정은의 지시가 전달돼요. 정말 그때 자백하라고 계속 쓰라고 하는 거예요. "네가 이제까지 본 불순 영상물을 당 조직에 자백해라. 용서해 주겠다."라고요. 없다고 했죠. 그래도 일주일이 멀다하고 또 쓰라고 하고, 또 쓰라고 하고, 한 5번 그렇게 쓰니까 "나 이제 죽어도 안 볼게." 그런 생각이 들더라고요."

표 5-17 불법 영상물 시청 경험

구분	대상자 정보	한국 드라마 등 불법 영상물을 시청한 경험이 있거나 이에 대해 득문한 사실이 있나요.
A	양강도 10대	2013-4년경 고등중학교부터 한국 드라마를 본 것 같아요.
B	함경북도 40대	저는 한국 드라마 시청을 잘 안 했어요. 제가 인민반장이고, 우리 세대가 36세대였는데, 아마 30세대는 다 이런 걸 좋아하는 것 같아요.
C	함경북도 20대	2005년이요. 초등학교 4학년 때부터 본 것 같아요. 풀하우스, 가을동화 같은 거 봤어요. 그때는 말도 잘 못 알아듣겠고 계속 보다 보니까 그냥 낯설다(는 느낌을 받았아요). 처음에는 보기가 조금 낯설었는데 한참 보다 보니까 그냥 재미로 뭘 별 생각 없이 계속 재미로 봤던 것 같아요.
D	함경남도 30대	저는 본 적이 없어요. 먹고 살 생각만 해도 바빴어요.
E	평안남도 40대	평안남도에서 군인가족들과 모여서 살아서, 거기에서는 안 봤어요. 보자고 해도 없어요. 2016년 혜산으로 이사 와서 처음 한국 드라마를 봤어요.
F	평양 30대	2008-9년 고등학교에서 대학교 갈 때 친구로부터 USB를 빌려서 한국 드라마와 영화를 많이 봤었어요. 2013년 정도부터 (김정은 정권에서) 불순과의 전쟁을 선언하였고, 그 뒤로는 안 봤어요.
G	양강도 20대	2003년 어릴 적에 봤어요. 엄마가 밀수 일을 해서 중국에서 가져와서 많이 봤어요. 크면서는 부모님이 저를 보호해 줄 수 없어서 그때는 안 보게 됐어요.
H	양강도 10대	2015년부터 봤어요. 친척 집이 밀수를 했었는데, 친척 집 언니들이 USB에 담아서 줘서 보기도 하고, 친구들한테도 한국 영상물들이 많았어요.

출처: 저자 작성

나. 불법 영상물 단속 및 처벌 경험

불법 영상물 시청 등에 대한 단속과 처벌은 김정은 정권이 시작된 후 2013년경부터 강도가 강해졌다. 인터뷰 응답자들은 한국 드라마 등 불법 영상물 시청 및 소지에 대한 처벌이 전보다 강해졌다고 답했다. 특히 '사랑의 불시착'과 같이 북한을 배경으로 하는 드라마는 처벌의 강도가 세다고 증언했다. 그럼에도 불구하고, 여전히 뇌물을 통해 불법행위의 처벌을 면할 수 있었다. 한 명이 한국 드라마를 보다가 안전원에게 단속된 경우에는 그 자리에서 바로 뇌물을 주면 무마해 줄 가능성이 높았다. 물론 당시 뇌물을 줄 수 있는 경제력이 없으면 상응하는 처벌을 받는다. 그러나 한 명이 아닌 여러 명이 불법 영상물을 시청하다가 단속에 적발된 경우에는 목격자가 많기 때문에 뇌물을 지급해도 처벌을 면하기 어려웠다.

김정은의 지침과 당의 역점사업으로 불순 영상물 등 시청을 적발하고 엄중히 처벌하라는 지시가 지속적으로 하달됨에 따라, 안전원들은 뇌물수수와 부정부패로 해고당하거나 문제가 되지 않기 위해 단속 및 적발한다. 안전원들의 직업유지 차원의 적발과 단속은 불법 영상물 시청의 통제로 작용한다. 다음은 불법 영상의 단체 시청이 적발된 경우는 처벌을 면하기 어렵다는 양강도 출신 A씨의 증언이다.

> "혼자 한국 드라마를 보다가 경찰에 잡히면, 경찰과 나 1:1이고, 북한에는 CCTV도 없기 때문에 뇌물을 주고 나올 수가 있어요. 그런데 단체로 시청하다가 잡히면, 풀어줘도 소문이 나기 때문에 처벌을 피할 수 없어요. 괜히 뇌물받고 풀어줬다가 경찰들이 짤리는 경우도 있고, 비난받을 때도 많아요. 그래서 이제 친구들이 다 같이 보다가 딱 잡혀버리면, 그중에 한 명은 무조건 주동이 되고, 단련대 이런 곳에 가야 해요."

다음은 2018년 함경북도 청진시에서 고등학생들이 단체로 한국 드라마를 시청하다 단속에 적발된 사례이다. 단체로 적발 시에는 뇌물로 무마가 어렵고, 상황의 심각성이 커진다는 함경북도 출신 C씨의 증언이다.

> "2018년 여름경 함경북도 청진시에서 고등학생 7-8명이 단체로 한국드라마를 보다가 걸린 적이 있었어요. 단체로 걸리면 돈이 많아도 나오기가 힘들어요. 돈이 있는 집 자식들 5명은 먼저 나오고, 나머지 2명이 감옥에 있었는데, 그게 문제가 돼서 다시 제기되고, 다시 5명도 문제가 되고, 제가 나올 때도 해결이 안 되었어요."

불법 영상물 시청 및 저장매체(USB, SD카드) 등이 단속되면, 안전원은 언제, 어디서, 누구랑 무엇(노트북, TV, 태블릿, 휴대폰 등)을 이용해서 불법 영상물을 시청했는지 물어보고, USB 등을 어디서 구했는지, 누구한테 줬는지를 반드시 물어본 뒤 유포자를 추적한다. 불법 영상물을 시청하다 적발된 경우에는 "해당 영상을 어디서, 누구한테 구했냐"를 추적해 연관자들을 연이어 적발한다. 다음은 불법 영상물 유포자 적발 과정에 대한 함경북도 출신 B씨의 증언내용이다.

> "한 사람이 불법 영상물을 보는 걸 잡았으면, 보안서에 가서 '누구한테 받았는지 말하면 너는 내보내 줄게' 하면서 꾀는 거예요. 그 사람을 구슬리는 거죠. 어떻게든 꼬리를 물어서 출처를 캐는 거야. 그 사람이 (출처를) 불고, 그 다음 사람이 불고 해서, 자기는 살 줄 알고 불었는데 그 사람도 다 공개재판에 나가야 되는 거예요. 한국 드라마 본 사람들은 1개월씩 단련대에 갈 수도 있고, 유포한 사람은 6개월도 단련대에 갈 수도 있어요. 그게 심하면 그 처벌에 따라 교화소도 갈 수 있어요. 지금은 한국 드라마 보고 한국가는 사람들이 많아져서 처벌이 더 강해진 것 같아요."

표 5-18 불법 영상물 시청 등 처벌 경험

구분	대상자 정보	김정은 시대에 불법 영상물 등 감상 및 소지에 대한 처벌에 대해 경험하거나 득문한 사실이 있나요.
A	양강도 10대	제가 북한에 있었을 때(2019.9.이전)는 한국 드라마보다가 사형까지는 안 당했던 거 같아요. 한 명이 한국 드라마를 보다가 보안원에게 걸리면, 돈을 주면 나오는 수가 있어요. 그런데 친구들이 다 같이 한국 드라마 보다가 딱 잡혀버리면 그중에 한 명은 무조건 단련대 이런 곳에 가야 해요.
B	함경북도 40대	명칭 자체도 그전에는 남조선 드라마였는데, 요즘은 남조선 괴뢰들의 영화, 남조선 개뢰도당의 영화를 보는 자를 단속하라고 해요. 국경 지역은 백공구(109상무)가 녹음기(라디오)와 티비 주파수를 고정했는지 안했는지 단속해요.
C	함경북도 20대	처벌은 한 2013년인가 그때부터 진짜 엄청 심해진 것 같아요. 드라마가 중국을 거쳐서 더 많이 들어온 것 같기도 하고요. 예전에는 불법 영상물 단속에 걸렸다는 소리도 잘 못 들었는데 2017년경부터는 일단 걸리면 교화까지 가야 된다고 그 정도로 들었어요. 예전에는 단련대 정도까지면 끝났는데 미성년자들까지 교화를 보낸다고 들었어요.

D	함경남도 30대	불법영상 보는거 신고하면, 보안원들이 바로 들이닥쳐요. 다 회수당하고, 법적 제재를 받아요. 총살까지 당한다고 들었어요
E	평안남도 40대	약한 경우는 뇌물로도 빠질수는 있지만, 돈을 못 내면 무조건 단련대와 교화소로 가야 돼요. 그런데 최근에는 한국과 관련되면 아무리 뇌물을 써도 안 통하기도 해요.
F	평양 30대	2013년도에는 불법 영상물을 봤다가 대학교에서 퇴학당한 애들 많았어요. 그때까지는 사회적 처벌이었어요. 2018년 이후에는 법을 제정해서 법적 처벌을 한다고 들었어요.
G	양강도 20대	한국 드라마에 대한 처벌이 제일 심해요. 이제 그거는 출처를 캐거든요. 내가 막 생산해서 볼 수 있는게 아니니까 누구한테 받았는지 계속 캐고, 10-11명이 걸리는 거예요. 영상을 빌려서 본 사람은 단련대를 가고, 유포한 사람들은 교화를 가요.
H	양강도 10대	한국 노래는 단련대 3개월 이하, 드라마 시청은 노래보다 처벌이 더 강하고, 한국 드라마가 제일 강해요.

출처: 저자 작성

다. 한국외 해외 영상물 시청통제

불법 영상물 중 한국 드라마와 영화 시청에 대한 처벌이 제일 강하다. 중국과 러시아 영상들은 단속의 대상이지만 잘 처벌하지 않고, 크게 잘못한 거라고 평가하지 않는다. 당국에서 보지 말라고 한 중국 영화의 경우에도 시청이 단속되면 적발하지만, 처벌까지 하지 않고 뇌물로 충분히 만회가 가능하다. 또한, 러시아와 중국 영상물이지만, 한국말로 번역된 자막이 있으면 단속의 대상이 된다. 북한에서는 무조건 한국과 연관되는 부분에서 강하게 처벌하고 통제하는 것을 확인할 수 있다.

표 5-19 한국외 해외 영상물 시청통제

번호	대상자 정보	러시아와 중국 등 한국외 다른 영상물 시청 단속을 경험하거나 득문한적이 있나요.
A	양강도 10대	러시아와 중국 영상들은 잘 처벌을 안해요. 무조건 한국과 관련된 것만 잡아요. 영상물은 외국 영화는 성인물 아니고, 미국이랑 중국 액션 영화면 그냥 보내기도 하는데, 한국 영화나 성인물에는 좀 예민한 상황이 되죠.
B	함경북도 40대	중국이나 러시아 영상물 시청은 크게 잘못된거라고 평가하지 않는데, 오직 남조선! 남조선! 그 다음이 미국거예요. 제일 탄압이 심한 게 남조선 거예요.

C	함경북도 20대	일단 러시아 거는 괜찮고 중국 것도 공식적으로 들어온 건 괜찮아요. 한국말로 번역된 영상은 안 돼요. 처벌받게 돼요. 그래도 한국 드라마만큼 심하지 않아요. 막 교화소 이런 데 가지는 않아요.
D	함경남도 30대	당국에서 보지 말라고 한 중국 영화 보다가 걸리면 2-3,000원 정도 내고, 한국 영화를 보다가 걸린 거는 인민비 10,000원까지 내야 해요.
E	평안남도 40대	약한 경우는 뇌물로도 빠질 수는 있지만, 돈을 못 내면 무조건 단련대와 교화소로 가야 돼요. 그런데 최근에는 한국과 관련되면 아무리 해도 안 통하기도 해요.
H	양강도 10대	한국 영상물 처벌이 제일 심하고, 그 다음은 미국 영상물이예요. 홍콩이랑 중국 영상물은 괜찮은 것 같아요.

출처: 저자 작성

라. 한국 등 해외 음악 감상통제

일상생활에서 한국 등 외국노래 감상에 대한 단속과 통제도 확인된다. 해당 지역을 담당하는 순찰 안전원이 동네를 순찰하다가 음악 소리가 나면 바로 집으로 들어가 단속하는 방식으로 이뤄진다. 주로 젊은 세대인 청년층들이 친구들과 모여 한국 노래를 틀고 춤추면서 노는 경우가 많다. 북한에서는 청년동맹 모임, 학교 등 정해진 조직생활 외에 3인 이상이 모이는 행위는 단속의 대상이 되며, 사람들이 모여 여가생활이나 취미생활을 할 수 있는 노래방과 게임방, 영화관 등이 없다. 따라서 청년들은 단속에 노출된 외부가 아닌 집에서 모이는 것으로 보인다. 청소년들은 일과가 없는 주말이나 명절 때 주로 모이고, 노래를 크게 틀어놓고 노는 경우 이웃에서 경찰에 신고를 하기도 한다.

청년 1~2명보다 다수가 모였을 때 일탈행위가 발생하는 경향이 있고, 더 큰 문제라고 보기 때문에 안전원의 감시와 통제가 심해진다. 다음은 양강도 출신 A씨의 해당 증언이다.

> "특히, 친구들이 명절 때는 무조건 모여서 놀거든요. 생일 때도 그렇고, 주말에도 심심하니까. 근데 여기처럼 놀 시설이 잘 되어 있진 않잖아요. 어디 게임장도 없고 영화관, 코인 노래방도 없고 그냥 영화관도 없고 아예 그냥 없어요. 그러니까 친구들끼리 남자애들끼리라도 모여가지고 한국 드라마를 같이 보거나 아니면 여자 친구들이랑 연락해서 너네 친구들이랑 우리 친구들이랑 술 먹고 놀자 할 때도 있어요. 그냥 춤만 추고 술 먹고 놀자 할 때는 또 열

명 이상 많이 모일 때 있잖아요. 많이 모이면, 20-30명씩 모일 때도 있어요. 모이는 친구 집은 30평 정도 되고 커요. 집이 좋은 친구들은 부모집 직업이 좋아요. 음식 식료품 회사 사장(지배인)처럼, 마약파는 부모님도 있고요."

표 5-20 한국 등 음악 감상과 처벌 경험

구분	대상자 정보	한국 등 음악 감상과 처벌 경험 등
A	양강도 10대	고등학교 때(2015-2018) 친구들이랑 한국 노래 틀고 춤추고 놀고 있는데, 옆집에서 이상한 노래가 나온다고 신고해서 경찰이 온 적이 있었어요. 경찰이 와 봤는데, 이상한 노래는 안 나오니 그거를 내놔라 하면서 몸을 조금씩 수색하고, 주머니도 만져 봤어요.
B	함경북도 40대	북한에는 순찰 보안원이 있어요. 명절 같은 날 순찰을 하다가 집에서 노래소리 쿵짝쿵짝 소리가 나면 그 집에 그냥 들어와서 안녕하십니까 하고 바로 카세트 있는 데로 무지하게 들어오는 거예요. 북한에는 노래방이 없으니까 집에서 춤추고 놀기 때문에, 그거 신경쓸 시간이 없어요. 노래 단속은 남조선 노래만 하는데, 춤출 때는 세계의 노래(팝송)도 다 단속을 해요.
E	평안남도 40대	2009년에 전화기를 사고, 칩에 중국 노래가 들어 있었는데, 걸리는 노래인지도 몰랐는데, 기차에서 보안원한테 단속돼서 회수당했어요. 그거(칩) 비싼 건데요.
H	양강도 10대	2015년도에 이모네 집에서 한국 노래 엄청 크게 틀고 놀다가, 보안원이 문열고 들어와서 걸렸어요. 그 당시 이모가 늘 그 보안원한테 뇌물을 고이고(주고) 있었어서, 싹싹 빌었어요. 이런 거 보면 되냐고 욕하면서 따귀 한 대를 때렸어요.

출처: 저자 작성

2) 비사회주의적 옷차림과 언어의 단속

북한에서는 우리식(북한식)이 아닌 옷차림과 언어를 비사회주의적이고 불순한 행위로 취급한다. 비사회주의적 행위는 사회적 처벌 대상이며, 안전원들은 주민들의 옷차림과 언어를 단속한다.

가. 비사회주의적 옷차림 단속

비사회주의적 옷차림 단속은 의류와 악세사리, 머리 스타일에 대한 단속으로 나눌 수 있다. 옷차림의 경우, 바지는 주름이 있는 면바지를 입어야 하고, 청바지나 다리에 달라붙는 스키니 바지는 허용되지 않으며, 옷차림의 색상은 무채색이 아닌 튀는 색상은 입을 수 없다. 치마의 길이는 무릎 위를 올라가면 단속의 대상이 된다. 액세서리의 경우, 귀걸이는 크기가 크거나 길이가 긴 경우에 단속된다. 머리 스타일의 경우에는 남성은 머리 길이를 기르면 안 되고, 얼굴 옆 구렛나루를 짧게 자른 머리 스타일이어야 한다. 여성의 경우 머리 염색을 할 수 없고, 긴 머리는 풀고 다니면 안 되며, 긴머리를 묶었을 경우 그 길이도 너무 길면 단속된다. 또한, 여성이 너무 짧은 머리인 숏커트를 해서는 안 된다.

학생들의 경우에는 학교마다 교복이 정해진 것이 아니라, 북한 내에서 전체적으로 같은 디자인과 색상을 입어야 한다. 여학생의 경우, 하얀 셔츠와 남색이나 검정색 치마를 입고, 남학생은 하얀 셔츠와 검정색과 남색의 바지를 입는다. 여학생들은 머리는 단발로 해야 하고, 머리가 옷깃에서 몇 센티가 올라와야 하는지도 정해져 있다고 한다. 이를 통해 북한은 너무 짧아도 안 되고, 너무 길어도 안 되고, 너무 커도 안 되고, 색상이 튀어도 안 되는 등 개인의 다양한 취향보다는 일률적이고 보편적인 모습으로 주민들의 머리 스타일과 옷차림을 유지하고자 함을 알 수 있다.

표 5-21 비사회주의적 행위 단속

번호	대상자 정보	비사회주의적 행위 단속을 경험하거나 득문한 적이 있나요
A	양강도 10대	고등학생이면 무조건 단발이고, 단발머리를 절대 묶을 수 없고, 머리 염색도 안 돼요. 그리고 여자가 머리를 숏커트로 잘라도 안 돼요.
B	함경북도 40대	2019년 길거리에서 옷차림으로 단속되서, 반나절 동안 그 주변 학교 체육관 건설현장에 동원된 적이 있어요. 길에서 계속 단속을 해서 걸린 사람들이 어느 정도 모이면, 트럭으로 건설현장에 데려다 놓고 일을 시켜요. 가서 하루 종일 돌을 나르고, 점심경 건설현장에 갔는데 저녁까지 일했어요.
C	함경북도 20대	북한식 옷차림이 아닌 걸 단속해요. 북한 옷은 면반지, 기모, 등 그냥 평범한 옷들이에요. 머리는 길면 잘라야 해요.
D	함경남도 30대	길을 걷다가 귀고리 길이가 길다고 회수당했어요. 긴 거는 1cm 이상 길면 안 된다는 거예요. 청바지도 다리에 딱 붙으면 안 되고 주름 바지로 입으라고 하니, 주름을 세워서 입어야 해요. 장군님 배지 안 달고 다녀도 안 돼요.

E	평안남도 40대	학교 다닐 때 규찰대들이 학교 입구에 서서 바지를 무엇을 입었는지, 여학생들은 치마가 무릎 위를 올라가는지를 단속해요. 여학생들은 11월부터 3월경까지는 바지를 입어도 되는데, 그 외에는 무조건 치마를 입어야 해요. 대학생들은 교복과 같은 디자인과 색상의 옷을 입어야 돼요. 여자는 하얀 셔츠에 남색이나 검은색 치마를 입어야 해요.
H	양강도 10대	주름 있는 까만 바지를 입어야 돼요. 여름에는 밝은 색상이나 얇은 옷을 입고 싶은데 그게 안 돼요. 청바지나 짧은 옷만 못 입게 하면 숨통이 트일 것 같은데.. 머리도 기르지 못하고, 길러도 풀고 다니지 못하고 묶어서 다녀야 돼요. 염색도 못 해요. 귀걸이 길이가 길다고 거리에서 단속을 당해서 건설현장에 가서 벽돌 나른 적이 있어요.

출처: 저자 작성

비사회주의적 단속에 걸리면, 단순한 훈계 차원에서 그치지 않고, 단속된 물건 등을 몰수하거나 훼손하여 못쓰게 한다. 추가적으로 단속에 적발되면, 주변 건설현장에 데려가 강제노동을 시킨다. 함경북도 출신 C씨와 양강도 출신 H씨는 옷차림과 장신구로 단속되어, 주변 건설현장에 동원된 경험이 있었다고 답했다. 다음은 H씨의 경험 내용이다.

> "2018년경 양강도 혜산시에서 고등학교 때 친구랑 길거리를 걷다가 귀걸이가 길다고 단속에 잡혔어요. 저는 귀걸이 길이가 정해져 있는지 몰랐어요. 그냥 시장에서 파니까 사서 해 본건데, 잡아서 뭐라고 하더라고요. 계속 빌었는데도, 그냥 무작정 끌고 가서 공사장으로 보냈어요. 오후 2시쯤 걸렸는데 오후 7시까지 아파트 건설하는 공사장에서 벽돌을 날랐습니다."

북한은 경제발전과 근대화를 위해 인적 자원과 물적 자원을 동원하여 왔다. 그러나 계획경제의 특성상 만성적 노동력 부족에 시달린다. 북한에서 노동력과 물적 동원은 사회 전반적으로 이루어지며, 사회안전성에도 국가의 중점사업에 동원되는 부서가 있다. 건설국과 공병총국은 국가적인 주요시설 건설, 시공 수리를 담당한다.

건설사업은 당정책의 역점사업이지만 시설과 장비가 부족하여, 노동력에 의존한다. 비사회주의적 옷차림 등에 대한 단속은 노동 단련대나 교화소를 가는 법적 처벌 대상이 아니고 사회적 책임의 일환이므로, 사회안전성은 단속에 적발된 주민들을 건설현장으로 동원시킨다.[122] 즉 비사회주의 행위 단속은 사회질서를 유지하고, 주민들을 통제하려는 측면도 있지만, 국가와 지역적 차원에서는 인력이 부족한 현장에 노동력을 제공하는 역할을 하며, 안전원 개인적 차원에서는 포고문 등을 근거로 해당 행위를 적발함으로써 뇌물을 받을 수 있다는 경제적 이점으로 작용한다.

비사회주의적 행위는 사상적 해이로 발생함에 따라 사회적으로 비판을 하여, 해당 행위를 다시 하지 않도록 경각심을 주고자 한다. 평양 출신 F씨는 머리나 옷차림 등 비사회주의적 행위가 적발되면, 비판 무대에 세워 비난하고 교양한다고 증언했다. 북한 주민들은 외출 시 김일성·김정일 초상화 배지를 달고 다녀야 하는데, 초상화 배지를 달지 않거나 달라붙는 바지 등을 입었다는 내용을 인민반 회의와 여맹위원장 회의에서 스피커를 통해 마을 전체에 방송한다. 방송을 통해 어느 동네 누가 어떤 불건전한 행위를 하였다고 전파한다.

> "OO동에 사는 주민 OOO은 사회의 불건전한 부르주아 청바지를 입었다. 지금 사회가 이렇게 문란하다는 것을 자각하고 우리식을 지키자! 인민들이 다 합심해서 수령결사옹위정신으로 살아가자!"

나. 비사회주의적 언어 표현 단속

북한은 과거 동유럽 사회주의 국가들의 멸망이 외부사상의 유입에서 시작되었다고 선전한다. 해당 사회주의 국가들이 부르주아 사상적 침투에 적극적으로 대응하지 않고, 경제건설에만 치중하여 사상사업을 소홀히 하였다는 주장이다. 북한의 주장에 따르면, 부르주아 사상문화는 제국주의자들이 침투시키는 색정적이고 부패한 영화와 음악, 출판물로 유입되고, 자본주의의 우월성을 설교하고 사회주의를 비난하기 때문에 사상적 해이를 가져온다. 북한은 사상적 해이가 주민들의 행위와 말투로

122 「청년교양보장법」 제41조(청년들이 하지 말아야 할 사항) 제14항에서는 '우리식이 아닌 이색적인 옷차림과 몸단장을 하여 사회의 건전한 분위기를 흐려놓는 행위'를 청년들이 하지 말아야 할 행위로 지정하였다. 제45조(행정적 또는 형사적책임)에 따르면, "이 법을 어겨 엄중한 결과를 일으킨 기관, 기업소, 단체의 책임있는 일군과 개별적 공민에게는 정상에 따라 행정적 또는 형사적 책임을 지운다."라고 명시함으로써, 일반적인 비사회주의적 옷차림으로는 노동 단련대나 교화소를 가는 등 법적 처벌을 받지는 않는 것을 확인할 수 있다.

표출된다고 보고, '평양어' 외 다른 표현과 말투를 사용하는 것을 단속한다.

김정은 정권은 남한식 표현과 말투를 비사회주의적 표현으로 분류하고 단속한다는 증언이 수집된다. 청년층을 중심으로 한국 드라마와 영화 시청 및 음악감상이 이뤄지면서, 자연스럽게 한국 드라마 속의 단어와 표현을 사용하기 때문이다.

비사회주의적 표현을 단속하는 방법은 두 가지이다. 첫째, 안전원들이 길거리와 식당, 공원 등 외부에서 한국식 표현을 사용하는 주민들을 적발 및 단속하는 것이다. 한국식 말투 사용을 적발한 안전원들은 어디서 그 말투를 배웠는지, 무슨 한국 드라마를 봤는지를 유도하며, 휴대폰 등 소지품을 검사한다. 북한에서 한국식 언어 사용은 한국 영화와 드라마 등 불법 영상물을 시청하고 있다는 증거로서 작용하기 때문이다.

둘째, 안전원들은 고급스러운 옷을 입거나, 스마트폰, 태블릿 PC나 노트북 등 전자기기를 소지하거나 사용하는 주민들의 전자기기 및 소지품을 검사하여 한국 드라마와 노래 등의 소지 및 시청 여부를 검열한다. 휴대폰을 검열할 때는 먼저 통화 목록을 살펴보며, 전화번호에 저장된 이름을 본다. 휴대폰 연락처 목록에서 상대방의 이름을 정자로 저장하지 않고, '돼지', '뚱보'처럼 애칭이나 별명으로 저장한 경우는 단속 대상이다. 문자 메세지를 작성할 때 한국식 표현을 사용하는지 검열한다. '친구', '오빠', '자기야'와 같이 북한에서 사용하지 않는 단어의 사용을 금지하며, '생파'와 같은 줄임말도 단속된다.

표 5-22 비사회주의적 표현 처벌 사례

구분	대상자 정보	비사회주의적 표현 단속 처벌을 경험하거나 득문한 적이 있나요
A	양강도 10대	남한식 말투는 단속을 좀 하는 것 같아요. 요즘 친구들은 드라마를 많이 보다 보면 또 그렇게 말이 자연스럽게 나갈 때가 많아요. 친구들이 그냥 자연스럽게 막 3명 4명이 개인이 하는 식당에서 그냥 밥 먹으면서 자연스럽게 남한식 말을 했는데, 그 옆에 사복 입은 게 경찰일 때도 있어요. 되게 어이없고 경찰들이 일부러 막 사복을 입고 다녀요. 경찰복을 안 입고 일부러 사복 입고 모여다니는 애들 따라가 감시하다가 한국식 말투 쓰면, 바로 "나 보안원이다!"하고 잡아가고 되게 어이없게 걸리는 경우가 많아요.

B	함경북도 40대	말투에 대한 처벌은 없었어요.
C	함경북도 20대	휴대폰 단속 시, 메시지 내용들 들어가 보고, 통화 내역 들어가서 친구들 어떻게 저장했는지 봐요. 연락처에 이름말고 애칭으로 저장하거나 별명으로 해 놓으면 안 돼요. 예를 들어, '똥보' 이렇게 하는 것도 안 돼요. 꼭 한국말이 아니더라도 이름으로 저장하라고 해요. 한국말이 있어도 안 되고, 줄임말 있어도 안 돼요. 애들이 드라마 보면 줄임말을 많이 써서 그런 거 하면(줄임말 사용하면) 바로바로 다 삭제해요. 예를 들어, 생파, 친구도 안 돼요. 자기야 막 이런 것도 안 되고, 오빠도 안 돼요.
D	함경남도 30대	농촌에 살아서 모르겠어요.
E	평안남도 40대	한국 말투에 대한 단속도 한대요. 저는 보지는 못했지만, 애들이 한국 드라마를 보고 그대로 말을 한단 말이에요. 그럼 그 말투 어디서 봤어 이러면서 잡아간대요.
G	양강도 20대	말반동은 단속해요. 2009년경 아빠가 데리고 있던 오빠가 인신매매하고 중국도 자주 가고 해서 한국 물정을 잘 알았어요. 집에서 사람들 조금 모여서 술먹을 때 "김정일"이라고 이름을 불렀다가 그 자리에 있던 보위부 정보원이 몰래 찔러서 보위부 집결소 가서 고생 좀 했대요.
H	양강도 10대	그런 건 없었어요.

출처: 저자 작성

다. 불법 휴대폰 사용통제

일부 북한 연선지역에서는 중국 전파를 연결한 휴대폰 사용이 가능하다. 국경지역 밀수 업무를 하거나 한국과 중국 등에 가족이 있는 주민들은 해외 휴대폰을 구입 및 전달받아 북한에서 몰래 중국 전파를 연결하여 사용한다. 북한 당국은 불법 휴대폰 소지 및 사용자를 적발하기 위해 '전자파 탐지기'를 도입하여 사용하고 있으며, 주민들은 통화 내용이 도청이 되는 것을 알아 실명은 언급하지 않는다.[123]

김정은의 중점적 지침 사항은 한국 영상물 시청 금지와 국경이탈 금지이다. 한국 드라마와 영화는 중국을 통해 유입되며, 중국을 오가는 사람들에게 반입되거나 물품 등이 밀수되어 들어오면서 유입된다. 국경이탈은 중국에 있는 브로커와의 연락, 한국과 중국 등에 있는 가족과의 연락을 통해 이루어지기 때문에, 불법 휴대폰

123 양강도 출신 G씨 증언(2023년 9월 23일 인터뷰).

사용에 대한 통제는 정권의 관심사이다.

양강도 출신 10대 여성 H씨는 국영식당에서 일할 당시 안전원들이 식당에 자주 왔고, 주파수를 잡는 사람들은 노트북 가방과 비슷한 크기의 가방을 들고 다녔다고 하였다. 그는 안전원들이 불법 휴대폰 통화 내용을 청취하다가 인지한 '국경이탈 날짜와 시간, 장소 등 계획'을 국경경비대에게 말해 주는 것을 들었다고 증언했다.

불법 휴대폰 사용은 적발시 법적 처벌을 받지만, 적발된 즉시 뇌물을 주면 해결할 수 있다. 통화를 수·발신한 목적지가 중국인지 한국인지에 따라 금액이 달라지며, 뇌물을 줄 경제력이 없으면 그 자리에서 단속되어 연행된다.

함경북도 출신 B씨는 지인의 환심을 사기위해 중국 휴대폰을 대신 구매하였다가 발각되었으나, 보위부 정보원과 인민반장이라는 지위를 통한 신뢰를 바탕으로 결백을 주장하여 상황을 모면했다. 그러나 중국 휴대폰 구매한 것이 걸리면 무조건 교화소에 가야 한다고 덧붙였다.

> "우연히 누구네 집에 중국 휴대폰이 있다는 걸 알게 돼 샀는데, 그때 중국 휴대폰을 판매한 사람 주변에 정보원이 있었어요. 그래서 걸렸어요. 근데 제가 휴대폰을 다른 데 팔았었으면 저는 죽었어요. 일단 휴대폰을 다 부셔버렸어요. 그리고 거기(당시 통제기관)서 (휴대폰 상태가)왜 이러냐고 물었을 때 "나는 이게 중국 휴대폰인지 몰랐다. 비싸게 주고 샀는데 작동이 안 되고 물리자니까 안 된다고 해서 화가 나서 이렇게 하면 될까 하면서 긁고, 때리고 했다." 해서 바보처럼 울면서 매달려서 억울하다고 했어요. 그래서 내 단계에서 처리를 했어요. 만약에 걸렸으면, 교화는 무조건 가야 해요."

불법 휴대폰 사용이 가능한 지역에서는 전파탐지기들 통한 불법 휴대폰 사용 단속과 처벌이 강하게 이뤄지고 있다. 다음은 평안남도 출신 E씨가 이웃집에서 불법 휴대폰을 사용하다 적발되어 노동 단련대 6개월 처벌받는 것을 목격했다는 증언이다.

> "2016년경에는 밀수가 막힌 상태였는데, 이웃집에서 중국에 물건은 보냈는데 돈을 못 받은 상태여서 계속 중국에 전화를 할 때였어요. 저는 밖에서 다 봤는데, 안전원들이 오토바이를 타고 와서 휴대폰 두 개만한 크기의 검정색 장비를 그 집 벽에 가져다 대니까 소리가 나더라구요. 그러더니 대문을 따고 들어가서 잡아갔어요. 한 달 동안 취조받다가 노동 단련대 6개

월 살았대요. 그 다음부터는 불법 휴대폰 사용을 안 하더라고요. 그 이후에는 인력거와 구루마 같은 걸로 짐 옮겨 주는 일을 해요."

표 5-23 불법 휴대폰 사용통제

구분	대상자 정보	불법 휴대폰 사용에 대한 통제 및 처벌을 경험하거나 득문한 적이 있나요.
A	양강도 10대	중국 휴대폰은 제가 사용은 안 해서 모르겠어요. 불법 휴대폰 사용을 탐지하는 탑 같은 게 돌아간다고 들었어요. 그 탐지 탑이 어느 지역인지 잡고, 탐지기가 장착된 자동차가 있대요. 경찰들한테 아마 탐지기 차가 있어서 차에서 확인하는 것 같아요.
B	함경북도 40대	제가 아는 언니에게 잘 보이고 싶어서 중국 휴대폰을 대신 사줬는데, 판매한 사람 주변에 정보원이 있어서 걸렸어요. 중국 전화는 걸리면 무조건 교화소에 가야해요. 제일 무섭고 위험한 게 남조선이랑 연계할려고 휴대폰을 사고 파는 것이에요.
C	함경북도 20대	청진에서는 중국 휴대폰 사용이 아예 안 돼요. 혜산이랑 회령만 돼요. 중국 휴대폰 사용이 불가해서 단속이 없는 것 같아요. 불법 휴대폰 탐지기는 들어본 적이 있어요. 2015년경 양강도 혜산시에 있는 이모 지인 밀수한다던 사람이 이모 집에서 통화하다가 잡혔거든요. 근데 수돗물 켜놓고 (통화)하면 전파는 잡히더라도 대화 내용을 모른대요. 전파잡는 기계를 본 적은 없는데, 들고 다닐 것 같아요. 귀에다 뭐 꼽는거 아닐까요. 헤드셋처럼.
D	함경남도 30대	저는 김정숙군에 살았는데, 어디 지역 가면 주파수가 잡힌다고 하더라고요.
E	평안남도 40대	2017년 양강도에서 친구가 중국이랑 한국에 연결시켜 주고 돈을 받는 일을 하다가 걸렸어요. 잡혀 들어갔다가 3,000원 주고 나왔는데, 또 요구해서 2,000원 더 줬대요.
F	평양 30대	주변에서 불법 휴대폰을 사용하는 사람을 못 봤어요.
G	양강도 20대	2017년 옆집에서 불법 휴대폰으로 걸렸어요. 보안원들 4-5명이 한 번에 집을 감싸면서 들어와서 가택 수색해서 휴대폰을 찾았어요. 그 자리에서는 중국 돈 10만 원을 주고 나왔어요.
H	양강도 10대	혜산시에는 밀수하는 사람이 많아서 중국 휴대폰을 사용하니까, 그런 건 주파수로 잡아요. 2018년도에 저희 친척 중 한 분이 사용하다가 걸려서 뇌물주고 2개월 있다가 풀려났대요.

출처: 저자 작성

라. 미신행위통제

과반수의 인터뷰 응답자들은 상당수의 북한 주민들이 미신행위를 하고 있다고 증언했다. 그러나 주체사상 등 사상교양이 유지되는 주민들은 미신행위를 하지 않고, 지도자와 당을 믿으며 생활하고 있다. 일부 응답자는 "북한 사람들은 자신이 주인이라는 생각이 있어서 미신행위를 하지 않는다."라고 증언하기도 했다.

북한 주민들은 이사를 가거나, 결혼하거나, 중요한 결정을 할 때 점을 보러 가고, 주민들뿐 아니라 당과 국가기관의 간부들도 점을 보러 가는 것이 확인된다.[124] 또한 결핵이나 간염의 치료약을 구하지 못하면 불치병으로 여기고 굿을 통해 해결하려고 하는 등 아플 때도 점쟁이를 찾는다는 증언이 수집되었는데, 이는 북한의 열악한 의료시설과 현실을 반영한다.

북한에서 미신행위가 성행하게 된 이유는 두 가지이다. 첫째, 1990년대 경제난 이후 배급제도와 의료체계가 정상 작동하지 않았고, 사회적 불안을 해소하기 위한 방법으로 '미신행위'가 성행하기 시작했다. 둘째, 북한의 방송 등 매체가 정보 전달적 기능을 하지 않고, 인터넷에서도 정보검색이 제한된 북한의 폐쇄적 사회 특성 때문이다. 북한 주민들은 궁금증 해결과 확신을 얻기 위해 점쟁이를 찾는다. 최근 북한 주민들은 '탈북 날짜', '밀수날짜', '사업 운'을 물어보는 등 미신행위에 대한 의존도가 높아지고 있다. 북한당국에서는 미신행위가 한국과의 연관성이 높아짐에 따라 통제를 강화하고 있다.[125]

인터뷰 대상자들은 미신행위를 직접 경험한 적은 없으나, 주변에서 미신행위를 하는 것을 경험하거나 득문한 적이 있었다. 대상자들은 미신행위도 처벌을 받는다고 답했고, 미신행위가 사회적으로 큰 파장을 일으키는 경우에는 공개처형까지 시킨다고 답했다.

124 김영석, "北간부, 거액 들여 점집 찾는 이유..귀신 쫓는 놀음까지,"『국민일보』 2016년 4월 26일.
125 Daily NK, "김정은 시대 사회불안 심화…미신행위 '굿' 성행,"『Daily NK』 2013년 5월 7일.

표 5-24 미신행위통제

구분	대상자 정보	점쟁이 등 미신행위 처벌에 대해 목격하거나 득문한 것이 있나요
A	양강도 10대	미신행위 이런 거는 괜찮아요. 경미한 미신은 처벌의 강도가 비교적 낮은 거 같아요. 한국이랑 연관되면 좀 못 살게 하는 경향이 좀 있어요. 북한 사람들은 자기 자신이 주인이다라는 게 많아서 점을 보는 사람이 또 그렇게 많이 없어요. 진짜 자기가 자녀가 아픈데 병원에 가도 낫지 않을 때 진짜 간절할 때 이게 마지막 희망일 때 점쟁이 말을 참고하거나 묻고요. 사람들 10명 중에 한 명이나 점보러 갈까 말까 한 거 같아요.
B	함경북도 40대	처벌받아요. 근데 살기 위해서 점을 보는 것과 다른 사람들에게 미신을 퍼뜨린 것은 다르게 처벌받아요. 미신행위로는 교화까지는 안 가는 것 같아요.
C	함경북도 20대	일단 점을 보러 가는 자체도 안 돼요. 2018년 여름경 '칠성OO'이라는 이름으로 약간 7명이 한 팀으로 점을 봐 주러 다니다가 걸렸더라고요. 이름이 칠성OO였는데 점쟁이들 나이가 엄청 어린 애부터 할머니까지 한 7명 정도가 무리지어 점을 보면서 다녔다고 하더라고요. 공개총살을 당했다고 들었어요.
D	함경남도 30대	2015-6년경 다른 사람이 방토행위를 한 후 버린 핑크색 저고리를 주웠다가 얼굴이 까매지고, 거의 죽다가 살아났어요.
E	평안남도 40대	미신도 처벌받아요. 2014-15년에 점을 잘 쳐 주던 점쟁이가 잡혀가서 2달 만에 나왔다고 들었어요.
F	평양 30대	미신은 엄청나죠. 엄청 많아요. 거의 전 국민이 다 미신을 믿는 거죠. 예를 들어 결혼할 때 궁합도 보고, 이사할 때도 물어봐요. 법적 처벌을 받는다고 들었는데, 제가 목격하지는 못 했어요.
G	양강도 20대	미신행위도 처벌은 하는데, 직접 본 적은 없어요. 성경책, 별자리 책도 검사하다가 나오면 처벌받는대요.
H	양강도 10대	네. 점을 보는 집은 처벌해요. 교화소까지 가진 않는 것 같고, 구류장에 갔다가 나왔던 것 같아요.

출처: 저자 작성

3. 공포적 수단통제

1) 포고문을 통한 통제

북한 당국은 사회안전성을 통해 집중적으로 단속하는 불법행위와 일탈행위를 포고문으로 하달한다. 일반적 북한 주민들은 법전을 접하기 어렵고, 정보 검색과 공유가 제한되기 때문에, 새로운 법의 제정과 수정, 세부사항 등을 바로 알기 어렵다. 이에 따라, 사회안전성에서 내려보내는 포고문은 모든 사람들에게 공유되는 단속과 처벌 공지문으로서 기능한다. 인터뷰 응답자들은 일상적으로 포고문을 보았으며, 포고문은 식당과 장마당, 지하철, 기업소, 공장, 상점, 길거리 등 사람이 많은 곳에 붙어 있다고 답했다. 또한 포고문은 수시로 하달되지만, 주기나 횟수는 일정하지 않다고 답했다.

수집된 포고문은 2009년 '화폐개혁 관련 달러를 사용 금지', 2012년 '남조선 괴뢰들의 드라마 시청 금지', 2018년 '노래방 영업 중지와 불법 영상물 시청 금지'에 관한 내용이었다. 그 외에는 마약 유포 및 사용 금지, 외부인 숙박 금지, 적대국 영상물 유포 금지, 지도자 동상 관리, 산림자원 관련, 도를 벗어난 쌀 판매 금지 등의 내용이 확인된다.

포고문은 그 시기에 중점적으로 통제해야 하는 사안을 내려보낸다. 포고문이 내려오면, 안전원들은 자신의 실적을 위해 포고에서 내려온 행위를 빨리 적발하고자 한다. 포고문이 하달되면, 포고문에 대한 단속을 실행한다는 것을 보여 주기 위해, 처음 잡힌 사람들을 본보기로 엄격하게 처벌한다. 포고문으로 내려온 행위에 첫 번째로 적발되는 사람을 본보기로 강하게 처벌하는 것을 '시범 게임'이라고 칭한다. 시범 게임 대상자는 반드시 공개재판에 세우고, 처벌을 받는다. 포고문의 시범 게임에 걸린 적이 있다는 함경북도 B씨의 증언이다.

> "제가 2017년도 5월에 솔분(소나무 꽃가루) 채취를 했어요. 중국으로 솔분을 비싸게 팔 수 있거든요. 사람들이 솔분을 중국에 팔기 위해서 나무를 도벌했더니, 포고가 떨어졌어요. '산에 나와서 나라의 재산을 도벌하는 자를 처벌할데 대하여' 이런 식으로요. 그 때 제가 우연치 않게 그 포고의 시범으로 잡혔어요. 시범으로 5명이 잡혔고, 무조건 단련대 3개월 가는 거였어요. 저는 보위원 정보원이어서 계속 힘을 쓰고, 결핵이 있다고 아프다고 사정을 해서 겨우 나왔어요. 나머지 네 명은 공개재판에 다 세우고, 그대로 단련대 3개월 처벌을 다 받았어요."

포고문에 근거한 적발은 안전원 등 사회통제기관의 실적이 될 뿐 아니라, 안전원이 뇌물을 받을 수 있는 기회가 된다. 따라서 안전원들은 포고문에 내려온 사항들을 적극적으로 단속하고 통제한다. 평안남도 출신 E씨는 포고문의 단속에 피로감을 느낀다고 하였고, "포고문에 내려온 사항을 단속하는 안전원과 법관들은 한동안 주민들을 들쑤시고 못살게 하겠다고 생각한다."라고 하였다.

표 5-25 포고문을 통한 통제

구분	대상자 정보	포고문을 본 적이 있나요. (포고문의 내용, 빈도, 포고문 내 기간, 포고문 게시 위치 등)
A	양강도 10대	포고문은 내려와요. 항상 붙어 있어요.
B	함경북도 40대	북한에서 포고가 시도 때도 없이 계속 나와요. 포고문은 사람들이 많이 다니는 시장, 상점, 공장, 기업소, 출입문, 우편국 등 이런 곳 창문에 붙였어요.
C	함경북도 20대	2009년 화폐개혁 때는 달러를 사용하지 말라는 내용이 한 번 내려왔었고, 2012년에는 드라마로 딱 찍어서 내려왔어요. 한국 관련된 괴뢰들의 드라마를 보지 말라고 하더라고요. 포고문이 붙는 장소는 공공장소에는 다 붙어 있어요. 예를 들면 시장에도 있고, 회사 직장들에도 있고 그리고 상점들 같은 데도 있어요. 아무튼 출입문이 있는 데는 거의 다 붙어 있어요.
D	함경남도 30대	포고문을 봤어요. 내용은 마약이랑 외부 사람을 들이지 말아라는 내용이 기억나요.
E	평안남도 40대	새로 포고문이 내려오면 길마다 붙고, 포고문에 대해서 연설도 하고 설명회도 해요. 적대국의 영상물 등 유포, 혜산시 지도자 동상 파괴 관련, 불법행위, 산림자원, 도를 벗어나서 쌀을 팔지 말라는 내용, 자원을 팔아먹지 말라는 포고 등 항상 내려와요.
F	평양 30대	지하철, 공원 등 사람이 많이 다니는 곳에 붙여 둬요. 마약(디아제팜)을 하는 사람들을 엄격히 처벌한다는 포고가 기억나요. 자주는 안 내려오고 1년에 한 번은 내려오는 것 같아요.
G	양강도 20대	포고문은 항상 나와요. 직장, 군대 내부에 생활하는 모든 곳에 다 붙어 있어요.
H	양강도 10대	2018년도에 본 건 노래방을 갔었는데, 거기에 이제 노래방 같은 걸 하지 말라고 포고문이 붙어 있던 걸 봤어요. 불법 녹화물도 보지 말고요.

출처: 저자 작성

사회안전성의 명의로 내려오는 포고문은 해당 일탈행위와 위법행위가 전국적으로 발생하는 경우에는 전국적으로 내려보내지만, 상황과 지역에 따라 차등적으로 하달되기도 한다. 함경남도에 거주하다가 양강도로 이주한 함경남도 출신 D씨는 함경남도에 살 때보다 양강도에 이사를 와 보니 포고문의 빈도가 더 잦았다고 증언하였다.

표 5-26 북한 주민들의 포고문에 대한 평가

구분	대상자 정보	포고문을 접할 시 어떤 생각이 드나요
A	양강도 10대	조심해야겠다고 생각했어요. 이제 하지 말아야겠다고 생각하지는 않았어요.
B	함경북도 20대	그냥 별 생각 안 들었어요. 걸리면 안 되겠다. 약간 조심해야겠다는 생각을 해요. 예를 들어 드라마를 이제 보지 말아야겠다 이런 생각은 안 해요.
C	함경남도 30대	포고문에 있는 걸 진짜 했을 경우에는 나도 모르게 어떻게 될지 모른다 이런 생각이 들어요.
D	평안남도 40대	포고문이 내려오면 또 한동안은 좀 힘들겠네, 보안원과 보위원 등 법관들만 살게 하겠다고 생각해요.
F	평양 30대	뭐 툭하면 나오는 거니까 포고문을 많이 봤어요.
G	양강도 20대	포고문을 읽어 보고, 이번에는 이렇게 포고로 나왔네. 그거를 하지 말아야겠다. 한번씩 읽어 보고 경각심을 갖는 거죠.

출처: 저자 작성

반면, 평안남도 군인마을에서 생활했던 평안남도 출신 E씨는 군인가정으로 생활 당시 포고문에 중점을 두고 생활하지 않았고, 방침전달을 통해 지시사항과 위법사항 등을 전달받았다고 답했다. 또한 평양에서 생활한 평양 출신 F씨의 경우, 당과 지도자의 지침이 가장 우선이며, 그 다음은 법을 중심으로 생활한다고 답했다. 포고문은 북한이 당의 지침과 전달이 바로 가능하지 않은 지역과 환경에서 통제 강화를 위해 활용되고 있었다.

2) 공개처형을 통한 통제

인터뷰 대상자들은 최근 공개처형을 직접 목격한 사람은 없었고, 공개재판이 많이 진행된다고 답했다. 공개처형을 직접 목격한 주민들은 실신하거나, 불면증과 실어증 등 후유증을 겪는 경우도 있었다.[126] 2018년 미신행위에 대한 공개처형을 진행하였고, 공개처형에 참석한 당시 20대 초반의 친구는 너무 무서워서 며칠 동안 밥을 먹지 못했다고 증언했다. 공개처형은 주민들에게 큰 충격과 공포를 주는 만큼, 공개처형의 원인행위에 대한 즉각적인 통제 효과를 준다.

표 5-27 공개처형 목격 및 득문 경험

구분	대상자 정보	공개처형을 목격하거나 득문한 적 있나요.
A	양강도 10대	2018년도 양강도 혜산시 광장에서 공개재판한 걸 본 적이 있어요. 공개재판을 할 때는 한 사람을 놓고 하기도 하고, 한 열명 정도 줄을 세워 놓고 하기도 하는데 학생들도 있고 어른들도 있고, 죄명은 달랐어요. 야동을 보는 학생, 마약하는 어른들도 있었어요.
B	함경북도 40대	직접 본 적은 없지만, 공개처형도 많이 하고, 공개재판도 많이 해요.
C	함경북도 20대	2018년 미신행위로 공개재판을 했다고 들은 적이 있어요. 함경북도 수남 수성천 옆에서 공개처형을 했대요. 청진뿐 아니라 함경북도 기관 단체들이 다 왔었대요. 저는 안가고 친구가 갔었는데, 총을 한 발이 아니고, 여러 발 쏜대요. 얼굴을 천 같은 거로 가리고. 친구가 공개처형에 참석했는데, 엄청 무서워서 며칠 동안 밥도 못 먹었대요.
D	함경남도 30대	실제로 본 적은 없고, 들은 적은 있죠.
E	평안남도 40대	저는 공개처형을 본 적은 없는데, 평상시에 비행장이랑 장마당 근처에서 많이 한다고 들었어요.
F	평양 30대	공개재판은 세 번정도 봤어요. 평양은 모란봉 야외극장에서 공개재판을 많이 해요. 기억에 남는 건 성폭행 건이랑 남조선 괴뢰 연속극을 너무 많이 본 애가 있었어요. 둘 다 교화소 갔어요.
G	양강도 20대	공개처형은 제가 어렸을 때 한 번 봤어요. 2000년경이었던 것 같은데, 아빠와 삼촌이 “저런 나쁜 짓하면 저렇게 되는거야” 뭐 그런 말을 했던 것 같아요. 공개재판은 고등학교 때 경기장으로 자주 갔어요. 거의다 한국 불순 녹화물, 마약, 한국행 기도가 대부분이에요. 진행은 군복을 입고 있는 보안원들이 해요.

126 일본 도쿄신문은 지난 1년간(2023년 10월 기준) 공개처형이 100명을 넘을 것으로 추산했다. 김채현, “10대 청소년도 공개처형...지켜보던 北주민 실신했다.” 『서울신문』, 2023년 10월 13일.; 코로나19가 확산되기 전 공개처형 수는 매년 10여 명으로 추산된다. 본서 인터뷰의 응답자들은 대부분 코로나19가 확산되기 전에 국경이탈을 하였기 때문에, 최근 증가한 공개처형은 해당 심층면접조사에 반영되지 않았다.

H	양강도 10대	공개처형은 잘 모르겠어요. 공개재판은 해요. 학교다닐 때 여기로 말하면 저는 중학교 3학년이고, 고등학교 3학년 선배가 한국 영화랑 드라마 보다가 걸려서 공개재판을 받았고, 영상물을 유포까지 해서 교화소 갔던 것 같아요.

출처: 저자 작성

답변 내용을 통해 공개처형과 함께 공개재판이 많이 진행되고 있음이 확인된다. 또한 대부분의 응답자들은 공개재판을 직접 본 적이 있었다. 공개처형은 이미 사형이 정해진 상태에서 사형을 집행하는 것을 보여줌으로써 해당 행위를 예방하고 통제하는 강력한 효과를 가진다. 반면 공개재판은 공개처형처럼 중대 범죄가 아니더라도, 주민들이 법적 처벌의 대상이 아니라고 생각한 행위나 사회에 만연하게 퍼져있어서 심각성을 느끼지 못하는 행위에 대한 경각심을 주고 통제하는 충격 요법 역할을 하였다.

제6장

주민통제 유형별 비교분석과 함의

6장 1-3절에서는 김일성, 김정일 및 김정은 정권별 사회안전성의 주민통제를 통제유형별로 교차 분석하여, 정권별 주민통제의 특성을 도출하고, 주민통제의 변화를 살펴보고자 한다. 4절에서는 지도자별 주민통제의 제약환경과 활성 환경, 통제 강화요인과 완화요인을 분석하여, 당국이 초점을 맞추고 있는 주민통제의 유형을 도출하고자 했다.

제1절

기본적 생활통제

1. 주민성분통제

사회안전성은 주체사상을 유일한 지도지침으로 삼고, 수령의 주체 혁명위업을 보위하는 것을 사명으로 한다. 사회안전성은 지도자와 당의 정책을 관철시키기 위해 주민들이 정책과 지시를 따르도록 관리하고 통제하는 임무를 해 왔다.

김일성 시대 기본적 생활통제의 특징은 사회주의 체제의 고유한 제도와 질서를 인민들에게 강요하는 일반적인 통제시스템을 구축하였다는 점이다. 공산 혁명가 레닌의 '혁명이론'[1]에 따르면, 사회주의 국가들은 세계 공산혁명을 지향하고, 혁명을 완수하기까지 개별적인 사회주의 국가는 임시적인 전시 체제로 운영된다.[2] 이에 따라 전시 체제인 사회주의혁명을 이끌어나가는 '혁명적 수령'은 절대적이며 필수적인 존재가 된다. 사회주의 정치 체제는 전시 체제를 전제로 하며, 혁명을 이끌어 갈 수령이 필요하고, 효율적인 전투 수행 체제하에서 주민들의 삶은 통제가 일상화된 성격을 갖는다.[3] 북한은 혁명적 민주기지를 창설하기 위해서 사회주의 체제만의 일반적인 통제시스템의 구축이 필요했다. 이에 따라 생산수단의 사적 소유를 금지하였고, 생산 및 서비스 용역 등 일체의 자본을 국가가 독점하였다. 또한, 모든 주민을 성분으로 구분하여 통치에 적극적으로 활용하였다. 당은 언론 및 집회결사 등을 독점적으로 장악했고, 모든 주민의 거주 및 이동의 자유를 통제했으며, 사상적 학습을 진행

1 블라디미르 일리치 레닌, 『레닌과 사회주의 혁명(사회주의 이론 총서 2)』 (서울: 태백, 1989), p. 2.
2 이지수(2018), p. 445.
3 이지수, "김정은은 과연 조선민주주의인민공화국을 상징할까?," 『통일전략』 제13권 1호 (2013), pp. 202-203.

하였다.[4]

사회안전성은 일반적 통제시스템을 구축하는 과정에서 김일성 주석으로부터 반혁명적 책동을 철저히 차단하라는 임무를 부여받았다. 정책 관철을 위해 친일파와 민족반역자들의 책동을 차단하였고, 정권 수립의 공고화에 크게 이바지하였다. 1946년에는 반제반봉건민주주의 혁명에 따라 무상몰수 무상분배의 원칙으로 '토지개혁'을 시행했다. 사회안전성은 토지개혁 시행에 반대하는 지주계급의 반항을 차단하는 첨병 역할을 하였다. 북한은 한국 전쟁 이후 파괴된 농업기반을 조성하고 경제구조를 변화시켜야 한다는 필요성에 따라 1954년 농업협동화와 산업의 국유화를 진행하였다. 사회안전성은 농업협동화 과업을 완수하기 위해, 부농과 정책에 불만 있는 중농들의 반대와 투쟁을 진압함으로써 정책 관철에 기여했다. 또한, 사회안전성은 산업국유화 정책을 관철하기 위해, 정책에 반대하는 상공업자 등 적대분자의 투쟁을 진압하고 감시함으로써 사회주의 경제 체제의 전반적인 제도적 기반을 조성하는 역할을 하였다.

1958년 8월부터 북한은 기존 사회 구성원들의 신분을 조사하는 주민성분 조사사업을 시작했다. 해방 이후 진행됐던 토지개혁과 농업 협동화, 산업의 국유화 등 사회주의 계획경제 체제로의 전환을 위한 일련의 과정들은 주민성분사업 시 필요한 주민들의 계급적 배경, 가족관계, 전쟁참전 경력 등 근거자료를 축적하는 데 활용됐다. 사회안전성은 주민들의 성분을 분류하여 일차적으로 성분제도를 정착시키는 현장에서 조사원 역할을 하였다.

1966년~1967년 동안 진행된 주민성분 분류사업은 각 주민의 가족, 주거, 직장을 포함하여 직계 3대, 처가와 외가 6촌까지 조사하였고, 북한을 핵심, 동요, 적대 등 3대 계층으로 분류하였다. 완료된 성분제도는 사회안전성 등 감시기관이 누구를 감시하고 통제해야 하는지, 당-국가-기업소는 누구를 입직시키고, 승진시켜 중요한 역할을 맡길지, 대학에서는 누구를 입학시킬지 등 사회 전반적으로 주민을 평가하고 감시할 수 있는 절대적인 통제기준이 되었다.

사회안전성이 철저히 감시하고 통제하는 대상은 적대계층이다. 그중에서 유사

---

4 이지수(2018), pp. 442-444.

시 남한에 동조할 잠재적 위험분자는 상시 감시하고, 체제와 제도를 전복시키려는 고위험분자는 탄광지대와 산간고지 등으로 강제 이주시켜 일반 주민들과 격리시켰다. 김일성 집권 시대 사회안전성은 적대계층의 사회적 진출을 막고, 정치·사회적으로 격리함으로써 혁명화에 따른 사회적 구조 유지에 기여하였다. 가장 강력한 주민통제의 대상은 월남자, 남한 출신, 국군포로와 그 가족들이었다.

김정일 시대에는 기본적으로 선대에 완성된 성분제도를 기반으로 국군포로와 월남자 등과 그 가족들에 대한 통제를 유지하였다. 사회안전성에서는 주민성분에 대한 서류를 관리 및 보관하고, 공민등록을 통해 출생과 사망 등 변경사항을 수정하였다. 적대계층에 속하는 주민들은 입당과 대학진학, 보안기관 취업 등이 철저히 제한되었다. 기업소와 대학, 농장 등은 주민들의 성분이 모호한 부분이 있으면, 사회안전성을 통해 주민성분 정보를 확인하여 입사 및 입학 결정에 반영하였다. 특히 노동당 입당과 정치대학 등 주요 대학 입학은 사회·정치적 영향력이 있는 직장이나 보직으로 이어지기 때문에 성분이 기준에 맞지 않으면 사전에 완벽하게 차단하여 혁명화 정도가 높은 핵심계층들만 계속해서 정치·사회적 권력을 갖는 사회구조를 유지하였다.

1995년 4월 김정일은 식량난 해결을 위하여 농장원들의 농촌 복귀를 지시하였다. 사회안전성은 내부에서 관리 및 보관 중인 주민등록현황을 기반으로 현재 노동자인 주민이 농촌에서 출생하거나 부모의 직업이 농장원이면 다시 농촌으로 강제 이주시켰다. 1990년도 경제난으로 식량문제가 심화됨에 따라, 북한은 식량생산 부족을 극복하기 위해 다양한 농업정책을 시행했다. 북한 당국은 1999년 1월 「농업법」을 제정하고, 국영농장의 신설을 증가시키며, 협동농장 내부에 농장원의 작업단위의 구성원 숫자를 줄이는 분조관리제를 채택하는 등 식량문제 해결에 집중하였다. 이에 따라 동원 가능한 노동력과 물적 자원을 이동시키고자 했고, 농장을 이전하거나 떠났던 농장원들을 복귀시켜 국가 계획과 정책을 실현하고자 했다. 농장원의 자녀는 농장원이 되고, 농장원과 결혼하면 농촌에 살게 함으로써 강력한 직업변경 금지와 이동 통제를 하였다. 한편 이와 같은 맥락에서 제대군인의 노동력을 동원하는 '무리배치'가 이뤄졌다. 2001년 9월 제대군인들을 함경북도 청진시 라남탄광기계연합소와 평양소재 평양방직공장 등으로 집단 배치시켰고, 2002년에는 '7월6일철도공장'

으로 집단 배치시켰다.[5] 무리배치는 북한이 만성적 노동력 부족에 시달리고 있는 현실을 반영하며, 북한이 동원사회(mobilization society)라는 점을 시사한다.

반면, 1990년대 중반 고난의 행군 기간 동안에 식량난으로 배급제도가 중지되고, 주민들이 스스로 생계를 유지하는 상황이 지속되면서 북한 사회에서 경제력의 중요성이 증가하였다. 이는 동요계층과 적대계층 중 고위험분자가 아닌 경우에는 경제력으로 성분적 통제를 어느 정도 완화시킬 수 있는 환경을 조성하였다.

2012년 김정은 집권 이후에는 경제력이 중요하다는 주민들의 인식이 확산되었고, 일상적인 부분에서는 권력을 행사하는 계층들의 경제적 어려움이 심화됨에 따라 이들에게 뇌물을 제공하여 성분적 한계를 보완할 수 있는 환경이 유지되었다. 김정일 시대보다 입당, 일반 대학진학, 직장배치, 승진 등에서 뇌물 수수를 통해 성분에 따른 한계를 극복할 수 있는 범위가 넓어졌다. 자연스럽게 결혼 등 사적 영역에서도 성분제도를 통한 주민통제와 제약이 완화되었다. 다만 기본적 생활통제의 근본적 목적인 '주민 혁명화 정도에 따른 사회구조 유지'는 지속되었다. 당 간부의 등용과 김일성대학 등 평양의 일류대학 입학 시에는 여전히 토대가 중요시되었다.

김일성 시대에는 지주와 부농이었던 과거 사실이 주민들의 토대를 결정하고, 그 토대는 입당, 자녀 대학입학 등 사회생활 전반적인 부분에서 많은 영향을 미쳤다. 김정은 시대에는 1940년~1950년대에 출생한 지주와 부농들이 대부분 사망함에 따라, 국경이탈자와 행방불명자, 교화소를 다녀온 자와 그 가족들이 새로운 주요 감시와 통제의 대상으로 부상했다. 국경이탈자의 가족들은 지속적인 감시의 대상이 되며, 탈북하였다가 중국에서 북송된 경우에는 오지로 강제 이주되거나 교화소행으로 강력하게 처벌받았다.

2022년 10월~12월 사회안전성에서 혁명의 수뇌부 김정은의 안전을 결사 보위하기 위한 사업이 내려왔고, 안전원들에게 "담당 지역의 주민들 속에서 불순 적대분자들이 책동할 수 있는 요소를 찾아 없애라."라는 임무가 부여됐다.[6] 위험성이 있는 불순 적대분자들은 일반 주민들과 격리되어 통제되기 때문에, 위험분자들이 모여 있

5 『북한인권백서 2003』, pp. 53-54.

6 김명진, ""김정은 보위…위험분자 색출하라" 北, 정세 빌미로 주민감시," 『조선일보』 2022년 10월 19일.

는 지역에 대한 순찰과 수색을 강화할 것이 강조되었다. 또한, 격리되지 않은 적대분자들은 지속적으로 감시해 돌발 상황이 발생하지 않도록 사전에 제지할 것이 지시되었다.

과거 주요 적대계층 주민들이 감소하고, 경제적 능력의 중요성이 커짐에 따라 성분제도를 통한 통제가 완화된 것으로 보인다. 그러나 최고지도자의 호위와 같은 중요한 상황에서 사회안전성은 우선적으로 격리된 적대계층의 소재를 파악하고, 지속 감시 체계를 유지한다. 정치 사상범, 교화소 등 복역자, 국경이탈을 시도한 자와 그 가족들이 중요 적대계층으로 격리와 통제, 감시의 대상이 되고 있다. 사회가 혼란하고 질서가 문란해짐에 따라 우선적으로 적대계층에 대한 격리와 감시를 활용한 통제를 지속하고 있다. 결국 최종적으로 최고지도자 김정은에게 위해를 가할 가능성이 높은 대상자를 사전에 격리하고 감시하는 체제를 구축하는 것이 사회안전성의 핵심 과업이다.

표 6-1 지도자별 주민성분 통제분석

성분 통제	김일성	김정일	김정은
공통점	북한 사회 구조에서 사회·정치적 영향력이 발휘되는 중요 영역과 기관은 당-정 고위 간부 등 핵심 계층이 독점함		
차이점	- 사회주의 국가건설의 토대와 기반 조성 정책 관철 - 토지개혁, 주요산업 국유화, 협동농장화 등으로 성분제도의 구조형성 - 지주, 월남자, 국군포로 등 적대계층에 대한 강력한 통제	- 국군포로, 월남자 등 초기 적대계급에 대한 성분 통제 유지 - 농장원의 강제 농촌 배치 (1995) - 국경이탈자의 가족에 대한 감시 통제 시작	- '90년대 고난의 행군 이후 경제력이 중시되는 사회적 분위기 확산과 뇌물 수수 등으로 전반적 성분적 통제 이완 - 국경이탈 시도자, 교화소 다녀온 자에 대한 통제 강화 - 농장원의 농장 배치원칙 고수

출처: 저자 작성

2. 주거 및 이동통제

김일성 시대 이동통제의 특징은 주거와 이동의 강력한 통제이다. 김일성 정권은 주민들의 주거 및 이전에 대한 통제수단으로 '공민증제도'를 시행했다. 1946년 8월 김일성은 반동분자를 적발하고 숙청하기 위해 공민증 교부사업의 필요성을 제시하였다. 사회안전성은 공민증 사업을 위해 관할 지역 주민들의 이름과 성별, 생년월일, 태어난 곳, 부모, 주소 등을 파악하였다. 1946년 9월 1일 처음으로 공민증제도가 시행되었고, 북한 주민들은 출생, 사망, 거주, 퇴거 등을 안전서(보안서)에 등록하게 되었다. 사회안전성은 공민증에 기재되는 이름과 생년월일 등 기본 인적사항과 직업, 거주 및 퇴거, 결혼, 가족관계, 전과 등의 정보를 수집 및 보관하는 등 공민증 등록업무를 담당하였다. 당국은 주민들의 거주와 이동을 공민증제도를 통해 철저히 파악하고, 무단이탈을 방지하여 주민들을 통제하고자 하였다.

사회안전성은 주민들의 혁명화 정도로 성분을 분류한 뒤 적대분자 중 '탄압과 고립의 대상'의 지속적인 사회통제를 위해 강제 이주를 시작했다. 1960년 12월 당 중앙위원회는 불순분자를 색출하여, 산간벽지로 이동시키라는 '중앙당 집중지도사업'의 실시를 하달했다. 사회안전성은 정권과 당의 방침에 따라 친일파, 민족반역자, 지주 등 사회주의혁명의 불순분자를 찾아 강제 이주시키는 역할을 했다. 특히, 평양에 거주하는 주민들은 사회안전성에 의해 정기적으로 성분이 불량한지, 장애가 있는지, 행실이 불량한지를 검열받았고, 작은 문제라도 적발되면 지방으로 강제 이주되었다.

북한은 사회주의 계획경제의 기반을 조성하였고, 식량과 주거의 배급권을 국가가 독점함으로써 주민들의 이동을 통제하였다. 사회주의 계획경제 체제로 전환하기 위해 토지개혁, 협동농장화, 산업기반시설(SOC)의 국유화가 진행되었다. 주민들은 정해진 직장에 따라 주거지가 정해지고, 배급은 주거지 지역이나 직장 내 배급소에서 주거 가족 수 등을 고려하여 지급되었다. 주거지와 직장은 배급을 받는 장소로서 생계와 직접 연결된 공간으로 작용했고, 허가 없는 이동을 억제하는 기능을 했다.

지역 간 이동 시 여행과 이동을 허가받아야 하는 여행증명서 제도가 시행되었다. 주민들은 여행증명서를 자유롭게 신청할 수는 없고, 친척 방문, 공무 출장, 관혼

상제 등 명확한 사유가 있을 때 당국을 통해 발급받을 수 있었다. 여행증은 사전 발급을 원칙으로 하고, 공민증과 여행증을 소지해야 기차를 탈 수가 있었다. 여행지에 도착해서는 그 지역의 인민반장에게 반드시 숙박등록을 해야 한다. 북한은 외부와의 정보가 철저히 차단되어 있고, 신문과 방송은 당 정책과 지도자 우상화를 위한 선전 수단이기 때문에 정보전달의 기능을 할 수 없다. 지역의 이동과 여행은 다른 지역 사람과의 정보 공유와 전달의 기능을 하고, 주민들의 비판적 의식을 키울 수 있기 때문에 최소한의 범위에서 지역 간 이동이 가능하였다.

북한은 사회주의 혁명이론을 따르는 다른 사회주의 국가들과 마찬가지로, 혁명을 달성하기 위한 현재가 전시 체제와 같다는 가정하에 경제발전과 근대화를 위한 계획을 세우고 목표 계획 달성을 위해 고군분투했다.[7] 당국은 체제의 목적 달성을 위한 인적, 물적 자원은 반드시 공급한다는 원칙을 고수했다. 기업소와 농장에서 일하는 노동자와 농장원은 핵심 인적자원 역할을 했고, 자의적 이사와 이직에 따른 인적자원의 이동은 계획 달성에 지장을 초래하기 때문에 철저히 제한되었다.

김일성 시대부터 실시된 공민증과 여행증제도는 주민들의 이동을 통제하는 핵심 역할을 하였다. 1990년대 공산권 국가들의 몰락과 함께 온 북한의 심각한 경제난으로, 주민들은 국가로부터 식량과 물품을 배급받을 수 없었다. 배급제도의 중단은 주민들이 스스로 식량을 찾아 지역을 이동하는 현상으로 이어졌다. 당국은 배급 중단으로 대규모 아사자가 발생하는 상황에서 먹거리를 찾아 이동하는 주민들을 무조건 통제할 수는 없었다. 북한 주민들은 일하는 지역에서 거주지를 배정받아 살면서 식량을 배급받고, 생활총화와 사상 교양도 진행하고, 지역 근로단체에 소속된다. 거주지는 주거공간을 넘어 사상 교양의 공간으로 작용하였고, 이동 및 주거 제한의 완화는 사회적 일탈 현상의 증가와 정권에 대한 불만 표출로 이어졌다. 따라서 사회안전성은 주민들의 주거 이전과 이동을 철저히 차단하는 데 주력했다.[8] 김정일 집권시

7 샤피로는 하나의 단호한 목적을 냉혹하게 추구하는 것을 전체주의의 특징으로 꼽았다. 경제적, 정치적 목적 달성을 위해 체제의 모든 자원은 그 하나의 목적 달성을 위해 무자비하게 동원된다. 권오윤(1988), pp. 27–28; Sapiro, Herbert J, “Totalitarianism in International Encyclopedia of the Social Science”, (New York: Mc millian & Free Press, 1986.) 재인용.

8 정영철(1999), p. 69.

기에는 선대에 완성한 성분제도와 공민증제도를 기반으로, 주민을 통제할 수 있는 법적 기반을 조성하였다.

북한 당국은 1997년 11월 26일 최고인민회의 상설회의 결정 제102호로「공민등록법」을 제정하였다.[9]「공민등록법」은 사회안전성이 주관기관이 되어 공민을 장악하고 제도와 질서를 엄격히 세워 관할 지역의 주민들을 철저히 관리하는 것을 목적으로 한다. 거주민은 이름과 성별, 태어난 날짜와 시간, 주소를 거주등록신청서를 통해 밝히고, 이름, 성별, 태어난 장소와 시간, 주소, 직업, 결혼 및 이혼 관계를 주민등록대장에 등록하게 되었다.[10]「공민등록법」을 위반하여 공민등록 사업에 엄중한 문제를 야기한 경우 정상에 따라 행정적, 형사적 책임을 지운다고 명시함으로써 사회안전성의 주민 이동과 주거의 통제에 대한 법적 기반을 마련했다.

2004년 7월 채택된「행정처벌법」은 인민보안기관이 여행 질서와 걸어 다니는 질서를 단속한다고 규정하고 있다. 사회안전성은 타도(他道) 간 이동 시 여행증을 검사하고, 지역 내 비거주자의 이동을 검열하는 숙박검열을 통해 주민들의 이동과 여행 질서를 단속하였다. 김정일 시대에는 선대에 실행된 공민증과 여행증제도를 바탕으로 1992년「인민단속법」, 1997년「공민등록법」, 2004년「행정처벌법」등을 연쇄적으로 채택하여, 주민들의 기본적 생활통제에 대한 법제화가 이뤄졌다.

공민증과 여행증, 주거 이전 시 등록절차 등 제도적 부분은 유지되고, 법적인 부분은 새롭게 마련이 되었지만, 북한의 심각한 경제난으로 인해 뇌물이 개입하는 부분이 많아졌다. 주민들이 여행증을 발급받을 때 안전원에게 뇌물을 지급하면, 여행증에 대한 발급이 신속하게 진행되었다. 사회주의 계획경제하에서 주거를 배정받아 생활했지만, 식량난으로 기업소의 정상적인 운영이 어려워지자, 주민들이 각자의 경제력에 따라 주거지를 비공식적으로 매입하고 매각하는 현상이 발생했다. 비공식적 거래 시에는 사회안전성에 뇌물을 주고 퇴거 신청을 하는 동시에 주거등록을 하여 이사등록을 마쳤다. 주민들은 여행증과 거주이전, 퇴거 및 등록 등 관련 서류를 신청하고 등록함으로써 사회안전성은 여전히 주민들의 이동에 대한 기본적인 정보를 파

9 「공민등록법」은 1997년 채택되어, 1998년, 2000년, 2010년, 2015년에 수정 보충되었다.

10 「공민등록법」 제4조, 제5조.

악할 수 있었다.

김정은 시대 이동통제의 특징은 다음과 같다. 전반적인 이동에 대한 통제는 완화되었지만, 북한의 수도 '평양'에 대한 이동통제는 여전히 철저하게 유지되고 있다. 주민들은 평양 외 도(道) 내 이동 시에는 여행증명서가 없어도 공민증을 소지하면 이동이 가능하고, 평양과 연선지역 외 다른 도(道)로 이동 시에는 일반적으로는 여행증을 사전 발급받아 소지하지만, 여행증이 없어도 단속될 경우 공민증을 보여 주고, 뇌물을 제공하면 이동이 불가능하지는 않다.[11] 하지만 평양으로 이동할 경우에는 예외없이 반드시 여행증이나 평양시민증이 필요하다. 평양에 국제적 행사가 있는 경우에는 비평양지역 주민의 이동을 전면 통제하여 비평양 거주민들의 통행이 차단된다.

김정은 정권이 역점적으로 관리하는 '국경 지역'에 대한 이동 통제는 더욱 강화되었다. 주민들은 식량난 이후 배급제도에 의존하여 생존하기가 어려워지자 일부 중개상들은 중국과 가까운 국경 지역을 통한 밀수를 통해 물건을 반입했다. 반입된 물건은 국경을 오가며 장사하는 사람들을 통해 평양 북쪽 평안남도 평성시를 거쳐 전국의 도매상들에게 판매되었다. 2006년경부터는 휴대폰의 사용이 가능해지고, 중국을 통한 밀수가 증가함에 따라 국경을 이탈하여 남한으로 입국하는 북한 이탈 주민 수가 2,000명대로 급속히 증가하였다. 이에 따라 당국은 국경 지역으로 이동하는 사람들에 대한 통제를 더 강화시켰다. 여행증이 없어도 뇌물을 주면 이동할 수 있는 내륙 지역과는 달리, 국경 지역은 평양과 같이 여행증이 반드시 필요했다. 특히 연선지역으로 가는 여행증을 발급받고자 할 때는 합리적인 이유가 있어야 하여 여행증 발급이 매우 까다로운 것으로 확인된다. 국경 지역 안전원들은 여행증 없이 국경 지역에 진입하는 주민들에게 뇌물을 받고 이동 허가를 해 주었다가 도강(渡江)을 할 경우 책임의 소지가 있기 때문에, 국경 지역으로의 이동을 통제한다.

국경 지역에서 머무는 경우 숙박등록을 해야 하고, 연선 지역의 숙박검열은 저녁이나 새벽시간에 불시에 자주 진행된다.[12] 최근 연선지역 분주소에서는 담당 지역

11 함북 무산군 출신 B씨 (2023년 5월 13일 인터뷰).

12 숙박검열은 연 3~4회에서 월 2회로 증가하였다. 2012-07-24 인터뷰 재인용, 『북한인권백서 2013』, p. 176.

에 5가정 이상씩 돌면서 주민들의 생활과 특이사항 등을 파악한다. 주민들은 인민반 활동으로 야간 순찰 경비를 돌며 지역의 치안 및 특이사항을 파악한다. 주간에는 관내에 외부인이나 낯선 사람들이 들어오면 누구든 신고하도록 독려하고 있다. 안전원들은 국경이탈자나 행방불명으로 처리된 자의 가족들에 대한 동향 파악과 특이사항을 계속 체크하여 보고하는 등 통제를 강화하고 있다.[13]

식량난으로 인한 이동 증가, 중국을 통한 밀수 성행, 이동통신의 발달 등은 주민들의 이동과 주거에 대한 통제를 다소 완화시켰다. 경제난으로 인한 배급의 중단 및 감소는 통제기관의 종사자들이 생계를 위해 뇌물을 수수하는 관행의 확산을 야기했다. 사회안전성의 안전원 등 통제기관 종사자들은 직무에 따른 권력과 권위를 이용하여 뇌물을 수수한다. 안전원의 뇌물수수는 이동과 여행을 위한 여행증명서를 신속하게 발급해 주거나, 주거 이전을 위한 거주 등록을 해 주거나, 여행증이 없는 여행을 무마해 줌으로써 주민들의 이동통제를 완화시켰다.

하지만 교화소를 다녀오거나 행방불명과 국경이탈 시도 등 특수한 이력이 있는 주민들은 아무리 뇌물을 주어도 여행증을 발급받을 수 없다. 또한, 당국은 여행증 없는 국경 지역의 출입을 절대로 허가하지 않는다.[14] 통제기관의 뇌물수수와 부패가 만연하지만, 안전원의 뇌물수수가 사회적 문제를 일으킬 시 처벌과 해임 등 엄중처벌이 이뤄진다. 따라서 안전원들도 중요한 당 정책과 지도자의 지침상의 통제는 집중적으로 단속하고 적발함으로써 자신의 직업상 직위를 유지하고자 한다.

13 이명철, “북, 국경지역 숙박 등록 집중검열,” 『RFA 자유아시아방송』 2023년 7월 6일.

14 2013-08-06 인터뷰 재인용, 『북한인권백서 2015』 p. 184; 양강도 혜산시 출신 A씨(2023년 5월 5일 인터뷰); 함북 청진시 출신 C씨 (2023년 5월 25일 인터뷰).

표 6-2 지도자별 이동 및 주거통제 분석

이동통제	김일성	김정일	김정은
공통점	여행 시 공민증은 정권에 관계없이 필요, 평양과 국경 지역은 여행증 필수		
차이점	- 공민증 사업 - 주민 강제이주 - 거주 및 이사 통제 - 필수적 여행증 발급	- 식량난으로 주민 이동 증가 - 뇌물 지급 시 신속한 여행증 발급 - 차량 서비스 등 새로운 교통수단의 등장 - 암묵적 주택 거래의 시작	- 도(道) 내에서는 여행증 없이 이동 가능 - 뇌물을 지급하면, 여행증 없이 도(道) 간 이동 가능 - 강력한 국경 지역 통제(CCTV, 숙박 검열, 범죄자 즉시 사살 명령 등) - 주거 이전 및 이동 통제 완화, 국경 제외

출처: 저자 작성

3. 소결

북한의 심각한 경제난으로 돈이 중요해짐에 따라, 성분제도에 의한 제약을 뇌물로 완화시키는 현상이 발생하였다. 주민들은 일반대학 입학, 직장배치, 승진 시 사회안전성 구성원들에게 뇌물을 제공하여 성분제도로 인한 통제를 어느 정도 상쇄시킬 수 있었다. 하지만 성분에 문제가 있는 자는 뇌물을 제공하더라도 정치·경제적 영향력을 갖는 핵심계층으로의 진입은 어려웠다. 핵심계층은 지도자의 측근과 조선로동당과 국가기관 등 중요 기관에서 종사한다. 핵심계층의 자녀들 역시 조선로동당과 외교, 무역 등 권력과 재력을 소유할 수 있는 직업이나 직위로 승진했다. 김일성-김정일-김정은의 3대 세습처럼, 핵심계층 인사의 권력과 정치적 영향력 역시 그대로 자녀에게 세습되고 있다. 최현 전 인민무력부장의 아들 최룡해(최고인민회의 상임위원회 위원장), 최영림 전 내각 총리의 딸 최선희(외무상), 오진우 전 인민무력부장의 아들 오일정(당 민방위부장) 등은 대표적으로 고속승진을 하여 중요 직책에 포진했다.[15]

김일성 집권 시기 대표적인 적대계급인 전쟁포로, 지주, 납북자 당사자들이 사망하고, 경제적 능력의 중요성이 커짐에 따라, 그 가족들에 대한 차별은 일부 완화되

15 통일부, 『북한 주요 인물정보 2023』 (서울: 통일부, 2023).

었다. 최근에는 국경이탈자와 행방불명자, 교화소를 다녀온 자와 그 가족들에 대한 통제와 제한을 강화하고 있어, 성분제도를 통한 통제는 완화와 강화 요소가 모두 존재했다.

이동과 주거의 통제 역시 1990년대 경제난으로 인해 완화되는 경향을 보였다. 김일성 시대에는 전반적인 지역 간 이동이 어려웠지만 1990년대 후반 들어 식량난이 발생함에 따라 점차 완화되기 시작하였다. 김정일 시대부터 기차 외에 '서비차' 등 사적으로 운영하는 교통수단이 등장하였고, 이는 주민들의 이동 편리성을 높였다. 김정은 시대에는 같은 도(道) 안에서 여행증 없이 공민증만 소지하고 이동이 가능해지고, 많은 돈을 지불할 능력이 있으면 여행증 없이도 다른 도를 이동할 수 있다는 증언도 확인된다. 김일성 집권 초기에는 계획경제에 따라 직장과 주택을 배정받고 식량 등을 배급받았다. 배급은 등록된 거주지와 직장에서만 배급을 받을 수 있었고, 주거 이전에 대한 강한 통제로 작용했다. 식량난으로 국가배급체계가 무너지면서 사적인 경제활동이 음성적으로 이뤄졌다. 주택매매가 비밀리에 성행하고, 안전원에게 뇌물을 주고 주거 이동 및 등록이 가능해져 주거에 대한 통제도 완화되는 경향을 보였다.

지도자와 당이 중점적으로 통제하는 구역은 북중 국경과 평양 및 나진·선봉 지역이다. 평양은 여행증이나 평양시민증이 없으면 진입할 수 없으며, 북중 국경과 나진·선봉지역은 합리적인 사유가 없으면 여행증 발급이 어렵다. 특히 2019년 발생한 코로나19 사태로 인하여 북한 정권은 주민들의 이동을 더 강하게 통제했다. 주민들의 이동을 통제하기 위해 국경 지역에 CCTV 설치와 철조망 재정비, 국경경비대 맞교환, 국경 지역 숙박등록과 검열 강화, 외부인 신고제도 강화 및 월경자 즉시 사살 명령 등 강경조치가 시행되었다.

제2절

비사회주의적 행위통제

1. 불법 영상물(음악) 등 시청 및 유포행위통제

김일성 시대부터 사회안전성은 북측 국경 지역과 남측 비무장지대 일대에서 텔레비전과 라디오를 통해 외부방송을 시청하는 행위를 차단했다. 북한 방송은 주민들을 사상적으로 무장시켜 지도자와 당 정책을 철저하게 관철시키는 홍보 및 통제수단의 기능을 한다.[16] 북한 방송 및 출판물의 모든 내용은 당과 국가의 심의 및 통제 대상이다. 주민들은 북한 방송을 통해 북한 내부 정보를 신속하고 정확하게 얻기 어렵고, 외부에 대한 정보는 철저히 차단되어 접근할 수 없다. 북한 내부의 방송과 라디오 외에 중국과 한국의 방송 수신호를 잡아 시청하거나 청취하는 행위는 철저히 금지되었다. 안전원들이 불시에 집집마다 방문하여 TV와 라디오의 주파수가 조선중앙방송으로 고정되어 있는지를 검열하며 불법 정보의 유입을 철저히 차단했다.

1974년 2월 노동당 전원회의에서 채택된 '유일사상 10대 원칙'에 따라, 김일성 수령을 우러러 모시고, 권위를 절대화하고, 교시를 종교 교리와 같이 신조화(信條化)하여 무조건 수용하기 위해는 주민들에게 끊임없는 사상적 교육 주입이 필요했다. 주민들의 사상을 획일적으로 유지시키기 위해서는 주민들을 외부정보로부터 완전히 분리시키는 격리정책이 필요했다. 김일성 시대에는 주민들의 이동이 어렵고, 이동수단이 많지 않았기 때문에 해외 서적 등 외부문물의 유입과 전파가 신속하게 이뤄지지 않았다. 사회안전성은 외국 서적 등에 대한 감시를 위해 1년에 최소 3번 정도는

16 1970년 10월 14일 북한 최고인민회의 상임위원회가 '방송절'에 발표한 정령에서도 잘 나타난다. 정령에서는 방송을 '조선로동당의 강력한 선전수단의 하나'로 규정하였다.

가택 내 소지한 책들을 철저히 검열하여 강력히 처벌했다.

선대정권에 이어 김정일 시대에도 사회안전성은 해외 주파수가 잡히는 북중 국경과 남측 휴전선 지역의 가정집을 단속하여 라디오와 텔레비전이 조선중앙방송 채널로 고정되어 있는지 검열하였다. 김정일 시대에는 특히 외국 영상물 등 외부문물 유입에 대한 통제가 강화되기 시작했다. 1990년대 식량난으로 인해 많은 주민들이 중국 물건들을 들여와 시장에 판매하면서 생계를 유지하였다. 국경 지역의 부분적 개방과 밀수의 성행은 CD-R 및 USB 등 전자기기를 통해 한국 드라마 등 외부문물이 유입되는 계기가 되었다.

북한은 1990년대 소련 등 동구 사회주의 국가들의 몰락 원인을 외부로부터 유입된 부르주아 사상에서 찾았다. 부르주아 사상이 자본주의 방송, 출판물, 전자매체, 영화, 문학예술 등을 통해 침투된다고 판단한 정권은 사회안전성에 불법 출판물, 영상물, 음악의 소지와 감상을 통제할 것을 지시했다. 이에 사회안전성은 드라마와 영화들이 비디오테이프와 CD-R에 담겨 유입되고 전파됨에 따라, 비디오테이프와 CD-R을 재생할 수 있는 기계를 소지한 가정을 중심으로 단속하였고, 해당 기계는 지역 안전서(보안서)에 신고해야 할 대상으로 관리됐다. 불법 영상물을 시청한 경우 평균적으로 노동 단련대 6개월 형을 선고받고, 불법 영상물을 판매한 경우에는 최소 6개월에서 2년의 교화소행을 처벌받았다.

2006년부터 국내 휴대전화 사용이 증가함에 따라, 주민들이 직접 만나지 않아도 정보 교환이 가능해졌고, 외부문물과 사상의 유입과 확산에도 기여했다. 또한, 불법 동영상과 음악 등을 보관하던 기기로 USB와 SD 카드가 등장하며, 해외 영상물 등의 전파가 쉬워지고, 단속 시 인멸하기 수월해졌다.

2012년 김정은 집권 시대 들어 비사회주의적 행위통제가 대폭 강화되었다. 특히 청년층 대상의 통제가 집중적으로 실시되었다. 정보통신기기의 발달로 정보통신기기에 능숙한 청년과 대학생 등 젊은 세대들을 중심으로 한국 불법 영상물 시청과 음악 감상이 확산되었기 때문이다. 2020년에는 학부모들에게 자녀들의 불순 녹화물 시청을 단속할 것을 지시하면서 자녀들의 비사회주의 행위에 대한 책임을 부모에게 전가했다. 학생들은 학교에서 수시로 휴대전화 검열을 받았고, 길거리나 열차 등에서도 소지한 휴대전화를 불시에 단속받았다.

2020년 12월에는 청년들의 반사회주의 사상문화 유입과 유포행위를 막기 위한 「반동사상문화배격법」이 채택되었다. 청소년과 학생들은 친구들과 불법 영상물들을 교환하며 시청함에 따라, 불법 영상물 시청이 적발되었을 때는 누구로부터 영상물을 전달받았는지 반드시 출처를 알아내 연대 처벌을 하였다. 그럼에도 불구하고 청년들의 불순 녹화물 시청과 음악감상행위가 지속됨에 따라, 당국은 2021년 청년들의 비사회주의적 행위를 단속하는 「청년교양보장법」을 채택하여 단속을 강화하고 있다.

표 6-3 지도자별 불법 영상물 등 시청통제 분석

구분	김일성	김정일	김정은
불법 영상물 및 남한 방송 시청 통제	- 북중 국경 지역 TV, 라디오 주파수 및 채널 통제	- 주파수 및 채널 고정 - CD-R과 비디오 검열 - 평균 노동 단련대 6개월	- 2018년 이후 단련대 처벌 - 청년층 대상 감시 강화 - 유포자 적발 강화 - 관련 단속법 제정 * 「반동사상문화배격법」, 「청년교양보장법」, 「군중신고법」 등

출처: 저자 작성

2. 비사회주의적 언어와 행위 단속

김일성 시대에 나타난 '사회주의 대가정론'과 집단주의적 언어와 옷차림에 대한 강조는 김정일과 김정은 시대에도 계속되었다. 북한은 집단주의 사회로, 개인의 특성보다는 전체에 어우러지는 행동과 옷차림 등을 추구한다. 실생활에서도 '하나는 전체를 위하여, 전체는 하나를 위하여(All for one, one for all)'라는 집단주의 원리에 따라 집단생활에 맞는 예의와 도덕이 강조되었다. 따라서 개성을 강조하는 옷차림과 상황에 맞지 않아 튀는 옷차림은 억제 대상이다. 언어의 경우, 평양 문화어를 사용해야 한다. 김일성 시기에는 외부사상과 문물에 대한 유입이 김정일과 김정은 시기보다는 많지 않았기 때문에, 외부사상 유입의 결과로서 나타나는 언어와 행동에 대한 법적 처벌은 없었다. 다만, 비사회주의적 언어를 사용하거나, 그러한 옷차림으로 사회를 혼란하게 한 경우는 적발하여 공개적으로 비판 및 교양했다.

김정일 시대에는 부르주아 사상을 침투시키는 원인으로 여겨지는 외국 드라마와 영화, 음악 등이 많이 반입되었다. 당국은 부르주아 사상의 침투 여부가 언어와 옷차림 등 외적 꾸미기를 통해 반영된다고 보고, 외국 불법 영상물 시청을 적발 및 단속함으로써 부르주아 사상의 침투를 막고자 했다. 사상적 침투와 해이는 행동과 생각에 영향을 주지만 적발하기 어렵기 때문에 사상적 해이가 반영되는 언어와 옷차림의 통제를 강화하였다. 언어의 경우, 평양 문화어가 아닌 사투리를 쓰거나 속된 말을 하는 것, 규범에 어긋난 말을 하는 것이 금지됐다. 옷차림의 경우, 개인의 취향보다는 상황에 맞는 외출복과 작업복을 구별하여, 튀지 않고 단정하게 입는 것이 강조되었다.

2006년경부터 북한 내부에 휴대폰의 사용이 보편화되면서 기차와 길거리 등에서 휴대폰에 불법 영상물이나 음악이 저장되어 있는지를 단속하기 시작했다. 김정일 시대에는 김일성 시대에 비해 비사회주의적 표현과 행동이 많이 발견되었지만, 아직 전국적으로 퍼진 심각한 현상은 아니었으며, 해당 행위에 대한 처벌은 뇌물 지급 시 무마되거나 노동단련대 처벌을 받았다.

김정은 집권 시대 들어 주민들의 비사회주의적 행위를 판별하는 기준으로 언어와 옷차림 등이 제시되었다. 안전원들은 길거리, 장마당, 식당 등 장소에 제약 없이 주민들의 휴대폰을 수시로 검열했다. 길거리에서 전화통화를 하면서 지나가다가 보안원에게 붙잡혀서 휴대전화를 검열당한 내용과 사거리를 지날 때면 휴대전화 검열을 한다는 내용, 길거리와 식당 등에서 친구들이랑 이야기하다가 한국식 표현을 사용했다고 안전원에게 휴대전화 검열을 받았다는 사례는 다수다.[17] 휴대전화 검열 시에는 메모리에 불법 영상물과 음악이 저장되었는지와 문자 메시지에서 남한식 표현과 이모티콘 등이 있는지, 어떤 사진이 저장되어 있는지는 물론 다운로드를 받은 오

17 양강도 혜산시 출신 A씨 (2023년 5월 5일 인터뷰).

락 게임까지 검열했다.[18]

2017년 당국은 청년들의 비사회주의적 행위와 관련된 문제를 심각하다고 판단하여, 비사회주의적 표현을 단속하는 법률을 제정하였다. 2020년 김정은은 남한식의 괴뢰들 말투를 철저히 소탕해야 한다는 지침을 내렸고, 한국식 언어사용에 대한 집중적인 단속을 하였다. 2021년 김정은은 청년들의 비사회주의적 행위를 '최고의 중대사'로 정해 청년들의 옷차림과 머리 모양, 언행 등에 대한 통제를 더욱 강화했다. 같은 해 청년들이 하지 말아야 할 행위를 규정해 놓은 「청년교양보장법」을 채택하였다. 하지만 비사회적 언어 사용의 통제가 이뤄지지 않자, 2023년 초 최고인민위원회에서는 「평양문화어보호법」을 제정하여 남한 말투 사용에 대한 처벌로 6년 이상의 노동 교화형을 부과하였다. 김정은 시대에는 선대와 다르게 주민들의 한국식 언어 사용에 관한 처벌을 「평양문화어보호법」에서 세부적으로 정해 매우 엄격하게 통제하고 있다.

비사회주의적 언어뿐만 아니라 옷차림에 대한 단속도 강화되었다. 개인의 특성이 강조되거나 한국 드라마 등에서 나왔던 스타일이 단속의 대상이 되었다. 특히 사거리와 큰 거리마다 규찰대와 안전원 등이 주민들의 옷차림과 장신구, 머리 스타일 등을 철저히 단속했고, 적발 시에는 노동력이 필요한 주변 건설현장에 장시간 동안 동원시킴으로써 옷차림 등 외적 스타일을 통제했다.

표 6-4 지도자별 비사회주의적 표현과 행위통제 분석

구분	김일성	김정일	김정은
비사회주의적 표현과 행위 통제	- 집단주의에 맞는 언어와 옷차림	- 사투리나 속된말 금지 - 상황에 맞는 옷차림 - 단속 시 훈계, 비판, 사상 교양	- 한국식 표현 등 언어적 통제 강화 - 휴대전화 검열 강화 - 관련 법, 「평양문화어보호법」 제정 - 언어적 표현 단속 시 노동 단련대 처벌까지 가능 - 옷차림 등에 대한 단속 적발 시 6시간 노동 교양

출처: 저자 작성

18 함북 청진시 출신 C씨 (2023년 5월 25일 인터뷰).

3. 불법 휴대폰 사용통제

김정일이 김일성의 사망 이후 3년 상을 치른 뒤 강성대국 건설을 내세우며 국방위원장 자격으로 통치에 나선 1998년 기준으로 북한은 110만~130만 전화 회선을 가지고 있었고, 인구 100명당 5회선 정도가 보급되었다. 김일성 시대에는 유선전화가 주된 통신 수단이었기 때문에 전화를 통한 정보의 전달과 이동이 어려웠다. 사회주의 국가들은 통신을 민간에 대한 서비스 개념이 아닌 주민통제의 수단으로 간주하여 유선전화 통신망 구축에 주력했다. 북한도 1960년대 말 기준으로 남한보다 빨리 유선 전화망을 구축했다. 단 유선전화는 행정기관과 조직 등을 연결하여 민간 서비스보다는 김일성의 교시를 주민들에게 전달하고 당의 통제를 강화하기 위한 수단이었다. 2006년 이집트 오라스콤사가 북한에서 이동전화 사업을 시작하면서 북한 내부에 휴대전화가 보급되기 시작했다.

북한 국내 유무선 전화와는 별개로, 2000년대 이후 국경 지역을 통해 중국산 및 한국산 전화기가 북한으로 유입되었다. 불법 휴대전화를 구매하거나 전달받은 주민들은 중국 전파가 잡히는 연선 지역 5km 내에서 중국 등 외부와 통화할 수 있었다.

불법 휴대폰은 주로 중국과 밀수업을 하거나 한국이나 중국에 가족이 있는 주민들이 사용했다. 불법 휴대전화 사용 단속이 점차 강화된 이유로, 첫째, 우선 판매업자들이 밀수를 통해 중국에서 물자를 들여오는 과정에서 부가적으로 부르주아 사상을 유포시키는 불법 영상물, 비디오, 음악, 서적 등이 함께 유입되기 때문이다. 둘째, 주민들이 국경이탈 계획을 세우고 실행하는 데 불법 휴대폰이 활용되었기 때문이다. 마지막으로 북한에서 방송은 당과 정부의 정책을 전달하고, 주민들을 선동하는 역할을 할 뿐 정보전달의 역할을 하지 않는데, 불법 휴대전화 사용은 북한 정부에서 차단하고자 하는 내·외부의 정보를 유입시키기 때문이다.

불법 휴대폰을 사용하다 적발될 경우 휴대전화는 즉시 몰수처리된다. 불법 휴대폰 사용이 적발된 경우, 현장에서 안전원과 보위원 등에게 뇌물을 주고 풀려나거나 뇌물을 지급하지 못할 때에는 노동 단련대 6개월 형의 처벌을 받거나 교화 6개

월 형을 처벌받는다.[19]

불법 휴대전화 사용이 증가함에 따라, 김정은 정권은 불법 휴대전화 사용을 중점통제 대상으로 지정했다. 불법 휴대전화 소지 및 사용에 대한 자수를 설득하고, 불법 휴대전화 사용을 금지하는 포고문을 하달하고, 새로운 전자파 탐지기를 도입하여 불법 휴대전화 적발을 강화했다. 불법 휴대전화 사용이 적발되면, 통화목록에서 전화번호를 검열하는데, 한국 전화번호가 있으면 중국과 통화한 것보다 강한 처벌을 받는다. 김정일 시대와 달리, 뇌물을 줘도 집결소에서 20~30일은 조사를 받아야 했고 즉시 처벌을 면하지는 못했다. 불법 휴대전화로 한국과 연락하다 적발된 경우에는 교화소행 처벌을 면하기는 쉽지 않다.

표 6-5 지도자별 불법 휴대폰 사용통제 분석

구분	김일성	김정일	김정은
불법 휴대폰 사용통제	- 기관에서 유선전화 - 국내 개인 전화기 미사용	- 2000년경부터 중국 휴대폰 유입 시작 - 불법 휴대폰 사용 적발 시 평균 단련대 6개월 형	- 불법 휴대폰 통제 강화 - 최신식 전파탐지기 도입으로 북중 국경 통화 단속 강화 - 적발 시 교화형 - 한국과 통화 시 강력처벌 - 방해전파 운영

출처: 저자 작성

4. 미신행위통제

'당의 유일사상체계 확립의 10대 원칙'에 따르면, 김일성 동지의 혁명사상을 신념으로 삼고 수령님의 교시를 신조화해야 한다.[20] 북한에서는 수령 이외의 사상과 지침은 따를 수 없기 때문에 다른 종교는 공존할 수 없다. 미신행위는 과거부터 존재했

19 불법 휴대폰 처벌사례는 본서 5장의 표 5-2 참고.

20 공산주의 혁명가가 되기 위한 선결 조건으로 김일성의 사상을 유일한 신념으로 만들고, 김일성의 교시를 신조로 삼고, 수령의 교시를 무조건 접수하고, 수령의 사상의 의지대로만 사고하고 행동해야 한다.

던 토속신앙에서 유래한 것으로 주민들의 삶 속에 존재해 왔다. 북한 주민들은 사주와 관상, 손금, 새해 운세 등을 점쟁이에게 물어보기도 하고, 아프거나 안 좋은 일이 있을 때는 굿을 하는 방토(액막이)를 한다. 김일성 시대에는 미신행위에 대한 법적 처벌이 없었기 때문에, 미신행위가 사회적으로 쟁점이 된 경우에만 사회적 처벌 대상으로 삼고, 사상 교양과 노동 처분을 내렸다.[21]

1990년 경제난 이후 배급제도와 의료 체계가 정상 작동하지 않자 사회적 불안이 커졌고, 미신행위에 대한 주민들의 의존도가 높아졌다. 장사할 때, 먼 길을 떠나야 할 때, 중요한 결정을 할 때 무속인의 결정에 의존하는 주민들이 증가했다.[22] 또한, 결핵이나 간염 등 병에 걸렸을 때도 제대로 된 진단과 치료를 받지 못함에 따라 방토행위를 하는 등 미신행위에 대한 의존도가 높아졌다. 이에 김정일 정권은 미신행위에 대한 처벌을 법으로 정했다. 2004년에 전면 개정된「형법」에는 제267조 미신행위죄와 제268조 미신행위조장죄가 추가되었다. 미신행위는 2년 이하의 노동 단련형이지만, 정상이 무거운 경우 5년 이하의 노동 교화형까지 받을 수 있게 되었다. 미신행위를 조장한 자와 유포한 자도 미신행위자와 같이 2년 이하의 노동 단련형을 받으며, 정상이 무거운 경우 3년 이상 7년 이하의 노동 교화형에 처한다고 규정했다.

김정일 정권 시기 미신행위 처벌에 대한 법제화가 진행되었으나, 주민들은 무속인에게 탈북 날짜, 밀수날짜, 사업운 등까지 물어보는 등 미신행위에 대한 의존도가 감소하지 않았다. 미신행위가 밀수와 국경 탈북 등과 연관됨에 따라, 미신행위가 불법행위를 조장한다는 인식과 함께 당국의 통제와 처벌도 강화되었다.

김정은 정권은 미신행위에 대한 처벌 수위를 더 높였다. 2015년「형법」개정 후 제291조 미신행위죄는 미신행위를 한 자는 노동 단련형에 처하고, 엄중한 결과

21 북한「형법」(1999)에는 미신행위에 대한 처벌조항이 확인되지 않고, 그 후「형법」(2004)에서는 제267조 미신행위죄와 제268조 미신행위조장죄에 대한 처벌조항이 있다. 미신행위죄에 따르면 돈 또는 물건을 받고 미신행위를 한 자는 1년 이하의 노동 단련형에, 미신행위로 엄중한 결과를 일으킨 경우는 3년 이하의 노동 교화형에 처할 수 있다.

22 북한 주민들은 결혼할 때, 장사할 때, 멀리 있는 길을 떠날 때, 돈을 누구한테 빌리거나 줘야 할 때 그 사람이 믿을 만한 사람인가, 이것을 해서 돈을 벌 수 있나까지 무속인에게 찾아가 물어보았다고 북한에서 입국한 무속인이 증언하였다. 정상윤, "무속인 탈북자 증언, 북한의 진짜 정신적 지주는 '토속신앙'",『New Daily』2015년 8월 31일.

를 일으킨 경우 5년 이하의 노동 교화형에 처하고, 정상이 무거운 경우에는 5년 이상 10년 이하의 노동 교화형에 처한다고 규정하여 김정일 시대보다 처벌을 강화했다. 2018년에는 미신행위를 한 자는 총살한다는 포고문이 하달되었으며, 2019년에는 미신행위에 대한 통제와 처벌이 많았고, 미신행위에 관한 공개처형도 진행되었다.[23] 이는, 북한 사회 전체에 미신행위가 성행하고 있는 현실을 반영한다. 2019년 9월 19일 노동신문에서는 "지금 적대세력들이 우리 내부에 종교와 미신 등 부르주아 사상 독소를 유포시키기 위해 끈질기게 책동하고 있다."라며 미신행위를 경고하면서 미신행위에 대한 단속을 강화할 것을 예고했다.[24]

표 6-6 지도자별 미신행위통제 분석

구분	김일성	김정일	김정은
미신 행위통제	- 미신행위에 대한 처벌 조항이 없음 - 미신에 대한 의존이 확산되지 않음	- 미신행위에 대한 법적 처벌 시작 (2004년 형법 등) - 경제난 이후 미신행위 확산 - 최고지도자에 대한 복종보다는 미신에 의존하는 경향이 증가	- 미신행위 법적 처벌 강화 - 미신행위가 탈북 등에 활용 - '미신행위 시 사형' 포고문 게시 - 미신행위 관련 공개처형 증언

출처: 저자 작성

5. 소결

비사회주의적 행위와 표현에 대한 통제는 김일성 시기부터 강조되었다. 김일성 시기는 북한 사회가 외부사상과 문물로부터 철저히 차단된 사회였다. 사회안전성의 안전원들은 외부문물의 유입과 전파에 대한 단속보다는 중국과 한국에 인접한 지역의 해외 주파수 차단에 초점을 맞췄고, 라디오와 TV 채널의 고정 여부를 주로 검열

23 2018년 여름경 7명의 무속인들이 팀을 이뤄 전국적으로 점을 봐주러 다닌 것이 적발되어 공개처형을 당했다. 함북 청진시 출신 C씨 (2023년 5월 23일 인터뷰).

24 태영호, "北서 미신은 5대 범죄 중 하나이지만 간부층 아내들까지 여전히 부적써요," 『조선일보』 2019년 11월 23일.

하였다. 김일성 시기 비사회주의적 표현 단속은 집단주의적 질서를 유지하고, 사회주의 예절을 지킬 것이 강조되었다. 옷차림은 북한식을 고수하고, 상황에 맞게 단정한 옷차림을 할 것이 요구되었다. 언어에는 민족성이 반영된다며, 사투리와 비속어, 외래어를 사용하지 않을 것이 강조되었다. 김일성 시대에는 비사회주의적 행위와 표현에 대한 법적 처벌은 없었으며, 해당 영역은 사회적, 도덕적으로 지켜야 하는 예의 범주에 속했다.

김정일 시대 들어 경제난 이후 개방과 밀수를 통해 외국에서 사회주의에 맞지 않는 문화와 사상의 유입이 시작되었고, 2006년경부터는 북한 내부의 휴대전화 사용이 보편화되었다. 북한 당국은 두 가지 환경적 요인으로 인해 내·외부의 정보 공유와 사상 및 의식에 관한 단속 필요성을 절감하였다. 중국과 밀수를 통해 불법 녹화물이 담긴 CD와 USB, SD카드 등이 유입되어 전파되기 시작하였고, 외부문물과 사상의 유입은 더 많은 영상물의 수요로 이어졌다. 일부 주민들이 불법 휴대전화를 구매 혹은 전달받아 중국 측 거래 업자와 밀수 약속을 잡거나, 한국이나 중국에 있는 가족들과 연락을 하였다. 이에 김정일 시대에는 불법 영상물 시청, 불법 휴대전화 사용, 국경이탈 등에 대한 통제를 강화하였다. 경제난이 심화됨에 따라 주민들의 미신행위에 대한 의존도가 높아졌다. 당국은 미신행위에 대한 법적 처벌을 추가하고 단속을 강화했다.

김정은 시대에는 모든 비사회주의적 행위와 표현에 대한 단속과 통제가 이전보다 강하게 작용했다. 특히 한국과 관련된 비사회주의적 행위가 집중적으로 처벌되었다. 불법 녹화물 단속은 중국과 러시아 등 다른 사회주의 국가들보다 K-한류 드라마 등 한국 녹화물이 주요 대상이었으며, 영상물을 보관하는 USB 등 기기의 크기가 작아짐에 따라 주민들이 단속을 피하기는 쉬워졌지만, 당국의 단속은 더 꼼꼼해지고 적발 시 처벌이 엄격해졌다.

혼자 한국 드라마를 보다가 적발된 경우에는 안전원에게 그 자리에서 뇌물을 지급하면 무마할 가능성이 있었다. 그러나 단속현장에서 안전원에게 즉시 뇌물을 지급할 능력이 없는 경우나 다수가 함께 영상물을 시청한 경우에는 노동 단련대나 교화소로 보내졌다. 젊은 청년층 사이에서 한국 드라마와 노래의 시청이 지속적으로 증가하고 있다. 학생들은 한국 드라마가 담긴 USB 등 저장매체를 친구들과 공유하고 함께 시청하기 때문에 불법 영상물들이 신속하게 전파되어 확산되고 있다. 청년층들은 한국 등 외국 노래들을 소지하고 있다가 친구들이 모일 때 노래를 크게 틀고, 춤을 추며 즐기는 문화가 생길 정도로 비사회주의적 영상물과 음악에 노출되었다.[25] 김정은 정권에서는 청년들을 대상으로 하는 「청년교양보장법」, 「반동사상문화배격법」 과 「평양문화어보호법」 등 3대 문화통제 악법을 제정하여, 청년들의 일탈행위를 통제하고자 했다.

김정은 시대 들어 미신행위에 대한 처벌은 이전보다 강화되었다. 2019년에는 평안북도를 시작으로 평양을 비롯한 전국에서 미신행위에 대한 단속이 있었고, 평양에서만 미신행위를 이유로 50여 명이 체포되어 공개재판을 받았다.[26] 함경북도에서는 대대적 미신행위 단속 시기에 한 단체가 체포되어 그 단체의 교주를 미신행위를 한 죄로 사형에 처했다.[27] 미신행위가 국경이탈과 인신매매, 밀수, 불법 영상물 시청, 마약 판매 및 복용 등 다른 범죄와 연관성이 발견됨에 따라 더 강력한 처벌을 하고 있다.

김정은 시대에 괄목할 만한 사회주의 통제의 특징 중 하나는 법 제정을 통해 비사회주의적 행위와 표현을 강력히 통제하고자 한 것이다. 청년층들의 불법 영상물 시청과 유포가 계속됨에 따라 「청년교양보장법」, 「반동사상문화배격법」을 제정하였고, 비사회주의적 표현을 사용하는 것을 제지하고자 「평양문화어보호법」을 제정하여, 한국식 표현을 사용하는 주민들에게 법적 처벌을 받게 하였다. 2019년에는 「군중신고법」을 제정하여, 주민들과 단체 등에서도 미신행위를 포함한 타인의 일탈과 불법행위를 신고하는 것을 의무화하면서 상호 감시하고 신고하는 환경을 조성했다.

---

25 양강도 혜산시 출신 A씨 (2023년 5월 5일 인터뷰), 양강도 혜산시 출신 H씨 (2023년 9월 23일 인터뷰).

26 『북한인권보고서 2023』, p. 90.

27 위의 책, pp. 62-63.

제3절

공포적 수단통제

1. 공개처형통제

북한 사회안전성에서는 다수가 모이는 비행장, 장마당, 학교 운동장 등 공공장소에서 공개처형을 집행한다.[28] 북한에서 공개처형은 그 당시 일어나는 사회적 일탈에 대한 최고의 형벌로, 정권이 절대적으로 허용하지 않는 행위를 반영한다. 더불어 주민들의 호응과 이해를 받을 수 있는 강력범죄에 대한 공개처형도 진행함으로써, 공개처형에 대한 정당성을 얻고, 반발을 막고자 했다.

김일성 시대에는 정치, 경제, 사회적으로 체제에 반하는 행위에 대한 공개처형이 이루어졌고, 김정일 시대와 김정은 시대에는 고위급 간부들의 공개처형과 사회질서를 유지하기 위한 공개처형이 이루어졌다. 김일성 시대에는 계획경제 체제와 사회주의 대가정 등 체제 기반의 근본 질서를 해치는 행위가 공개처형의 대상이 되었다. 김일성 정권하 북한은 경제적으로는 토지개혁, 협동농장화, 산업의 국유화 등을 통해 계획경제 체제를 완성했다. 사회주의 계획경제에서는 모든 것이 국가의 재산이었기 때문에, 일반적인 경제적 범죄행위는 '국가로부터 절취(stealing from the state)'이며, 이는 구소련에서도 만연했다. 국가로부터 절취는 직업과 관련된 부분들을 사적 이익을 위해 전용하는 행위나 작업장의 공구나 재료들을 훔치는 행위, 기업소 지배인들의 물자전용행위 등이 일반적이다.[29]

북한 역시 국가로부터의 절취행위에서 자유로울 수 없었고, 해당 행위에 관한

28 양수영 외, 『닫힌 문 너머 II: 보위부와 안전부의 명령체계 중심으로』 (서울: 북한인권정보센터, 2023), p. 41.
29 정세진(2000), pp. 128- 135.

공개처형 사례들이 확인된다. 1990년대 극심한 식량난 이후 국영재산의 절도행위는 전국적으로 확산되었다. 사회주의 대가정에서 규정한 사회주의 도덕성을 어길 때에 대한 본보기식 공개처형이 진행되었다. 북한에서 수령은 사회주의 대가정을 이루는 아버지이자 사회주의혁명을 이끌어 주는 수뇌로서 리더 역할을 한다. 사회주의 대가정에서는 주민들이 구성원으로서 지켜야 하는 규범과 생활양식이 존재한다. 주민들은 사회주의 대가정의 일원으로서 주인의식을 가지며, 양심과 의리를 지키는 높은 도덕적 의식의 소유자가 될 것을 강요받는다. 이에 따라 사회주의 대가정의 도덕성을 해치는 행위를 강도 높게 처벌하여, 사회주의 대가정 규율을 유지하고자 한다.

예를 들어, 1981년 유명 영화배우 우인희가 재일교포와의 치정 관계에 의한 '부화방탕죄' 위반으로 공개처형되었다. 북한 사회에서 여성은 정치적으로는 남성과 동일한 지위를 가지는 혁명가이면서도, 가정에서는 어머니와 며느리, 아내로서의 역할이 강조되며, 가장인 남편보다 낮은 지위를 가진다. 우인희는 자녀들의 어머니이자, 남편을 안팎으로 돕는 아내이며, 시부모님을 모셔야 하는 며느리인 기혼여성의 역할이 있음에도 불구하고, 다른 남자와 외도하였다. 더욱이 우인희의 치정 상대가 제국주의 세력인 재일교포이고, 우인희의 직업(영화배우)의 특성상 대중들에게도 영향을 줄 수 있었기 때문에 우인희를 공개처형하여 본보기로 삼고자 했다. 북한에서는 계급 교양을 통해 침략과 만행을 저지른 일본과 전쟁의 피해를 준 미국을 민족의 주적으로 지정하고, 끝없이 반대하고 비타협적으로 투쟁할 것을 교양받는다. 계급 교양의 논리에 따르면, 영화배우 우인희는 일반 남자가 아니라, 조선을 침략하고 만행을 저지른 제국주의자와 치정 관계를 맺은 것으로 해석할 수 있기 때문에 반드시 처벌해야 한다.

김정일 시대 공개처형의 특징으로, 첫째, 국가 소유물 절도에 대한 공개처형이 많다. 이는 북한 정권이 지속적으로 증가하는 생존형 범죄를 통제하고자 했다는 사실과 동시에 북한 계획경제의 한계를 반영한다. 1995년 이후 평양 장마당에서 인육을 판매한 사건이 있었다는 점을 고려할 때, 북한 배급제도가 북한 권력의 중심지 평양에서도 작동하지 않을 만큼 경제적 위기가 심각했음을 확인할 수 있다.[30] 이와 관

30 1997년에는 전체 인구의 6%만 배급을 받았다. Andrei Lankov, "Pyongyang Strikes Back: North

련하여, 북한 기관지 『민주조선』 1997년 8월 6일 자에서는 주민들이 석탄, 시멘트와 자재, 완성품 또는 반제품, 알곡 등 농업 생산물, 설비부품 등을 절취하고 있는 것을 경고하였다. "국가사회재산을 단독 혹은 여럿이 공모하여 몰래 빼돌려 사사용무로 비법 처리하는 등 여러 가지 형태로 나타난다."라고 하며, 국가재산 절취의 만연화 현상을 비판하였다. 특히 경제난으로 공장의 가동률이 떨어져 있는 상태에서의 소속 근로자의 공장물건 절도는 공장의 가동 자체를 불가능하게 하기도 했다. 경제난으로 인해 함경북도 청진시 김책제철소의 가동률이 30% 정도에 불과한 상황에서 종업원들이 간이문을 이용하여 철강재부터 유리, 전기선, 못 등 부속품은 물론이고 시설물까지 절취하여 공장가동 자체의 어려움을 주었다.[31] 국가재산 절취의 경우, 노동자뿐 아니라 공장과 기업소의 간부들과 결탁하여 이뤄지는 경우가 많아, 내부 고발이 이뤄지지 않는다. 이에 당국은 국가의 재산을 훔치는 행위에 대하여 공개처형을 시킴으로써 국유재산의 절취행위의 중대성과 위험성을 주민들에게 인식시키고자 했다.

둘째, 식량난으로 인한 배급제의 중단은 주민들의 많은 불만과 일탈을 초래하였고, 생존문제가 해결되지 않자 주민들의 불만은 지도자와 상위 권력층을 향했다. 김정일 시기부터 주민들의 정권에 대한 불만이 주변 국가기관 소속 안전원과 보위원 등에게 표출된 경우가 발견된다. 북한정권은 이러한 현상의 발생을 통제기관과 주민 간의 상하관계 구조가 흔들리고 있는 것으로 평가하였고, 공개처형으로 처벌해 어지러운 사회질서를 바로잡고자 하였다.

셋째, 공개처형이 외부문물 유입을 통한 비사회주의적 행위와 국경이탈에 대한 통제수단으로 활용되었다. 북한은 고난의 행군에서 벗어나고자, 국가 주도하에 중국 등 외국과의 교역을 위한 개방적 조치를 제한적으로 시행했다. 1991년경 나진·선봉을 경제특구로 지정하여 해외무역을 위해 개방하였고, 1997년 9월 중순에는 함경북도 무산군 북·중 접경 지역에 국제자유시장을 개설하였다. 1998년 4월에는 북한과 중국의 합작형태로 운영되는 '라진시장'이 세워졌다.[32] 1998년부터 금강산 관광

Korean Polices of 2002-08 and Attempts to Reverse "De-stalinization from Below," Asias Policy (2009), pp. 58-60.

31 정세진(2000), p. 130.

32 정세진(2000), pp. 228-230.

을 통해 한국 대상 관광사업을 시작했으며, 2000년 6월 14일 남북한 정상회담이 개최되면서 남북 간 경제협력과 교류 활성화로 2003년 남북교역량은 7억 1만 달러를 기록하였다.[33] 2003년부터는 북한 개성시에 한국기업들이 입주하여, 북한의 노동력을 사용하는 개성공단 사업을 시작하였다. 주민들 역시 생계문제의 해결을 위해 국경 지역에서 중국을 통해 식량과 물품을 받아와 시장에 팔고 생계를 유지했다. 이러한 개방은 철저히 차단된 북한 사회에 대대적인 외부문물 확산과 국경이탈을 야기했다. 특히 2006년 전후 북한 내부의 휴대전화 보편화는 외부문물로 유입되는 불법 영상, 음악, 책 등이 판매 및 유포되고, 주민들 간의 소통과 정보전달이 수월해지는 데 결정적인 역할을 하였다. 이에 북한 정권은 2000년대 중반부터 외부문물 유입으로 발생한 일탈행위를 강력하게 통제하기 시작한다.

넷째, 북한 지도자는 경제정책 실패에 대한 책임 전가의 방법으로 공개처형을 활용하였다. 1990년 경제난으로 배급제가 중단됨에 따라 수십만 명의 아사자가 생겨났고, 다양한 사회적 일탈이 발생했다. 이에 김정일은 식량난에 대한 책임을 당시 농업담당 비서 서관희에게 물어 1997년 9월 중순쯤 평양에서 그를 공개처형하였다. 사유는 그가 남조선 안기부에 예속된 첩자, 미국의 고용 간첩으로 30년간 일했고, 계획적으로 당의 노동정책을 방해했다는 것이었다.[34] 김정일 정권은 경제난으로 직면한 정치적 정당성 위기를 모면하기 위해 공개처형을 활용하였다.

2009년 실행된 화폐개혁은 주민들이 보유한 현금을 100 대 1로 교환해 주었고, 가구당 한도를 설정함으로써 주민들의 엄청난 불만과 비난을 야기했다. 이에 김정일 정권은 화폐개혁의 책임을 물어 당시 노동당 재정계획부장 박남기를 공개처형하였다. 사유는 그가 "지주의 외손자 출신으로 자본주의를 이식하려 한 간첩"이라는 것이었다. 이를 통해 김정일은 가장 심각한 경제적 위기가 봉착한 '고난의 행군'과 '화폐개혁' 두 차례 모두 그 당시 담당자에게 책임을 전가하였고, 공개처형을 활용하여 인민들의 불만을 김정일이 아닌 간부들에게 돌렸다.

---

33 남북교역은 1989년 약 1,870만 달러 규모로 시작되어, 1991년 1억 달러, 1995년 2억 달러 1997년 3억 달러, 2000년에는 4억 2,500만 달러, 2003년 7억 2,421만 달러, 2004년 6억 9,700만 달러를 기록하였다. 북한경제포럼, 『현대북한경제론』 (서울: 오름, 2005), pp. 512-517.

34 남성욱, "핵 실험 카드 넣고 외교라인 교체한 북한의 대외전략," 『월간중앙』 2022년 7월 17일.

표 6-7 북한 역대 공개처형 사례[35]

번호	해당 연도	공개처형 대상	공개처형 사유	공개처형 적용 법 조문
1	1997.9	서관희 (농업담당 비서)	미제의 고용 간첩으로 활동, 계획적으로 당의 노동정책 방해	-
2	2010	박남기 노동당 재정계획부장 (+ 김태영 계획재정부 부부장)	자본주의 간첩으로, 화폐 개혁 실패 유도[36]	민족반역죄
3	2012.7	리영호 (인민군 총참모장)	신병관계로 해임후 혁명화 교육 중 발언 문제 됨[37]	뇌물 수수[38]
4	2013.12	장성택 (전 국방위원회 부위원장)	반당·반혁명 종파행위자	공화국 형법 60조 국가전복 음모행위
5	2013.11	장성택 최측근 노동당 간부 리룡하(당 행정부 제1부부장)와 장수길(당 행정부 부부장)	-	-
6	2015.4	현영철 (인민무력부장)	김정은 지시에 대한 불충	반역죄

김정은 시대 공개처형의 특징은 선대 지도자와 다소 차이가 있다. 경제난 이후 부분개방으로 시작된 외부문물과 사상의 유입에 대한 지속적인 통제가 확인된다. 특히 한국의 드라마, 영화, 음악 등의 시청과 배포를 엄격히 금지하고 상시 통제하고

35 해당 출처는 각주로 표시하였다.

36 북한 리제강이 쓴 『혁명대오의 순결성을 강화해나가는 나날에』라는 책에는 박남기를 친일분자의 아들이자 지주의 외손자로 묘사했고, 한국전쟁 당시에는 우익단체 활동에도 가담했다고 썼다. 2010년 2월 4일 김정일은 당 간부들 앞에서 "박남기는 혁명대오 안에 기어든 간첩으로 앞으로 총리가 돼 자본주의 경제로 끌고 갈 흉심을 품고 있었다"라고 말했고, 같은 해 3월 재판소는 처형을 선고하고, 강건군관학교에서 재판부는 "박남기가 현실을 제대로 파악하지 않고 무리한 화폐개혁을 단행해 당과 국가, 그리고 인민 경제에 막대한 피해를 주었으며 이는 '민족반역죄'에 해당된다."라고 발표하고 9발의 총탄을 발사해 처형했다. 최우석, "고위탈북자 증언 화폐개혁 책임지고 총살당한 박남기 시체 사라진 이유 김정은 "박남기를 남포 용광로에 던져라"," 『월간조선』 2021년 8월호.

37 고영환(북한 前외교관)은 리영호의 직무 해임 사유로 혁명화 교육 중 리영호가 "정치국 상무위원까지 하시는 분이 왜 이런데 와서 공부를 하십니까", "나도 이런거 왜 하는지 모르겠어"라는 발언을 한 것이 치명타가 되었다고 답했다. 허효진, ""리영호 해임 뒤 처형"... 최룡해 자취 감춰," 『KBS 뉴스』 2017년 2월 27일.

38 YTN, "건성 박수 쳐, 꾸벅꾸벅 졸아 ... 김정은 '잔혹 숙청사'", 『YTN』 2016년 2월 11일.

있다. 공개처형의 사례가 가장 많이 수집된 장소는 양강도 혜산시와 함경북도 청진시이다. 연선지역은 중국과 인접하여, 불법 영상물의 유입이 쉽고, 그만큼 적발되는 사례가 많았다. 연선지역 외에도 내륙지역인 황해남도와 평안남도에서도 불법 영상물 시청과 마약 사용에 대한 처벌 사례가 발견된다. 외부 영상물들은 중국을 통해 유입되어 전국으로 전파되는데, 2006년도부터 보급된 북한 내부 휴대전화 사용량 증가와 영상물을 시청할 수 있는 전자기기의 보편화는 불법 영상물이 내륙지방까지 전달되는 데 상당 부분 기여했다. 과거 북한은 외부문물과 사상으로부터 완전히 차단된 사회였지만, 한번 개방을 시작해 외부문물이 유입되기 시작하면 다시 완전히 차단된 사회로 되돌아갈 수 없음을 보여 준다.

김정은 역시 자신의 정치적 필요성에 따라 공개처형이라는 충격요법을 주기적으로 구사했다. 김정은은 김정일과 달리 후계자로서 정치적 입지를 굳힐 만한 시간이 없었기 때문에 자신의 권위와 세습에 반대하는 고위급 간부를 제거하는 데 공개처형을 활용하였다. 대표적으로 2013년 12월 12일 당시 국방부 위원장이자 고모부인 장성택을 「형법」 제60조 반당·반혁명 종파행위, 부정부패 및 타락행위, 내각의 경제사업 방해 등으로 공개처형한 사례이다. 김정은은 장성택의 처형 이후 장성택의 친인척까지 총살하고, 먼 친척들은 강제 이주 보내도록 조처했다. 김정은은 공개처형뿐 아니라, 비공개적인 처형으로 집권 5년간 간부 140여 명을 처형하였다. 비공개와 공개처형으로 최고 지도자의 권력과 위상을 과시하고, 핵심계층에게도 경각심을 주어 절대적 충성심을 유도하고자 했다.[39]

살인과 성폭행, 인신매매 등 중대 범죄에 대한 공개처형이 유지되고 있다. 그중에서도 마약 복용과 판매에 대한 처벌이 증가했으며, 마약 복용과 불법 영상물 시청 행위를 동시에 한 사람에 대한 공개처형 사례도 확인된다. 마약과 불법 영상물을 담은 전자기기의 유포 및 전달을 동시에 하는 경우, 단일 범죄보다 더 강한 처벌을 받았다.

39 김정은 집권 초기 5년간 처형한 간부만 140여 명으로 확인된다. 조수현, "北 김정은 집권 12년…핵 지키고 4대 세습 의지 과시," 『연합뉴스』 2023년 12월 16일.

표 6-8 지도자별 공개처형 분석

공개처형	김일성	김정일	김정은
공통점	공개처형을 정권의 정당성 유지를 위해 활용		
차이점	- 추구하는 사회주의 체제와 기본질서에 반하는 행위 - 사회주의적 도덕성을 해치는 행위 * 사회주의 대가정, 국유화, 집단주의, 계획경제 등	- 경제적 위기에 대한 책임 전가 - 절도에 대한 공개처형 많음 - 민심 소란, 불만 폭주 등으로 주민들이 안전원, 당원 등을 구타 시 공개처형 - 비사회주의적 행위, 탈북 및 인신매매 등에 대한 공개처형	- 백두혈통 통치권 확립 차원에서 고위급 인사 공개처형 * 장성택, 현영철, 리룡호, 최영건 등 고위급 인사 - 사회통제와 질서유지를 위해 공개처형 * 비사회주의 행위, 마약, 인신매매, 형사적 사건 등

출처: 저자 작성

2. 포고문 통제

북한 주민들은 지도자의 지시 다음으로 반드시 지켜야 하는 방침으로 사회안전성에서 발표하는 ‘포고문’으로 꼽았다. 북한 「형법」(2022) 제6조는 법으로 명시된 행위에 대해서 형사책임을 진다는 ‘죄형법정주의’를 명시하고 있으나, 포고문은 포고한 행위에 대해 최대 사형까지 처벌하기 때문에 강력한 통제수단으로 작용한다. 김일성과 김정일, 김정은 정권은 공통적으로 법으로 정해지지 않은 사안이라도, 중대한 현안 처리 시 포고문을 적극적으로 활용했다.

1990년대 경제난으로 인해 발생하는 쌀과 같은 곡식에 대한 절도와 매매 등 불법행위에 대한 포고문이 발표되었다. 북한에서는 협동농장을 통해 곡물을 생산하는데, 배급이 줄어 생계가 어려워지자 알곡 등 식량에 대한 절취가 만연하게 발생했다. 알곡을 훔치는 것보다 더 강하게 처벌받는 행위는 곡물의 판매와 고리대 등 자본주의 상행위로 총살까지 받을 수 있다. 1958년 북한은 협동농장에서 식량을 생산하는 농업협동화가 완료되면서, 개인이 부업으로 생산한 채소나 부식물 등을 제한적으로 매매할 수 있는 ‘농민시장’을 허용했다. 농민시장은 협동농장원들의 생활 향상과 노동 의욕 고취, 국영상점의 공급한계를 보완하는 목적이었다. 그러나 1980년대 중반 이후에는 농민시장에서 정부가 허용하지 않는 품목도 불법적으로 판매되고, 허가된 시간과 장소에 구애 없이 개설됨으로써 '암시장화'되었다.[40] 알곡 절취와 판매에 대한 포고문은 당시 만연하게 이뤄지는 국유부문의 절취행위와 암시장화된 농민시장에 대한 당국의 통제를 반영한다.

김정은 시대 들어 불법 영상물 시청 금지를 중심으로 미신행위, 마약, 인신매매 등에 대한 포고문 내용이 증가했다. 김정은 시대에는 한국과 관련된 국경이탈, 불법 휴대전화 이용, 불법 영상물 시청에 대한 통제가 중심이 됨에 따라 관련 포고문이 지속해서 하달되었다. 또한, 사회질서를 어지럽게 하는 미신행위, 마약, 인신매매와 살인과 강간과 같은 중대 범죄들도 포고문에 포함되었다.

2023년 2월 사회안전성은 전국적으로 '범죄와의 전쟁'을 선언하는 포고문을 발표했다. 포고문 내의 처벌 범죄유형은 당 정책에 시비하거나 수뇌부의 안전에 지장을 주거나 유언비어를 퍼뜨리는 행위, 어린이 유괴, 강도, 강간과 같은 중범죄 행위, 사실혼을 한 자, 사적 모임 결성한 자, 무단결근한 자들과 같은 사회적 기강을 무너뜨리는 행위다. 북한 내부의 혼란한 사회상을 반영하며, 무너진 사회 기강을 바로잡는 수단으로 포고문이 활용되었다.

표 6-9 지도자별 포고문 활용 통제 분석

포고문	김일성	김정일	김정은
공통점	- 당시 일탈행위에 대한 규제와 주요 행위를 통제할 경우 포고문을 활용 - 법에 없는 행위에 대한 강한 규제 가능 - 포고문은 안전원들에게 단속과 적발의 근거가 됨		
차이점	-	- 식량난 시기, 곡물 등 국가재산 절도 관련 포고문 - 화폐개혁 시기, 외화유통을 금지하는 포고문 - 비사회주의적 행위 금지 포고문	- 국경 지역 휴대전화 사용 포고문 - 한국 영화 등 시청 관련 포고문 - 각종 범죄와의 전쟁 선언 - 코로나19 시기, 국경지역 통제 포고문

출처: 저자 작성

40 정세진(2000), pp. 85-88.

3. 소결

공개처형과 포고문은 특정 행위에 대한 위험성과 중대성을 주민들에게 신속하게 알림으로써, 해당 행위를 경고하여 추가 발생을 예방하는 역할을 한다. 따라서 공개처형과 포고문은 당시 사회상과 사회적 문제 현상에 대한 정권의 통제 정책과 방향을 반영한다. 사회안전성에서 발표하는 포고문은 사회질서를 바로잡고, 주민들의 일탈행위와 범죄행위들을 통제하는 목적을 가진다. 안전원들은 포고문이 내려오면, 하달된 행위의 기존 법적 처벌 수위와는 상관없이 포고문의 내용에 따라 최대 사형까지 집행한다.

김일성, 김정일, 김정은 정권 모두 살인, 조직폭력행위, 강간 등 중대한 범죄에 대한 공개처형을 진행하였다. 누구나 천벌받아 마땅하다고 생각할 범죄에 공개처형을 진행함으로써 공개처형의 타당성을 유지하였고, 어지러운 민심과 사회질서를 바로잡고자 했다. 김일성 정권은 사회주의적 경제 질서를 해치거나 집단주의와 사회주의 대가정의 도덕성에 반하는 행위를 공개처형하는 경향을 보였다. 지도자가 정권의 실정으로 분위기 반전이 필요한 상황과 사회적 분위기를 감안하여 희생양(scape goat)을 만드는 전략에 따라 공개처형을 활용하였다. 김정일은 심각한 경제난과 화폐개혁 등 두 차례의 중대한 경제적 위기에서 경제부문 담당자들에게 책임을 전가하였다. 그들이 간첩행위를 했다는 사유를 들어 공개처형을 시행했다. 공개처형은 김정일의 정치적 정당성을 유지시키는 도구적 역할을 하였다. 김정일 시기 고난의 행군(1995~98) 이후 사회질서가 어지럽고, 각종 일탈행위가 발생하기 시작하였다. 식량난으로 인한 절도가 전국적으로 빈번하게 발생했으며, 경제난으로 사회에 불만을 품은 주민들이 안전원과 노동당 당원 등을 구타하는 극단적인 사례도 있었다. 기본적 사회질서가 상당히 무너지고, 당-국가기관과 통제기관의 권위가 상당히 하락한 현실을 반영한다. 경제난을 극복하고자 하는 부분적 개방정책과 민간 차원의 밀수행위 성행은 탈북과 인신매매, 불법 영상물 시청 및 유포, 미신행위, 불법 휴대전화 사용 등 비사회주의적 행위의 성행으로 이어졌다.

김정은 시대에도 선대정권에 이어, 탈북, 인신매매, 불법 영상물 시청 및 유포,

미신행위, 불법 휴대전화 사용 등 비사회주의적 행위에 관한 공개처형 사례가 발생했다. 외국과 차단되었던 북한 사회에 일단 외부문물과 사상이 유입된 이상, 이전과 같이 통제하기 어려운 상황이 전개되었다. 김정은은 김정일과 달리 후계자로서 정치적 입지를 확고히 할 시간이 없었기 때문에, 자신의 권위와 세습에 반대하는 고위급 간부를 공개처형하여 제거하였다. 2013년 고모부 장성택을 전격 공개처형하여 주민들에게 백두혈통인 자신 이외에는 누구도 북한에서 권력을 행사할 수 없다는 충격요법을 시행했다. 2015년 현영철 인민무력부장이 공개 석상에서 졸았다는 이유로 공개처형됐다. 김정은은 자신의 통치 권력을 확고히 하기 위해 충성심이 부족한 인사 100여 명을 숙청했다.

제4절

주민통제 요인 분석과 함의

북한은 정권과 체제 유지를 위해 경찰 등 물리적 기구를 통해 주민들을 통제한다. 주민통제의 유형은 기본적 생활통제, 비사회주의적 행위통제, 물리적 공포통제 등 세 가지로 분류된다. 각 정권은 시대적 상황과 제약적 요건 등을 고려하여, 통제 유형의 전체 혹은 일부를 강화 또는 약화하며 주민통제를 유지하였다. 지도자별로 어떤 통제유형을 중점적으로 활용하였는지 분석하였다. 지도자별 통제유형의 활용도를 구분하여 당국의 통제와 인민 간의 관계를 구체화했다.

북한 주민통제의 유형별 활용도를 5단계로 구분하였다. 활용도가 높을수록 해당 유형의 통제가 강한 것을 의미한다. 검은색 원의 개수에 따라 1. 최저 수준, 2. 낮은 수준, 3. 보통 수준, 4. 높은 수준, 5. 최고 수준이다. 1단계는 '최저 수준'으로, 기본적인 통제의 목적이 유지되지 못하는 수준이다. 2단계는 '낮은 수준'으로, 기본적인 통제의 목적은 유지되는 수준이다. 3단계는 '보통 수준'으로, 기본적인 통제의 목적을 유지하고, 정권이 목표하는 통제의 일정 부분이 작동하는 수준이다. 4단계는 '높은 수준'으로, 기본적인 통제의 목적을 유지하고, 정권이 목표하는 통제의 상당 부분이 작동하는 수준이다. 5단계는 '최고 수준'으로, 기본적인 통제의 목적은 유지하고, 정권이 목표하는 통제의 대부분을 작동시키며, 이를 위해 수단과 방법을 가리지 않는 수준이다. 유형별 활용도를 통해 북한 정권별 활용도를 제시한다.

표 6-10 주민통제의 활용 단계

구분	1단계	2단계	3단계	4단계	5단계
수준	최저수준	낮은수준	보통수준	높은수준	최고수준
표시	●○○○○	●●○○○	●●●○○	●●●●○	●●●●●

출처: 저자 작성

1. 김일성 시대 중점 주민통제와 요인분석

김일성 시대 세 가지 주민통제 유형의 제약과 활성화 환경, 강화와 완화요인 분석을 통해, 어떤 통제유형을 중심으로 주민통제를 하였는지 특징을 도출하였다.

1) 김일성 시대 주민통제의 활성화와 제약 환경

김일성 시대에 기본적 생활통제가 수월하게 작동할 수 있었던 환경적 요인은 세 가지가 있다. 첫째, 김일성 시대에는 주민통제에 기본이 되는 성분제도와 이동 및 주거 통제가 시작되었다. 성분제도는 김일성 정권 초기의 주민들을 대상으로 성분을 분류하여 차등적으로 관리하고 통제함에 따라, 대상 주민들의 변화와 변수가 적었다. 둘째, 김일성 시대에는 토지개혁과 협동화, 주요산업의 국유화를 통해 중앙집권적 계획경제화를 시켰고, 주민들은 직장과 주거지에서 배급을 받아 생활하였다. 국가배급제도가 정상 작동하였고, 주민들의 주거 및 이동은 배급제도와 연결됨에 따라 이동과 주거 이전 통제가 수월한 환경이 조성되었다. 셋째, 지도자에 대한 주민들의 신뢰도와 충성도가 높았다. 1956년 8월 종파사건 이후 김일성이 북한 통치의 주도권을 장악하게 되었고, 이후 북한 주민들은 주체사상과 혁명적수령관을 바탕으로 한 사상 교양과 통제를 받아 지도자에 대한 신뢰와 충성도가 높았다. 위의 세 가지가 결합된 환경은 김일성 시대의 기본적 생활통제가 원활하게 작용하는 데 기여하였다.

김일성 시대에는 비사회주의적 행위통제를 기본적 생활통제나 공포적 수단통제처럼 적극적으로 활용할 필요성이 적었다. 한국 등 외국 영상물과 책자, 음악의 새로운 반입이 거의 없었고, 반입된 비사회주의적 물건들은 주기적으로 진행되는 '가택검열'을 통해 통제가 가능했다. 사회안전성은 가가호호 돌아다니며 1년에 세 번 정도 책을 검열해서 서적을 통한 외부사상 유입이 어려웠다.[41] 휴대전화 등 전자통신기술과 장비가 발달되지 않아, 지역 간 정보와 물품의 전달이 제한적이었다. 정보와 물건을 전달하기 위해서는 사람들이 직접 만나야 했지만, 지역 간의 이동통제가 강하게 이뤄짐에 따라 정보와 물건의 전달이 어려웠다. 마지막으로, 당과 정권에 완전히 독점된 북한 방송 외에는 해외 영상물 등이 많지 않았다. 해외 전파가 잡히는 국경 지역과 개성 등 휴전선 일대의 채널과 주파수의 고정 여부를 단속하는 것이 불법 영상물 단속의 대부분을 차지했다. 따라서 김일성 시대의 비사회주의적 행위통제는 상대적으로 수월하게 작동했다.

김일성 시대 공포적 수단통제가 활성화되는 환경은 다음과 같다. 첫째, 김일성 시대에는 배급제도가 운행됨에 따라 주민들이 직장에 정상 출근하였고, 주민들을 대거 동원할 수 있는 환경이었다. 공개처형 장소에 많은 주민을 동원함으로써 공개처형에서 공포적 통제 효과를 톡톡히 거둘 수 있었다. 공개처형을 시청하는 주민들은 해당 범죄행위에 대한 심각성을 체감하였고, 공개처형 대상 행위를 예방하는 역할을 하였다. 공포적 수단통제는 주민들에게 정권과 당에서 금지하는 행동은 하지 않고, 법과 규칙을 준수해야겠다는 동기부여로 작동하였다. 둘째, 포고문은 지역 실정과 해당 시기에 따라 위법행위를 단속하고, 법과 정책을 전달하기에 매우 효과적이었다. 셋째, 북한은 1990년대 동유럽 사회주의 국가들이 몰락하기 전까지는 외부에 자세한 정보를 공개하지 않아 철저히 고립된 사회였고, 공포적 수단통제의 활용에 대한 외부적 비판이 적었다. 따라서 공포적 수단통제는 북한 내부적 사정과 정책, 지도자의 의중에 의해서만 작동할 수 있었다.

41 『북한인권백서 2002』, p. 110.

2) 김일성 시대 중점 주민통제 유형

김일성 시대의 중점적 주민통제는 기본적 생활통제와 공포적 수단통제이다. 북한 사회에서 기본적인 통제의 시작점은 성분제도다. 정권과 체제유지를 위해 주민을 혁명화 정도에 따라 계급으로 분류하여 차등적인 관리 및 감시통제를 하였다. 『북한인권백서』에 수집된 정보에 의하면, 입당, 승진, 대학진학, 간부 등용 등 중요한 부분에서 성분제도를 통한 제약이 강하게 작용하였다. 북한의 성분제도는 적대계층을 지역과 직업적으로 분리하고, 주요대학 진학, 입당, 간부로 등용될 가능성을 차단하는 목적을 가지고 있으며, 성분제도가 정권의 의도대로 강하게 작동했다.[42]

김일성 시대에는 사회주의적 정치, 경제적 제도에 반하는 행위에 대한 강력한 수단으로 공포적 통제를 활용하였다. 사회주의 도덕과 집단질서 유지를 위해 공개처형을 활용하였다.[43] 국유재산의 절도와 같은 계획경제 질서를 침해하는 행위에 대한 강력한 통제수단으로 공개처형을 활용하였다. 1997년 『북한인권백서』에 따르면 대학생들이 협동농장의 옥수수를 절도하여 공개 총살당했다.[44] 당시 심각해지는 식량난으로 인한 어지러운 민심과 일탈행위의 발생을 반영한다. 북한 정권은 계획경제하 국유재산 절도에 대해 공포적 수단을 활용하여 통제를 시도했다. 김일성 시대 공포적 수단통제의 활용도를 ‘최고수준’으로 선정한 이유는, 1990년도 이전까지는 자본주의와 사회주의 간 냉전시기로, 사회주의 국가를 제외한 국제사회에서 철저히 고립된 상태였기에, 인권 침해에 대한 국제사회의 비난 없이 정권과 당의 의도에 따라 공포적 수단통제를 활용할 수 있었기 때문이다. 주민들의 기본적 생활통제가 강력히 작동하고, 전체 동원이 수월하였다는 점은 공포적 수단통제가 최대효과를 낼 수 있는 환경을 조성했다.

북한은 기본적 생활통제와 비사회주의적 행위통제를 작동시키기 위해 공포적

---

42 정치적 계급제도로 정해진 적대계층은 제일 비선호하는 직업을 배정받고, 가장 가난한 집에 살고, 종종 배급도 거의 받을 수 없는 동떨어진 시골에서 살게 된다. 그들은 평양에 살 수 없고, 좋은 학교에 입학하고, 당에 가입하고, 승진하거나, 직장에서 책임자 자리에 오를 가능성이 거의 없다. Kongdan Oh and Ralph C. Hassing, North Korea through the looking glass, (Washington DC: Brookings institution press, 2000), p. 134.

43 1981년 영화배우 우인희가 재일교포와의 치정 관계로 공개처형되었다. 『북한인권백서 1997』, p. 21.

44 위의 책, p. 2, 22.

수단통제를 활용한다. 따라서 기본적 생활통제와 비사회주의적 행위통제가 진행되면, 공포적 수단통제도 병행해서 활용된다. 김일성 시대의 경우, 비사회주의적 행위통제보다는 기본적 생활통제가 강하게 작용하였고, 공포적 수단통제는 기본적 생활요소를 포함한 사회주의 집단 도덕생활, 계획경제 질서를 해치는 행위에 대한 통제를 지원하며 이뤄졌다. 김일성 시대에는 세 가지 주민통제 유형 중 기본적 생활 통제와 공포적 수단통제가 적극적으로 활용되었다.

표 6-11 김일성 시대 주민통제 요인 분석

분류		주민통제 강화	주민통제 완화	유형별 활용도
기본적 생활통제	환경	- 지도자에 대한 충성심 - 사상교양의 유지 - 배급제도 정상작동	-	●●●●● 최고 수준
	요인	- 성분제도 정착 - 이동과 주거 이전 어려움	-	
비사회주의적 행위통제	환경	- 북한방송의 국가 독점 - 새로운 외부 영상물과 책자 등 반입의 어려움	- 국경 지대와 휴전선 일대 전파를 통한 정보유입	●●●○○ 보통 수준
	요인	- 주기적 가택검열 - TV, 라디오 채널고정 단속	-	
공포적 수단통제	환경	- 정권에 대한 신뢰 - 주민 대거 동원 가능 - 북한 인권에 대한 외부의 관심과 비난이 적음		●●●●● 최고 수준
	요인	- 공포처형과 포고문 대상 범죄행위에 대한 경각심, 공포심	-	

출처: 저자 작성

2. 김정일 시대 중점 주민통제와 요인분석

김정일 시대 세 가지 주민통제 유형의 제약과 활성환경, 강화와 완화요인 분석을 통해, 어떤 통제유형을 중심으로 주민통제를 하였는지 특징을 도출하고자 한다.

1) 김정일 시대 주민통제의 활성화와 제약 환경

김정일 시기에는 '경제난'이라는 외부변수가 주민통제에 큰 변수로 작용하였다. 경제난이 심화되자 중단된 배급제도는 주민들의 주거와 이동의 제한을 완화시키는 작용을 했다. 주민들은 회사나 주거지에서 배급을 제공받았기 때문에 허락 없는 주거 이전과 이직이 어려웠다. 그러나 배급제도가 중단되자, 주민들이 생계를 위해 스스로 일거리를 찾고 이동해야 하는 환경이 조성되었다. 한편 안전원들은 더 이상 월급과 배급만으로는 생활하기가 어려워졌고, 뇌물을 수수하여 단속을 넘겨주거나 기타 업무를 처리해 주는 등 부정부패가 만연해졌다. 성분제도는 주민들의 혁명화 정도에 따라 입당과 간부 등용, 대학진학, 취업에 대한 제한을 두는데, 뇌물을 통해 성분에 의한 제약을 낮춤으로써 성분통제가 일정 부분 완화되었다. 또한 국가나 국영기관에서 배정받던 주택의 매매가 진행되었고, 주민들의 주거 이전이 가능해지기 시작했다. 사회주의 국가에서 국영재산인 주택은 매매권이 없고 사용권만 존재하는데, 거주하는 실사용자가 사용권 등 실질적인 권한을 이전하는 형태로 나타났다. 반면 기본적 생활통제를 돕는 환경적 요소는 김일성 시대에 '성분제도'와 '공민증제도', '여행증제도'를 만들어 주민통제의 제도를 조성하였다는 점이다. 이는 김정일 정권이 추후 주민통제의 법 제정을 통해 기본적 생활통제를 유지할 수 있는 기본적 근간으로 작용한다.

북한의 경제난은 비사회주의적 통제를 제약하는 요인들을 다수 발생시키는 환경을 조성하였다. 극심한 경제난에 북한은 부분적으로 국경을 개방하였고, 한국 영화와 드라마 등 외부문물과 사상의 유입이 시작되었다. 주민들은 생계를 위해 국경지역을 통한 밀수를 시작하였고, 밀수의 성행 역시 외부문물이 유입되어 통제 대상의 종류와 양의 확대를 야기했다. 정보통신의 발달과 휴대전화의 국내 보급은 정보 이동을 가능하게 하였고, 주민들 간의 소통을 원활하게 하여 이전보다 비사회주의적 사상이 확산되고, 주민들이 비판적 사고를 함양할 수 있는 기회가 되었다. 경제난으로 인한 배급제와 중앙의료체계의 중단은 주민들의 불안감을 높였고, 미신행위에 대한 의존도를 높였다.

공포적 수단통제의 제약요인으로 첫째, 폐쇄국가였던 북한이 일부 개방을 시작함에 따라 북한의 사회통제적 측면이 외부에 알려졌고 북한의 인권실태는 국제사회의 비난과 관심의 대상이 되었다.[45] 사형이라는 형벌은 인간의 생명을 앗아가는 가장 큰 형벌로 사법제도의 판결 오류 가능성과 인권문제로 사문화되어 가는 것이 세계적 추세이다. 이와는 달리, 북한은 많은 주민들을 모아두고 공개적으로 총살을 하는 공개처형을 진행하고 있어 국제사회로부터 많은 비판을 받았다. 둘째, 법치주의 국가들과는 다르게, 법에서 정하지 않아도 정권과 지도자의 정책과 명령에 따라 처벌되는 인치주의적 제도 '포고문' 역시 인권침해 요소로 국제사회로부터 비난을 받았고, 이는 공포적 수단통제를 제약하는 요건으로 작용했다. 셋째, 공개처형 시 최대한 많은 주민들을 현장에 동원해야 하지만, 과거처럼 주민들을 동원하기는 어렵다. 그 이유는 주민들은 식량난 이후 배급이 나오지 않는 기업소나 농장으로 출근하지 않고 생계를 위한 장마당에서 사적 경제활동을 하기 때문이다.

2) 김정일 시대 중점 주민통제의 유형

김정일 시대에 중점적으로 활용한 주민통제 유형은 비사회주의적 행위통제와 공포적 수단통제이다. 기본적 생활통제의 경우 김일성 시대부터 기반이 잘 조성되었지만, 김정일 시대에는 기본적 생활통제를 제약하는 요인들이 강력하게 작용하였다. 첫째, 1990년대의 식량난을 통한 배급제의 중단과 경제력의 중요성 증대는 배급제도를 통해 유지되던 이동과 주거 이전 통제를 약화시켰다. 둘째, 북한 사회 전반에 경제력의 중요성이 커졌고, 뇌물을 통해 성분적 통제와 제약을 극복할 수 있었다. 셋째, 경제난 이후 주택의 사용권이 판매되기 시작하였고, 이사할 주택을 구한 경우, 뇌물을 주

45 유엔인권위원회는 2003년 4월 16일 1차 대북결의안을 채택하였고, 2005년 4월 14일 '북한의 조직적이고 광범위하며 심각한 인권침해'에 대한 우려를 표하며 제3차 북한인권결의안을 채택하였다. 이원웅, "유엔 북한인권결의안 동향분석," 『북한인권 관련 국가, 국제기구 및 INGO의 동향분석』 (서울: 국가인권위원회, 2007), pp. 7-10.

고 주거 이전 등록을 하면서 이사가 가능해졌다. 김정일 정권은 식량난으로 인한 배급제와 의료 체계의 중단으로 이전과 같이 완전한 생활적 통제가 불가능했다. 그럼에도 기본적 생활통제를 유지하기 위해 「사회안전단속법」, 「공민등록법」, 「행정처벌법」, 「주민행정법」 등을 제정하며 추가적인 통제의 완화를 막고자 했다.

김정일 시대에는 국경을 일부 개방하여 경제를 회생시키고자 하였고, 2000년대 중반부터 비사회주의적 행위들이 급격히 증가하기 시작하였다. 김일성 시대에는 통제해야 할 비사회주의적 요소가 이미 반입된 외부 서적과 국경 지역과 휴전선 일대의 채널 고정 여부였고, 이는 충분히 통제가 가능했다. 그러나 김정일 시대에는 중국을 통한 외부문물의 유입이 급격히 증가하였고, 외부문물의 유입은 사상 약화의 원인이 되고, 또 다른 사회적 일탈행위로 이어졌다. 김정일 시대에 비사회주의적 행위통제가 강화되었다고 판단한 근거는 다음과 같다. 첫째, 2004년 대대적인 「형법」의 개정이 있었고, 비사회주의적 행위에 해당하는 '퇴폐적인 문화반입, 유포죄', '적대방송 청취, 인쇄물 유인물 수집, 보관, 유포죄', '미신행위죄', '미신행위 조장죄'를 추가하여 비사회주의적 행위처벌의 근거를 마련하였다. 둘째, 2004년 채택된 「행정처벌법」에서도 '반동적인 부르주아 문화반입, 이용, 유포행위', '미신행위, 거짓유포행위', '사회주의 생활양식을 어긴 행위' 등을 처벌대상으로 하고 있다. 셋째, 자본주의 문화 유입을 차단하기 위한 외부 영상물 및 정보 유통행위에 대한 공개처형이 이루어졌다.[46] 넷째, 2003년경부터 남한 CD-R 시청으로 처벌받은 다수의 사례가 수집된다.[47] 다섯째, 국경개방과 밀수를 통해 중국 등 외국 전화기 사용이 증가하였고, 이에 대한 통제지시가 하달되었다.[48] 2005년 발행된 '반간첩투쟁을 위한 군중교양'에서 불법적으로 휴대폰을 사용하는 행위를 '적들의 반공화국 책동을 도와주는 범죄행위'로 규정하는 등 철저히 통제하고자 함이 확인된다. 여섯째, 2004년경부터 불법 휴대전화 사용과 처벌에 대한 사례가 수집된다.[49]

---

46 이규창, "김정은 체제하 북한 주민 시민적·정치적 권리 실태와 전망," 『제2차 샤이오 인권포럼 김정은체제의 북한 인권문제와 국제협력』 (서울: 통일연구원, 2012), pp. 55-56.

47 본서 제4장 제2절 〈표 4-8〉 김정일 시대의 불법 영상물 시청 및 판매 처벌사례를 참고.

48 2005년 발행된 '반간첩투쟁을 위한 군중교양 자료(주체91-8호)' 참고; NK조선, "[전문]반간첩투쟁을 위한 군중교양자료," 『NK조선』 2005년 8월 26일.

49 본서 제4장 제2절 〈표 4-9〉 김정일 시대 불법 휴대폰 단속과 처벌사례를 참고.

김정일 시대에는 공포적 수단통제의 활용에 있어, 국제사회의 인권침해 비판과 주민들의 동원 참여율이 저조하다는 제약요건이 등장하였다. 하지만 국제사회의 감시를 피해 김정일 정권은 공포적 수단통제를 최대한 활용하였다. 김정일 정권은 경제난과 화폐개혁 등으로 심각한 위기에 봉착하였을 때 '공개처형'을 통해 그 책임을 전가했다. 1990년대 중반 식량난의 책임을 당시 농업담당 비서 서관희에게 넘기며 그를 공개처형하였고, 2009년 화폐개혁 실패의 책임을 당시 노동당 재정계획부장 박남기에게 전가하며 공개처형하였다.[50] 김정일 정권은 비사회주의 행위, 마약행위, 탈북행위 등을 강력하게 처벌하고자 했고, 주민들에게 경각심과 공포심을 주는 가장 효과적인 방법을 '공개처형'과 '포고문'으로 간주했다. 공포적 수단통제의 '공개처형'과 '포고문'은 상호협력적 순환관계로, 포고문으로 하달된 주요 범죄행위가 엄중한 경우, 공개처형의 대상이 되고, 공개처형의 대상이 되었던 행위들은 추후 포고문으로 다시 하달되어 처벌된다.

공포적 수단통제는 기본적 생활통제와 비사회주의적 행위통제를 지원하여 더 강한 통제를 하도록 돕는다. 김정일 시대에는 비사회주의적 행위통제를 위해 공포적 수단통제가 적극적으로 활용되었고, 공포적 수단통제는 비사회주의적 행위통제를 강화하는 데 이바지했다. 『북한인권백서』에는 2005년 한국 방송을 들어 공개처형된 사례, 2005년 중국 휴대전화 사용으로 공개처형된 사례, 2007년 한국 영화를 유포하여 공개처형된 사례 등이 소개되었다.[51] 북한이 국경을 통한 일부 경제의 개방을 한 시기였던 2000년대 초중반에는 공개처형에 대한 국제사회의 비난이 잇따르자 공개처형이 잠시 주춤했다.[52] 그러나 2000년 중후반부터는 공개처형을 다시 활용하였다. 포고문 역시 중요한 사회적 문제에 직면했을 때 김정일 정권이 적극적으로 활용한 수단이다. 경제난으로 국유재산 등의 절취가 중요 문제일 때, 화폐개혁으로 외화관리 질서가 필요할 때 포고문을 통해 정권의 강력한 통제와 단속을 예고하고 처벌하였다. 북한 이탈주민들은 재북 시 지도자의 말씀 다음으로 '포고문'이 가장 큰 효력을 갖는다고 생각

---

50 본서 제6장 제3절 p. 254 참고.

51 본서 제4장 제2절 pp. 139-140 참고.

52 이규창(2012), p. 55.

했다.[53] 포고문은 북한 사회에서 주민들에게 주된 단속과 처벌, 정권의 정책을 전달하는 중요한 역할을 한다. 따라서, 김정일 시대에는 세 가지 주민통제 유형 중 비사회주의적 행위통제와 공포적 수단통제를 활용한 주민통제 정책이 이루어졌다고 판단하였다.

표 6-12 김정일 시대 주민통제 요인 분석

<table>
<tr><th colspan="2">분류</th><th>주민통제 강화</th><th>주민통제 완화</th><th>유형별 활용도</th></tr>
<tr><td rowspan="2">기본적 생활통제</td><td>환경</td><td>- 성분제도의 정착</td><td>- 고난의 행군 등 식량난
- 배급제도의 중지
- 뇌물과 부정부패 성행
- 이동수단의 등장(서비차)
- 주택 사용권 매매</td><td rowspan="2">●●●○○
보통 수준</td></tr>
<tr><td>요인</td><td>- 경찰통제 법적 기반 조성
- 「사회안전단속법」(1992)
- 「공민등록법」(1997)
- 「인민보안법」(2007)</td><td>- 뇌물로 성분적 제약 일부 극복
- 뇌물로 여행증 발급 가능
- 뇌물로 주거 이전 등록 가능</td></tr>
<tr><td rowspan="2">비사회주의적 행위통제</td><td>환경</td><td>-</td><td>- 장마당의 활성화
- 국경의 부분적 개방
- 밀수의 성행
- 전기통신의 발달과 휴대폰 국내 보급
- 배급제도와 중앙의료 체계 중단</td><td rowspan="2">●●●●○
높은 수준</td></tr>
<tr><td>요인</td><td>- 2004년 「형법」 개정-처벌강화
- 2004년 「행정처벌법」 제정
- 비사회주의적 행위 공개처형 대상
- 불법 외국전화 사용 통제 지시 하달</td><td>-</td></tr>
<tr><td rowspan="2">공포적 수단통제</td><td>환경</td><td>-</td><td>- 인권침해에 대한 국제적 비난
- 주민동원의 약화</td><td rowspan="2">●●●●○
높은 수준</td></tr>
<tr><td>요인</td><td>- '99년 경제난 책임전가 공개처형
- '09년 화폐개혁 실패 책임 전가 공개처형
- 비사회주의적 행위통제를 위한 공포적 수단통제 활용</td><td>-</td></tr>
</table>

출처: 저자 작성

53 『북한인권백서 2013』, p. 62; 최봉대(2011), pp. 10-12 재인용.

3. 김정은 시대 중점 주민통제와 요인분석

김정은 시대 세 가지 주민통제 유형의 제약과 활성화 환경, 강화와 완화요인 분석을 통해, 어떤 통제유형을 중심으로 주민통제를 하였는지 특징을 도출하고자 한다.

1) 기본적 생활통제 요인분석

가. 기본적 생활통제 제약·활성 환경

김정은 시대 기본적 생활통제의 제약 환경은 우선 성분제도에 따른 사회, 정치적 제약과 통제, 단속을 뇌물로 상당 부분 해결할 수 있다는 점이다. 또한 주거 이전과 이동에 대한 절차와 단속도 뇌물을 통해 상당 부분 해결이 가능하다. 위와 같은 맥락에서 생활통제 단속 시 상당 부분을 뇌물로 해결가능해짐에 따라 "성분제도보다 경제력이 중요하다."라고 인식하는 주민들이 많아졌다. 지역을 이동하는 수단으로 '서비차'가 등장하여, 이동수단으로 추가되었다. 비공식적이지만, 이사(주택매매)가 일반적 현상이 되었다. 마지막으로 1990년대 중반 식량난 이후부터 전반적인 주민들의 지역 이동량이 증가했다.

반대로, 기본적 생활통제를 수월하게 하는 활성화 환경은 선대 정권에서 기본적 생활통제를 위한 제도와 법을 제정하였다는 점이다. 김일성 시대에는 기본적 생활통제를 위한 성분, 여행증제도 등을 확립하였고, 김정일 시대에 「공민등록법」, 「행정처벌법」, 「인민보안법」 등 사회안전성이 기본적 생활통제를 할 수 있는 근거가 되는 법적 기반을 조성하였다. 여행증이 없으면 뇌물을 더 많이 내서 여행할 수 있지만, 공민증 없이는 여행이 불가하다.[54] 이는 주민들의 이동통제는 완화되었지만, 공민증제도는 상당히 잘 유지되고 있음을 반영한다. 또한, 뇌물을 지급할 능력이 없는 주민들에게는 이동통제의 완화가 적용되지 않는다.[55] 대부분 주민은 긴급한 경우나 매우 부

54 평양시민들은 평양시민증이 공민증을 대체하며, 안전원 등 보안기관 종사자들도, 공민증 없이 신분증을 소지한다.

55 여행증은 무료발급이지만 뇌물 지급 시 여행증 발급 소요기간을 줄일 수 있고, 뇌물을 훨씬 더 많이 지급하면 여행증 없이 공민증만으로 지역이동이 가능하다.

유한 경우가 아니면 여행증을 사전 신청하여 지역을 이동한다. 지역이동의 통제완화는 경제력이 있는 주민들에게만 한정적으로 해당한다. 마지막으로 2019년 발생한 '코로나19'는 북한 정권이 주민들의 이동을 통제하고, 국경을 봉쇄하는 데 당위성을 제공했다. 북한 주민들의 이동통제 현황은 정확히 알 수 없으나, 코로나19 사태로 북한의 국경이 봉쇄되었고, 밀수가 막혀서 장사가 힘들어졌다는 증언이 수집된다.[56] 코로나19는 북한 정권이 주민들의 이동통제를 다시 강화하고, 정비할 수 있는 기회로 작용하였다.

나. 기본적 생활통제 완화·강화요인 분석

김정은 시대 성분제도와 이동 및 주거 이전의 전반적인 통제는 시간이 지남에 따라 김정일 시대에 비해 약화되고 있다고 판단했다. 김정일 시대에는 입당, 승진, 대학진학, 직장배치 등도 뇌물을 통해 조심스럽게 성분적 제약을 극복했다면, 김정은 시대에는 입당, 일반 대학진학, 승진 등은 뇌물을 주면 성분의 제약을 자연스럽게 극복할 수 있는 것으로 확인된다. 성분제도에서 고려하는 친척의 범위도 이전보다 축소되었다.[57] 성분제도의 초기 적대계층이었던 지주와 부농, 전쟁포로, 납북자 등이 시간이 지남에 따라 감소하였고, 그에 대한 통제도 완화되었다. 김정은 시대에는 지역간 이동 시 여행증을 발급받지 않아도 매우 큰 액수의 뇌물이 있으면 공민증만으로 지역이동이 가능하여 지역 간의 이동 통제가 김정일 시대보다 약화되었다.

김정은 시대의 기본적 생활통제를 유지하게 하는 강화요인은 다음과 같다. 우선 아무리 뇌물을 써도 적대계층은 사회·정치적 영향력을 갖는 '핵심계층'으로 진입할 수 없다. 정치대학 등 주요 대학의 입학, 당 간부 진급, 기업소의 책임관리자 진급, 평양 중심지역의 거주 등은 뇌물로도 통과할 수 없는 '유리천장(glass ceiling)'으로 작용한다.

다른 지역들과 달리 평양은 여행증 없이 이동할 수 없고, 평양 내 행사나 지도자 현지지도가 있을 때 진입이 통제된다. 국경 지역 역시 여행증 없이 진입할 수 없으며, 외부인 방문 시 반드시 숙박등록을 해야 하며, 국경 지대 안전원들은 숙박검열을 더

56 박수윤, "북한 '코로나 국경봉쇄'는 체제유지 위한 불가피한 선택," 『연합뉴스』 2022년 12월 1일.

57 『북한인권백서 2016』, p. 187.

자주 하고, 엄격히 단속함으로써 국경이탈을 통제한다. 연선지역 주민들은 외부인을 보면 신고하는 출입신고제를 운영하고 있고, 인민반 야간순찰을 진행하여 국경이탈통제를 강화하고 있다. 2020년 국경 지역에 1~2km의 완충지역을 설정하기 위해, 양강도 혜산시 연선 지역의 살림집을 철거하는 등 국경통제를 매우 강화하였다.[58]

통제 제약 환경과 활성화 환경, 완화요인과 강화요인 분석을 통해, 기본적 생활통제는 전반적으로 완화되었다. 그러나 정권에서 역점을 두는 '핵심계층으로의 진입'과 '평양과 연선지역'에 대한 이동통제는 강력하게 유지 및 강화되고 있다. 요컨대, 기본적 생활통제는 유지되고 있다.

표 6-13 김정은 시대 기본적 생활통제 요인 분석

분류		주민통제 강화	주민통제 완화	유형 활용도
성분통제	환경	- 기본적 생활통제의 제도와 법의 조성	- 뇌물과 부정부패 성행 - 성분보다 경제적 능력이 중요하다는 주민 인식 출현	●●●○○ 보통 수준
	요인	- 새로운 적대계층 타겟 등장(탈북민 가족, 행방불명자 등) - 사회·정치적 권력을 갖는 핵심계층으로 진입 불가	- 뇌물로 성분적 제약과 통제를 상당부분 극복 - 초기 적대계층(지주, 부농, 전쟁포로 등)의 감소	
이동 및 주거 이전 통제	환경	- 코로나19 사태 - 공민증 있어야 이동 가능 - 뇌물 지급할 경제력이 있어야 이동 가능	- 국경통제 경비 강화(CCTV 유지, 철조망 설치) - 배급제도 정상작동 X - 새로운 교통수단 등장(서비차 등) - 주택 사용증 매매 현상	
	요인	- 평양과 연선지역 여행증 발급 없이 여행불가 - 주요 적대계층 여행증 발급 제한 - 국경 지역 외부인 출입 신고제 - 국경 지역 숙박검열 강화 - 국경 지역 인민반 야간순찰 진행 - 국경 지역 완충지대 설정	- 같은 도(道), 시(市), 군(郡) 내에서 여행증 없이 이동 가능 - 높은 금액의 뇌물 지급 시 여행증 없이 지역이동 가능 - 이사할 집이 있으면 도(道) 내 주거 이전 가능	

출처: 저자 작성

58 문성휘, ""탈북 막는다" 북, 혜산시 압록강변 살림집 철거," 『RFA 자유아시아방송』 2023년 8월 14일.

2) 비사회주의적 행위통제 요인분석

가. 비사회주의적 행위통제 제약·활성 환경

비사회주의적 행위를 통제하는 제약 환경은 다음과 같다. 우선, 전자통신기기의 발달은 비사회주의적 표현물을 시청할 수 있는 기기의 보편화와 저장매체의 소형화를 이끌었고, 비사회주의적 행위를 단속하고 통제하는 데 큰 제약이 되었다. 북한 주민들의 휴대전화 보유와 사용량이 증가하였고, 휴대전화 사용을 통해 개인의 의견을 전달하고 사고를 공유할 수 있는 환경이 조성되었다. 휴대전화 사용의 보편화는 실제적 주민들 간의 만남과 물건 교환 등을 지원하는 역할을 하였다. 밀수 등을 통한 중국과 한국 휴대전화의 유입은 또 다른 외국 문물의 유입과 탈북을 위해 사용되었다. 또 다른 비사회주의적 행위통제의 제약은 젊은 청년층과 장마당 세대가 등장한 것이다. 기존세대들과 달리, 북한의 체제와 지도자에 대한 충성심과 두려움이 약하고 경제력을 중시하는 청년층의 시각은 북한 정권의 통제에 제약이 된다. 단속의 주체인 안전원의 부패와 뇌물이 성행함에 따라, 비사회주의적 행위 단속에 걸리면 뇌물로 무마하려는 경향이 증가하였다.

비사회주의적 행위통제를 활성화시키는 환경은 우선 경제적, 기술적 및 사회적 환경의 변화와 관련이 있다. 휴대전화 사용이 보편화되자, 휴대전화 사용에 관한 「이동통신법」을 제정 및 개정하여 불순 영상, 노래, 그림 등의 열람과 시청행위, 한국식 말투의 문자 메시지와 전자우편 송수신행위를 금지하였다.[59] 「이동통신법」의 제정 및 수정은 휴대전화 도청과 사용 검열 및 단속을 강화시켰다. 또한, 2019년에 제정된 「군중신고법」은 모든 공민, 기관, 기업소, 단체에 범죄와 위법행위에 대한 법적 신고 의무를 부과하였고, 비사회주의적 행위의 통제를 활성화시키는 데 일조했다. 주민들의 신고로 불법 휴대전화, 한국 드라마와 음악 단속을 당했다는 증언 내용들이 확인

59 북한 「이동통신법」은 2020년 12월 4일 최고인민회의 상임위원회 정령 제478호로 채택되었고, 2023년 3월 3일 최고인민회의 상임위원회 정령 1231호로 채택되었다. 제35조(이동통신 단말기 리용에서 지켜야할 요구)에서는 국가에서 승인하지 않은 프로그램을 이용하거나 전파 감독기관의 승인을 받지 않은 이동통신수단의 등록과 이용을 금지하고 있으며, 불순내용의 그림, 노래, 영화, 오락 등을 열람하거나 시청하는 행위를 금지하고, 괴뢰 말투의 통보문, 전자우편을 주고받는 행위를 금지하고 있다.

된다. 한편 비사회주의적 옷차림에 적발된 경우, 사회적 처벌 대상임에 따라 적발된 자를 주변 건설현장에 보내 노동력을 동원하는 데 사용한다. 북한은 동원사회로, 만성적인 노동력 부족에 시달리고 있으므로, 비사회주의적 옷차림에 대한 적발은 일손이 부족한 건설현장에 노동력을 동원할 기회이자 수단이 되었고, 해당 단속을 활성화하는 요건으로 작용한다. 마지막으로 코로나19로 인한 국경봉쇄와 지역 간 이동금지는 불법 영상물의 전파와 판매를 제약하는 환경을 조성하였다.

나. 비사회주의적 행위통제 완화·강화요인 분석

김정은 시대 주민통제에서 가장 강력하게 금지하는 부분이 '비사회주의적 행위'이다. 북한은 비사회주의적 행위를 한국 드라마, 영화, 음악, 서적 등의 반입, 시청, 유포로 정하였고, 해당 비사회주의적 행위가 주민들에게 부르주아 사상을 침투시키고, 사회주의 체제 멸망의 원인이 된다고 경고하고 있다. 반면 비사회주의적 행위통제의 완화요인이 존재한다. 적발 시 뇌물로 처벌을 어느 정도 무마할 수 있다는 점이다. 또한, 전자통신기기의 발달로, 한국 드라마 등을 전달하고, 공유하기가 쉬워졌다는 점도 비사회주의적 행위통제를 완화시키는 요인이다. 마지막으로 미신행위의 경우, 지속되는 경제난과 함께 국가 배급제도 및 의료체계가 정상작동하지 않는다는 점이 주민들의 미신행위 의존도를 높여, 비사회주의적 행위통제의 완화요인으로 작용했다.

김정은 시대들어 비사회주의적 행위통제가 강하게 작동하고 있다. 비사회주의적 행위를 통제하는 특별법 「반동사상문화배격법」이 채택되었다. 한국 드라마 시청에 「반동사상문화배격법」을 적용하여 총살 등 강력한 처벌을 내렸다는 사례들이 수집된다. 주로 젊은 청년층을 중심으로 한국 드라마 시청과 음악 감상 등이 이루어짐에 따라 청년층의 비사회주의적 행위를 단속하고, 사상을 통제하고자 하는 특별법 「청년교양보장법」이 제정되었다. 한국 드라마 시청은 한국적 언어 표현 등으로 이어짐에 따라, 한국식 말투와 단어선택을 단속하는 특별법 「평양문화어보호법」이 채택되었다. 비사회주의적 행위 특별단속을 위해 안전원을 포함한 여러 기관이 협업하는 '109상무'가 조직되었다. 비사회주의 행위로 여러 명이 단속에 적발되거나, 한국과 관련된 경우는 뇌물로 처벌을 무마할 수 없고 노동 단련대와 교화소를 가야 한다는 증언들이 수집된다. 통제 제약 환경과 활성화 환경, 완화요인과 강화요인 분석 결과 비사회주의적 행위통제가 매우 강화되었다. 특히, 북한 정권에서는 '한국'과 관련된 비사회주의적 행위에 대한 통제를 매우 강하게 유지하고 있다.[60]

표 6-14 김정은 시대 비사회주의적 행위통제 요인 분석[61]

분류		주민통제 강화	주민통제 완화	유형 활용도
불법 영상물 시청 등 통제	환경	▲ 안전원들의 생계수단으로서 '단속' ▲ 통제의 대상 '휴대폰' 등장(도청 및 수시검열 대상) ▲ 코로나19 사태로 외부문물 유입이 어려움	▲ 전자통신의 발달(영상시청기기의 보편화, 저장기기의 소형화) ▲ 휴대폰 사용의 보편화 ▲ 부분적 국경 개방, 밀수의 성행 ▲ 뇌물성행, 안전원들의 부패 ▲ 주요세대의 교체(청년층과 장마당 세대)	●●●●● 최고 수준
	요인	- 다수가 단속에 적발 시, 뇌물을 지급해도 처벌을 면하기 어려움 - 한국 드라마 시청 등 적발 시, 유포자 색출 및 강력 처벌 - 다른 기관과 연합체 결성 및 단속(109상무) -「반동사상문화배격법」 제정 -「청년교양보장법」 제정 - 부모에게 교양의 책임을 지우며, 각서 작성 - 공장과 학교 기관 등에서 단체 통제 -「군중신고법」 제정	▲ 뇌물로 단속과 처벌 상당 부분 무마 가능	

60 심층 인터뷰 응답자들 전원은 불법 영상 시청과 언어, 옷차림, 휴대전화 사용, 미신행위에 있어서 한국과 관련되기만 하면 처벌을 피할 수 없고, 더 강하게 처벌받는다고 의견을 모았다. 불법 영상물의 시청 경우는 한국 드라마와 영화, 노래에 대한 처벌이 더 심하고, 휴대전화 문자와 일상생활 대화 시 한국식 말투와 표현을 사용하는 청년층을 집중적으로 단속하고 있으며, 불법 휴대전화 사용 시 한국과 통화내역이 있으면 더 강력히 처벌한다. 미신행위의 경우, 한국행 날짜에 관하여 점을 보는 경우에 처벌이 더 강력했다.

61 표 작성 시 다른 통제유형과 중복되는 요인은 ▲로 표시하였다.

비사회주의적 언어와 옷차림 통제	환경	▲ 안전원들의 생계수단 '단속' - 휴대폰을 통해 한국말과 표현 사용 단속 가능 - 비사회주의적 옷차림 등 단속하여 주요 건설 현장의 노동력으로 활용	▲ 뇌물성행, 안전원들의 부패 ▲ 휴대폰 사용의 보편화 - 불법 영상물 시청 증가와 비사회주의적 언어와 옷차림 증가는 비례 - 장마당에서 개성있는 옷과 액세서리 구매 가능	
	요인	-「평양문화어보호법」 제정 -「이동통신법」 제정 및 개정 - 사거리에서 상시 단속 - 적발 시, 한국 영상 저장 및 시청여부까지 확인		
불법 휴대폰 사용통제	환경	▲ 안전원들의 생계수단 '단속'	▲ 밀수를 통한 외국전화 유입 ▲ 안전원들의 부정부패, 뇌물수수	
	요인	- 국경 지역 전파차단 - 전파탐지기 도입 - 불법전화기 사용 의심자 주민 신고		
미신행위통제	환경		- 배급제 중단과 의료체계의 한계 - 정권과 지도자에 대한 충성심 낮음	
	요인	- 미신행위 공개처형 사례 확인 - 미신행위 집중 단속	- 미신행위 성행과 주민들의 의존도 증가	

출처: 저자 작성

3) 공포적 수단통제 요인분석

가. 공포적 수단통제 제약·활성화 환경

공포적 수단통제의 제약 환경으로, 국제사회가 북한의 인권침해와 핵 개발에 대한 비판에 이어 대북제재를 채택하며 강경한 태도를 보인 점이다. 또한, 포고문과 공개처형에 대한 주민들의 인식도 변화하였다. 이전과 달리, 주민들이 공개처형과 포고문의 하달과 시행에 익숙해지고 무뎌져 피로감을 호소한다. 김정일 시대의 제약요건과 마찬가지로, 공개처형 장소로 주민들을 동원시키기 어려워진 점은 공개처형을 통한 주민통제 효과를 감소시키는 역할을 하였다.

공포적 수단통제가 강화되는 환경은 전자기기의 발달로 인해, 공개처형 장소에 주민들을 직접 동원하지 못하더라도 공개처형 장면을 영상화하여 사상교양의 자료로 활용한다는 점이다. 공개처형을 직접 보지 않더라도, 공개처형이 의도하는 범죄 행위에 대한 심각성과 처벌의 엄중함을 실감하게 하는 등 통제 효과를 갖는다.

나. 공포적 수단 통제 완화·강화요인 분석

김정은 정권의 공포적 수단통제 강화요인은 선대 지도자와 다른 세습 구조와 연관이 있다. 김정은은 선대 지도자들보다 지도자로서의 정당성과 지지가 부족했고, 자신의 통치에 방해가 되는 핵심 지도계층을 제거하기 위해 공개처형을 활용하였다. 고모부 장성택의 공개처형 시에는 그와 아주 먼 친척까지 강제 이주시키며 적대계층화시켰다. 비사회주의적 행위와 마약행위, 탈북행위와 같은 사회적 일탈행위가 발생함에 따라 공개처형과 포고문의 필요성이 커졌다. 포고문이 내려오고 처음 걸린 사람은 '시범 게임'으로 삼고, 단속 시 무조건 처벌하기 때문에 통제의 파급효과가 강력하다. 포고문 하달 시 주민들이 시범 처벌 대상자가 되지 않기 위해 노력함으로써 포고문은 해당 행위의 예방효과를 갖게 된다. 포고문이 하달되면, 안전원들은 자신들의 물질적 이익을 위해 적극적으로 단속한다. 안전원은 포고문에 하달된 내용을 근거로 단속을 하며, 주민들은 단속에 걸리면 처벌을 면하기 위해 안전원에게 뇌물을 준다. 안전원들은 배급에 의존할 수 없으므로 적극적으로 주민들을 단속하고, 뇌물을 준 주민들은 처벌되지 않더라고, 또 단속되어 뇌물을 지급하지 않기 위해 해당 행위를 중단하고, 뇌물을 제공할 수 없는 주민들은 단속되어 처벌됨으로써 포고문으로 하달되는 행위에 대한 통제가 이뤄진다.[62]

통제 제약 환경과 활성화 환경, 완화요인과 강화요인 분석을 통해, 공포적 수단통제는 강화되었다. 공포적 수단통제는 다른 통제유형과 연결되어, 다른 통제유형을

---

62 뇌물을 지급하더라도 처벌 대상 행위를 지속하고자 하는 경우, 뇌물을 지급하면서 행위를 지속할 수 있다. 그러나 다른 단속이나 기관, 연합체에 단속될 경우, 포고문으로 새롭게 하달되어 시범행위로 잡힐 경우, 정권의 중점사항으로 통제가 지속적으로 강조될 경우는 해당 행위에 대한 단속을 계속해서 뇌물로 무마하고 해결할 수 있다고 보기 어려웠다고 판단하였다.

지원하고 강화시키는 역할을 한다. 김정은 시대에는 '한국'과 관련된 비사회주의적 행위를 매우 강하게 통제함에 따라 해당 행위에 대한 공개처형과 포고문이 적극 활용되었다. 북한 정권은 코로나19가 악화되자, 북-중 간 국경을 봉쇄시키는 이동통제 조치를 하였고, 2020년 8월경부터 '북부국경봉쇄작전에 저해를 주는 행위를 하지말데 대하여'라는 포고문을 하달하였다.[63] 또한 김정일에 이어 김정은 역시 자신의 권력 유지를 위하여 장성택을 포함한 고위급 간부들을 공개처형하는 등 권력계층의 기강해이를 바로잡고, 충성심 경쟁을 유도하는 수단으로 공포적 수단통제를 활용했다.

표 6-15 김정은 시대 공포적 수단통제 요인 분석

분류		주민통제 강화	주민통제 완화	유형 활용도
공개처형	환경	- 전자기기의 발달과 활용 - 비사회주의적 행위통제의 수단으로 활용	- 인권침해에 대한 국제사회의 비난(공개처형) - 주민동원의 약화 - 공개처형의 민심 변화	●●●●● 최고 수준
	요인	- 공개처형 장면 영상화, 교육자료 활용 등 전파 - 정치적 필요성에 따라 적극 활용(장성택 등 고위간부 처형)	-	
포고문	환경	- 포고문 단속을 안전원 생계 유지의 수단 - 지역의 특성에 따라 포고문의 내용과 빈도 조절	- 인권침해에 대한 국제사회의 비난(인치(人治)주의) - 빈번한 포고문 하달로 주민들 피로감 표출	
	요인	- 정권 중점통제정책 선포 시 포고문 활용 - 포고문의 '첫 시범 처벌 대상자'는 무조건 처벌한다는 증언	-	

출처: 저자 작성

63 포고문은 1. 국경봉쇄선으로부터 1~2Km 계선에 완충지대 설정, 2. 국경차단물에 관한 도로, 철길 등에서는 야간에 인원과 운전기재들의 통행을 금지, 3. 완충지대에 비조직적으로 들어갔거나 도로, 철길에 관한 국경차단물에 접근한 인원과 짐승에 대해서는 무조건 사격, 4. 북부국경 일대에 설정한 행동질서를 엄격히 지켜 조국의 안전과 인민의 안녕을 사수할 것을 내용으로 한다. 하윤아, "국경에 사회안전문 포고문…"완충지대 들어오면 무조건 사격"," 『Daily NK』 2020년 9월 4일.

4. 소결: 김정은 시대 주민통제 유지 및 강화

사회안전성의 주민통제 유형을 기본적 생활통제, 비사회주의적 행위통제, 공포적 수단통제로 분류하여 분석한바, 김일성 시대에는 기본적 생활통제와 공포적 수단통제를 중점으로 한 사회안전성의 주민통제가 이루어졌다. 김정일 시대는 기본적 생활통제가 완화되는 경향을 보였고, 비사회주의적 행위가 등장함에 따라 비사회주의적 행위통제와 공포적 수단통제를 중심으로 사회안전성의 주민통제가 이뤄졌다.

그림 6-1 북한 주민통제 유형별 흐름

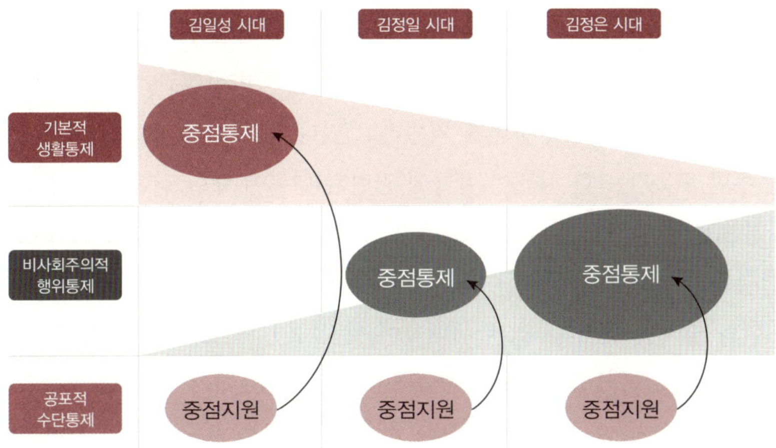

출처: 저자 작성

공포적 수단통제 유형은 다른 통제유형인 기본적 생활 통제와 비사회주의적 행위에 대한 통제를 지원하는 역할을 하며, 공포적 수단통제의 지원을 받는 통제유형은 더욱 강력한 통제를 할 수 있었다. 김일성 시대에는 주민통제가 기본적 생활통제를 중점적으로 진행됨에 따라, 공포적 수단통제가 기본적 생활통제를 지원하면서 기본적 생활통제가 더 강하게 작동하였다. 김정일 시대에는 비사회주의적 행위에 대한 통제의 중요성이 강조되기 시작하였고, 공포적 수단통제는 비사회주의적 행위통제를 지원하였고, 비사회주의적 행위통제가 강력하게 발동하였다. 김정은 시대에는 김정일 시대부터 중점통제 대상이 된 비사회주의적 행위통제를 더욱 강력하게 이행하고 있다.

비사회주의적 행위통제는 계속적으로 강화되는 추이를 보이고 있다. 공포적 수단통제 역시 비사회주의적 행위통제를 지원하면서 중점 주민통제유형으로 역할을 할 것으로 예상된다. 반면 기본적 생활통제의 경우, 전반적으로 완화되는 경향을 보였다. 하지만 김정은 정권이 기본적 생활통제를 포함한 전체적 주민통제를 유지 및 부분적으로 강화할 수 있었던 이유를 아래와 같은 특징에서 찾았다.

본서는 김정은 시대의 주민통제가 ▲목표설정 통제 ▲법적 통제 ▲주민활용 통제라는 특징을 가진다고 분석하였다. 첫째, 김정은 정권은 통제 목표로 한국 관련, 청년층, 탈북행위, 평양과 연선지역을 설정하여 주민통제를 집중 강화하였다. 북한은 '한국'과 관련된 행위들은 집중 단속하고 강력하게 처벌하고 있다. 한국 드라마와 영화, 노래, 언어적 표현, 한국과의 통화, 한국행 관련 미신행위에 대한 단속이 집중적으로 실시되었고, 적발 시 강하게 처벌하고 있다. 본서의 심층면접 대상자였던 북한 이탈 주민 모두가 북한 정권이 한국에 관련된 행위에 대한 강한 거부감을 보이며, 강력한 통제를 실시하고 있다고 증언했다. 김정은 정권은 '청년층'을 목표로 설정하여, 청년층의 일탈과 비법행위를 단속 및 처벌하고 있다. 주된 비사회주의적 행위자로 청소년과 장마당 세대 등 젊은 세대들이 등장하였다. 전자기기 사용에 익숙한 중고등학생과 대학생들이 휴대폰과 노트북을 통해 한국 드라마 등 불법 영상물을 시청 및 공유하고, 한국적 단어와 표현을 사용하고 있기 때문이다. 북한의 전반적인 이동통제는 약화되었지만, '평양과 연선지역'은 타깃으로 정하고 통제를 강하게 유지하고 있다. 보통 여행증을 발급받아 이동하지만, 김정은 시대부터는 단속하는 안전원에게 고액의 뇌물을 지급하면 여행증 없이도 지역을 이동할 있다. 그럼에도 불구하고, 평양과 국경 연선지역은 여행증 없이는 출입할 수 없는 것으로 확인된다. 평양은 국제적 행사나 지도자의 현지지도 등 일정에 따라 전면적 출입을 통제하기도 하고, 국제도시로 평양을 내세움에 따라, 차량 진입 시에도 세차를 하지 않았으면 들여보내 주지 않을 정도로 통제를 지속하고 있다. 국경 지역은 중국과 가까워 밀수를 할 수 있고, 탈북행위가 발생한다. 따라서 국경 지역은 반드시 가야 하는 사유가 없이는 여행증 발급이 어렵다. 전반적인 이동통제 완화에도 불구하고, 단속 목표 지역인 평양과 국경 지역은 정권의 통제가 강력하게 유지되고 있었다. 북한 정권은 이전보다 이동통제가 완화된 환경에서 통제 정도를 유지하기 위해 타깃지역으로 설정한 '평양과 연선지역'에 집중한 통제정책을 실시하였다. 국경 지역은 '탈북행위'라는 타깃과도 연결된다.[64] 김정일 시대에 급격히 증가하기 시작한 탈북행위는 김정은 정권이 시작되자 감소세를 보이기 시작하였다. 김정은 정권이 탈북행위에 대한 통제와 단속을 목표로 삼고 증가하는 일탈행위보다 더 강한 통제를 하였기 때문에 다시 국경이탈행위를 통제할 수 있었다. 국경이탈 시 사살하라는 명령을 내린 점, 국경 지역에 완충지대를 설정한 점, 국경경비대를 다른 지역 경비대와 교체한 점, 국경 지역의 숙박검열을 강화하고 빈도를 늘린 점, 국경 지역의 여행증 단속을 강화한 점이 확인된다.

한편 김정은 정권은 '법적통제'(△「형법」 처벌강화 △「반동사상문화배격법」 △「청년교양보장법」 △「평양문화어보호법」 △「이동통신법」 제정 및 개정)를 강화하여 주민통제를 유지 및 강화하였다. 먼저, 2013년 「형법」 개정을 통해 비사회주의적 행위에 대한 통제를 강화하였다. 불법영상물 시청과 유포에 대한 처벌이 최대 5년 이하의 노동 교화형에서 최대 5년 이상, 10년 이하의 노동 교화형을 부과하도록 변경되었다. 또한, 2020년 12월 비사회주의적 영상물 시청과 공유에 대한 처벌에 대한 특별법 「반동사상문화배격법」이 제정되었다. 비사회주의적 행위는 기존 「형법」과 「행정처벌법」, 「인민보안단속법」을 통해 처벌이 가능했지만, 「반동사상문화배격법」을 적용하면 공개처형까지 가능해졌다.[65] 2021년 9월에는 청년들의 일탈과 비법행위들이 빈도 높게 적발됨에 따라, 청년들의 사상교양을 강화하고자 「청년교양보장법」을 채택하는 조치를 취했다. 「청년교양보장법」은 한국 드라마와 영화 등 시청에 따라 북한 청년들이 자연스럽게 한국 문화와 언어를 습득한다고 보고, 비사회주의 행위와 표현에 대한 통

64 북한 이탈 주민 수가 1990년대에는 1,000명대를 넘지 않았지만, 김정일 시대부터 증가하기 시작한 북한 이탈주민의 수는 2006년 2,000명대를 돌파한 후 증가세를 보이며 2009년 2,914명을 기록하였다. 김정은 정권이 시작되는 2012년부터 국내로 입국한 북한 이탈 주민 수는 1000여 명이 감소하여 1,500명대로 감소하였고, 이후 계속 감소세를 보였다. 2020년도에는 코로나19로 인해 중국과 공식, 비공식적 교류를 중단하였고 229명으로 감소하였고, 2021년 63명, 2022년 67명으로 집계되었다.

65 2023년 6월 황해남도 청단군에서 TV채널 고정장치를 임의로 풀고 한국영화와 뉴스를 몰래 시청한 죄로 농장원 2명이 공개처형되었다. 하채림, "한국 TV봤다고 공개처형…북한 주민 '한드'시청 급감," 『연합뉴스』 2023년 10월 26일.

제를 강조하고, 처벌을 강화시켰다. 2023년 1월에는 비사회주의 행위 중에서 특히 한국말을 쓰는 현상을 전멸시키기 위해 「평양문화어보호법」을 채택하여 언어적 측면에서의 통제를 강화하고자 했다. 「청년교양보장법」과 「평양문화어보호법」은 기존에 법적 처벌 대상이 아니었던 '언어와 표현'을 법적 처벌의 대상의 범위에 포함시킴으로써 법적 통제를 강화하였다. 주민들의 불법 영상물 등 시청과 한국식 말투와 표현 사용이 휴대전화에서 나타나고 전파됨에 따라, 2023년 수정된 「이동통신법」에 휴대전화 이용 시 지켜야 할 요구를 추가하고, 휴대전화를 몰수하는 규정을 추가하여 휴대전화 검열과 통제를 강화하였다.

김정은 정권은 '주민활용통제'(△상호감시 강화 △「군중신고법」 제정 △부모의 책임강조 등)를 통해 주민통제를 유지 및 강화하였다. 먼저, 주민들 간의 상호감시를 강화하였다. 북한 주민들은 기본적으로 생활총화를 통해 자신과 이웃들의 행동을 비판하고 반성하며, 안전원과 보위원이 고용한 주민 스파이들은 주민들 속에 숨어서 이웃들의 일상생활을 감시한다. 김정은 시대에는 감시하는 자와 주민 간의 분리가 없어지고, 감시하는 자들 안에도 스파이가 있고, 상호 감시를 하는 것이 확인된다. 인민반장과 여맹위원장, 사회안전성과 국가보위성 스파이들이 주민들뿐 아니라 다른 감시자들도 감시하고 있어, 생활 속 감시가 더 촘촘해졌다. 2019년 4월 28일 「군중신고법」을 채택하여 주민들의 상호 감시와 신고를 적법화시켜 신고를 장려하였다. 주변이웃의 불법 휴대폰 사용, 한국 노래 감상 등을 신고하여, 순찰 안전원의 단속을 받았다는 증언이 수집된다. 마지막으로, 청년들의 일탈 및 비법행위가 증가함에 따라 부모의 책임을 강조하면서 청년들을 통제하는 면모가 확인된다. 2020년 2-3월경 학부모들에게 자녀들의 불순 녹화물 신청을 단속하지 못하게 조치를 취하면서 각서를 작성시켰다는 증언이 수집된다.[66]

김정은 시대에는 세 가지 통제 중 비사회주의적 행위통제가 매우 강해졌고, 공포적 수단통제도 적극 활용되고 있으며, 기본적 생활통제는 전체적으로 완화되었으나 부분적으로는 강화됨으로써 유지되고 있었다.

---

66 『북한인권보고서 2023』, p. 194.

제7장

결론 및 함의

본 연구는 북한이 계속되는 대내외적 위기에도 불구하고 어떻게 정권을 유지하고 3대 세습을 할 수 있었을까?라는 의문점에서 출발했다. 전체주의 이론을 적용해 볼 때, 북한 정권은 체제 유지를 위해 사회안전성 등 물리적 기구를 통해 사회를 통제한다. 본서는 북한의 사회통제 기구 중 주민과 가장 가깝고 밀접한 관계를 맺는 사회안전성의 주민통제 역할에 주목하였다. 사회안전성의 주민통제를 시기별, 유형별로 분석하여, 김일성, 김정일, 김정은 시대의 주민통제 특징과 함의를 도출하고, 통제의 흐름과 방향을 토대로 향후 북한의 사회통제 방향과 정권의 지속 가능성을 예측하였다.

전체주의 사회의 물리적 기구는 주민들의 자유와 권리를 제한하고 제약하면서 주민들의 일상생활을 통제한다. 2013년 3월 유엔인권이사회 결의에 따라 설치된 북한인권조사위원회(Commission of Inquiry on Human Rights in the Democratic peoples's republic of Korea, 이하 COI)는 2014년 2월 COI 보고서에서 "조직적이고, 광범위하며 중대한 인권침해가 북한, 북한의 기관 및 관리들에 의해 자행되어 왔으며 현재도 자행되고 있다."라고 결론을 내렸다. 구체적으로 사회안전성과 국가보위성, 검찰 및 재판소, 국방성, 조선로동당, 조선인민군 등 기관이 북한 인권 침해와 유린에 책임이 있다고 강조했다.[1] 본서는 주민들이 사회안전성을 통해 인권을 침해당한 사례를 통해 그 원인이 되는 사회안전성의 주민통제 사례 분석에 주력했다. 통일연구원에서 매년 발간하는 『북한인권백서』의 내용 중 사회안전성의 주민통제와 관련된 북한이탈주민 인터뷰 내용을 추출하여 통제유형을 분류하였다. 또한, 김정은 시대 북한 사회안전성의 주민통제를 경험해 본 2018년 이후 국내 입국한 북한 이탈 주민 8명을 대상으로 한 심층 인터뷰를 통해 김정은 집권 이후 사회안전성의 주민통제 역할과 특징을 귀납적으로 도출했다.

사회안전성의 주민통제를 지도자별로 분석한 결과, 김일성 시대에는 기본적 사회주의 경제 기반과 통제 제도가 조성되었고, 사회주의 경제 체제와 집단주의 원칙에 맞지 않는 행위에 대한 주민통제가 이루어졌다. 토지개혁, 주요사업의 국유화, 농

1 『북한인권백서 2022』, pp. 39-40.; UN Doc. A/HRC/25/63(7 February 2014), para. 80, UN Doc. A/HRC/25/CRP.1(7 February 2014), paras. 1166~1190. 재인용.

업의 협동화 등 사회주의 경제의 기반을 조성하였고, 사회안전성은 정권에 반대하는 세력을 숙청하고, 정책 관철을 위해 주민들을 통제하는 첨병의 역할을 하였다. 김일성 정권은 성분제도, 공민증제도, 여행증제도를 수립함으로써 주민 생활의 기본적 통제 환경을 조성하였다. 사회안전성은 해당 제도와 「형법」을 근간으로 강력한 주민통제 활동을 하였다. 초기 사회안전성은 계획경제 체제를 방해하는 국유재산의 절취, 집단주의 질서를 해치는 행위, 중대 흉악 범죄 등에 대한 포고문을 하달하였고, 질서 유지와 통제 차원의 공개처형을 시행했다.

김정일 시대에는 집권 직후 '심각한 식량난'을 겪으면서 고난의 행군에 봉착하였고, 한국과 중국과의 교류를 통해 식량과 물자를 지원받는 과정에서 외부문물의 유입이 증가했고 비례적으로 통제를 강화하였다. 1990년 중반 경제난 이후 주민들의 각종 사회적 일탈이 증가하였다. 이러한 위기에 대응하고자, 1997년 「공민등록법」과 2004년 「행정처벌법」으로 제정함으로써 주민통제를 강화했다. 경제난으로 인한 이동의 증가와 부분적 개방, 국경 지역을 통한 밀수는 외부문물과 사상의 유입을 증가시켰다. 외부에서 유입된 불법영상물의 시청 및 보관에 대한 단속과 법적 처벌이 시작되었다. 외부문물의 유입으로 북한식 옷차림과 언어에 어긋나는 비사회주의적 표현과 행위들이 등장하였고, 해당 행위는 사회적 처벌의 대상이 되었다. 밀수의 성행과 국경이탈자의 증가로 불법 휴대폰의 사용이 증가하였고 미신행위에 대한 주민들의 의존도도 높아졌다.

김정은 시대에는 한국과 관련된 모든 행위에 대한 처벌이 강화되었다. 기본적으로 국경이탈자, 북송자, 교화소에 다녀온 자에 대한 강제 이주가 확인되며, 정권의 감시와 통제가 강화되었다. 또한, 국경이탈을 막기 위해 연선지역 접근에 대한 통제를 대폭 강화하였다. 북한은 불법 영상물 등이 부르주아 사상을 유입시키고 사회주의 체제 붕괴의 원인이 된다고 규명하며 부르주아 사상의 출처인 한국 드라마와 영화, 노래를 시청하거나 유포하는 행위에 대한 단속과 처벌을 강화하였다. 특히 청년층을 중심으로 한국 문물이 확산됨에 따라 「청년교양보장법」과 「반동사상문화배격법」, 「평양문화어보호법」 등을 제정하여 법적 통제를 강화하였다.

사회안전성의 주민통제 유형을 기본적 생활, 비사회주의적 행위, 공포적 수단의 통제로 분류하여 분석하였다. 기본적 생활통제는 식량난과 배급제도의 중단을 기점으로 점차 약화되었다. 이는 북한 사회에 경제적 능력이 중요하다는 인식이 확산되어 있으며, 성분제도와 이동 및 주거에 대한 통제를 상당 부분 뇌물로 해결할 수 있었기 때문이다. 그러나 아무리 뇌물을 제공해도 정치·사회적 영향력을 갖는 핵심계층으로의 진출은 어려움에 따라, 성분제도의 근본적인 목적인 '혁명화에 따른 사회구조 유지'는 지속되고 있었다. 또한, 정권이 중점을 두는 지역인 평양과 연선지역 등에 대한 이동통제도 잘 유지되고 있었다.

비사회주의적 행위통제의 경우, 김일성 시대에는 북한 사회가 외부와 차단되어 유지됨에 따라 김정일과 김정은 시기에 비해 해당 통제의 필요성이 미약했다. 반면, 김정일 시대에는 식량난과 주민 이동 증가, 국경 부분개방과 밀수에 따른 외부문물의 유입과 정보 통신의 발달로 비사회주의적 행위의 발생이 증가하였고, 해당 통제의 필요성을 높이는 계기가 되었다. 김정은 시대에는 비사회주의적 행위 중 한국과 관련된 드라마와 영화 감상 및 공유, 한국과의 전화통화, 한국행 시도 등을 차단하는 강력한 통제가 실시됐다. 비사회주의적 행위와 표현은 주로 청년층에서 발생했기 때문에, 청년층을 통제하고자 하는 법제들이 제정되었다.

공포적 수단통제는 각 정권이 추구하는 정책을 수호하는 방향으로 이뤄졌다. 김일성 정권은 사회주의 체제의 기본을 지키기 위해 집단주의나 사회주의적 계획경제 질서를 해치는 행위에 대해 공포적 수단을 활용했다. 김정일 정권은 경제난과 화폐개혁 등 중대한 위기를 모면하는 데 공포적 수단통제를 활용하였다. 김정은 시대의 공포적 수단통제는 정권의 권력에 도전하는 장성택 등 고위급 간부들을 처벌하고, 한국과 관련된 비사회주의적 행위들을 강력 통제하는 것을 돕는 역할을 하였다.

표 7-1 **지도자별 통제 유형 활용도**

분류	김일성 시대	김정일 시대	김정은 시대
기본적 생활통제	●●●●● 최고 수준	●●●○○ 보통 수준	●●●○○ 보통 수준
비사회주의적 행위통제	●●●○○ 보통 수준	●●●●○ 높은 수준	●●●●● 최고 수준
공포적 수단통제	●●●●● 최고 수준	●●●●○ 높은 수준	●●●●● 최고 수준

출처: 저자 작성

지도자별 통제유형 활용 강도의 경우, 김일성 시대에는 성분통제와 이동통제 등 기본적 생활통제는 최고 수준으로 작동했고, 불법 영상물 시청 등 비사회주의적 행위에 대한 통제는 보통 수준이고, 공포적 수단통제는 어떠한 외부의 비난과 간섭 없이, 정권의 의도대로 활용되어 최고 수준으로 활용되었다.

김정일 시대에는 '식량난'이라는 외부변수가 주민통제에 큰 영향을 미쳤는데, 주민들의 이동과 국경 밀수에 대한 통제를 완화시키는 역할을 하였다. 반면, 식량난으로 인한 개방은 외부 문물과 사상의 유입을 증가시켰고, 비사회주의적 행위통제의 필요성이 커졌다. 식량난 이후 국제사회가 북한의 공개처형 등 인권에 관심을 갖게 되면서 공포적 수단통제를 완화시키는 환경이 조성되었지만, 김정일 정권이 위기 순간인 식량난과 화폐개혁 실패를 공포적 수단을 활용하여 모면함에 따라 공포적 수단통제의 활용도를 높은 수준으로 측정하였다.

김정은 시대에도 성분제도와 이동에 대한 통제가 지속적으로 완화되는 추세를 보였다. 그러나 외부 환경변수인 '코로나19'는 북한 정권이 주민들의 이동과 국경 이동통제를 강화해야 하는 필요성을 증대시켜, 역설적으로 이동 통제 강화에 기여했다. 김정은 시대에는 특히 '한국'과 관련된 모든 비사회주의적 행위를 강력하게 통제하였다. 김정은 정권은 장성택 등 고위급 간부를 처형하는 등 지도자로서의 정당성 확보를 위해 공개처형 등 공포적 수단통제를 적극 활용하였다. 또한, 한국 영상물과 마약의 유포, 한국어 사용, 미신행위, 불법 휴대전화 사용 등 비사회주의적 행위에 대한 포고문을 하달하고 공개처형까지 하고 있어, 공포적 수단통제가 최고 수준으로 활용되고 있다고 측정하였다.

김정은 시대에는 세 가지 통제유형 중 비사회주의적 행위에 대한 통제가 매우 강했고, 정권은 공포적 수단통제를 적극적으로 활용하였다. 기본적 생활통제는 전체적으로 완화되었으나 '코로나19 사태' 등 환경적 변수로 주민들의 이동통제와 비사회주의적 행위통제를 강화할 수 있는 환경이 조성됨에 따라 전체적인 통제는 부분적으로 강화됨으로써 유지되고 있다고 분석하였다.

북한 주민통제의 외적 변수로 김정일 시대에는 '경제난', 김정은 시대에는 '코로나19 사태'가 있었다. '경제난'은 개방과 밀수를 성행시키고 주민들의 이동량을 증가시킴으로써, 기본적 생활통제와 비사회주의적 행위통제를 완화시켰다. 경제난 해결을 위한 북한의 부분적 개방은 국제사회의 북한 인권에 대한 관심을 제고시켰고, 이는 공포적 수단통제를 완화시키는 데 기여하였다. 반면, '코로나19'는 북한 정권이 국경을 봉쇄하고, 주민들의 이동을 통제함으로써 불법 영상물 등 외부 문물의 유입을 차단하여 비사회주의적 행위통제를 강화시키는 데 기여하였다. '코로나19' 발발 이후 약 3년간 북한 사회에 대한 정보가 차단됨에 따라, 공포적 수단에 대한 국제사회의 비판과 관심이 감소하였고 북한 정권이 공포적 수단통제를 수월하게 하는 환경이 조성되었다. 두 개의 외부요인은 모두 북한 주민통제에 큰 영향을 미쳤다는 공통점을 가진다. 그러나 경제난은 북한의 개방과 연관이 되고, 코로나19 사태는 폐쇄와 연관이 되며, 두 요소는 주민통제에 정반대의 영향을 미쳤다.

2023년 5월 5일 세계보건기구(WHO)는 코로나19 사태 종식을 공식적으로 선언했다. 같은 해 8월 10일 북한은 전국비상방역총화회의에서 코로나 비루스에 대한 최대비상방역전에서 승리했다고 선포했고, 이후 중국과 무역을 재개하는 등 개방의 움직임을 보이고 있다. 북한이 향후 추가적인 개혁과 개방을 진행할 것인지, 개방을 한다면 주민통제에 어떤 영향을 미칠 것인지 등 현시기에는 새롭게 고려해야 할 환경적 요인이 존재한다. 북한 정권은 코로나19사태 이후 북-중 간 국경 봉쇄시스템을 갖추었다. 철조망뿐 아니라, 국경 봉쇄선에서 1-2km를 완충지역으로 설정하여 야간에 출입을 금지하고, 출입하거나 접근 시 무조건 사격을 하며 국경 지역의 이동통제를 관리하고 있다. 현재는 국경 개방이 시작되었지만, 국가 간 무역과 국가 간 비공식 거래이며, 사적으로 행해지는 주민들의 밀무역은 국경통제로 어려운 상태이다. 따라서 밀무역으로 유입되던 불법 영상물과 물품은 반입되기 어려울 것이다. 중국의 입장 변화와 인공지능 기반 기술의 발달도 고려해야 한다. 중국은 기차와 지하철 등 대중교통 이용자를 대상으로, 안면인식기술을 기반한 검색을 강화하면서, 중국의 신분증이 없거나, 국경통행증이 없는 국경이탈자 감시를 강화하고 있다. 중국은 북한 국경이탈자를 색출하여 강제 송환하고 있다. 이는 2023년 7월 시행된 중국 국가보안법 시행 등과 같은 중국의 사회통제 강화와도 연관된 조치다. 북한 정권은 이미 2000년대의 개혁과 개방을 통해 한 번 주민통제가 완화되면 되돌리기 쉽지 않다는 것을 알고 있다.

북한 정권은 코로나19를 통해 재정비 및 강화시킨 주민통제를 최대한 유지하는 방향에서 경제정책을 진행할 것이다. 특히 김정은 정권은 2023년 두 국가론을 내세우며 한국을 적대적 국가로 선언했다. 민족, 삼천리, 동족 등 한민족을 상징하는 언어와 상징물을 삭제하고 철거하였다. 남측과 연결된 경의선 철도 도로 등을 단절시켰고 개성공단의 각종 SOC를 철거하였다. 단기에 한국과 관계를 개선할 시도는 하지 않을 것이다. 미북관계의 개선과 통미봉남 정책으로 남북관계를 관리할 것으로 전망된다.

지도자별로 사회안전성의 주민통제를 분석하고, 유형을 분류하여 분석한 결과 사회안전성의 주민통제가 유지 및 강화되었다. 주민통제를 완화시키는 환경과 요인이 증가하고 있지만, 상대적으로 비례해서 혹은 그 이상으로 주민통제를 강화시키는 환경과 요인 역시 증가하였다. 주민통제가 사회통제의 일환임에 따라 사회통제 역시 지속되고 있으며, 강화된 측면도 있다. 전체주의적 특징을 갖는 북한의 사회통제는 정권과 체제의 유지를 위한 수단으로 작용한다. 김정은 정권에서도 통제 체제는 상당 부분 잘 유지되고 있다. 개혁개방과 내부 급변사태 등으로 인한 거대한 변화가 없는 한 김정은 정권과 체제는 상당 기간 지속될 것이다.

사회안전성의 주민통제 연구를 통해, 주민통제가 주민들의 기본적인 권리와 자유를 제약하면서 진행되고 있다는 점을 강조하고 싶다. 사회안전성은 주민들의 혁명화 정도에 따라 주민을 분류한 성분제도와 공민증 등 신분관련 서류를 관리하며, 주민들의 입당, 취업, 입학, 진급 등 중요한 순간에 해당 기관의 요청에 따라 주민들의 성분을 확인해 주는 역할을 한다. 북한은 성분제도를 통해 사회적, 정치적 영향력을 행사할 수 있는 자리에는 성분이 좋은 계층만 진입이 가능하도록 통제하는데, 이를 통해 주민들은 '차별받지 않을 권리'를 침해받게 된다. 이동과 주거 이전의 통제와 관련하여, 사회안전성은 주민들이 이동 시 여행증을 검사하면서 이동을 통제한다. 주민들은 이동을 위해 사전에 여행증을 발급받아야 하며, 이동 시 미리 합당한 사유와 허락을 받고 움직여야 한다는 점에서 이동통제는 주민들의 '이동의 자유'를 제한한다. 또한, 주민들은 여행증을 수령할 때도 뇌물을 주고, 여행증 없이 여행 시에도 뇌물을 지급해야 이동이 가능하기 때문에, 그나마 허락되는 이동의 자유도 뇌물을 제공할 경제적 능력이 있는 자에게만 주어진다는 점에서 '평등권'도 침해될 수 있다.

비사회주의적 행위통제와 관련하여, 주민들은 정권이 허락한 국내 영상물과 노래만 감상할 수 있고, 그 외 허가를 취소하거나, 한국 등 다른 나라의 드라마와 영화 등 영상물을 감상할 수 없다. 이는 국경에 관계없이 모든 종류의 정보와 사상을 추구 및 표현하고 전달하는 '표현의 자유'와 '정보접근권'를 제한한다. 인권침해 문제는 비사회주의적 행위를 단속하는 과정에서도 발생한다. 안전원들은 여행 시 숙박등록을 하지 않고 머무르는 외부인을 단속하는 숙박검열을 하면서, 외부인의 출입유무뿐 만 아니라 집안에 들어와 곳곳을 수색하고, 노트북과 휴대폰 등을 검열한다. 또한 집 밖으로 불법 영상물이나 음악 소리가 들릴 경우, 문이 열려 있으면 안전원들이 허락 없이 집으로 들어와 한국 드라마 시청과 노래 감상 등을 적발하기 위해 집안을 수색한다. 집은 사생활이 존중받아야 하는 사적인 영역인데도 불구하고, 단속을 이유로 주민들의 '사생활을 보호받을 권리'를 침해하고 있다. 길거리나 식당에서 한국식 말투를 사용하는 주민들을 적발하여 휴대폰의 문자 내용, 연락처 저장 방법, 저장된 사진 등을 검사하여 한국식 표현이나 사진 등을 저장해 두었는지 검열한다. 휴대폰 역시 사생활이 담겨있는 대표적인 물건인데도 안전원들은 소지자의 동의 없이 휴대폰을 검열하고 있다.

사회안전성은 포고문을 통해 정책과 시기, 지도자의 지시에 따라 중점적인 위법행위를 내려 보내고 적발하여 처벌한다. 그러나 포고문에 적시되는 범죄행위는 법률로 정해져 있지 않거나, 법률로 구체적으로 정해진 바가 있는데 포고문에서 더 높은 형벌을 지시하는 경우가 많다. 예를 들어 미신행위는 2018년 수정 「형법」 제291조에 의하면, 정상이 무거운 경우에는 5년 이상 10년 이하의 노동 교화형에 처한다고 명시되고 있지만, 포고문에서는 공개처형에 처한다고 적시되었다. 포고문에 의한 통제는 범죄와 형벌을 미리 법률로서 규정해야 한다는 근대 「형법」의 기본원칙 '죄형법정주의'를 위반한다. 공개처형의 경우, 대상자의 가족들을 포함한 모든 사람들이 보는 앞에서 처형이 집행되기 때문에 실행만으로도 인간의 '생명권'과 '비인도적인 형벌을 받지 않을 권리'를 침해한다. 사회안전성의 주민통제 유형에 따라 침해받는 권리와 관련 인권규약은 다음과 같다.

표 7-2 사회통제와 상충되는 권리 및 인권규약

<table>
<tr><th>주민통제 유형</th><th>주민통제 세부 유형</th><th>침해 권리</th><th>관련 인권규약</th></tr>
<tr><td rowspan="2">기본적 생활통제</td><td>주민성분 통제</td><td>평등권</td><td>세계인권선언 제7조 "모든 사람은 법앞에서의 평등과 어떠한 차별도 없는 법의 평등한 보호를 받을 권리를 가지며 어떠한 사람도 이선언을 위반하는 어떠한 차별이나 그러한 차별의 선동에 대해서도 평등한 보호를 받는다."
자유권 규약 제26조 "모든 사람의 법 앞의 평등과 법의 평등한 보호를 받을 권리를 위해 법률은 모든 차별을 금지하고, 어떠한 이유에 의한 차별에 대해서도 평등하고 효과적인 보호를 모든 사람에게 보장한다."</td></tr>
<tr><td>주민 이동 통제</td><td>이동 및 거주의 자유</td><td>세계인권선언 제13조 "모든 사람은 각국의 영역내에서 이전과 거주의 자유에 관한 권리를 가진다."
자유권 규약 제12조 제1항 "한 나라의 영토내에서 합법적으로 거주하는 모든 사람은 자유롭게 이동하고 거주지를 선택할 수 있는 권리를 가진다."
제2항 "자국을 포함하여, 어떠한 나라로부터 퇴거할 수 있는 자유"</td></tr>
<tr><td rowspan="2">비사회주의적 행위통제</td><td>불법영상 소지 및 감상 행위 단속</td><td rowspan="2">사생활을 보호받을 권리 & 표현의 자유</td><td rowspan="2">자유권 규약 제17조 제1항 "어느 누구도 그의 사생활, 가정, 주거 또는 통신에 대하여 자의적이거나 불법적인 간섭을 받거나 또는 그의 명예와 신용에 대한 불법적인 비난을 받지 아니한다."
제2항 "모든 사람은 그러한 간섭 또는 비난에 대하여 법의 보호를 받을 권리를 가진다."
자유권 제19조 제1항 "모든 사람은 간섭받지 아니하고 의견을 가질 권리를 가진다.
제2항 "모든 사람은 표현의 자유에 대한 권리를 가진다. 이 권리는 구두, 서면 또는 인쇄, 예술의 형태 또는 스스로 선택하는 기타의 방법을 통하여 국경에 관계없이 모든 종류의 정보와 사상을 추구하고 접수하며 전달하는 자유를 포함한다."</td></tr>
<tr><td>비사회주의적 표현 단속</td></tr>
</table>

	미신행위 등 단속	사상, 양심 및 종교의 자유	**자유권 규약 제18조 제1항** "모든 사람은 사상, 양심 및 종교의 자유에 대한 권리를 가진다. 이러한 권리는 스스로 선택하는 종교나 신념을 가지거나 받아들일 자유와 단독으로 또는 다른 사람과 공동으로, 공적 또는 사적으로 예배, 의식, 행사 및 선교에 의하여 그의 종교나 신념을 표명하는 자유를 포함한다."
공포적 수단통제	포고문에 의한 통제	신체의 자유(죄형법정주의)	**자유권 규약 제6조 제1항** "모든 인간은 고유한 생명권을 가진다. 이 권리는 법률에 의하여 보호된다. 어느 누구도 자의적으로 자신의 생명을 박탈당하지 아니한다."
	공개처형에 의한 통제	생명권	**자유권 규약 제7조** "어느 누구도 고문 또는 잔혹한 비인도적인 또는 굴욕적인 취급 또는 형벌을 받지 아니한다. 특히 누구든지 자신의 자유로운 동의 없이 의학적 또는 과학적 실험을 받지 아니한다."

출처: 『북한인권백서』 참고하여 저자 작성

북한의 주민통제가 사회안전성을 포함한 북한의 기관 및 관리들을 통해 조직적이고, 일상적으로 이뤄지고 있다. 인권침해는 북한 주민들의 일상생활에서 되풀이된다. 더불어 코로나19 사태로 2021년 4월경 인권 실태조사와 향상을 위해 북한에 머무르던 유엔 등 인도주의적 기관이 모두 북한을 철수한 상황이다.

본서가 북한의 주민통제 실태와 통제 과정 중에 발생하는 인권침해 현실을 조금이나마 알림으로써 북한주민들의 인권과 삶에 대한 관심이 제고되는 기회가 되길 바란다.

부록

사회안전성 인명집

• 1999 •

사회안전성

상		백학림
부상		강영호 곽보경 리룡선 리상벽 박윤모 박정선 박중근 백봉만 신일남 심재복 조영남 황진택
청년동맹	1비서	오영수
정치국	국장	채문덕(상장)
	부국장	박귀영 송경향 장승훈
경비총국	총국장	림웅성
경비훈련국	국장	심철봉
	부국장	리명선
교화국	국장	김일용
공병총국	국장	김치덕(중장)
제4공병국	국장	안재국
후방국	국장	
소속불명	부장	고관봉
공민등록국	국장	박영국
감찰부	부장	김명중
소속불명	부국장	리일남
	부장	차재만
	처장	문무학
	외교과장	김대성
	지도원	방은화 한계옥
	장령	강영호 리영일 리중구 리현림 림중석 박윤모 박창선 주원용 차용환

		허명회
	대 좌	강희삼
평양시안전국	국 장	김창인
	부 국 장	범용건
직책불명	처 장	최고흠
	지 도 원	최정옥
남포시안전국	국 장	
교통지휘대	대 장	리국용
	부 대 장	강경모
와우도구역안전부	당세포비서	리원길
평안남도안전국	국 장	최근형
소속불명	지 도 원	진치안
평성시안전부	부 장	
정치부	부 장	백대운
소속불명	과 장	김광호
개천시안전부	부 장	
교통지휘대	대 장	심상기
황해남도안전국	국 장	
철도경비처	처 장	유성근(소장)
해주시안전부	부 장	
교통지휘대	대 장	김정만
벽성군안전부	부 장	
소속불명	부 대 장	리성철
	과 장	리경재
재령군안전부	부 장	
	부 부 장	로원봉

함경남도안전국	국　　장	
소 속 불 명	부 처 장	전영섭
함흥시안전부	부　　장	
철도경비처	처　　장	김승범(상좌)
함경북도안전국	국　　장	
정　치　부	부　　장	김병순
청진시안전부	부　　장	
	당세포비서	정광철
교통지휘대	대　　장	라룡남
강원도안전국	국　　장	한성국
철도경비처	처　　장	장희도(소장)
사회안전성예술단	단　　장	박귀영
운수관리소	소　　장	
정　치　부	부　　장	량 문
사회안전성인쇄소	소　　장	임상준
	기술공정원	김성삼
사회안전성정치대학	학　　장	서춘봉(중장)
	부 학 장	허영세
정　치　부	부　　장	홍순치
소 속 불 명	학 부 장	김 철
	부　　장	리재근
	상급교원	김기백
분　　교	교　　장	김인기
사회안전성제1병원	원　　장	주우섭
	부 원 장	김태복
소 속 불 명	과　　장	림근섭

• 2000 •

인민보안성

상		백학림
부상		강영호 곽보경 리룡선 리상벽 박윤모 박정선 박중근 백봉만 신일남 심재복 조영남 황진택
청년동맹	1비서	오영수
정치국	국장	심원일
	부국장	박귀영 송성향 장승훈
경비총국	총국장	림용성
경비훈련국	국장	심철봉
	부국장	리명선
교화국	국장	김일용
공병총국	국장	김치덕(중장)
제4공병국	국장	안재국
후방국	국장	
소속불명	부장	고관봉
공민등록국	국장	박영국
감찰부	부장	김명중
소속불명	부국장	리일남
	부장	차재만

	처장	문무학		
	외교과장	김대성		
	지도원	방은화	한계옥	
	장령	리영일	리중구	리헌림
		림중석	박윤모	박창선
		주원용	차용환	허명희
	대좌	강희삼		
평양시보안국	국장	김창인		
	부국장	범용건		
직책불명	처장	최고흠		
	지도원	최정옥		
남포시보안국	국장			
교통지휘대	대장	리국용		
	부대장	강정모		
와우도구역보안부	당세포비서	리원길		
평안남도보안국	국장	최근형		
소속불명	지도원	전치안		
평성시보안부	부장			
정치부	부장	백대운		
소속불명	과장	김광호		
개천시보안부	부장			
교통지휘대	대장	신상기		
자강도보안국	참모장	리제오		
	처장	서순호		
	부부장	김재호		
황해남도보안국	국장			

기관	직위	이름
철도경비처	처장	유성근(소장)
해주시보안부	부장	
교통지휘대	대장	김정만
벽성군보안부	부장	
소속불명	부대장	리성철
	과장	리경재
재령군보안부	부장	
	부부장	로원봉
함경남도보안국	국장	
소속불명	부처장	전영섭
함흥시보안부	부장	
철도경비처	처장	김승범(상좌)
함경북도보안국	국장	홍삼섭
정치부	부장	김병순
청진시보안부	부장	리막호
	당세포비서	정광철
교통지휘대	대장	라룡남
강원도보안국	국장	한성국
철도경비처	처장	장회도(소장)
인민보안성예술단	단장	박귀영
운수관리소	소장	
정치부	부장	량문
인민보안성인쇄소	소장	임상준
	기술공정원	김성삼
인민보안성정치대학	학장	서춘봉(중장)
	부학장	허영세

정치부	부장	홍순치
과학부	부장	한홍성
소속불명	학부장	김 철
	부장	리제근
	상급교원	김기백
분교	교장	김인기
인민보안성제1병원	원장	주우섭
	부원장	김태복
소속불명	과장	림근섭

• 2001 •

인민보안성

상	백학림
부상	강영호 곽보경 리풍선 리상벽 박윤모 박정선 박중근 백봉만 신인남 심재복 조영남 황진택
청년동맹 1비서	오영수
정치국 국장	심원인
부국장	박귀영 백계룡 송강항 장승훈
감찰부 부장	김명중
경비총국 총국장	림용성
경비훈련국 국장	심천봉
부국장	리명선
공민등록국 국장	박영국
공병총국 국장	김치덕(상장)
교화국 국장	김인용
제4공병국 국장	안재국

후방국	국장	
소속불명	부장	고관봉
소속불명	부국장	리인남
	부장	차재만
	처장	문무학
	외교과장	김대성
	지도원	방은화 한계옥
	장령	리영일 리중구 리현림
		림종석 박윤모 박창선
		주원용 차용환 허명희
	대좌	강희삼
평양시보안국	국장	김창인
	부국장	변용건
소속불명	처장	최고흠
	지도원	최정옥
남포시보안국	국장	
교통지휘대	대장	리국용
	부대장	강정모
와우도구역보안부	당세포비서	리원길
강원도보안국	국장	한성국
철도경비처	처장	장희도(소장)
원산시인민보안서 산하인민보안소	소장	리준덕
자강도보안국	참모장	리제오
	부부장	김재호
소속불명	처장	리영천 석순호
평안남도보안국	국장	최근형

소 속 불 명 지 도 원 전치안
평성시보안부 부 장
정 치 부 부 장 백대운
개천시보안부 부 장
교통지휘대 대 장 심상기
소 속 불 명 과 장 김광호
함경남도보안국 국 장 박재동
소 속 불 명 부 처 장 전영섭
함흥시보안부 부 장
철도경비처 처 장 김승범(상좌)
함경북도보안국 국 장 홍삼섭
정 치 부 부 장 김병순
청진시보안부 부 장 리덕호
당세포비서 정광칠
교통지휘대 대 장 라룡남
황해남도보안국 국 장
철 도 경 비 처 처 장 류성근(소장)
해주시보안부 부 장
교통지휘대 대 장 김정만
벽성군보안부 부 장
소 속 불 명 부 대 장 리성칠
과 장 리경재
재령군보안부 부 장
부 부 장 로원봉
운 수 관 리 소 소 장
정 치 부 부 장 량 문

인민보안성예술단	단 장	박귀영
인민보안성인쇄소	소 장	림상준
	기술공정원	김성삼
인민보안성정치대학	학 장	서춘봉(중장)
	부 학 장	한홍성
정 치 부	부 장	홍순치
과 학 부	부 장	
소 속 불 명	학 부 장	김 철
	부 장	리재근
	상급교원	김기백
분 교	교 장	김인기
인민보안성제1병원	원 장	주우섭
	부 원 장	김태복
소 속 불 명	과 장	림근섭

• 2002 •

인민보안성

상	백학림
부　　상	강영호 곽보경 리룡선 리상벽 박윤모
	박정선 박충근 백봉만 심재복 원화섭
	조영남 최중화 황진택
청년동맹 1 비서	오영수

정치국	국장	심원일
	부국장	박귀영 백계룡 송경항
		장승훈
감찰부	부장	김명중
경비총국	총국장	렴웅성
경비훈련국	국장	심천봉
	부국장	리명선
공민등록국	국장	박영국
공병총국	국장	김치덕(상장)
교화국	국장	김인용
제4공병국	국장	안재국
후방국	국장	
소속불명	부장	고관봉
소속불명	부국장	리인남
	부장	차재만
	처장	문무학
	외교과장	김대성
	지도원	방은화 한계옥
	장령	리영일 리중구 리현림
		렴중석 박윤모 박창선
		주원용 차용환 허명희
	대좌	강희삼
	군관	김춘문 리영호
평양시보안국	국장	김창인
	부국장	범용건
	대대장	리순룡

	소대장	김성국
	참모장	김하수
청년동맹	1비서	곽철호
소속불명	처장	최고흡
	지도원	최정옥
보통강구역인민보안소	소장	
정치부	부부장	리정회
	과장	리천석
남포시보안국	국장	
	처장	배동남
교통지휘대	대장	리국용
	부대장	강정모
와우도구역보안부	당세포비서	리원길
강원도보안국	국장	한성국
철도경비처	처장	장회도(소장)
원산시인민보안서 산하인민보안소	소장	리준덕
자강도보안국	참모장	리제오
	부부장	김재호
	대대장	최만순
소속불명	처장	리영철 석순호
평안남도보안국	국장	최근형
소속불명	지도원	전치안
평성시보안부	부장	
정치부	부장	백대운
개천시보안부	부장	
교통지휘대	대장	심상기

소속불명	과 장	김광호
평안북도보안국	정치부대장	안철수
함경남도보안국	국 장	박재동
소속불명	부치장	전영섭
함흥시보안부	부 장	
철도경비처	처 장	김승범(상좌)
함경북도보안국	국 장	홍삼섭
	부국장	한경철
	중대장	유경수
정치부	부 장	김병순
소속불명	처 장	김만석
청진시보안서	서 장	정금철
	당세포비서	정광철
교통지휘대	대 장	라룡남
황해남도보안국	국 장	정춘일
철도경비처	처 장	류성근(소장)
해주시보안부	부 장	
교통지휘대	대 장	김정만
벽성군보안부	부 장	
소속불명	부대장	리성철
	과 장	리경재
재령군보안부	부 장	
	부부장	로원봉
황해북도인민보안국	국 장	
인민보안원	원 장	리귀남
	기술부원장	한보술

	외과과장	조학림
운수관리소	소　장	
정치부	부　장	량 문
인민보안성예술단	단　장	박귀영
인민보안성인쇄소	소　장	림상준
	기술공정원	김성삼
인민보안성정치대학	학　장	서춘봉(중장)
	부학장	한홍성
정치부	부　장	홍순치
과학부	부　장	
소속불명	학부장	김 철
	부　장	리재근
	강좌장	강문길
	상급교원	김기백
분교	교　장	김인기
인민보안성제1병원	원　장	양광호
	부원장	김지원 김태복
소속불명	과　장	김춘세 림근섭
	간호장	김정순

• 2003 •

인민보안성

부서	직위	성명
상		최룡수
부상		강영호 박윤모 박정선 박중근 백봉만 심재복 원화섭 조영남 최중화 황진택
청년동맹	1비서	오영수
정치국	국장	심원일
	부국장	박귀영 백계룡 송경향 장승훈
감찰부	부장	김명중
경비총국	총국장	림웅성
경비훈련국	국장	심철봉
	부국장	리명선
공민등록국	국장	박영국
공병총국	국장	김치덕(상장)
교화국	국장	김일용
제4공병국	국장	안재국
후방국	국장	
소속불명	부장	고판봉
소속불명	부국장	리일남
	부장	차재만
	처장	문무학
	외교과장	김대성
	장령	리영일 리중구 리현림 림중석 박윤모 박창선

	.	주원용 차용환 허명회
	대좌	강희삼
평양시보안국	국장	김창인
	부국장	범용건
	참모장	김하수
청년동맹	1비서	곽철호
소속불명	처장	최고홈
보통강구역인민보안소	소장	
정치부	부부장	리정회
	과장	리천석
남포시보안국	국장	
	처장	배동남
교통지휘대	대장	리국용
	부대장	강정모
강원도보안국	국장	한성국
철도경비처	처장	장회도(소장)
원산시인민보안서 산하인민보안소	소장	리준덕
세포군인민보안서	서장	주성길
	정치부장	림광웅
자강도보안국	참모장	리제오
	부부장	김재호
소속불명	처장	리영철 석순호
평안남도보안국	국장	최근형
평성시보안부	부장	
정치부	부장	백대운
개천시보안부	부장	

조직	직위	성명
교통지휘대	대장	심상기
소속불명	과장	김광호
평안북도보안국	정치부대장	안철수
함경남도보안국	국장	박재동
소속불명	부처장	전영섭
함흥시보안부	부장	
철도경비처	처장	김승범(상좌)
함경북도보안국	국장	홍삼섭
	부국장	한경철
정치부	부장	김병순
소속불명	처장	김만석
청진시보안서	서장	정금철
교통지휘대	대장	라룡남
황해남도보안국	국장	정춘일
철도경비처	처장	류성근(소장)
해주시보안부	부장	
교통지휘대	대장	김정만
벽성군보안부	부장	
소속불명	부대장	리성철
	과장	리경재
재령군보안부	부장	
	부부장	로원봉
황해북도인민보안국	국장	
인민보안원	원장	리귀남
	기술부원장	한보술
운수관리소	소장	

소속	직책	이름
정치부	부장	량 문
인민보안성예술단	단장	박귀영
인민보안성인쇄소	소장	림상준
인민보안성정치대학	학장	서춘봉(중장)
	부학장	한홍성
정치부	부장	홍순치
과학부	부장	
소속불명	학부장	김 철
	부장	리재근
	강좌장	강문길
분교	교장	김인기
인민보안성제1병원	원장	양광호
	부원장	김지원 김태복

• 2004 •

인민보안성

상		주상성(대장)
부상		강영호 박윤모 박정선 박중근 백봉만 심재복 원화섭 조영남 최중화 황진택 김광룡 류용철 김창복
청년동맹	1비서	오영수
정치국	국장	지영춘
	부국장	박귀영 백계룡 송경향 장승훈
감찰부	부장	김명증
경비총국	총국장	림응성
경비훈련국	국장	심철봉
	부국장	리명선
공민등록국	국장	박영국
공병총국	국장	김치덕(상장)
교화국	국장	김일용
제4공병국	국장	안재국
후방국	국장	
소속불명	부장	고관봉
소속불명	부국장	리일남
	부장	차재만
	처장	문무학
	외교 과장	김대성
	장령	리영일 리중구 리현림 리중석 박윤모 박창선 주원용 차용환 허명희
	대좌	강희삼
사단	사단장	마길웅
	부부장	김만복
평양시보안국	국장	김창인
	부국장	범용건
	참모장	김하수
청년동맹	1비서	곽호철
소속불명	처장	최고흠
보통강구역인민보안소	소장	
정치부	부부장	리정희
	과장	리천식
남포시보안국	국장	
	차장	배동남
교통지휘대	대장	리국용

	부 대 장	강정보
강원도보안국	국 장	한성국
철도경비처	처 장	장희도(소장)
원산시인민보안서 산하인민보안소	소 장	리준덕
세포군인민보안서	서 장	주성길
	정치부장	림광웅
자강도보안국	참 모 장	리제오
	부 부 장	김재호
소속불명	처 장	리영철 석순호
평안남도보안국	국 장	최근형
평성시보안부	부 장	
정 치 부	부 장	백대운
개천시보안부	부 장	
교통지휘대	대 장	심상기
소속불명	과 장	김광호
평안북도보안국	정치부대장	안철수
함경남도보안국	국 장	박재동
소속불명	부 처 장	전영섭
함흥시보안부	부 장	
철도경비처	처 장	김승범(상좌)
함경북도보안국	국 장	홍삼섭
	부 국 장	한경철
정 치 부	부 장	김병순
소속불명	처 장	김만석

청진시보안서	서 장	정급철
교통지휘대	대 장	라룡남
황해남도보안국	국 장	정춘일
철도경비처	처 장	류성근(소장)
해주시보안부	부 장	
교통지휘대	대 장	김정만
벽성군보안부	부 장	
소속불명	부 대 장	리성철
	과 장	리경재
재령군보안부	부 장	
	부 부 장	로원봉
황해북도인민보안국	국 장	~~류용철~~
인민보안원	원 장	리귀남
	기술부원장	한보술
운수관리소	소 장	
정치부	부 장	량 문
인민보안성예술단	단 장	박귀영
인민보안성인쇄소	소 장	림상준
인민보안성정치대학	학 장	서춘봉(중장)
	부 학 장	한홍성
정치부	부 장	홍순치
과학부	부 장	
소속불명	학 부 장	김 철
	부 장	리재근
	강 좌 장	강문길

분 교	교 장	김인기
인민보안성제1병원	원 장	양광호
	부 원 장	김지원 김태복

• 2005 •

인 민 보 안 성

상　　　주상성(대장)

부　상　　강영호　박윤모　박정선　박중근　백봉만

심제복　원화섭　조영남　최중화　황진택

김광룡　류용철　김창복　백영철　신일남

청 년 동 맹　1 비 서　백영일

정 치 국　국 장　지영춘(상장)

부 국 장　박귀영　백계룡　송경향

장승훈

감 찰 부　부 장　김명중

경 비 총 국　총 국 장　림용성

경 비 훈 련 국　국 장　심철봉

부 국 장　리명선

공민등록국	국장	박영국
공병총국	국장	김치덕(상장)
교화국	국장	김일용
도로총국	국장	이무웅(상장)
제4공병국	국장	안재국
후방국	국장	
소속불명	부장	고관봉
소속불명	국장	진일남
	부국장	리일남
	부장	차재만
	처장	문무학
	외교과장	김대성
	장령	리영일 리중구 리현림 림증식 박윤모 박창선 주원용 차용환 허명희 김청웅 이홍수 문상길
	대좌	강희삼
사단	사단장	마길용
	참모장	조영협
	정치부장	렴용근
평양시보안국	국장	김창인
	부국장	범용건
	참모장	김하수
청년동맹	1비서	곽철호
소속불명	처장	최고흡

보통강구역인민보안소	소 장	
정 치 부	부 부 장	리정희
	과 장	리천석
남포시보안국	국 장	
	처 장	배동남
교통지휘대	대 장	리국용
	부 대 장	강정모
강원도보안국	국 장	한성국
철도경비처	처 장	장희도(소장)
원산시인민보안서 산하인민보안소	소 장	리준덕
세포군인민보안서	서 장	주성길
	정치부장	림광웅
자강도보안국	참 모 장	리제오
	부 부 장	김재호
소속불명	처 장	리영철 석순호
평안남도보안국	국 장	최근형
평성시보안부	부 장	
정 치 부	부 장	백대운
개천시보안부	부 장	
교통지휘대	대 장	심상기
소속불명	과 장	김광호
평안북도보안국	정치부대장	안철수
함경남도보안국	국 장	박재동
소속불명	부 처 장	전영섭

함흥시보안부	부 장	
철도경비처	처 장	김승범(상좌)
함경북도보안국	국 장	홍삼섭
	부국장	한경철
정 치 부	부 장	김병순
소속불명	처 장	김만식
청진시보안서	서 장	정금철
교통지휘대	대 장	라룡남
황해남도보안국	국 장	정춘일
철도경비처	처 장	류성근(소장)
해주시보안부	부 장	
교통지휘대	대 장	김정만
벽성군보안부	부 장	
소속불명	부대장	리성철
	과 장	리경재
재령군보안부	부 장	
	부부장	로원봉
황해북도인민보안국	국 장	류용철
인민보안원	원 장	리귀남
	기술부원장	한보술
운수관리소	소 장	
정 치 부	부 장	량 문
인민보안성예술단	단 장	박귀영
인민보안성인쇄소	소 장	림상준
인민보안성정치대학	학 장	서춘봉(중장)

	부 학 장	한홍성
정 치 부	부 장	홍순치
과 학 부	부 장	
소 속 불 명	학 부 장	김 철
	부 장	리재근
	강 좌 장	강문길
분 교	교 장	김인기
인민보안성제1병원	원 장	양광호
	부 원 장	김지원 김태복

• 2006 •

인민보안성

상		주상성(대장)
부상		강영호 박윤모 박정선 박중근 백봉만 심재복 원화섭 조영남 최중화 유용철 김창복 백영철 신일남
청년동맹	1비서	백영일
정치국	국장	지영춘(상장)
	부국장	박귀영 백계룡 송경향 장승훈
감찰부	부장	김명중
경비총국	총국장	임용성
경비훈련국	국장	심철봉
	부국장	이명선
공민등록국	국장	박영국
공병총국	국장	김치덕(상장)

교 화 국	국 장	김일용
도로총국	국 장	이무용(상장)
제4공병국	국 장	안재국
후 방 국	국 장	
소속불명	부 장	고판봉
소속불명	국 장	진일보
	부 국 장	이일남
	부 장	차재만 이성배
	처 장	문무학
	외교과장	김대성
	장 령	이영일 이중구 이현림 임중석 박윤모 박창선 주원용 차용환 허명회 김철용 이홍수 문상길 이원주 김정호 한남철
	대 좌	강희삼
사 단	사 단 장	마길용
	참 모 장	조영협
	정치부장	임용근
평양시보안국	국 장	김창인
	부 국 장	범용건
	참 모 장	김하수
청년동맹	1 비 서	곽철호
소속불명	처 장	최고흠
보통강구역인민보안소	소 장	

정 치 부	부 부 장	이정희
	과 장	이천석
남포시보안국	국 장	
	처 장	배동남
교통지휘대	대 장	이국용
	부 대 장	강정모
강원도보안국	국 장	한성국
철도경비처	처 장	장희도(소장)
원산시인민보안서 산하인민보안소	소 장	이준덕
세포군인민보안서	서 장	주성길
	정치부장	임광웅
자강도보안국	참 모 장	이제오
	부 부 장	김재호
소속불명	처 장	이영철 석순호
평안남도보안국	국 장	최근형
개천시보안부	부 장	
평성시보안부	부 장	
정 치 부	부 장	백대운
교통지휘대	대 장	심상기
소속불명	과 장	김광호
평안북도보안국	정치부대장	안철수
함경남도보안국	국 장	박재동
소속불명	부 처 장	전영섭
함흥시보안부	부 장	

기관	직책	성명
철도경비처	처장	김승범(상좌)
함경북도보안국	국장	홍삼섭
	부국장	한경철
정치부	부장	김병순
소속불명	처장	김만석
청진시보안서	서장	정금철
교통지휘대	대장	나용남
황해남도보안국	국장	정춘일
철도경비처	처장	유성근(소장)
해주시보안부	부장	
교통지휘대	대장	김정만
벽성군보안부	부장	
소속불명	부대장	이성철
	파장	이경재
재령군보안부	부장	
	부부장	노원봉
황해북도인민보안국	국장	
인민보안원	원장	이귀남
	기술부원장	한보술
운수관리소	소장	
정치부	부장	양문
인민보안성예술단	단장	박귀영
인민보안성인쇄소	소장	임상준
인민보안성정치대학	학장	서춘봉(중장)
	부학장	한홍성

정 치 부	부 장	홍순치
과 학 부	부 장	
소속불명	학 부 장	김 철
	부 장	이재근
	강 좌 장	강문길
분 교	교 장	김인기
인민보안성제1병원	원 장	양광호
	부 원 장	김지원 김태복

• 2007 •

인 민 보 안 성

상	주상성(대장)
부 상	강영호 박윤모 박정선 박중근 백봉만
	심재복 원화섭 조영남 최중화 유용철
	김창복 백영철 신일남

청년동맹	1비서	백영일
정치국	국장	지영춘(상장)
	부국장	박귀영 백계룡 송경향 장승훈
감찰부	부장	김명중
경비총국	총국장	임용성
경비훈련국	국장	심철봉
	부국장	이명선
공민등록국	국장	박영국
공병총국	국장	김치덕(상장)
교화국	국장	김일용
도로총국	국장	이무웅(상장)
제4공병국	국장	안재국
후방국	국장	
소속불명	부장	고관봉
소속불명	국장	진일보
	부국장	이일남
	부장	차재만 이성배
	처장	문무학
	외교과장	김대성
	장령	이영일 이중구 이현림 임중석 박윤모 박창선 주원용 차용환 허명희 김철웅 이홍수 문상길 이원주 김정호 한남철

	대좌	강희삼
사단	사단장	마길웅
	참모장	조영협
	정치부장	임용근
평양시보안국	국장	김창인
	부국장	범용건
	참모장	김하수
청년동맹	1비서	곽철호
소속불명	처장	최고흠
보통강구역인민보안소	소장	
정치부	부부장	이정희
	과장	이천석
남포시보안국	국장	
	처장	배동남
교통지휘대	대장	이국용
	부대장	강정모
강원도보안국	국장	한성국
철도경비처	처장	장희도(소장)
원산시인민보안서 산하인민보안소	소장	이준덕
세포군인민보안서	서장	주성길
	정치부장	임광웅
자강도보안국	참모장	이제오
	부부장	김재호
소속불명	처장	이영철 석순호

소속	직위	이름
평안남도보안국	국장	최근형
개천시보안부	부장	
평성시보안부	부장	
정치부	부장	백대운
교통지휘대	대장	심상기
소속불명	과장	김광호
평안북도보안국	정치부대장	안철수
함경남도보안국	국장	박재동
소속불명	부처장	전영섭
함흥시보안부	부장	
철도경비처	처장	김승범(상좌)
함경북도보안국	국장	홍삼섭
	부국장	한경철
정치부	부장	김병순
소속불명	처장	김만석
청진시보안서	서장	정금철
교통지휘대	대장	나용남
황해남도보안국	국장	정춘일
철도경비처	처장	유성근(소장)
해주시보안부	부장	
교통지휘대	대장	김정만
벽성군보안부	부장	
소속불명	부대장	이성철
	과장	이경재
재령군보안부	부장	

	부 부 장	노원봉
황해북도인민보안국	국 장	
인 민 보 안 원	원 장	이귀남
	기술부원장	한보술
운 수 관 리 소	소 장	
정 치 부	부 장	양 문
인민보안성예술단	단 장	박귀영
인민보안성인쇄소	소 장	임상준
인민보안성정치대학	학 장	서춘봉(중장)
	부 학 장	한홍성
정 치 부	부 장	홍순치
과 학 부	부 장	
소 속 불 명	학 부 장	김 철
	부 장	이재근
	강 좌 장	강문길
분 교	교 장	김인기
인민보안성제1병원	원 장	양광호
	부 원 장	김지원 김태복

• 2008 •

인민보안성

상		주상성(대장)
부상		강영호 박윤모 박정선 박중근 백봉만 심재복 원화섭 조영남 최중화 유용철 김창복 백영철 신일남
청년동맹	1비서	백영일
정치국	국장	지영춘(상장)
	부국장	박귀영 백계룡 송경향 장승훈
감찰부	부장	김명중
경비총국	총국장	임웅성
경비훈련국	국장	심철봉
	부국장	이명선
공민등록국	국장	박영국
공병총국	국장	김치덕(상장)
교화국	국장	김일용
도로총국	국장	이무웅(상장)
제4공병국	국장	안재국
후방국	국장	
소속불명	부장	고관봉
소속불명	국장	진일보
	부국장	이일남
	부장	차재만 이성배
	처장	문무학
	외교과장	김대성
	장령	이영일 이중구 이현림 임중석 박윤모 박창선 주원용 차용환 허명희 김철웅 이홍수 문상길 이원주 김정호 한남철

	대 좌	강희삼
사 단	사 단 장	마길웅
	참 모 장	조영협
	정 치 부 장	임용근
평양시보안국	국 장	김창인
	부 국 장	범용건
	참 모 장	김하수
청 년 동 맹	1 비 서	곽철호
소 속 불 명	처 장	최고흠
보통강구역인민보안소	소 장	
정 치 부	부 부 장	이정희
	과 장	이천석
남포시보안국	국 장	
	처 장	배동남
교통지휘대	대 장	이국용
	부 대 장	강정모
강원도보안국	국 장	한성국
철도경비처	처 장	장희도(소장)
원산시인민보안서 산하인민보안소	소 장	이준덕
세포군인민보안서	서 장	주성길
	정 치 부 장	임광웅
자강도보안국	참 모 장	이제오
	부 부 장	김재호
소 속 불 명	처 장	이영철 석순호

평안남도보안국	국 장	최근형
개천시보안부	부 장	
평성시보안부	부 장	
정 치 부	부 장	백대운
교통지휘대	대 장	심상기
소 속 불 명	과 장	김광호
평안북도보안국	정치부대장	안철수
함경남도보안국	국 장	박재동
소 속 불 명	부 처 장	전영섭
함흥시보안부	부 장	
철도경비처	처 장	김승범(상좌)
함경북도보안국	국 장	홍삼섭
	부 국 장	한경철
정 치 부	부 장	김병순
소 속 불 명	처 장	김만석
청진시보안서	서 장	정금철
교통지휘대	대 장	나용남
황해남도보안국	국 장	정춘일
철도경비처	처 장	유성근(소장)
해주시보안부	부 장	
교통지휘대	대 장	김정만
벽성군보안부	부 장	
소 속 불 명	부 대 장	이성철
	과 장	이경재
재령군보안부	부 장	

	부 부 장	노원봉
황해북도인민보안국	국 장	
인 민 보 안 원	원 장	이귀남
	기술부원장	한보술
운 수 관 리 소	소 장	
정 치 부	부 장	양 문
인민보안성예술단	단 장	박귀영
인민보안성인쇄소	소 장	임상준
인민보안성정치대학	학 장	서춘봉(중장)
	부 학 장	한홍성
정 치 부	부 장	홍순치
과 학 부	부 장	
소 속 불 명	학 부 장	김 철
	부 장	이재근
	강 좌 장	강문길
분 교	교 장	김인기
인민보안성제1병원	원 장	양광호
	부 원 장	김지원 김태복

• 2009 •

인 민 보 안 성

상	주상성(대장)	
부 상	강영호 박윤모 박정선 박중근 백봉만 심재복 원화섭 최중화 유용철 김창복 백영철 신일남	
청 년 동 맹	1 비 서	
정 치 국	국 장	지영춘(상장)
감 찰 부		
경 비 총 국	총 국 장	
경 비 훈 련 국	국 장	심철봉
공 민 등 록 국	국 장	
공 병 총 국	국 장	김치덕(상장)
교 화 국	국 장	김일용

기관	직위	성명
도로총국	국장	이무웅(상장)
제4공병국	국장	
후방국	국장	
평양시보안국	국장	김창인
청년동맹	1비서	곽철호
정치부	부부장	
	과장	
보통강구역인민보안소	소장	
남포시보안국	국장	
교통지휘대	대장	
강원도보안국	국장	
철도경비처	처장	장희도(소장)
원산시인민보안서	서장	
세포군인민보안서	서장	주성길
자강도보안국	참모장	
	부부장	
평안남도보안국	국장	
개천시보안부	부장	
평성시보안부	부장	
정치부	부장	
교통지휘대	대장	
평안북도보안국	국장	
함경남도보안국	국장	박재동
함흥시보안부	부장	
철도경비처	처장	김승범

함경북도보안국	국 장	
	부 국 장	
정 치 부	부 장	
소 속 불 명	처 장	
청진시보안서	서 장	
교 통 지 휘 대	대 장	
황해남도보안국	국 장	
해주시보안부	부 장	
벽성군보안부	부 장	
재령군보안부	부 장	
	부 부 장	노원봉
철 도 경 비 처	처 장	유성근(소장)
교 통 지 휘 대	대 장	
황해북도인민보안국	국 장	
인 민 보 안 원	원 장	
	기술부원장	
운 수 관 리 소	소 장	
정 치 부	부 장	
인민보안성예술단	단 장	박귀영(상장)
인민보안성인쇄소	소 장	
인민보안성정치대학	학 장	서춘봉(중장)
	부 학 장	김 철
정 치 부	부 장	
과 학 부	부 장	
분 교	교 장	김인기
인민보안성제1병원	원 장	
	부 원 장	

• 2010 •

인 민 보 안 성		
상		주상성(대장)
부 상		강영호 박윤모 박정선 박중근 백봉만 심재복 원화섭 최중화 유용철 김창복 백영철 신일남 허영호 김보경
정 치 국	국 장	이병삼(상장)
감 찰 부	부 장	
경 비 총 국	총 국 장	
경비훈련국	국 장	심철봉
공민등록국	국 장	
공 병 총 국	국 장	김치덕(상장)
교 화 국	국 장	김일용
도 로 총 국	국 장	이무웅(상장)
제 4 공 병 국	국 장	
후 방 국	국 장	
평양시보안국	국 장	김창인
청 년 동 맹	1 비 서	곽철호
정 치 부	부 장	

보통강구역인민보안소 소장

남포시보안국 국장

교통지휘대 대장

강원도보안국 국장

철도경비처 처장 장회도(소장)

원산시인민보안서 서장

세포군인민보안서 서장 주성길

자강도보안국 국장

평안남도보안국 국장

개천시보안부 부장

평성시보안부 부장

정치부 부장

교통지휘대 대장

평안북도보안국 국장

함경남도보안국 국장 박재동

함흥시보안부 부장

철도경비처 처장 김승범

함경북도보안국 국장

정치부 부장

청진시보안서 서장

교통지휘대 대장

황해남도보안국 국장

해주시보안부 부장

벽성군보안부 부장

재령군보안부 부장

부부장 노원봉

철도경비처	처　　장	유성근(소장)
교통지휘대	대　　장	
황해북도인민보안국	국　　장	
인 민 보 안 원	원　　장	
운 수 관 리 소	소　　장	
정 치 부	부　　장	
인민보안성예술단	단　　장	박귀영(상장)
인민보안성인쇄소	소　　장	
인민보안성정치대학	학　　장	서춘봉(중장)
	부 학 장	김 철
정 치 부	부　　장	
과 학 부	부　　장	
분　　교	교　　장	김인기
인민보안성제1병원	원　　장	

• 2011 •

인 민 보 안 부

부 장		주상성(대장)
부 부 장		강영호 박윤모 박정선 박중근 백봉만 심재복 원화섭 최중화 유용철 김창복 백영철 신일남 허영호 김보경
정 치 국	국 장	이병삼(상장)
경 비 총 국	총 국 장	
경 비 훈 련 국	국 장	심철봉
공 민 등 록 국	국 장	
공 병 총 국	국 장	김치덕(상장)
교 화 국	국 장	김일용
도 로 총 국	국 장	이무웅(상장)
제 4 공 병 국	국 장	
후 방 국	국 장	

• 2012 •

인민보안부

	부장	리명수(대장)
	제1부부장	리태철(상장)
	부부장	강영호(상장) 신일남(상장)
		김창복 박중근 심재복
		원화섭 김보경(중장)
		백영철(중장) 류용철(중장)
		최중화(중장) 허영호(중장)
정치국	국장	리병삼(상장)
경비총국	총국장	
경비훈련국	국장	심철봉
공민등록국	국장	
공병총국	국장	김치덕(상장)
교화국	국장	김일용
도로총국	국장	리무웅(상장)
외사국	국장	리성철
제4공병국	국장	

• 2013 •

인민보안부

	부 장	리명수(대장)
	제1부부장	리태철(상장)
	부 부 장	강영호(상장) 신일남(상장) 김보경(중장) 백영철(중장) 류용철(중장) 최중화(중장) 허영호(중장) 김 혁 한남철 김창복 박중근 심재복 원화섭
정치국	국 장	리병삼(상장)
경비총국	총국장	
경비훈련국	국 장	심철봉
공민등록국	국 장	
공병총국	국 장	김치덕(상장)
교화국	국 장	김일용
도로총국	국 장	리무웅(상장)
외사국	국 장	리성철
제4공병국	국 장	

• 2014 •

인민보안부

부서	직위	성명
	부 장	최부일(대장)
	제1부부장	리태철(상장)
	부 부 장	강영호(상장) 김승범(상장) 신일남(상장) 김보경(중장) 류용철(중장) 백영철(중장) 최중화(중장) 허영호(중장) 김창복 김 혁 박중근 심재복 원화섭 장광봉 한남철
	참 모 장	김철웅
정치국	국 장	강필훈(상장)
경비총국	총국장	
경비훈련국	국 장	심철봉
공민등록국	국 장	
공병총국	국 장	김치덕(상장)
교화국	국 장	김일용
도로총국	국 장	리무웅(상장)
외사국	국 장	리성철
제4공병국	국 장	

• 2015 •

인민보안부

	부장	최부일(대장)
	제1부부장	리태철(상장)
	부부장	강영호(상장) 신일남(상장) 김보경(중장) 김승범(중장) 류용철(중장) 백영철(중장) 최중화(중장) 허영호(중장) 김광현 김창복 김 혁 박중근 심재복 원화섭 장광봉 한남철
	참모장	김철웅
	참사	리성철
정치국	국장	강필훈(상장)
경비총국	총국장	
경비훈련국	국장	심철봉
공민등록국	국장	
공병총국	국장	김치덕(상장)
교화국	국장	김일용
도로총국	국장	리무웅(상장)
외사국	국장	리성철
제4공병국	국장	

• 2017 •

인민보안성

부서	직위	성명
	상	최부일(대장)
	제1부상	리태철(상장)
	부상	강영호(상장) 신일남(상장) 김보경(중장) 김승범(중장) 류용철(중장) 백영철(중장) 최중화(중장) 허영호(중장) 김광현 김창복 김 혁 남상국 박중근 심재복 원화섭 장광봉 한남철
	참모장	김철웅
	참사	리성철
정치국	국장	강필훈(상장)
경비총국	총국장	
경비훈련국	국장	심철봉
공민등록국	국장	
공병총국	국장	김치덕(상장)
교화국	국장	김일용
도로총국	국장	리무웅(상장)
외사국	국장	리성철
제4공병국	국장	
조직국	부국장	림종환(중장)

• 2018 •

인민보안성

부서	직위	이름
	상	최부일(대장)
	제1부상	리태철(상장)
	부상	강영호(상장) 신일남(상장)
		김보경(중장) 김승범(상장)
		류용철(중장) 백영철(중장)
		최중화(중장) 허영호(중장)
		김광현 김창복 김 혁
		남상국 박중근 심재복
		원화섭 장광봉 한남철
	참모장	김철웅
	참사	리성철
정치국	국장	강필훈(상장)
경비총국	총국장	
경비훈련국	국장	심철봉
공민등록국	국장	
공병총국	국장	김치덕(상장)
교화국	국장	김일용
도로총국	국장	리무웅(상장)
외사국	국장	리성철
제4공병국	국장	
조직국	부국장	림종환(중장)

• 2019 •

인민보안성

	상	최부일(대장)
	제1부상	리태철(상장)
	부 상	강영호(상장) 백영철(중장) 최중화(중장) 허영호(중장) 김광현 김 혁 박중근 심재복
	참 모 장	김철웅
	참 사	리성철
정 치 국	국 장	강필훈(상장)
경 비 총 국	총 국 장	
경 비 훈 련 국	국 장	심철봉
공 민 등 록 국	국 장	
공 병 총 국	국 장	김치덕(상장)
교 화 국	국 장	김일용
도 로 총 국	국 장	리무용(상장)
외 사 국	국 장	리성철
제 4 공 병 국	국 장	
조 직 국	부 국 장	림종환(중장)

• 2020 •

인민보안성

	상	김정호
	제1부상	리태철(상장)
	부상	강영호(상장) 백영철(중장) 최중화(중장) 허영호(중장) 김광현 김혁 박중근 심재복
	참모장	김철웅
	참사	리성철
정치국	국장	강필훈(상장)
경비총국	총국장	
경비훈련국	국장	심철봉
공민등록국	국장	
공병총국	국장	김치덕(상장)
교화국	국장	김일용
도로총국	국장	리무웅(상장)
외사국	국장	리성철
제4공병국	국장	
조직국	부국장	림종환(중장)

• 2021 •

사회안전성

부서	직위	이름
	상	장정남(상장)
	제1부상	리태철(상장)
	부 상	강영호(상장) 백영철(중장) 최중화(중장) 허영호(중장) 김광현 김 혁 박중근 심재복
	참모장	김철웅
	참 사	리성철
정치국	국 장	
경비총국	총국장	
경비훈련국	국 장	심철봉
공민등록국	국 장	
공병총국	국 장	김치덕(상장)
교화국	국 장	김일용
도로총국	국 장	리무웅(상장)
외사국	국 장	리성철
제4공병국	국 장	
조직국	부국장	림종환(중장)

• 2022 •

사회안전성

부서	직책	이름
	상	박수일(대장)
	제1부상	리태철(상장)
	부상	강영호(상장) 백영철(중장) 최중화(중장) 허영호(중장) 김인철(소장)*김광현 김 혁 박중근 심재복
	참모장	김철웅
	참사	리성철*
정치국	국장	심홍빈*
▸조직부	과장	김호일
경비총국	총국장	
경비훈련국	국장	심철봉
공민등록국	국장	
공병총국	국장	김치덕(상장)
교화국	국장	김일용
도로총국	국장	리무웅(상장)
외사국	국장	리성철
제4공병국	국장	
조직국	부국장	림종환(중장)
소속불명	국초급당비서	천운송

* 추정

• 2023 •

사회안전성

	상	리태섭(대장)
	제1부상	리태철(상장)
	부 상	강영호(상장) 백영철(중장) 최중화(중장) 허영호(중장) 김인철(소장)* 김광현 김 혁 박중근 심재복
	참모장	김철웅
	참 사	리성철*
정치국	국 장	심홍빈*
▸조직부	과 장	김호일
경비총국	총국장	
경비훈련국	국 장	심철봉
공민등록국	국 장	
공병총국	국 장	김치덕(상장)
교화국	국 장	김일용
도로총국	국 장	리무웅(상장)
외사국	국 장	리성철
제4공병국	국 장	
조직국	부국장	림종환(중장)
소속불명	국초급당비서	천운송

* 추정

• 2024 •

사회안전성

부서	직위	이름
	상	방두섭(상장)
	제1부상	리태철(상장)
	부 상	강영호(상장) 백영철(중장) 최중화(중장) 허영호(중장) 김인철(소장) 김광현 김 혁 리성철 박중근 심재복
	참모장	김철웅
	참 사	
정치국	국 장	심홍빈
▸조직부	과 장	김호일
경비총국	총국장	
경비훈련국	국 장	심철봉
공민등록국	국 장	
공병총국	국 장	김치덕(상장)
교화국	국 장	김일용
도로총국	국 장	리무웅(상장)
외사국	국 장	
제4공병국	국 장	
조직국	부국장	림종환(중장)
소속불명	국초급당비서	천운송

참고문헌

1. 국내문헌

1) 단행본

고태우.『북한의 종교정책』(서울: 민족문화사, 1989).

권오윤.『북한체제변화론』(서울: 다다미디어, 1998).

김근식.『북한인권 관련국, 국제기구 및 INGO의 동향분석』(서울: 국가인권위원회, 2007).

김일기·김호홍.『김정은 시대 북한의 정보기구』(서울: 국가안보전략연구원, 2020).

남성욱.『4차 산업혁명 시대 북한의 ICT발전과 강성대국』(서울: 한울아카데미, 2021).

______.『현대 북한의 식량난과 협동농작 개혁』(서울: 한울아카데미, 2016).

______.『북한의 IT 산업 발전전략과 강성대국 건설』(서울: 한울아카데미, 2002).

북한경제포럼.『현대북한경제론』(서울: 오름, 2005).

북한인권정보센터.「파놉티콘 사회 속 감시자들 : 북한 비사회주의 그루빠 인권침해 실태 및 가해 매커니즘을 중심으로」(서울:북한인권정보센터, 2023).

백남설·유동열.『북한학』(충남: 경찰대학, 2022).

사법정책연구원.『북한의 신분·공민·주민 등록제도에 관한 연구』(경기도고양시: 사법 정책연구원, 2017).

심영희·전병재.『사회통제의 이론과 현실』(서울: 나남출판, 2000).

북한인권정보센터 편집부.『닫힌 문 너머 II: 보위부와 안전부의 명령체계 중심으로』(서울: 북한인권정보센터, 2023).

유호열.『전환기 북한체제의 운명』(서울: 매봉, 2018).

윤미량.『북한의 여성정책』(서울: 한울아카데미, 1991).

이규창·정광진.『북한형사재판제도 연구: 특징과 실태』(서울: 통일연구원, 2011).

이우영.『전환기의 사회통제체제』(서울: 통일연구원, 1999).

이종석.『새로쓴 현대북한의 이해』(서울: 역사비평사, 2000).

전현준.『북한의 사회통제 기구 고찰: 인민보안성을 중심으로』(서울: 통일연구원, 2003).

정세진. 『'계획'에서 시장으로: 북한체제변동의 정치경제』 (서울: 한울아카데미, 2000).
최영인 · 염건령. 『사회통제이론과 범죄낙인이론』 (서울: 백산출판사, 2005).
최완규. 『북한의 국가성격 변용에 관한 연구』 (서울: 한울아카데미, 2001).
토바이스 징엘슈타인 · 피어 슈톨레. 윤재왕 역. 『안전사회 21세기의 사회통제』 (서울: 형사정책연구원, 2012).
통일부. 『북한 주요 인물정보 2023』 (서울: 통일부, 2023).
통일부. 『북한 인권보고서』 (서울: 통일부, 2023).
통일연구원. 『북한인권백서』 (서울: 통일연구원, 1996).
________. 『북한인권백서』 (서울: 통일연구원, 1997).
________. 『북한인권백서』 (서울: 통일연구원, 1998).
________. 『북한인권백서』 (서울: 통일연구원, 1999).
________. 『북한인권백서』 (서울: 통일연구원, 2000).
________. 『북한인권백서』 (서울: 통일연구원, 2001).
________. 『북한인권백서』 (서울: 통일연구원, 2002).
________. 『북한인권백서』 (서울: 통일연구원, 2003).
________. 『북한인권백서』 (서울: 통일연구원, 2004).
________. 『북한인권백서』 (서울: 통일연구원, 2005).
________. 『북한인권백서』 (서울: 통일연구원, 2006).
________. 『북한인권백서』 (서울: 통일연구원, 2007).
________. 『북한인권백서』 (서울: 통일연구원, 2008).
________. 『북한인권백서』 (서울: 통일연구원, 2009).
________. 『북한인권백서』 (서울: 통일연구원, 2010).
________. 『북한인권백서』 (서울: 통일연구원, 2011).
________. 『북한인권백서』 (서울: 통일연구원, 2012).
________. 『북한인권백서』 (서울: 통일연구원, 2013).
________. 『북한인권백서』 (서울: 통일연구원, 2014).
________. 『북한인권백서』 (서울: 통일연구원, 2015).
________. 『북한인권백서』 (서울: 통일연구원, 2016).
________. 『북한인권백서』 (서울: 통일연구원, 2017).
________. 『북한인권백서』 (서울: 통일연구원, 2018).
________. 『북한인권백서』 (서울: 통일연구원, 2019).

_________. 『북한인권백서』 (서울: 통일연구원, 2020).
_________. 『북한인권백서』 (서울: 통일연구원, 2021).
_________. 『북한인권백서』 (서울: 통일연구원, 2022).
한동호 외. 『북한 교화소』 (서울: 통일연구원, 2015).

2) 논문

곽명일. “북한 인민 보안원과 주민의 관계 연구 : 2009년 화폐개혁 직전부터 2015년까지를 중심으로”, 『현대북한연구』 제19권 제1호 (2016).
권오윤. “동원체제 접근법을 통한 북한체제의 변화분석”, 『21세기정치학회보』 2000년 12월호 (2000).
김우영·안경모. “김정은 시대 북한 사회통제 유형에 대한 연구”, 『현대북한연구』 제21권 3호 (2018).
김웅환. “북한 경찰(인민보안성)에 관한 연구”, 『경찰복지연구』 제5권 2호 (2017).
길화식. “김정일 시대 공안기관의 사회통제 강화와 한계”, 『북한학보』 제35권 2호 (2010).
박창석. “북한의 경찰작용법에 대한 일반적 고찰”, 『한양법학』 제23권 제4집 (2012).
배영애. “북한 사회통제의 특성과 변화”, 『통일전략』 제11권 제4호 (2011).
성준혁. “북한 치안기관에 대한 고찰: 김정은 집권기 인민보안부의 사회통제분석을 중심으로”, 『한국치안행정논집』 제17권 4호 (2020).
송인호. “북한의 ‘당의 유일적 영도체계 확립의 10대 원칙’에 대한 고찰”, 『법학논총』 제43권 1호 (2019).
신현기. “북한 경찰(인민보안성)에 관한 연구”, 『한국사회과학논총』 제12권 2호 (2002).
오경섭. “북한전체주의 사회통제와 체제 내구성”, 『세종정책연구』 제5권 2호 (2009).
유동열. “북한경찰(인민보안성)의 조직체제 및 현황”, 『치안정책동향』 제7호 (2008).
______. “북한 정보기구의 변천과 현황”, 『국가정보연구』 제11권 1호 (2018).
이애란. “북한의 식량배급정책의 변화에 따른 북한 주민의 식생활 실태 및 시사점”, 『국제문제연구』 2010년 제1호.
이원웅. “유엔 북한인권결의안 동향분석”, 『북한인권 관련 국가, 국제기구 및 INGO의 동향분석』 (2007).
이지수. “김일성 시대 사회통제: 탈북자 증언을 중심으로”, 『한국정치연구』 제27권 1호 (2018).
______. “김정은은 과연 조선민주주의인민공화국을 상징할까?”, 『통일전략』 제13권 1호 (2013).
정영철. “북한 사회통제 매카니즘 변화와 특징: 사상적, 물질적, 제도적 측면에서의 고찰”, 『통일문제

연구』 제9권 제2호 (1997).
제성호. "북한의 경찰법령과 경찰업무 처리에 관한 분석", 『통일과 법률』 제28권 (2016).
최응렬 · 이규하. "북한 인민보안부의 사회통제에 관한 연구", 『사회과학연구』 제19권 1호 (2012).
황의정. "북한의 주민 일상에 대한 법적 통제: 비사회주의적 행위와 범죄규정화를 중심으로", 『북한연구학회보』 제21권 제1호 (2017).
홍정기. "북한체제의 사회통제기제분석; 국가보위성과 인민보안성 중심", 『군사발전연구』 제13권 2호 (2019).
_____. "북한 기층조직인 인민반의 감시통제 요인 분석", 『군사발전연구』 제15권 제1호 (2021).

3) 학위논문

곽명일. "북한 인민보안원과 주민의 관계변화 연구" (북한대학원대학교 박사학위논문, 2017).
김양희. "김정일 시대 북한의 식량정치 연구" (동국대학교 박사학위논문, 2013).
안희창. "김정일시대 북한의 사회통제연구" (동국대학교 박사학위 논문, 2014).
성준혁. "북한 인민보안부에 관한 연구: 북한경찰의 통제 유형을 중심으로" (경남대학교 박사학위논문, 2015).
신동훈. "김정은시대 북한의 사회통제" (고려대학교 박사학위논문, 2019).

4) 보도자료

강지원. "〈북한내부조사〉 평양문화어보호법에 따른 '말사냥' 시작(1) "한국어, 사투리, 외래 낱말 박멸하라" 최고형은 사형으로 명기", 『아시아프레스』 2023년 4월 28일.
정상윤. "무속인 탈북자 증언, 북한의 진짜 정신적 지주는 '토속신앙'", 『News Daily』 2015년 8월 31일.
이진수. "北", 정상회담 앞두고 '날라리풍' 척결 포고문", 『아시아경제』 2018년 4월 20일.
김명성. ""척추 꺾겠다" 범죄와의 전쟁 나선 北", 『조선일보』 2023년 3월 9일.
김명진. ""김정은 보위...위험분자 색출하라" 北, 정세 빌미로 주민감시", 『조선일보』 2022년 10월 19일.
김영석. "北간부, 거액 들여 점집 찾는 이유.. 귀신 쫓는 놀음까지", 『국민일보』 2016년 4월 26일.
김채현. "10대 청소년도 공개처형...지켜보던 北주민 실신했다", 『서울신문』 2023년 10월 13일.
문성휘. ""탈북막는다" 북, 혜산시 압록강변 살림집 철거", 『RFA 자유아시 아방송』 2023년 8월 14일.
문순보. "반동사상문화배격법, 북한당국 '내로남불'의 진수", 『Daily NK』 2021년 3월 5일.
목용재. "평양어보호법, '괴뢰말' 인쇄물 등 제작 · 유포시 '사형'", 『RFA 자유아시아방송』 2023년 2월 28일.

박성희. “남북한의 또 다른 비대칭 전력, 말”, 『조선일보』 2023년 3월 24일.
박세영. “입시철 교문에 찰떡 붙였다가…“미신행위”로 노동교화형 처해질수도”, 『문화일보』 2023년 4월 5일.
정서영. “마약범죄방지법 제정 후 첫 검열… 국가과학원 등 연구기관 타깃”, 『Daily NK』 2021년 8월 17일.
정용진. “富村 개성 마저 아사자 속출…“김주애는 신수 훤해” 수군수군”, 『조선일보』 2023년 3월 10일.
정영. “북한 휴대전화 개통 첫날 가입 열기 기대 못미쳐”, 『RFA 자유아시아방송』 2008년 12월 15일.
정태주. “김책공대 박사원생 대상 태양절 특별강연서 ‘괴뢰말’ 근절 강조”, 『DailyNK』 2023년 4월 11일.
조수현. “北 김정은 집권 12년…핵 지키고 4대 세습의지 과시”, 『연합뉴스』 2023년 12월 16일.
지정은. “청년교양법, 북 청년층 사상통제 어렵다는 방증”, 『RFA 자유아시아방송』 2021년 8월 30일.
이명철. “북, 국경지역 숙박등록 집중검열”, 『RFA 자유아시아방송』 2023년 7월 6일.
이종윤. “北 항생제 약품 관리자 공개처형…김정은식 공포통치 강화”, 『NK Daily』 2023년 10월 2일.
최우석. “고위탈북자 증언 화폐개혁 책임쓰고 총살당한 박남기 시체 사라진 이유 김정은 “박남기를 남포 용광로에 던져라””, 『월간조선』 2021년 8월.
태영호. “北서 미신은 5대 범죄 중 하나이지만 간부층 아내들까지 여전히 부적써요”, 『조선일보』 2019년 11월 23일.
하윤아. “국경에 사회안전성 포고문..“완충지대 들어오면 무조건 사격”, 『Daily NK』 2020년 9월 4일.
하채림. “한국 TV봤다고 공개처형…북한 주민 ‘한드’시청 급감”, 『연합뉴스』 2023년 10월 26일.
허효진. ““리영호 해임 뒤 처형”…최룡해 자취감춰”, 『KBS 뉴스』 2017년 2월 27일.
Daily NK. “김정은 시대 사회불안 심화…미신행위‘굿’ 성행”, 『Daily NK』 2013년 5월 7일.
Daily NK. “탈북 봉쇄위해 양강도-함북 경비여단 맞교체”, 『Daily Nk』 2012년 3월 12일.
NK조선. “[전문]반간첩투쟁을 위한 군중교양자료”, 『NK조선』 2005년 8월 26일.
자민앤더슨. “가뭄홍수비료부족에 어김없는 식량난”, 『RFA 자유아시아방송』 2022년 12월 30일.

4) 기타

강철환. “북한의 사회통제기구와 주민감시체계”, 『월간북한』 2014년 9월호.
국가안보전략. “북한, 결혼식 이벤트까지 ‘외부사조’ 차단하려 간섭”, 『국가 안보전략』 2023년 5월호.
오경섭. “북한인권침해의 구조적 실태”, 『북한인권, 이대로 좋은가? 민주평통 국민소통1분과이원회 특별활동 북한인권개선 학술회의』 2023년 6월 1일.
이규창. “김정은 체제하 북한주민 시민적·정치적 권리 실태와 전망”, 『제2차 샤이오 인권포럼 김정은체제의 북한 인권문제와 국제협력』 (서울: 통일연구원, 2012).

정상돈. "김정은 시대 사회통제 정책 평가", 『세계북한학 학술대회 자료집』 제3권 (2016).

허만호. "국제인권법을 기준으로 바라본 북한의 정치범수용소," 『탈북고아에게 사랑을』 2008 북한 인권국민캠페인 자료집.

2. 해외문헌

1) 단행본

Albert, K Cohen. Deviance and Control (Englewood Cliffs, N.J: Prentice-Hall, 1966).

Anthony Giddens. The Nation-State and Violence (Berkeley: University of California Press, 1985).

C. J. Friedrich and Z. K. Brezenzinski. Totalitarian Dictatiorship and Autocracy (Cambridge: Harverd University Press, 1965).

Chong-Sik Lee. "Land reforms, Collectivisation and the Peasants in North Korea," The China Quarterly, April-Jun 1963.

Ellen Brun and Jacques Hersh. Socialist Korea : A case Study in the strategy of Economic Development (New York: Monthly Review Press, 1976).

Friedrich Carl J. Totaliatrianism Proceedings of a Congerenc held ate the American Academy of Arts and Science, March 1953 (Cambridge: Haverd University Press, 1954).

Hannah Arent. Totalitarianism (New York: Harcourt, Brace & World.Inc, 1975).

Janos Kornai. The Socialist System: the politival economy of communism (Prinseteon: Prienseton University Press, 1992).

Kongdan Oh and Ralph C. Hassing. North Korea through the looking glass (Washington D.C: Brookings institution press, 2000).

Leonard Schapiro. Totalitarianism (New York: Praeger Publisher, 1972).

Travis Hirschi. Cause of Deliquency (Berkeley: University of California Press, 1969).

2) 논문

Andrei Lankov. "Pyongyang Strikes Back: North Korean Polices of 2002-08 and Attempts to Reverse "De-stalinization from Below," Asias Policy (2009) pp. 58-60.

3) 보도자료

Korea Today-A Prison Country : A report from inside North Korea. 2001. 4. 17. Norbert Vollertsen, The Wall Street Jounral.

3. 북한문헌

1) 단행본

김일성.『김일성저작선집 2』(평양: 조선로동당출판사, 1958).

김일성.『김일성저작집 2』(평양: 조선로동당출판사, 1979).

교육도서 출판사.『사회주의 도덕과 법』고급중학교2 교과서.

시대사.『혁명과 건설에 관한 위대한 수령 김일성 동지의 교시』(평양: 시대사, 1973).

조선민주녀성동맹 중앙위원회 기관지.『조선녀성』(평양: 근로단체출판사) 2019년 1월호.

과학백과사전출판사.『공화국형법에 규제된 선거권박탈형에 대한 과학적 리해』(평양: 과학백과사전출판사, 2010).

2) 보도자료

"사회안전부장 리진수 동지의 보고- 사회안전기관들은 당과 혁명을 튼튼히 보위하며 근로인민대중의 리익을 철저히 옹호하자",『로동신문』1980년 12월 20일.

"위대한 령도자 김정일동지 서거 3돐에 즈음하여 조선인민내무군 청년전위들의 웅변 및 맹세모임 진행",『로동신문』2014년 12월 15일.

"경애하는 김정은 동지의 령도에 따라 선군혁명의 길, 사회주의의 길로 억세게 전진하자",『로동신문』2012년 3월 31일.

"인민보안기관창립 60돐 기념보고회",『로동신문』2005년 11월 19일.

"위대한 령도자 김정일동지 서거 3돐에 즈음하여 조선인민내무군 청년전위들의 웅변 및 맹세모임 진행",『로동신문』2014년 12월 15일.

"백두산절세위인의 혁명사적비 평안남도인민보안국에 건립",『로동신문』2015년 8월 17일.

* 부록

통일부, '북한 기관별 인명록' 1999년~2024년(2016년 없음)

색인

ㄴ

ㄷ

ㄹ

ㅁ

ㅂ

ㅅ

ㅇ

ㅈ

ㅊ

ㅋ

ㅌ

ㅍ

ㅎ

기타

저자약력

남성욱
미국 미주리주립대(University of Missouri-Columbia) 응용경제학 박사

주요 이력으로는 고려대학교 통일외교학부 교수(2002~2025) 겸 행정전문대학원장(2016~2021), 고려대학교 아세아문제연구소 북한연구센터장(2014~2019), 통일융합연구원장(2022~2024), 숙명여대 석좌교수(2025~현재), 통일부 사단법인 남북경제연구원 원장(2004~현재), 서울시 평화통일기반 조성위원장(2021~현재), 서울시 장학재단 이사장(2024~현재), 중소기업중앙회 통일경제위원회 공동위원장(2014~2018), KBS 북한문제 객원해설위원(2005~2022), 보다 나은 미래를 위한 반기문 재단 이사(2019~현재), 민주평화통일자문회의 사무처장(2012~2013, 차관급), 국가안보전략연구소 소장(2008~2012, 차관급), 법무부 법무연수원 통일관계 자문교수(2014~2017), 통일부 남북관계발전위원회위원(2017~2018), 국방부 정책자문위원(2014~2017), 문화일보 객원논설위원(2014~2015), 한국북방학회 고문(2007~현재), 기상청 남북관계자문위원(2007~현재), 북한연구학회 부회장(2007~2012), 경기도 남북관계 자문위원(2006~2015), 한국관광공사 남북관계자문위원(2005~2018), 한국학술진흥재단 남북위원회 자문위원(2005~2013), CBS북한문제 객원해설위원(2005~2011), 개성공단관리위원회 자문위원(2005~2007), 동북아경제학회 총무이사(2005~2006), 아모레퍼시픽 장학재단 감사(2004~현재), 북한경제전문가 100인포럼 이사(2004~2007), 농림부 정책자문위원(2004~2007), 한국북방학회 회장(2004~2006), 서울시 정책자문위원(2003~2011), 통일부 정책자문위원(2003~2007, 2017~2019), LH공사 남북관계 자문위원(2003~2007), NSC 정책자문위원(2003~2005), 통일농수산포럼 연구이사(2002~2007), 북한농업연구회 이사(2002~2007), 남북경제연합회 부회장(2002~2007), 북한경제포럼 연구이사(2002~2005), 북한연구학회 총무이사(2002~2004)를 역임했다.

주요 연구실적으로는 저서로 *Mysterious Pyoungyang: cosmetics, beauty culture and North Korea(2020), North Korean Nuclear Weapon and Reunification of Korean Peninsula(2018), South Korea's 70 years for Diplomacy, National Defense and Unification of Korean Peninsula*(공저, 2018), 『한미동맹: 자유·민주·번영의 가치동맹을 위하여』(2025), 『김정은의 핵과 정치』(2025), 『김정은의 핵과 경제』(2023), 『4차산업혁명시대 북한의 ICT 발전전력과 강성대국』(2021), 『북한여성과 코스메틱』(공저, 2017), 『현대 북한의 식량난과 협동농장 개혁(개정판)』(2016), 『한국의 외교안보와 통일 70년: 1945~2015』(공저, 2015), 『개방과 폐쇄의 딜레마, 북한의 이중적 경제: 북한의

경제』(공저, 2012), 『한반도 상생 프로젝트: 비핵·개방 3000 구상』(공저, 2009), 『북한의 급변사태와 우리의 대응』(공저, 2007), "Contemporary food shortage of north korea and reform of collective farm"(Germany, 2006), 『현대 북한의 식량난과 협동농장 개혁』(2004), 『북한의 정보통신(IT) 발전전략과 강성대국 건설』(2002), 『사회주의와 북한농업』(공저, 2002), 『북한경제의 특성과 경제운용방식』(공저, 2002)와 번역서 『김일성의 북한: CIA북한보고서』(공역, 2001)가 있다.

배 진
고려대 북한학과 정책학 박사

서울경찰청(2018~현재)에 재직 중이며, 통일부 사단법인 남북경제연구원 선임연구원(2016~2018), 고려대학교 아세아문제연구소 북한연구센터 연구원(2016~2019)을 역임했다.

주요 연구실적으로는 저서 『통일 미래학』(공저, 2024)과 논문 '북한 정보접근권 연구(2024)', '북한이탈주민신변보호담당관 제도(제1저자, 2021)', '북한 여성과 통일한국의 양성평등 과제(공저자, 2017)', 'Study on Heroine Discourse under the Kim Jong Un Regime: Focusing on Articles of Women of Joseon(교신저자, 2017)', '북한의 화장품 정책과 성분분석에 관한 연구(공저자, 2017)'가 있다.

북한 사회안전성의 주민인권통제 연구

초판발행 2025년 8월 10일

지은이 남성욱·배진
펴낸이 안종만·안상준

편 집 박세연
기획/마케팅 김한유
표지디자인 BEN STORY
제 작 고철민·김원표

펴낸곳 (주) 박영사
서울특별시 금천구 가산디지털2로 53, 210호(가산동, 한라시그마밸리)
등록 1959.3.11. 제300-1959-1호(倫)
전 화 02)733-6771
f a x 02)736-4818
e-mail pys@pybook.co.kr
homepage www.pybook.co.kr
ISBN 979-11-303-2304-6 93340

정 가 30,000원